Springer-Lehrbuch

Alfred Maußner

Konjunktur-
theorie

Mit 65 Abbildungen

Springer-Verlag Berlin Heidelberg GmbH

Prof. Dr. Alfred Maußner
Staatswissenschaftliches Seminar
der Universität zu Köln
Albertus-Magnus-Platz
D-50923 Köln

ISBN 978-3-540-57790-4   ISBN 978-3-642-57930-1 (eBook)
DOI 10.1007/978-3-642-57930-1

© Springer-Verlag Berlin Heidelberg 1994
Ursprünglich erschienen bei Springer-Verlag Berlin Heidelberg New York Tokyo 1994

42/2202-5 4 3 2 1 - Gedruckt auf säurefreiem Papier

Vorwort

In der Konjunkturtheorie spiegeln sich Dogmengeschichte, Forschungsmethoden und Paradigmen der makroökonomischen Theorie. Die Beschäftigung mit ihr vermittelt deshalb nicht nur einen Einblick in die Ursachen wiederkehrender wirtschaftlicher Wechsellagen, sondern erschließt das ganze Spektrum volkswirtschaftlicher Denkansätze und Methoden zum Studium gesamtwirtschaftlicher Probleme. Unter diesem Blickwinkel habe ich das vorliegende Buch geschrieben.

Dabei geht es mir nicht darum, die Konjunkturtheorie umfassend in allen ihren Verästelungen abzuhandeln. Ich beschränke mich auf vergleichsweise wenige, aber repräsentative Ansätze, die ich unter drei Gesichtspunkten behandle: Verbal und graphisch, mathematisch und empirisch. Meine Auswahl reflektiert sowohl den Gegensatz zwischen gleichgewichts- und ungleichgewichtstheoretischer Sicht des Konjunkturzyklus als auch den Wandel von der traditionellen zur wahlhandlungstheoretisch fundierten Makroökonomik.

Die Gleichgewichtstheorie beruht auf der Prämisse, das wirtschaftliche Geschehen lasse sich am besten mit Hilfe von Modellen verstehen, in denen Preise stets für ausgeglichene Märkte sorgen. Der Konjunkturzyklus ist aus dieser Sicht Ausfluß optimaler Anpassungsstrategien der Wirtschaftssubjekte. Bis auf diffizile Ausnahmen gibt es keinen Bedarf für staatliche Konjunkturpolitik. Die Ungleichgewichtstheorie bezieht die Position, Preise seien nicht flexibel genug, um permanent geräumte Märkte zu sichern. Daraus erwachsen Friktionen, deren wohlfahrtsmindernde Folgen staatliche Konjunkturpolitik mildern kann.

Die makroökonomische Forschung der achtziger Jahre greift fast ausschließlich auf Modelle zurück, in denen Angebot und Nachfrage das Ergebnis explizit beschriebener Wahlhandlungen der Wirtschaftssubjekte sind. Sie unterscheidet sich darin von der Makroökonomik vieler Lehrbücher, die ein Geflecht empirisch plausibler, verhaltenstheoretisch motivierter Hypothesen über Zusammenhänge zwischen Aggregatgrößen ist.

Parallel zu dieser Umorientierung wächst die Formalisierung der Konjunkturtheorie. Die Artikel von Samuelson (1939a,b) zum Akzelerator-Multiplikator-Zusammenhang kann jeder Student ohne Schwierigkeiten verstehen. Mit Grandmonts (1985) Arbeit über Chaos im Modell überlappender Generationen werden indes nur wenige etwas anfangen können.

Wie begegnet man als Autor eines Lehrbuchs dieser Entwicklung? Einerseits hat ein Lehrbuch die Aufgabe, seinen Lesern den Zugang zur weiterführenden Literatur zu öffnen. Anderseits darf die Vermittlung der Konjunkturtheorie nicht an der Mathematik scheitern. Mit meiner Darstellung versuche ich, beiden Aspekten Rechnung zu tragen. Der Haupttext stützt sich auf graphische Darstellungen, einfache Algebra und numerische Simulationen. In Ergänzungen dazu, die alle mit einem Sternchen markiert sind, behandle ich die formale Seite der Modelle. Die dabei gewonnenen Ergebnisse fließen teilweise in den Haupttext ein, so daß dem Leser der Nutzen mathematischer Werkzeuge nicht verborgen bleibt.

Der Stoff für ein eher an den Inhalten orientiertes Studium erstreckt sich somit auf die Teile A, B und C des Buches mit Ausnahme der darin enthaltenen formalen Einschübe. Für ein auch methodisch vertieftes Studium sollte im Anschluß an Teil A der Teil D des Buches gelesen werden, erst danach die Teile B und C, samt der formalen Ergänzungen.

Beim Schreiben des Haupttextes habe ich Grundstudiumskenntnisse vorausgesetzt, die in jedem einführenden Lehrbuch zur Makroökonomik nachgelesen werden können. Wer den Stoff der Mathematik für Ökonomen I von Beckmann und Künzi (1973) beherrscht, hat sicher auch keine Mühe, den formalen Abschnitten zu folgen.

Meine Kollegin, Frau Professor Dr. Susanne Wied-Nebbeling, hat das Vorlesungsmanuskript, das dem Buch zugrunde liegt, gelesen und viele Verbesserungen angeregt. Dafür danke ich ihr herzlich. Dank schulde ich auch Frau Christiane Banschbach, Herrn Dipl.-Volksw. Burkhard Heer und Herrn Markus Küppers. Sie haben die Daten für die empirischen Untersuchungen beschafft, den gesamten Text gelesen und mich auf manche Unklarheit hingewiesen. Außerdem haben sie das Personen- und das Sachverzeichnis erstellt. Alle Fehler gehen natürlich zu meinen Lasten. Ich hoffe aber, daß dem Buch die Kritik Schumpeters erspart bleibt, der über Alfred Marshalls "Principles of Economics" schrieb: "Nichts macht ein Buch schwerer verständlich, als der Versuch, es leicht lesbar zu machen."

Köln, im Dezember 1993   Alfred Maußner

Inhaltsverzeichnis

A

Gegenstand und Entwicklungslinien
der
Konjunkturtheorie

The history of what we are in the habit of calling the "state of trade" is an instructive lesson. We find it subject to various conditions which are periodically returning; it revolves apparently in an established cycle. First we find it in a state of quiescence, - next improvement, - growing confidence, - prosperity, - excitement, - overtrading, - convulsion, - pressure, - stagnation, - distress, - ending again in quiescence.

Lord Samuel J. L. Overstone (1837), S. 31.

I. Konjunkturzyklen

Dieser Abschnitt erläutert die Begriffe Konjunktur und Konjunkturzyklus und geht auf Untersuchungen zur Klassifizierung verschiedener Arten von Konjunkturzyklen ein. Nach seiner Lektüre sollten Sie wissen, daß Konjunkturzyklen wiederkehrende wirtschaftliche Wechsellagen industrialisierter Marktwirtschaften sind; Sie sollten einzelne Phasen von Konjunkturzyklen unterscheiden können und wissen, was sich hinter den Begriffen Kitchin-, Juglar- und Kondratieffzyklus verbirgt.

Begriff

Das Wort Konjunktur gebrauchen wir in der deutschen Sprache als Synonym für die jeweilige wirtschaftliche Gesamtlage. Sein Ursprung liegt im lateinischen *coniunctio*, das Verbindung bedeutet. Es taucht zuerst in der Astrologie des Mittelalters auf und bezeichnet dort die Verbindung der Gestirne zu Tierkreiszeichen und die daraus erwarteten Einflüsse auf das menschliche Schicksal. Im 17. Jahrhundert steht es allgemein für die "Lage der Dinge". Das Wort geht im 18. Jahrhundert in die Kaufmannssprache ein, wo es eine "gute Geschäftslage" bedeutet. In der zweiten Hälfte des 19. Jahrhunderts umschreibt es die "günstige Wirtschaftslage der Industrie", woraus seine heutiger Gebrauch erwächst.

Aus der Geschichte der Menschheit wissen wir, daß es zu allen Zeiten wirtschaftliche Krisen gegeben hat. Die sieben fetten und sieben mageren Jahre im Ägypten des biblischen Joseph [Genesis, Kapitel 41] zeugen von Ernteschwankungen, unter denen Agrargesellschaften leiden. Kriege, Entdeckungen, Mißwirtschaft von Königen und Fürsten oder Spekulationswellen wie im Zuge der holländischen Tulpenkrise von 1637 haben nachhaltige Spuren in der europäischen Wirtschaftsgeschichte hinterlassen. Seit der industriellen Revolution beobachten wir indes in allen Marktwirtschaften wiederkehrende Phasen wirtschaftlicher Prosperität, denen regelmäßig Phasen der Stagnation oder gar der Schrumpfung folgen. Nicht durch individuelle Krisen ausgelöste, sondern **wiederkehrende wirtschaftliche Wechsellagen industrialisierter Marktwirtschaften** umschreiben wir heute mit dem Begriff Konjunkturzyklus [englisch business cycle oder trade cycle].

Konjunkturphasen

Abbildung A.I.1 zeigt die traditionelle Vorstellung vom Konjunkturzyklus. Danach schwankt die wirtschaftliche Aktivität wellenförmig um ihren Nor-

Abbildung A.I.1

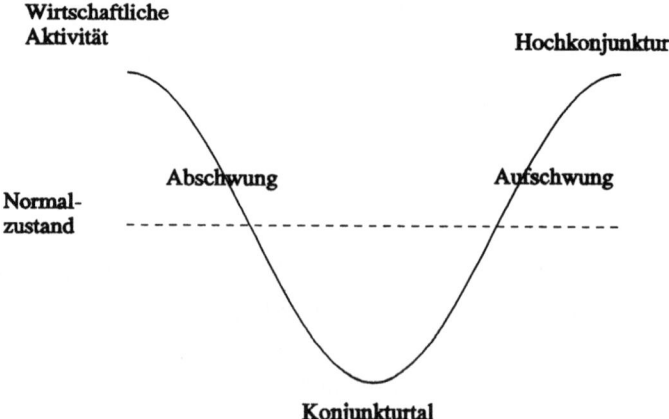

malzustand. Aufwärts- und Abwärtsbewegung sowie die Umgebungen der Extrema markieren vier Phasen eines Konjunkturzyklus:[1] Den **Abschwung** [Krise, recession], das **Konjunkturtal** [Depression, depression], den **Aufschwung** [Erholung, revival] und die **Hochkonjunktur** [Prosperität, prosperity]. Ein Konjunkturzyklus umfaßt die Zeit, die eine Wirtschaft benötigt, um alle vier Phasen genau einmal zu durchlaufen.

Diese Darstellung darf indes nur als Schema eines Konjunkturzyklus verstanden werden. Die Zeitreihen ökonomischer Größen zeigen viel komplexere Muster, und historische Zyklen unterscheiden sich sowohl durch Dauer als auch Ausmaß ihrer Abweichung vom Normalzustand. Fraglich ist selbst, ob sich Aufschwung und Abschwung in bezug auf Länge und Ausmaß gleichen, d.h. ob Konjunkturzyklen symmetrisch sind wie eine Sinuswelle.

Arten von Konjunkturzyklen

Die Erkenntnis, daß es sich bei den seit der industriellen Revolution beobachteten wirtschaftlichen Wechsellagen nicht um die Folgen individueller Krisen handelt, sondern um ein eigenständiges und daher erklärungsbedürftiges Phänomen, schreibt Schumpeter (1939), S. 163, der Arbeit von Clémont Juglar (1819-1905) zu. Juglar (1860) untersucht u.a. Zeitreihen von Diskontsätzen und Preisen für Frankreich und das Vereinigte Königreich. Er kommt zu dem Schluß, in diesen Reihen spiegele sich ein regelmäßiger Zyklus mit einer Dauer von etwa sieben bis elf Jahren.

Im Anschluß an Juglar konzentriert sich die empirische Forschung darauf, Länge und Phasen von Konjunkturzyklen zu identifizieren. Zu Beginn des 20. Jahrhunderts wird die alleinige Existenz eines Zyklus mit der von Juglar behaupteten Dauer in Frage gestellt. Insbesondere Schumpeter (1939), S. 161ff, vertritt die Auffassung, Konjunkturzyklen seien das Ergebnis der Überlagerung vieler wellenförmiger Phänomene mit je unterschiedlicher Periode und Amplitude. Diese Überlagerung kann auch erklären, warum ökonomische Zeitreihen vom Schema einer regulären Welle abweichen. Als Arbeitshypothese für das Studium historischer Zeitreihen hält es Schumpeter (1939), S. 169f, jedoch für sinnvoll, nur zwischen lang-, mittel- und kurzfristigen Zyklen zu unterscheiden. Er bezeichnet diese nach den Namen ihrer Entdecker als **Kondratieff-, Juglar-** und **Kitchinzyklen.**

Nikolai Dimitrijewitsch Kondratieff (1892-1938) [siehe Maier (1993) für eine kurze Biographie] untersucht u.a. Zeitreihen von Zinssätzen und Groß-

---

1 Beispiele für eine andere Klassifikationen der Phasen eines Konjunkturzyklus gibt Vosgerau (1978), S. 480.

handelspreisen für Frankreich, England und die USA. Kondratieff (1926) glaubt, darin einen Zyklus mit einer Dauer von etwa 48-60 Jahren zu entdek-ken. Den ersten Zyklus datiert er von etwa 1780-1790 bis 1844-1851, den zweiten bis 1890-96 und sieht den Höhepunkt des dritten Zyklus bei 1914-1920. Demzufolge dürfte der Tiefpunkt dieses Zyklus bei etwa 1950 liegen, so daß die Zeit des Bundesdeutschen Wirtschaftswunders in die Auf-schwungphase eines vierten Kondratieffzyklus fallen würde.

Die Existenz der Kondratieffzyklen oder "Langen Wellen der wirtschaftli-chen Entwicklung" ist allerdings umstritten. Die Ursachen hierfür liegen in methodischen Problemen sowie in der Verläßlichkeit und zeitlichen Begrenzt-heit des verfügbaren Zahlenmaterials.[2]

Joseph Kitchin (1861-1932), dessen Ergebnisse in Kitchin (1923) publiziert sind, findet einen etwa 40 monatigen Zyklus in Großhandelspreisen und Ban-ken-Clearings für Großbritannien und die USA. Er glaubt, daß die mittelfristi-gen Juglarzyklen keine eigenständige Erscheinung sind, sondern auf den von ihm gefundenen kurzfristigen Zyklen beruhen.

Außer den durch Schumpeter besonders ins Licht der Fachöffentlichkeit gerückten Versuchen, Zyklen mit bestimmter Länge zu identifizieren, hat es noch weitere gegeben, die Schumpeter (1939), S. 161ff, auch selbst erwähnt. Dazu zählen insbesondere Arthur Spiethoff (1873-1957) und Simon Kuznets (1901-1985). Spiethoff (1923) glaubt, im Zeitraum 1822-1913 zwei lange Wel-len zu entdecken. Kuznets (1958) vermutet Zyklen mit einer Länge von etwa 20 Jahren. Insbesondere seine Analyse ist ein Beispiel für statistische Kunst-produkte. Man kann nämlich zeigen [Sargent (1979), S. 249ff], daß der von Kuznets benutzte gleitende Durchschnitt selbst aus willkürlich gewählten, unverbundenen Rohdaten eine Reihe schafft, die einen Zyklus mit einer Länge von etwa 20 Jahren enthält.

* * *

Ergänzung A.I.1

Überlagerung von Sinuswellen

Das folgende Beispiel, das Schumpeter (1939), S. 313 und S. 1051, gibt, veranschau-licht die Überlagerung von Schwingungen.

Abbildung A.I.2 zeigt drei Sinusfunktionen mit Perioden von 684, 114 bzw. 38 Mona-ten. Die Amplituden sind in etwa proportional zu den jeweiligen Perioden. Betrachten wir nun jeweils begrenzte Zeitabschnitte, deren Länge in etwa der von Schumpeter für den Juglarzyklus angenommenen Periode von 114 Monaten entspricht. Die für diese Zeiträume von der Summe der drei Sinusfunktionen erzeugten Muster weichen bereits

---

2 Eine umfassende Darstellung der empirischen und theoretischen Auseinandersetzung mit den Langen Wellen ist Spree (1991).

Abbildung A.I.2

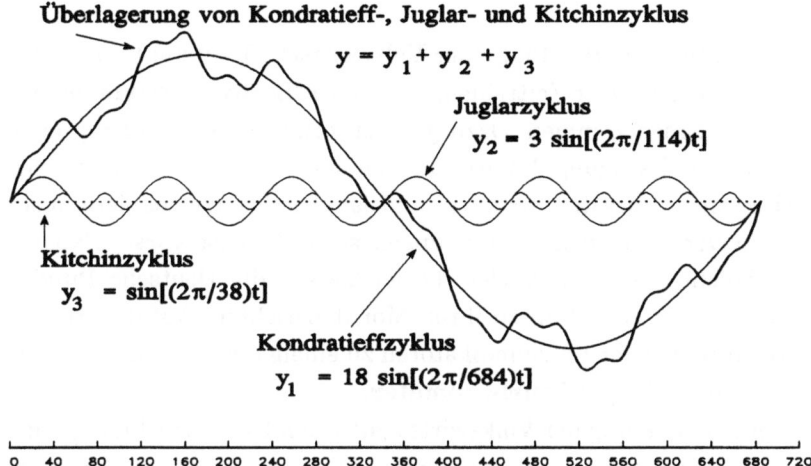

Überlagerung von Kondratieff-, Juglar- und Kitchinzyklus

$$y = y_1 + y_2 + y_3$$

Juglarzyklus
$$y_2 = 3 \sin[(2\pi/114)t]$$

Kitchinzyklus
$$y_3 = \sin[(2\pi/38)t]$$

Kondratieffzyklus
$$y_1 = 18 \sin[(2\pi/684)t]$$

| 0 | 40 | 80 | 120 | 160 | 200 | 240 | 280 | 320 | 360 | 400 | 440 | 480 | 520 | 560 | 600 | 640 | 680 | 720 |

erheblich von der einfachen Kosinuswelle in Abbildung A.I.1 ab. Noch komplexere Muster könnten wir erzeugen, würden wir mehr als drei Wellen übereinanderlegen.

* * *

II. Konjunkturmessung

In diesem Abschnitt erfahren Sie etwas über Ansätze zur Messung von Konjunkturzyklen. Nach seiner Lektüre sollten Sie zwischen dem Potentialansatz und dem Konzept wirtschaftlicher Indikatoren unterscheiden können. Sie sollten wissen, warum man viele Zeitreihen filtern muß, bevor diese für die Konjunkturanalyse verwendet werden können und daß es eine Reihe von Verfahren zur Trendbereinigung gibt. Schließlich sollten Sie Beispiele für Konjunkturbarometer und Potentialschätzungen geben können. Über die technische Seite der angesprochenen Fragen können Sie sich im Abschnitt D.III informieren.

Wirtschaftliche Indikatoren und Produktionspotential

Bislang haben wir Konjunkturzyklen als Schwankungen wirtschaftlicher Aktivität um einen Normalzustand betrachtet. Für die empirische Erforschung von Konjunkturzyklen ist das keine operationale Definition. Sie läßt offen, woran "wirtschaftliche Aktivität" zu messen sei, und was man als "Normalzustand" zu bezeichnen habe. Die Antworten auf diese Fragen werfen eine Reihe inhaltlicher und methodischer Probleme auf, für die es keine eindeutigen, sondern nur unter verschiedenen Gesichtspunkten zweckmäßige Lösungen gibt.

Ein sehr differenziertes Bild einer Volkswirtschaft entsteht durch die Auswertung möglichst vieler Zeitreihen, die als **Indikatoren wirtschaftlicher Tätigkeit** in Frage kommen. Dazu gehören beispielsweise Auftragseingänge, Produktion, Beschäftigung, Lohnzahlungen und Preisindizes für verschiedene Industriezweige, Zinssätze für kurz- und langfristige Wertpapiere, das Geldvolumen in verschiedenen Abgrenzungen sowie Wechselkurse, Exporte und Importe. Solche Reihen publiziert beispielsweise die Deutsche Bundesbank regelmäßig in den Beiheften zu ihren Monatsberichten. Auf der Auswertung und Verdichtung vieler Einzelindikatoren zu einem einheitlichen Bild beruhen die sogenannten **Konjunkturbarometer**.

Seit der Entwicklung der Volkswirtschaftlichen Gesamtrechnung nach dem Zweiten Weltkrieg steht mit dem Sozialprodukt eine Größe zur Verfügung, die auch in der Öffentlichkeit als Maßstab wirtschaftlichen Wohlstands akzeptiert und bekannt ist. Es liegt deshalb nahe, anstelle vieler Einzelreihen das Sozialprodukt zur Konjunkturmessung zu benutzen. Diesen Weg beschreiten **Potentialkonzepte**. Sie definieren und schätzen dasjenige Sozialprodukt, das bei Einsatz aller verfügbaren Produktionsfaktoren erwirtschaftet werden könnte. Im Auslastungsgrad dieses Potentials, d.h. dem Quotienten zwischen tatsächlichem und möglichem Sozialprodukt, spiegelt sich die jeweilige wirtschaftliche Lage.

Identifizieren von Zyklen mit Hilfe des Komponentenmodells

Die wenigsten wirtschaftlichen Indikatoren zeigen einen augenfälligen Zyklus. Beispielsweise ist das Sozialprodukt der Bundesrepublik Deutschland seit 1950 zwar nicht gleichförmig, aber doch trendmäßig gewachsen. Es spiegelt aber auch jahreszeitliche Schwankungen der Produktion, die zum Teil wetterbedingt sind, wie die Erntezeiten in der Landwirtschaft oder die Winterpause im Baugewerbe, die aber auch auf Feriengewohnheiten und Feiertagsregelungen beruhen. Schließlich hinterlassen eine ganze Reihe unsystematischer Ereignisse ihre Spuren im Sozialprodukt, etwa ein Streik, eine Verteuerung importierter Rohstoffe oder eine politische Krise.

Um in einer Reihe wie dem Bruttosozialprodukt Konjunkturzyklen aufzuspüren, müssen deshalb erst alle anderen Einflüsse ausgeschaltet werden. Die gedankliche Grundlage hierfür ist das **Komponentenmodell**. Es unterscheidet vier Bausteine einer Zeitreihe: Den **Trend**, der ihre langfristige Entwicklung bestimmt, die **Konjunkturkomponente**, die mehrjährige Zyklen beinhaltet, die **Saison**, die im wesentlichen jahreszeitlich bedingte Schwankungen erfaßt und eine **irreguläre Komponente**, der alle verbleibenden, unsystematischen Einflüsse zugeschrieben werden. Je nachdem, ob man eine Zeitreihe als Summe oder Produkt dieser vier Komponenten sieht, spricht man vom **additiven** bzw. **multiplikativen Komponentenmodell**. Das multiplikative Modell trifft auf Zeitreihen zu, bei denen man vermutet, das Niveau einer Komponente verändere sich in etwa proportional zum Niveau der Reihe. Beispielsweise dürften jahreszeitlich bedingte Produktionsschwankungen in DM um so größer sein, je größer die gesamtwirtschaftliche Produktion ist.

Mit Hilfe statistischer Verfahren ist es auf der Grundlage des Komponentenmodells möglich, schrittweise alle nicht konjunkturellen Elemente einer Reihe auszuschalten. Diesen Vorgang nennt man **Filterung**. Das methodische Problem liegt in der Wahl passender Filter. Formal gesehen ist ein Filter eine Abbildungsvorschrift, die eine Ausgangsreihe einer neuen Reihe zuordnet. Diese neue Reihe kann Eigenschaften besitzen, die in der Ausgangsreihe nicht anzutreffen sind. Die bereits erwähnte Arbeit von Kuznets (1930) ist ein Beispiel dafür. Man kann dem Problem der Wahl von Filtern auf verschiedene Weise begegnen. Ein Ansatz besteht darin, einer Reihe ein statistisches Modell anzupassen. Auf der Grundlage dieses Modells kann man einzelne Komponenten der Reihe identifizieren. Diesen Weg beschreiten ARIMA-Verfahren.[3] Eine weitere Möglichkeit liegt darin, verschiedene Filter anzuwenden und die Ergebnisse miteinander zu vergleichen. Schließlich kann man mit Hilfe spektralanalytischer Methoden die Eigenschaften einzelner Filter studieren, so daß man deren Wirkung auf eine Reihe beurteilen kann.

Trendbereinigung

Ein traditionelles Verfahren der Trendbereinigung besteht darin, den Trend als eine deterministische Funktion der Zeit darzustellen und die Parameter dieser Funktion mit Hilfe der Regressionsanalyse zu schätzen. Üblicherweise verwendet man eine einfache lineare Funktion oder ein Polynom niedrigen Grades.

Nelson und Plosser (1982) bezweifeln, daß die Trendkomponente der meisten gesamtwirtschaftlichen Zeitreihen eine deterministische Funktion der Zeit ist. Sie versuchen zu zeigen, daß ein additiver Zufallsprozeß (**Random Walk**) den Trend dieser Reihen besser beschreibt. In diesem Fall wäre die zyklische Komponente dadurch zu berechnen, daß man jeweils die Differenz zwischen zwei zeitlich benachbarten Werten einer Reihe bildet.

---

3 Autoregressive Integrated Moving Average; dabei handelt es sich um eine Klasse linearer stochastischer Prozesse, die nach geeigneter Differenzenbildung schwach stationär sind. Eine Beschreibung dieser Modellklasse finden Sie im Abschnitt D.IV.3.

Beveridge und Nelson (1981) schlagen vor, jeder Reihe individuell ein ARI-MA-Modell anzupassen. Als zyklische Komponente bezeichnen sie die Summe künftiger Veränderungen der Reihe, die mit Hilfe dieses Modells prognostizierbar sind.

Ein pragmatisches Verfahren der Trendbereinigung ist der sogenannte HP-Filter, benannt nach Hodrick und Prescott (1980), die ihn erstmals in der Konjunkturforschung einsetzen. Intuitiv formuliert ist dieser Filter ein Kompromiß zwischen der Wahl eines linearen Trends und der Wahl der Ausgangsreihe als Trend. Der Forscher kann durch Wahl eines Parameters, μ, bestimmen, ob der Kompromiß eher zugunsten des linearen Trends oder der Originalreihe ausfällt. Je größer man μ wählt, desto mehr nähert sich der Trend einer Geraden. Üblicherweise wählt man für Jahresdaten $\mu=100$ und für Quartalsdaten $\mu=1600$. Der Filter eliminiert dann Zyklen, deren Periode in etwa 25 Jahre übersteigt. Den HP-Filter benutzen die meisten Studien, die sich seit Beginn der achtziger Jahre empirisch mit Konjunkturzyklen befassen.[4]

* * *

Ergänzung A.II.1

Komponenten des realen Bruttoinlandsprodukts

Diese Ergänzung veranschaulicht die verschiedenen Stufen der Filterung einer Zeitreihe am Beispiel des realen Bruttoinlandsprodukts.

Das reale Bruttoinlandsprodukt mißt die Mengenkomponente des Wertaggregats Bruttoinlandsprodukt. Preisbasis der Reihe ist das Jahr 1985. Es handelt sich um Quartalsdaten für die Zeit vom ersten Quartal 1960 bis zum zweiten Quartal 1990 aus der vom Deutschen Institut für Wirtschaftsforschung in Berlin publizierten vierteljährlichen Volkswirtschaftlichen Gesamtrechnung (zitiert als DIW). Abbildung A.II.1. zeigt den Verlauf dieser Reihe. Klar erkennbar sind die saisonalen Schwankungen sowie der Wachstumstrend.

Die Filterung beruht auf dem multiplikativen Komponentenmodell. In diesem Fall legt man den Berechnungen die natürlichen Logarithmen der Ausgangswerte zugrunde. In dieser neuen Metrik ist das Modell additiv. Die Saisonkomponente habe ich mit Hilfe eines gleitenden Durchschnitts beseitigt. Die Formel dafür ist

$$y_{t+2} = \frac{1}{8}x_{t-2} + \frac{1}{4}x_{t-1} + \frac{1}{4}x_t + \frac{1}{4}x_{t+1} + \frac{1}{8}x_{t+2}.$$

Darin symbolisiert y_t den Wert der gefilterten Reihe im Zeitpunkt t und x_t den (logarithmierten) Wert der Ausgangsreihe im Zeitpunkt t. Die Eigenschaften dieses Filters behandelt Abschnitt D.III.4. Das Ergebnis der Saisonbereinigung ist ebenfalls in Abbildung A.II.1 dargestellt.

Für die verbliebene Reihe habe ich einen HP-Trend mit $\mu=1600$ berechnet, der zusammen mit der saisonbereinigten Reihe in Abbildung A.II.2 dargestellt ist. Der HP-

---

4 Eine Analyse dieses Filters finden Sie in Abschnitt D.IV.4.

Abbildung A.II.1

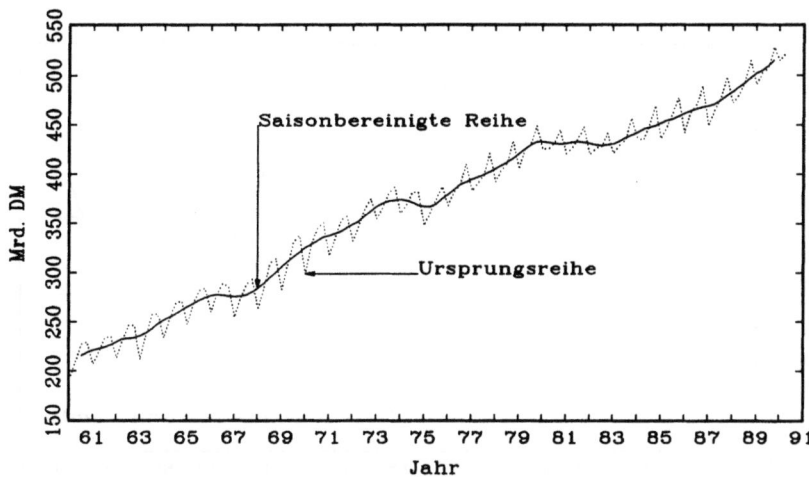

Quelle: DIW, Eigene Berechnung

Trend zeigt, daß sich das Wachstums in der Mitte der siebziger verlangsamte und gegen Ende der achtziger Jahre wieder beschleunigte.

Die konjunkturelle Komponente, die Abbildung A.II.3 zeigt, ist definiert als die prozentuale Abweichung der saisonbereinigten Reihe vom geschätzten Trend. Erst an dieser Reihe kann man sehr deutlich die Konjunkturzyklen in der Bundesrepublik Deutschland erkennen. Wenn man einen Zyklus zwischen je zwei Konjunkturtälern mißt, findet man folgende vier größere Zyklen: 62/2 bis 67/4, 67/4 bis 75/2, 75/2 bis 82/4 und 82/4 bis 87/2.

Abbildung A.II.2

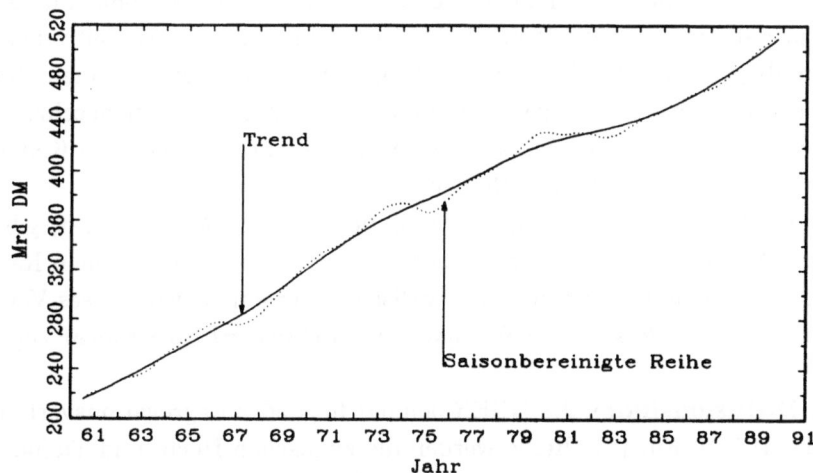

Quelle: DIW, Eigene Berechnung

Abbildung A.II.3

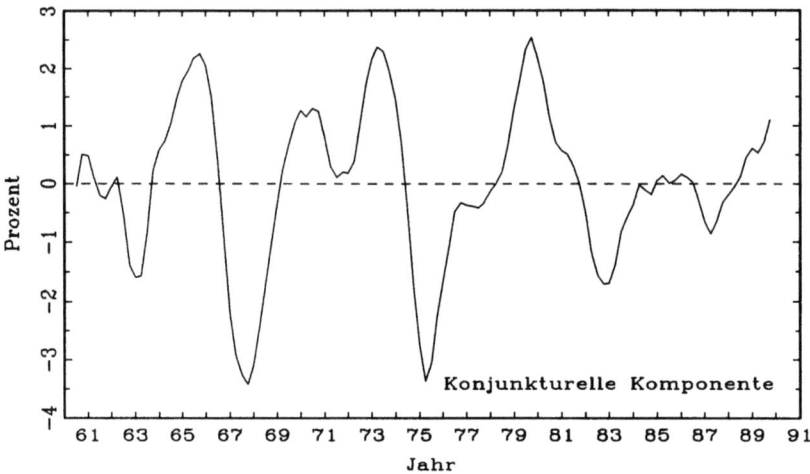

Quelle: DIW, Eigene Berechnung

*   *   *

Bildung von Indizes aus wirtschaftlichen Indikatoren

Wenn viele, gegebenenfalls gefilterte Reihen wirtschaftlicher Indikatoren verfügbar sind, stellt sich das Problem, brauchbare Reihen auszuwählen und sie zu einem Gesamtbild zu verdichten. Ein mittlerweile klassisches Beispiel dafür ist die Studie von Mitchell und Burns (1938) vom National Bureau of Economic Research (NBER) der USA. Sie wählen unter 487 Zeitreihen 71 Reihen als geeignete Indikatoren des Konjunkturzyklus. Diese Reihen stellen sie einem Referenzzyklus gegenüber, dessen Datierung sie in einem schrittweisen Prozeß ermitteln, der das aus der Wirtschaftspresse ablesbare Konjunkturklima mit den betreffenden Reihen konfrontiert.

Für die Verdichtung der Information, die in vielen Reihen steckt, gibt es mehrere Ansätze. Eine Möglichkeit besteht darin, Gruppen aus jenen Reihen zu bilden, die annähernd denselben zyklischen Verlauf zeigen. Dieses Verfahren liegt dem von Persons (1919) entwickelten **Harvard Barometer** zugrunde.

Der **Diffusionsindex** des NBER benutzt folgendes Aggregationsverfahren [Broida (1955)]: Für jede Reihe werden die zyklischen Hoch- und Tiefpunkte bestimmt und durch Geraden verbunden. Positive Steigungen kennzeichnen zunehmende Reihen, negative Steigungen kennzeichnen abnehmende Reihen.

Der Diffusionsindex wird berechnet als Prozentsatz der Reihen, die in einer Periode zunehmen.

In den siebziger Jahren hat der deutsche **Sachverständigenrat** zur Begutachtung der gesamtwirtschaftlichen Entwicklung (SVR) einen Gesamtindikator berechnet [SVR, Jahresgutachten (1970), S. 51ff und S. 124ff]. Für jede Einzelreihe werden vier Zonen definiert: Eine obere und untere Toleranzgrenze um den Normwert der Reihe sowie ein oberer und unterer Gefährdungsbereich. Den vier Zonen werden beginnend mit dem unteren Gefährdungsbereich die Punkte 1 bis 4 zugeordnet. Der Gesamtindikator ist das ungewichtete arithmetische Mittel der Punkte der benutzten Einzelreihen. Dieses Konzept hat der SVR später weiter ausdifferenziert, schließlich aber ganz aufgegeben.

Schätzung des Produktionspotentials

Die meisten Schätzungen des Produktionspotentials greifen auf das Konzept einer gesamtwirtschaftlichen Produktionsfunktion zurück, welche die gesamtwirtschaftliche Produktion auf die eingesetzten Mengen der Produktionsfaktoren zurückführt. Sie unterscheiden sich im Hinblick auf die verwendete Produktionsfunktion, die Zahl der (explizit) einbezogenen Produktionsfaktoren und die Definition der potentiellen Einsatzmengen der Produktionsfaktoren.[5]

Einfaktorenansätze unterstellen, daß die nicht explizit berücksichtigten Produktionsfaktoren in genügender Menge vorhanden sind, um die Produktion nicht zu beschränken. Auf dieser Grundlage hat beispielsweise Okun (1962) eine Relation zwischen der Arbeitslosenquote und dem potentiellen Sozialprodukt geschätzt. Den möglichen Arbeitseinsatz definiert Okun mit Hilfe einer Arbeitslosenquote von vier Prozent. Seine Schätzung zeigt, daß mit jedem Prozentpunkt, den die Arbeitslosenquote über diesem Normalwert liegt, das tatsächliche Sozialprodukt um drei Prozent unter das Produktionspotential sinkt. Dieser Zusammenhang ist als **Okuns Law** in die Lehrbücher eingegangen [siehe bspw. Mankiw, (1992), S. 35f].

Ein weiterer Einfaktorenansatz ist die Potentialschätzung des Sachverständigenrats (SVR), der vom Produktionsfaktor Kapital ausgeht. Das Produk-

---

5 Keine produktionstheoretischen Ansätze sind die Peak-to-Peak-Methode sowie Hochrechnungen aus Unternehmensbefragungen. Die Peak-to-Peak-Methode extrapoliert den linearen Trend zwischen zwei Konjunkturhöhepunkten in die Zukunft. Das Ifo-Institut für Wirtschaftsforschung in München befragt regelmäßig Unternehmen des verarbeitenden Gewerbes über ihre Kapazitätsauslastung. Einen Überblick über die Verfahren der Potentialschätzung gibt Heise (1991).

tionspotential definiert der SVR im Sinne einer Obergrenze der Produktion. Er schätzt einen Trend der Kapitalproduktivität, in dem sich auch eine Veränderung des Einsatzverhältnisses der Produktionsfaktoren niederschlägt. Die Trendkurve wird anschließend durch jenen Punkt gelegt, in dem die tatsächliche Kapitalproduktivität am stärksten vom ursprünglich berechneten Trend abweicht. Das Produktionspotential ist das Produkt aus der so berechneten Kapitalproduktivität und dem vorhandenen Kapitalstock.

Mehrfaktorenansätze gehen von einer bestimmten Produktionsfunktion aus und schätzen deren Parameter mit Hilfe der tatsächlichen Einsatzmengen der berücksichtigten Produktionsfaktoren. Das Produktionspotential errechnet man anschließend, indem man die tatsächlichen durch die möglichen Einsatzmengen ersetzt. Der Vorteil dieses Verfahrens liegt darin, daß es die Beziehungen zwischen den Produktionsfaktoren explizit berücksichtigt. Allerdings muß vorher die Frage geklärt werden, welche Funktionsform benutzt werden soll. Eine weitere Schwierigkeit liegt in der Messung der tatsächlichen und maximal möglichen Einsatzmengen. Beispielsweise ist das Bruttoanlagevermögen der Indikator des möglichen Kapitaleinsatzes. Den tatsächlichen Kapitaleinsatz kann man errechnen, indem man das Bruttoanlagevermögen mit der durchschnittlichen Kapazitätsauslastung multipliziert, die man aus Unternehmensbefragungen ermittelt. Beim Arbeitskräfteeinsatz taucht das Problem auf, diejenige Arbeitslosigkeit zu bestimmen, die infolge von Friktionen realistischerweise nicht unterschritten werden kann. Andererseits müssen neben den registrierten Arbeitslosen auch Personen berücksichtigt werden, die dem Arbeitsmarkt erfahrungsgemäß in der Hochkonjunktur zur Verfügung stehen.

Für die Bundesrepublik Deutschland hat die Deutsche Bundesbank 1973 und 1981 Schätzungen des Produktionspotentials auf der Grundlage einer Cobb-Douglas-Produktionsfunktion vorgelegt [Deutsche Bundesbank (1973) und (1981)]. Als Produktionsfaktoren werden Arbeit und Kapital berücksichtigt (in der späteren Publikation auch Energie) sowie ein exponentieller Trend der Zeit, der den technischen Fortschritt erfassen soll. Das Produktionspotential definiert die Bundesbank mit Hilfe der durchschnittlichen Auslastung der jeweiligen Produktionsfaktoren. Demgemäß kann die tatsächliche Produktion das Produktionspotential auch übersteigen.

* * *

Ergänzung A.II.2

Schätzung des Produktionspotentials

Dieser Abschnitt illustriert die Schätzung des Produktionspotentials nach der Methode des Sachverständigenrats zur Begutachtung der gesamtwirtschaftlichen Entwicklung (SVR). Dieses Verfahren erläutert jeweils der Methodische Anhang zu den Jahresgut-

Abbildung A.II.4

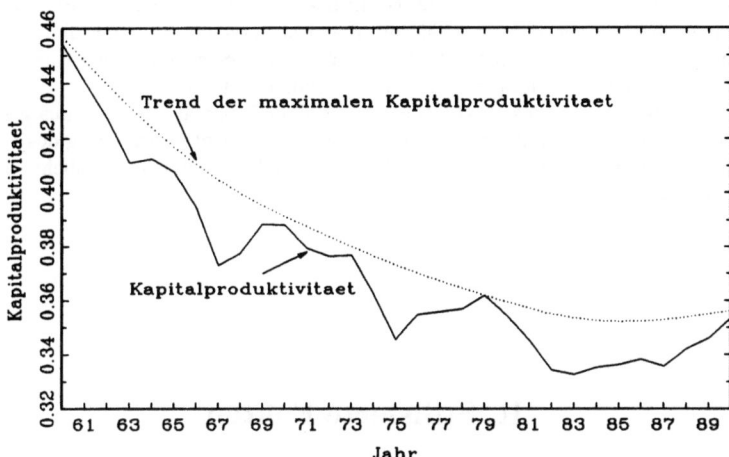

Quelle: Statistisches Bundesamt (1991), S. 398ff.,
Sachverstaendigenrat (1992), S. 313, Eigene Berechnung

achten des SVR. In diesem Beispiel unterscheide ich allerdings nicht zwischen dem Produktionspotential des Staates, der Privaten Haushalte und der Unternehmen, wie es der SVR tut, sondern verwende gesamtwirtschaftliche Größen. Außerdem benutze ich den HP-Filter zur Schätzung eines Trends für die Kapitalproduktivität und wähle als Stützpunkt für die maximale Kapitalproduktivität das Jahr 1979, während der SVR das Jahr 1970 nimmt.

Die gesamtwirtschaftliche Kapitalproduktivität kann man als Quotient aus der realen Bruttowertschöpfung und dem jahresdurchschnittlichen realen Nettoanlagever-

Abbildung A.II.5

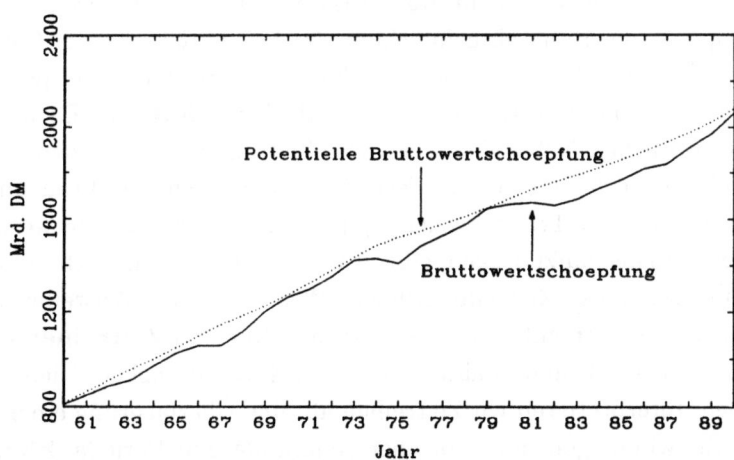

Quelle: Statistisches Bundesamt (1991), S. 398ff.,
Sachverstaendigenrat (1992), S. 313, Eigene Berechnung

mögen der Wirtschaft berechnen. Diese Reihe zeigt Abbildung A.II.4. Dabei handelt es sich um Jahresdaten von 1960 bis 1990. Für diese Reihe habe ich einen HP-Trend mit einem $\mu=100$ berechnet. Im Jahr 1979 weicht die tatsächliche Kapitalproduktivität am stärksten nach oben von dem geschätzten Trend ab. Deshalb habe ich die geschätzte Trendkurve um den Wert dieser Differenz nach oben verschoben. Diese Kurve ist der Trend der maximalen Kapitalproduktivität in Abbildung A.II.4.

Abbildung A.II.5 zeigt das Produktionspotential, definiert als Produkt aus geschätzter Kapitalproduktivität und Bruttoanlagevermögen. Die Unterauslastung des Potentials ist jeweils die vertikale Distanz zwischen Potentialkurve und tatsächlicher Bruttowertschöpfung.

* * *

III. Stilisierte Fakten

Dieser Abschnitt deckt typische Beziehungen auf zwischen den konjunkturellen Komponenten wichtiger wirtschaftlicher Indikatoren. Diese stilisierten Fakten muß die Konjunkturtheorie erklären. Der Abschnitt liefert damit das Rüstzeug zur Beurteilung der Leistungsfähigkeit konjunkturtheoretischer Modelle.

Begriffe

Die ältere Konjunkturforschung befaßt sich vorwiegend mit dem Aufdecken und Datieren von Zyklen. Dabei zeigt sich, daß jeder Zyklus im Hinblick auf Amplitude und zeitlichen Verlauf Eigenheiten besitzt. Gleichwohl deckt der Vergleich der konjunkturellen Komponenten wirtschaftlicher Indikatoren erstaunliche Regelmäßigkeiten auf. Robert Lucas (1977) rückt diese als erster in den Mittelpunkt der Konjunkturforschung. Im Anschluß an Kaldor (1961), der den Begriff auf die Wachtumstheorie münzt, nennen wir diese qualitativen Merkmale von Konjunkturzyklen heute **stilisierte Fakten**. Es sind feste Muster im zeitlichen Nebeneinander vieler Zeitreihen, die mit den Begriffen Autokorrelation, pro- und antizyklisch, Vor- und Nachlauf [Lead und Lag] sowie am Ausmaß der Trendabweichung [Volatilität] beschrieben werden.

Um diese Muster aufzudecken, gibt es zwei Verfahren, die sich auf die beiden Sichtweisen einer Zeitreihe stützen. Wenn wir eine Zeitreihe als eine Folge von Zahlen betrachten, können wir mit Hilfe von **Zeitreihenmomenten**, wie Mittelwert, Standardabweichung und Korrelationskoeffizient, Reihen beschreiben. Interpretieren wir Zeitreihen als eine Überlagerung einer großen Zahl von Schwingungen mit je eigener Amplitude und Periode, können wir diese Reihen mit Hilfe der **Spektralanalyse** beschreiben und vergleichen. Die meisten jüngeren empirischen Untersuchungen greifen auf die einfachere Technik der Zeitreihenmomente zurück, auf die ich mich hier ebenfalls beschränke. Eine tiefergehende Auseinandersetzung mit den Techniken der

Zeitreihenanalyse bietet Abschnitt D.IV. Dort finden Sie auch präzise formale Definitionen der im folgenden nur inhaltlich umschriebenen statistischen Maße.

Abbildung A.III.1

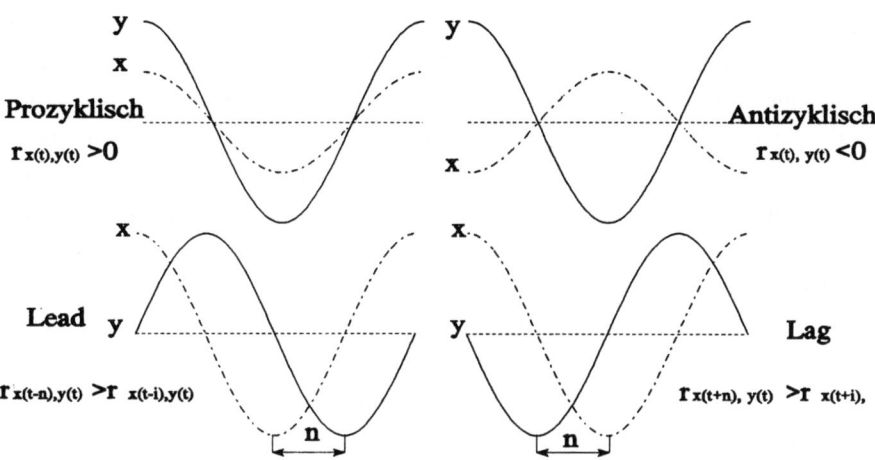

Man nennt eine Reihe x **prozyklisch**, wenn sie in etwa den gleichen zeitlichen Verlauf zeigt, wie eine als Indikator des Zyklus benutzte Reihe y [siehe Abbildung A.III.1]. Die Rolle dieses Indikators spielt zumeist die konjunkturelle Komponente des realen Sozialprodukts. Das Kriterium des gleichen zeitlichen Verlaufs kann man mit Hilfe des Korrelationskoeffizienten $r_{x(t\pm i),\ y(t)}$ beider Reihen messen, wobei $i=1, 2, ...$, die Zahl der Perioden angibt, um welche die Reihe x nach hinten [-] bzw. nach vorne [+] verschoben ist. Prozyklische [**antizyklische**] Reihen haben einen signifikant positiven [negativen] Korrelationskoeffizienten bei $i=0$.

Erreicht die zyklische Komponente einer Reihe x ihren Höhepunkt n Perioden vor [nach] dem Höhepunkt des Referenzzyklus, dann hat sie einen **Vorlauf** oder Lead [**Nachlauf** oder Lag] von n Perioden. In diesem Fall erreicht der Korrelationskoeffizient bei $i=n$ sein Maximum.

Eine Zeitreihe heißt **autokorreliert**, wenn der Korrelationskoeffizient zwischen jeweils um i Perioden voneinander entfernten Werten derselben Reihe signifikant von Null verschieden ist. Eine hohe positive Autokorrelation ist Ausdruck für das Beharrungsvermögen einer Variablen.

Ein empirisches Maß für das Verhältnis der Amplituden zweier Reihen x und y, d.h. für die **relative Volatilität** der Reihe x, ist der Quotient aus der

Standardabweichung der Reihe x, s_x, und der Standardabweichung der Referenzreihe, s_y.

Methode und Überblick

Mit Hilfe dieser Begriffe und durch Berechnen entsprechender Zeitreihenmomente werde ich nun die wichtigsten stilisierten Fakten des Konjunkturzyklus anhand von Daten für die Bundesrepublik Deutschland (in der Abgrenzung der alten Bundesländer) beschreiben. Allen Angaben liegt die zyklische Komponente der jeweiligen Zeitreihe zugrunde. Bis auf wenige Ausnahmen, die dieses Verfahren nicht zulassen, habe ich die zyklische Komponente stets nach derselben Methode berechnet: Die Ausgangsreihe wird logarithmiert; für diese Reihe wird ein HP-Trend geschätzt und von ihr abgezogen. Das Ergebnis ist (näherungsweise) die Abweichung der Ausgangsreihe von ihrem Trend in Prozent.[6]

Die aus den folgenden Tabellen abzulesenden Muster sind indes keineswegs landesspezifisch. Es gibt mittlerweile für viele Länder, wie etwa Österreich, Schweden, die USA und das Vereinigte Königreich, vergleichbare Untersuchungen, über deren Ergebnisse Tabelle A.III.1 informiert. Diese Tabelle liefert gleichzeitig einen Überblick über die Liste der am häufigsten genannten stilisierten Fakten des Konjunkturzyklus. Bemerkenswert daran ist, daß sich diese Muster, mit Ausnahme des zyklischen Verhaltens der Güterpreise, auch für die Zeit vor den beiden Weltkriegen bestätigen lassen.

Autokorrelation

Ein wesentliches Kennzeichen vieler makroökonomischer Zeitreihen ist die Autokorrelation ihrer zyklischen Komponente. Tabelle A.III.2 listet für einige Reihen deren Autokorrelationskoeffizienten bis zu einem maximalen Zeitabstand [Lag] von acht Perioden auf. Bei allen Reihen handelt es sich um Quartalsdaten.

Die Autokorrelation mit der um eine Periode verzögerten Reihe, *t-1*, ist bei allen Reihen am größten. Die Korrelationskoeffizienten sinken mit zunehmender zeitlicher Verzögerung, erreichen bei Lags von fünf und sechs Quartalen Werte in der Nähe von Null, um dann bei Lags von sieben und acht Quartalen deutlich negativ zu werden. Dieses Muster ist natürlich Ausdruck eines wellenförmigen Verlaufs. Zeitlich nahe beieinander liegende Werte haben dasselbe Vorzeichen, während weiter voneinander entfernte Beobachtungen entgegen-

---

6 Siehe hierzu auch Fußnote 26 im Abschnitt D.

Tabelle A.III.1

	Backus, Kehoe (1992)[a]	Blackburn, Ravn (1992)[a]	Brandner, Neusser (1990)[a]	Englund u.a. (1992)[a,b]	Hodrick, Prescott (1980)[a]	Kydland, Prescott (1990)[a]	Schebeck, Tichy (1984)[b]	Smeets (1992)[a]
Komponenten des Sozialprodukts[c]								
Privater Konsum	+	+	+	+	+	+		+
Öffentlicher Konsum	0	0	0		+	0		0
Investitionen (überdurchschnittliche Amplitude)	+	+		+	+	+	+	
Vorratsveränderung		+			+	+	+	
Außenbeitrag	–	–	–					
Produktion und Beschäftigung								
Enge Korrelation der sektoralen Produktion		+					+	+
Arbeitsproduktivität	+	+	0	0	+	+		+
Beschäftigung	+	+	+		+			+
Arbeitslosigkeit						+	+	+
Preise								
Preisniveau[d]	–	–	–		–		–	
Reallohn		+	+	+		+	0	
kurzfristige nominelle Zinsen					+			+
langfristige nominelle Zinsen					+			
Monetäre Variablen								
Geldmenge	0	+	+		+	+	+	+
Umlaufgeschwindigkeit		–			+	+		

Legende: a) Berechnung von Korrelationskoeffizienten für HP-gefilterte Reihen; b) Spektralanalyse (Berechnung der Kohärenz); c) + steht für prozyklisch, – steht für antizyklisch und 0 steht für kein erkennbares Muster, leere Felder bedeuten, der entsprechende Zusammenhang wurde in der Studie nicht untersucht; d) Die Ergebnisse gelten für die Periode nach dem Zweiten Weltkrieg; für die Zeit vor dem Ersten Weltkrieg und die Periode zwischen den beiden Weltkriegen findet man eine positive Korrelation.

gesetzte Vorzeichen besitzen: Hat die Reihe in der Periode t einen überdurchschnittlichen Wert, dann hat sie mit hoher Wahrscheinlichkeit auch in der Periode danach noch einen überdurchschnittlichen Wert, während sie etwa zwei Jahre später mit großer Sicherheit einen unterdurchschnittlichen Wert haben wird.

Dieses Muster findet man nicht nur bei den Mengengrößen, wie dem Bruttosozialprodukt und der Zahl der Beschäftigten, sondern auch bei Güterpreisen und Löhnen.

Tabelle A.III.2

Reihe[a]	t-1	t-2	t-3	t-4	t-5	t-6	t-7	t-8
Bruttosozialprodukt[b,c]	0,87	0,66	0,44	0,19	0,02	-0,14	-0,29	-0,41
	0,03	0,06	0,07	0,06	0,04	0,07	0,07	0,08
Privater Konsum[b,c]	0,87	0,77	0,62	0,40	0,27	0,07	- 0,09	- 0,23
	0,03	0,04	0,06	0,09	0,10	0,13	0,13	0,14
Bruttoinvestitionen der Gesamtwirtschaft[b,c]	0,88	0,75	0,59	0,39	0,26	0,09	- 0,09	- 0,23
	0,04	0,06	0,07	0,09	0,07	0,07	0,08	0,07
Arbeitsproduktivität[b,d] (je Stunde)	0,67	0,51	0,36	0,07	0,12	- 0,01	- 0,19	-0,35
	0,06	0,07	0,09	0,08	0,05	0,08	0,11	0,09
Beschäftigte[b] (Gesamtwirtschaft)	0,95	0,83	0,67	0,48	0,29	0,10	- 0,06	- 0,20
	0,01	0,02	0,04	0,05	0,06	0,06	0,06	0,05
Arbeitslose[b]	0,89	0,71	0,50	0,26	0,07	- 0,10	- 0,25	- 0,35
	0,04	0,07	0,09	0,12	0,12	0,12	0,12	0,11
Preisniveau[b,e] (Bruttosozialprodukt)	0,91	0,79	0,61	0,39	0,24	0,06	- 0,10	- 0,23
	0,02	0,03	0,04	0,05	0,05	0,05	0,04	0,04
Reallohn[b,f] (Produzenten)	0,62	0,51	0,38	0,07	0,12	- 0,08	- 0,24	- 0,38
	0,09	0,09	0,09	0,12	0,08	0,08	0,09	0,07

Legende: a) Die jeweils zweite Zeile einer Reihe enthält geschätzte Standardfehler; die Schätzungen sind konsistent bezüglich Autokorrelation und Heteroskedastizität der Residuen der Generalized Method of Moments (GMM); Konfidenzintervalle mit einer Irrtumswahrscheinlichkeit von 5% folgen aus rund ± 2×Standardfehler; siehe Maußner (1993) zum Schätzverfahren; b) HP-gefilterte natürliche Logarithmen, $\mu=1600$, von saisonbereinigten Quartalsdaten aus der Volkswirtschaftlichen Gesamtrechnung des Deutschen Instituts für Wirtschaftsforschung (DIW); c) in Preisen von 1985; d) Bruttoinlandsprodukt je Arbeitsstunde; e) Preisindex des Bruttosozialprodukts; f) Bruttoeinkommen aus unselbständiger Arbeit je Arbeitsstunde deflationiert mit dem Preisindex des Bruttosozialprodukts.

Komponenten des Sozialprodukts

Tabelle A.III.3 vermittelt einen Eindruck vom Verhalten der Komponenten des Bruttosozialprodukts. Alle Reihen sind in Preisen von 1985 und spiegeln mithin reale Größen. Referenzreihe des Zyklus ist das reale Bruttosozialprodukt. Die zweite Spalte gibt das Verhältnis der Standardabweichungen zwischen der in der ersten Spalte genannten Reihe und der Referenzreihe an. Die nachfolgenden Spalten enthalten die Korrelationskoeffizienten jener Reihen mit dem realen Bruttosozialprodukt. $t\pm i$, $i=0,1,2,3,4$, gibt an, um wieviele Quartale eine Reihe gegenüber der Referenzreihe nach hinten ($i<0$) bzw. nach vorne ($i>0$) verschoben ist.

Tabelle A.III.3

Reihe[a,b,c]	s_x/s_y	t-4	t-3	t-2	t-1	t	t+1	t+2	t+3	t+4
Privater Konsum[d,e]	0,94	0,28	0,44	0,56	0,67	0,74	0,68	0,60	0,49	0,36
	0,06	0,17	0,14	0,11	0,09	0,08	0,12	0,14	0,14	0,13
Öffentlicher Konsum[d,e]	0,89	-0,17	-0,15	-0,12	-0,05	0,02	0,10	0,20	0,28	0,41
	0,16	0,08	0,06	0,10	0,12	0,15	0,16	0,16	0,17	0,14
Anlageinvestitionen der Unternehmen[d,e]	2,86	0,28	0,48	0,64	0,78	0,85	0,76	0,62	0,47	0,29
	0,26	0,13	0,12	0,09	0,06	0,04	0,07	0,10	0,12	0,13
Anlageinvestitionen des Staates[d,e]	3,37	0,08	0,17	0,29	0,41	0,53	0,48	0,43	0,38	0,31
	0,48	0,13	0,14	0,15	0,15	0,14	0,14	0,14	0,13	0,13
Vorratsveränderung[d,f] (i.v.H. des BSP)	0,52	0,29	0,45	0,57	0,59	0,55	0,40	0,20	0,01	-0,23
	0,05	0,13	0,12	0,09	0,07	0,06	0,07	0,07	0,08	0,10
Außenbeitrag[d,f] (i.v.H. des BSP)	0,66	-0,38	-0,45	-0,48	-0,43	-0,36	-0,32	-0,31	-0,28	-0,22
	0,07	0,17	0,12	0,10	0,13	0,17	0,19	0,21	0,21	0,20

Legende: a) Wie in Tabelle A.III.2; b) Die Vergleichsreihe x ist in der ersten Spalte aufgeführt; s_x/s_y ist die Standardabweichung der Vergleichsreihe in Relation zur Standardabweichung der Referenzreihe; c) Die Referenzreihe y ist jeweils das Bruttosozialprodukt zu Preisen von 1985, Quartalsdaten von 1960/1 bis 1990/2, saisonbereinigt, aus der Volkswirtschaftlichen Gesamtrechnung des Deutschen Instituts für Wirtschaftsforschung (DIW); d) Quartalsdaten von 1960/1 bis 1990/2, in Preisen von 1985, saisonbereinigt, aus der Volkswirtschaftlichen Gesamtrechnung des DIW; e) HP-gefilterte natürliche Logarithmen, $\mu = 1600$; f) HP-gefiltert, $\mu = 1600$.

Die Tabelle bestätigt die Ergebnisse anderer Studien. Danach ist der Private Konsum prozyklisch und in etwa phasengleich mit dem Konjunkturzyklus. Die Konsumnachfrage hat praktisch dieselbe Volatilität wie das Bruttosozialprodukt.

Der Öffentliche Konsum zeigt nur bei einem Lag von vier Quartalen einen gut gesicherten Zusammenhang mit dem Konjunkturzyklus. Mit einer Verzögerung von etwa einem Jahr folgen demnach die Staatsausgaben der Konjunktur. Berücksichtigt man die zeitliche Verzögerung, mit der das Steueraufkommen auf Einkommensänderungen reagiert, deutet dieses Ergebnis darauf hin, daß sich die Ausgabenpolitik der Gebietskörperschaften eher an der Einnahmesituation denn an konjunkturpolitischen Erfordernissen orientiert. Schließlich müßte sich eine betont antizyklische Fiskalpolitik in einer negativen Korrelation mit dem Sozialprodukt niederschlagen.

Die Investitionen sind wie die Konsumnachfrage deutlich prozyklisch, ohne daß ein Vor- oder Nachlauf erkennbar wäre. Sie haben allerdings eine fast dreimal größere Streuung als Konsumnachfrage und Sozialprodukt. In etwa die gleiche Streuung besitzen auch die Anlageinvestitionen des Staates. Sie sind ebenfalls prozyklisch, und bestätigen damit, daß die Fiskalpolitik keineswegs antizyklisch ist.

Die Lagerinvestitionen der Unternehmen, gemessen an der Vorratsveränderung, sind prozyklisch mit einem Lead von einem Quartal. Der Außenbeitrag ist antizyklisch mit einem Lead von zwei Quartalen. Exporte wie Importe sind prozyklisch, so daß dieses Ergebnis darauf hinweist, daß die Importe im Konjunkturaufschwung stärker zunehmen als die Exporte.

Produktion und Beschäftigung

Der Konjunkturzyklus erfaßt mit wenigen Ausnahmen die Produktion aller Wirtschaftszweige. Das veranschaulicht Tabelle A.III.4. Sie zeigt für die in der ersten Spalte genannten Sektoren den Korrelationskoeffizienten der realen Bruttowertschöpfung dieses Sektors mit jener der in den Spalten zwei bis acht aufgeführten Sektoren. Kein statistisch gesicherter Zusammenhang besteht zwischen der Bruttowertschöpfung der Landwirtschaft und jener der anderen sieben Sektoren. Das gilt auch für den finanziellen Sektor, zu dem Kreditinstitute und Versicherungen zählen. Dagegen zeigen Handel, Verkehr und verarbeitendes Gewerbe einen engen konjunkturellen Verbund. Ebenfalls eng verbunden ist die Produktion des Verkehrssektors und des verarbeitenden Gewerbes mit der Energieversorgung samt Bergbau.

Tabelle A.III.5 enthält Ergebnisse für den Arbeitsmarkt. Die Arbeitsproduktivität, sowohl gemessen an der Produktion je Stunde wie je Beschäftigten, ist eindeutig prozyklisch. Dies widerspricht klar der einfachen Grenzproduktivitätstheorie: Wenn wir davon ausgehen, das Grenzprodukt der Arbeit sinke mit zunehmendem Arbeitseinsatz, und wenn wir weiter unterstellen, Arbeit sei kurzfristig der einzige variable Produktionsfaktor, dann müßte im Konjunkturaufschwung das Grenz- und mithin auch das Durchschnittsprodukt der Arbeit sinken. Die Arbeitsproduktivität wäre dann antizyklisch.

Die Zahl der Beschäftigten in der Privatwirtschaft ist erwartungsgemäß prozyklisch und hat keine ausgeprägte Phasenverschiebung zum Referenzzyklus. Hingegen folgt die Zahl der Beschäftigten beim Staat dem Sozialprodukt mit einem Lag von etwa einem Jahr. Auch dies ist wieder ein Indiz für das verzögert prozyklische Verhalten der Gebietskörperschaften. Allerdings variiert die Zahl der Beschäftigten beim Staat weit weniger als die Zahl der Beschäftigten in der Privatwirtschaft.

Tabelle A.III.4

Wirtschaftszweig[a,b]	1	2	3	4	5	6	7	8
1 Land- und Forstwirtschaft[c]	1,00	-0,23	-0,01	-0,17	-0,13	-0,18	-0,05	-0,12
		0,13	0,02	0,10	0,10	0,11	0,08	0,12
2 Sonstige Dienstleistungs- unternehmen[d]		1,00	0,39	0,70	0,46	0,51	0,70	0,31
			0,25	0,05	0,16	0,11	0,08	0,14
3 Kreditinstitute und Versicherungen[d]			1,00	0,36	0,35	0,30	0,29	0,12
				0,18	0,11	0,13	0,22	0,12
4 Handel[c]				1,00	0,70	0,84	0,66	0,54
					0,07	0,03	0,09	0,10
5 Verkehr[c]					1,00	0,81	0,39	0,75
						0,08	0,15	0,07
6 Verarbeitendes Gewerbe[c]						1,00	0,49	0,65
							0,15	0,08
7 Baugewerbe[c]							1,00	0,28
								0,13
8 Energieversorgung und Bergbau[c]								1,00

Legende: a) Wie in Tabelle A.III.2; b) Bruttowertschöpfung des jeweiligen Wirtschaftszweigs in Preisen von 1985; saisonbereinigte Quartalsdaten von 1960/3 bis 1989/4 aus der Volkswirtschaftlichen Gesamtrechnung des DIW; HP-gefilterte natürliche Logarithmen, $\mu = 1600$; c) Als saisonbereinigte Daten übernommen; d) Saisonbereinigt mit dem gleitenden Durchschnitt aus Abschnitt D.IV.4.

Die Zahl der Arbeitslosen ist natürlich ausgeprägt antizyklisch. Sie zeigt keine Phasenverschiebung zum Konjunkturzyklus, ist aber erheblich größeren Schwankungen unterworfen als das Sozialprodukt.

Preise

Das Preisniveau ist eine Variable, deren zyklisches Verhalten einen Strukturbruch zeigt. Nach der Studie von Backus und Kehoe (1992) ist das Preisniveau vor den beiden Weltkriegen prozyklisch, während es nach den Weltkriegen antizyklisch ist. Tabelle A.III.6 bestätigt das Ergebnis für die Nachkriegszeit in Deutschland. Beide Indikatoren des Preisniveaus, der Preisindex des Privaten Verbrauchs und der Preisindex des Bruttosozialprodukts, sind antizyklisch. Die beiden Korrelationskoeffizienten erreichen bei einem Lead

Tabelle A.III.5

Reihe[a,b,c]	s_x/s_y	t-4	t-3	t-2	t-1	t	t+1	t+2	t+3	t+4
Arbeitsproduktivität[d,e]	0,60	0,32	0,48	0,58	0,68	0,67	0,50	0,32	0,08	-0,07
(je Stunde)	0,10	0,11	0,12	0,09	0,05	0,04	0,04	0,05	0,08	0,08
Arbeitsproduktivität[d,e]	0,65	0,33	0,48	0,59	0,66	0,68	0,39	0,10	-0,15	-0,40
(je Beschäftigten)	0,08	0,12	0,10	0,07	0,04	0,04	0,04	0,03	0,03	0,04
Beschäftigte[d,e]	0,85	-0,05	0,15	0,36	0,58	0,75	0,84	0,83	0,76	0,62
(Privatwirtschaft)	0,03	0,07	0,09	0,10	0,10	0,08	0,06	0,05	0,07	0,10
Beschäftigte[d,e]	0,47	-0,30	-0,25	-0,18	-0,10	-0,02	0,05	0,15	0,29	0,45
(Staat)	0,06	0,09	0,09	0,08	0,08	0,06	0,07	0,09	0,11	0,11
Arbeitslose[d,e]	16,62	-0,19	-0,39	-0,59	-0,77	-0,86	-0,81	-0,67	-0,49	-0,28
	1,89	0,09	0,09	0,09	0,07	0,04	0,05	0,05	0,07	0,09

Legende: a), b) und c) wie in Tabelle A.III.3; d) Quartalsdaten von 1960/1 bis 1990/2, saisonbereinigt; aus der Volkswirtschaftlichen Gesamtrechnung des DIW; e) Wie in Tabelle A.III.3.

von vier Quartalen jeweils ein Minimum. Diese Werte sind statistisch auch gut gesichert. Demnach leiten Preissenkungen mit einem Vorlauf von etwa einem Jahr den Konjunkturaufschwung ein.

Beim Reallohn muß man zwischen dem Reallohn der Produzenten und dem der Konsumenten unterscheiden. Der Reallohn der Produzenten entspricht den realen Lohnkosten je Arbeitsstunde, der Reallohn der Konsumenten der Kaufkraft der Nettolöhne. Die gesamten Lohnkosten der Wirtschaft erfaßt das Bruttoeinkommen aus unselbständiger Arbeit, also die Summe aus Arbeitgeberbeiträgen zur Sozialversicherung und der Bruttolohn- und -gehaltssumme. Diese Größe, bezogen auf das Arbeitsvolumen in Stunden und deflationiert mit dem Preisindex des Bruttosozialprodukts, habe ich als Indikator des Produzentenreallohns gewählt. Als Indikator des Konsumentenreallohns habe ich die Nettolohn- und -gehaltssumme je Arbeitsstunde, deflationiert mit dem Preisindex des Privaten Verbrauchs gewählt. Beide Indikatoren des Reallohns sind prozyklisch mit einem Lag von zwei bis drei Quartalen. Dieses Ergebnis überrascht, weil es der einfachen Grenzproduktivitätstheorie der Entlohnung widerspricht. Nach dieser müßte im Aufschwung, bei sinkendem Grenzprodukt der Arbeit, der Reallohn sinken. Wie die Arbeitsproduktivität, müßte der Reallohn folglich antizyklisch sein. Es ist daher nicht verwunderlich, daß sich eine Vielzahl empirischer Arbeiten mit diesem Zusammenhang befaßt. Dabei werden nicht nur einfache Korrelationen berechnet, sondern methodisch aus-

Tabelle A.III.6

Reihe[a,b,c]	s_x/s_y	t-4	t-3	t-2	t-1	t	t+1	t+2	t+3	t+4
Preisniveau[d,e]	0,70	-0,58	-0,58	-0,54	-0,47	-0,38	-0,29	-0,18	-0,07	0,05
(Privater Verbrauch)	0,14	0,10	0,12	0,14	0,16	0,16	0,15	0,16	0,17	0,17
Preisniveau[d,e]	0,58	-0,40	-0,41	-0,37	-0,27	-0,11	0,07	0,24	0,39	0,48
(Bruttosozialprodukt)	0,08	0,06	0,10	0,16	0,21	0,25	0,26	0,25	0,24	0,20
Reallohn[d,e]	0,70	-0,23	-0,12	0,03	0,22	0,39	0,55	0,65	0,64	0,63
(Produzenten)	0,06	0,08	0,12	0,14	0,15	0,12	0,12	0,10	0,10	0,09
Reallohn[d,e]	1,19	0,06	0,14	0,21	0,31	0,40	0,50	0,58	0,62	0,63
(Konsumenten)	0,13	0,09	0,11	0,13	0,15	0,14	0,13	0,11	0,09	0,08
Kurzfristiger	15,20	-0,44	-0,24	0,01	0,27	0,49	0,65	0,73	0,71	0,61
Nominalzins[e,f]	1,75	0,07	0,07	0,08	0,07	0,07	0,07	0,06	0,05	0,06
Langfristiger	5,69	-0,59	-0,46	-0,27	-0,06	0,13	0,28	0,38	0,44	0,46
Nominalzins[e,f]	1,28	0,08	0,08	0,07	0,07	0,07	0,08	0,09	0,10	0,09

Legende: a), b) und c) wie in Tabelle A.III.2; d) wie in Tabelle A.III.5; e) Wie Tabelle A.III.3; f) Dreimonatsdurchschnitte aus Monatsdaten von 1960/1 bis 1990/6; saisonbereinigt mit dem gleitenden Durchschnitt aus Abschnitt D.IV.4; die Rohdaten hat mir die Deutsche Bundesbank zur Verfügung gestellt, der ich dafür herzlich danke.

gefeiltere Hypothesentests benutzt. Einige Studien, wie Neftci (1978) und Sargent (1978), finden das theoretisch erwartete Ergebnis. Allerdings zeigt die Arbeit von Geary und Kennan (1982), daß diese Ergebnisse mit der Wahl des Preisindexes und der Untersuchungsperiode zu tun haben. Ihre eigenen Tests weisen auf die zyklische Unabhängigkeit des Reallohns hin. Eine jüngere Studie von Garman und Richards (1992) stützt wieder den Befund prozyklischer Reallöhne. Vorsichtig formuliert kann man den Schluß ziehen, der Reallohn sei zumindest nicht antizyklisch.

Der kurzfristige Nominalzins, gemessen am Zins für Dreimonatsgelder, ist prozyklisch. Er folgt der allgemeinen Konjunkturentwicklung mit einer Verzögerung von etwa zwei Quartalen und ist wesentlich volatiler als das Sozialprodukt. Ebenfalls prozyklisch, wenngleich weniger stark ausgeprägt und mit einem Nachlauf von einem Jahr, ist der langfristige Nominalzins. Der Indikator für ihn ist die Umlaufrendite von Inhaberschuldverschreibungen mit einer Restlaufzeit von mehr als drei Jahren.

Monetäre Variable

Die Geldmengenaggregate M1 und M2 sind prozyklisch, wobei M1 gegenüber dem Sozialprodukt einen Lead von einem Jahr besitzt, während M2 einen Lag von einem Jahr aufweist.[7] Beide Reihen zeigen stärkere konjunkturelle Ausschläge als das Sozialprodukt.

Die Umlaufgeschwindigkeit von M1, V1, ist der Quotient aus dem nominellen Bruttosozialprodukt und der Geldmenge. Sie ist mit einem Lead von einem Jahr deutlich antizyklisch. Dagegen ist die Umlaufgeschwindigkeit von M2, V2, mit einem Lag von einem Jahr antizyklisch.

Tabelle A.III.7

Reihe[a,b,c]	s_x/s_y	t-4	t-3	t-2	t-1	t	t+1	t+2	t+3	t+4
Geldmenge M1[d,e]	1,80	0,76	0,75	0,64	0,43	0,18	-0,03	-0,20	-0,29	-0,29
	0,20	0,08	0,09	0,10	0,12	0,14	0,16	0,18	0,18	0,16
Geldmenge M2[d,e]	2,17	-0,35	-0,21	-0,03	0,17	0,34	0,49	0,58	0,61	0,61
	0,19	0,07	0,08	0,13	0,16	0,19	0,21	0,19	0,14	0,09
Umlaufgeschwindigkeit[e,f] (bezogen auf M1)	2,00	-0,71	-0,61	-0,41	-0,12	0,21	0,37	0,47	0,48	0,39
	0,21	0,08	0,09	0,10	0,12	0,14	0,14	0,16	0,15	0,13
Umlaufgeschwindigkeit[e,f] (bezogen auf M2)	1,94	0,37	0,31	0,20	0,09	0,00	-0,19	-0,36	-0,48	-0,57
	0,16	0,15	0,14	0,15	0,18	0,23	0,25	0,25	0,21	0,15

Legende: a) und b) wie in Tabelle A.III.3; c) Die Referenzreihe y ist jeweils das Bruttosozialprodukt von 1969/1 bis 1990/2 zu Preisen von 1985; saisonbereinigt; aus der Volkswirtschaftlichen Gesamtrechnung des DIW; d) Dreimonatsdurchschnitte aus saisonbereinigten Monatsdaten von 1969/1 bis 1990/6; die Rohdaten hat mir die Deutsche Bundesbank zur Verfügung gestellt, der ich dafür herzlich danke; e) Wie in Tabelle A.III.3; f) Bruttosozialprodukt in jeweiligen Preisen (saisonbereinigte Quartalsdaten von 1969/1 bis 1990/2 aus der Volkswirtschaftlichen Gesamtrechnung des DIW) bezogen auf die jeweilige Geldmenge.

Dieses Muster gleicht demjenigen, das Blackburn und Ravn (1992), S. 391, für das Vereinigte Königreich aufdecken. Hingegen zeigt die Untersuchung von Kydland und Prescott (1990), S. 13, für die Vereinigten Staaten von Ame-

---

7 Die Geldmenge M1 umfaßt den Bargeldbestand der öffentlichen und privaten Nichtbanken sowie die Sichteinlagen inländischer Nichtbanken bei Kreditinstituten in der Bundesrepublik Deutschland. Addiert man zu M1 die Termineinlagen [Fristigkeit kleiner als vier Jahre] inländischer Nichtbanken bei Kreditinstituten in der Bundesrepublik Deutschland, so gelangt man zur Geldmenge M2.

rika, daß V1 mit einem Lag von einem Quartal prozyklisch ist. V2 hat für alle berechneten Leads negative und für die Lags positive Korrelationskoeffizienten. Dieses Ergebnis ist geradezu spiegelbildlich zu dem in Tabelle A.III.7 ausgewiesenem Muster. Kydland und Prescott (1990) werten ihren Befund als Indiz für eine prozyklische Umlaufgeschwindigkeit. Diesen Schluß kann man aus den deutschen und britischen Daten nicht ziehen, so daß für die Umlaufgeschwindigkeit keine eindeutige Aussage möglich ist. Die vergleichsweise große Volatilität aller vier in Tabelle A.III.7 aufgeführten Variablen bestätigen indes beide Studien.

IV. Entwicklungslinien der Konjunkturtheorie

Dieser Abschnitt soll eine grobe Vorstellung von der Ideengeschichte der Konjunkturtheorie vermitteln sowie Stoffauswahl und Gliederung der nachfolgenden Kapitel motivieren. Er ist nicht als umfassender, alle Schattierungen und Personen berücksichtigender Überblick gedacht und kann daher eine dogmengeschichtliche Auseinandersetzung nicht ersetzten. Nach seiner Lektüre sollten Sie Konjunkturtheorien nach verschiedenen Gesichtspunkten klassifizieren können und einige wiederkehrende Erklärungsmuster erkannt haben.

Die Vorläufer

Die Konjunkturtheorie entsteht in der zweiten Hälfte des vorigen Jahrhunderts. Sowohl Wesley Mitchell (1927), S. 452, als auch Joseph Schumpeter (1939), S. 163, schreiben Clémont Juglar (1819-1905) die Erkenntnis zu, die wirtschaftlichen Krisen des 18. und 19. Jahrhunderts seien keine voneinander isolierten Ereignisse, sondern jeweils die Tiefpunkte wiederkehrender Phasen wirtschaftlicher Blüte und wirtschaftlichen Niedergangs. Erst nach dieser Entdeckung des Konjunkturzyklus kann die Konjunkturtheorie als ein eigenständiges Forschungsgebiet entstehen. Selbstverständlich greifen die ersten Erklärungsversuche auf das vorhandene ökonomische Wissen zurück. Insofern reichen die Ansätze der Konjunkturtheorie bis ins 18. Jahrhundert. In der Literatur jener Zeit werden bereits diejenigen gegensätzlichen Auffassungen über die Eigenschaften marktlicher Koordination formuliert, die noch heute die Konjunkturtheorie prägen.[8]

---

8 Einen umfassen Überblick über die Geschichte der ökonomischen Theorie gibt Blaug (1985). Eine eher selektive Darstellung, die insbesondere die formale Struktur der jeweiligen Ansätze hervorhebt, ist Negishi (1989). Kurzbiographien der in den folgenden Abschnitten mit ihren Lebensdaten bezeichneten Personen enthält The New Palgrave (1987), ein vierbändiges wirtschaftswissenschaftliches Lexikon.

Adam Smith (1723-1790) geht davon aus, der Preismechanismus steuere gleich einer unsichtbaren Hand die ihrem Eigeninteresse verpflichteten Handlungen der Menschen. Diese Vorstellung präzisiert Léon Walras (1834-1910) im Konzept des **Allgemeinen Gleichgewichts**. Er betrachtet eine perfekte Koordination wirtschaftlicher Entscheidungen als Lösung eines Systems von Gleichungen, die Angebot und Nachfrage auf den Märkten als Funktionen der Preise aller Güter beschreiben. Die Diskussion in der ersten Hälfte des 19. Jahrhunderts ist nach unserem heutigen Sprachgebrauch im wesentlichen eine Auseinandersetzung über Stabilität des so definierten Gleichgewichts.

Vor allem James Mill (1773-1836), David Ricardo (1772-1823) und Jean-Baptiste Say (1826-1896) vertreten die Stabilitätsthese. Ihr Argument ist als **Gesetz von Say** in die Lehrbücher eingegangen. Es besagt, daß es keinen allgemeinen Nachfragemangel, der zur Unterbeschäftigung führt, geben kann. Das Argument folgt aus der Betrachtung einer Naturaltauschwirtschaft: Jedes Wirtschaftssubjekt, das in dieser Wirtschaft Güter über seinen Eigenbedarf hinaus herstellt, verfolgt damit den Zweck, den Überschuß gegen andere von ihm gewünschte Produkte einzutauschen. Wenn es die Tauschrelationen zwischen seinem Produkt und den von ihm gewünschten Produkten kennt, dann muß der Wert seiner Produktion genau dem Wert der von ihm geplanten Nachfrage entsprechen. Addiert man die Pläne aller Wirtschaftssubjekte, so erkennt man, daß der Wert des gesamtwirtschaftlichen Güterangebots dem Wert der Nachfrage entspricht. Ein allgemeines Überangebot kann es mithin nicht geben. Möglich sind nur strukturelle Ungleichgewichte, d.h. es kann einzelne Märkte mit einem Angebotsüberschuß geben, während gleichzeitig auf anderen Märkten die Nachfrage das Angebot übersteigt. Reagieren die Tauschrelationen der Güter rasch auf Marktungleichgewichte, sind diese strukturellen Ungleichgewichte nur von kurzer Dauer. Dieses Argument gilt auch für eine Geldwirtschaft, in der Geld nur als Zahlungsmittel und Recheneinheit dient. Produktionswert und Nachfragewert weichen indes dann voneinander ab, wenn die Wirtschaftssubjekte einen Teil ihres Einkommens aus der Gegenwart in Form von Geld in die Zukunft übertragen, d.h. Ersparnisse horten. Das Gesetz von Say beruht mithin auf zwei Annahmen: Der Flexibilität der Preise und der alleinigen Funktion des Geldes als Zahlungsmittel und Recheneinheit. Wenn Geld nur zum Zweck des Tausches gehalten wird und die Güterpreise flexibel sind, dann gilt auch die **Quantitätstheorie des Geldes**. Nach ihr sind Geldmenge und Preisniveau direkt proportional: Steigt die Geldmenge um ein Prozent, dann nimmt auch das Preisniveau um ein Prozent zu.

James Lauderdale (1759-1839), Thomas Malthus (1766-1834) und Simonde de Sismondi (1773-1842) lehnen das Gesetz von Say ab. Lauderdale und Malthus gehen davon aus, es gebe nur eine begrenzte Menge rentabler Investitionsmöglichkeiten. Malthus begründet dies mit den kurzfristig begrenzten Bedürfnissen der Menschen. Ersparnisse, welche die Investitionen und später die Produktion erhöhten, führten leicht zur Sättigung. Das Überangebot könne nicht abgesetzt werden und die Verluste der Produzenten ließen anschließend die Produktion kumulativ zurückgehen. Damit unterstellt er - modern formuliert - die Konsumnachfrage sei kurzfristig preisunelastisch, so daß der Preismechanismus nicht greifen kann. Sismondi sieht in dem Wunsch nach Freizeit die Ursache für eine mangelnde Konsumnachfrage. Er schließt damit aus, die Preise könnten Arbeitsangebot und Konsumnachfrage genügend beeinflussen, um Produktion und Absatz auszugleichen.

Ansätze zu einer Konjunkturtheorie liefert Karl Marx (1818-1883), wenngleich sein Anspruch viel weiter geht: Er sucht innere Widersprüche einer auf Privateigentum gründenden Marktwirtschaft aufzudecken. Der Kapitalismus, so nennt Marx diese Wirtschaftsform, zerbricht an seiner eigenen Logik. Ihm folgt notwendigerweise der Kommunismus, der mit der Beseitigung des Privateigentums die kapitalistischen Widersprüche aufhebt. Marx Krisentheorie beruht auf der Annahme einer konstanten Arbeitsproduktivität. Er unterscheidet zwischen variablem Kapital und konstantem Kapital. Das konstante Kapital umfaßt die von den Unternehmen zur Verfügung gestellten Produktionsmittel. Das variable Kapital sind die den Arbeitern bezahlten Löhne. Der **Mehrwert** ist die Differenz zwischen dem Arbeitsertrag und den Lohnkosten. Die Profitrate definiert Marx als Quotient aus Mehrwert und der Summe aus variablem und konstantem Kapital. Das Gewinnstreben der Unternehmen führt zur Akkumulation von konstantem Kapital. Bei konstanter Arbeitsproduktivität muß die Profitrate sinken. Dadurch geht die Investitionsnachfrage geht zurück und es kommt zu Entlassungen. Die Arbeitslosigkeit steigt und senkt die Löhne, so daß der Mehrwert wächst. Gleichzeitig haben Konkurse einen Teil des konstanten Kapitals entwertet und damit erneut Investitionsmöglichkeiten eröffnet. Erhöhte Gewinne und neue Investitionsmöglichkeiten schaffen die Grundlage für einen neuen Aufschwung. Indes können Krisen und damit einhergehende Lohnsenkungen den Fall der Profitrate auf Dauer nicht verhindern. Die kapitalistische Wirtschaft zerbricht an sich verschärfenden Krisen und wachsenden sozialen Spannungen.

Erste Konjunkturtheorien

Eine Systematik und einen Überblick über die ersten Konjunkturtheorien gibt eine von Gottfried von Haberler (1937) im Auftrag des Völkerbundes erstellte Studie. Darin unterscheidet von Haberler fünf Gruppen von Konjunkturtheorien: (1) Rein monetäre Theorien, (2) Überinvestitionstheorien, (3) Unterkonsumptionstheorien, (4) psychologische Theorien und (5) Erntetheorien.

(1) Ralph Hawtrey (1879-1975) sieht den Konjunkturzyklus als **rein monetäres Phänomen**. Die Kreditgewährung der Geschäftsbanken spielt die zentrale Rolle in seiner Theorie. Ein Aufschwung kommt zustande, wenn die Banken den Kreditzins senken. Darauf reagiert der Handel mit einer Ausdehnung seiner Lagerbestände. Um die Nachfrage des Handels befriedigen zu können, müssen die Hersteller ihre Produktion erhöhen, so daß das Einkommen der Haushalte steigt. Dadurch wächst die Konsumnachfrage, was den Handel wiederum veranlaßt, die Lager weiter aufzustocken. Ein kumulativer Prozeß setzt ein. Im Zuge des Aufschwungs nimmt nach und nach der Bargeldbedarf der Haushalte zu. Das führt zu einem Abfluß von Zentralbankgeld bei den Geschäftsbanken. Stellt die Notenbank nicht bereitwillig und zu unveränderten Kosten Zentralbankgeld zur Verfügung, können die Geschäftsbanken den wachsenden Kreditbedarf nur zu höheren Zinsen befriedigen. Dies ist insbesondere im Fall eines Goldwährungssystems zu erwarten, wie es in den meisten Industrieländern in der Zeit von 1880 bis 1914 und 1925 bis 1931 herrschte. Der Preisanstieg im Zuge des Aufschwungs begünstigt die Importe und benachteiligt die Exporte. Die Verschlechterung der Handelsbilanz führt zu einem Abwertungsdruck. Stehen in- und ausländische Währung in einer festen Parität zum Gold, kommt es anstelle einer Abwertung zum Goldexport. Da die Zentralbankgeldmenge mit dem Goldbestand verbunden ist, sinkt die Zentralbankgeldmenge. Damit verbunden steigen die Zinsen und beenden den Aufschwung, denn der Handel baut infolge der hohen Zinsen seine Lagerbestände ab. Der Nachfrageausfall bei den Herstellern senkt die Beschäftigung, und die Einkommen der Haushalte sinken. Die Konsumgüternachfrage geht zurück und verstärkt die konjunkturelle Talfahrt. Im Zuge des Abschwungs geht der Bargeldbestand der Nichtbanken zurück. Preissenkungen verschlechtern die Terms of Trade. Die Handelsbilanz verbessert sich und es kommt zu Goldimporten. Die Zentralbankgeldmenge kann wieder steigen. Der Kreditspielraum der Geschäftsbanken erweitert sich, worauf diese mit einer Senkung der Zinsen reagieren und so einem erneuten Aufschwung den Weg bereiten.

(2) Die **Überinvestitionstheorien** sehen die Ursache für Konjunkturzyklen in einem permanenten Mißverhältnis zwischen der Produktion von Investitionsgütern und Konsumgütern. Eine ausgewogene Produktionsstruktur liegt vor, wenn die geplanten Ersparnisse mit der Nachfrage nach Ersatz- und Erweiterungsinvestitionen übereinstimmen. Die Vertreter der **monetären Überinvestitionstheorie**, wie etwa Friedrich August von Hayek (1899-1992) und Wilhelm Röpke (1899-1966), gehen davon aus, daß die Geschäftsbanken

einen Aufschwung auslösen. Billige Kredite senken die Kosten einer kapital-
intensiveren Produktion. Die Nachfrage nach Produktivgütern - nicht wie bei
Hawtrey nach Endprodukten - steigt. Nach den Vertretern der **nicht-mone-
tären Überinvestitionstheorie**, zu denen u.a. Gustav Cassel (1866-1944)
und Arthur Spiethoff (1873-1957) zählen, lösen Investitionen den Aufschwung
aus, mit denen neue Märkte erschlossen oder neue Produktionstechniken
durchgesetzt werden. Bankkredite ermöglichen diese Projekte, lösen sie aber
nicht aus. Der anfängliche Impuls erhöht die Produktion der Investitionsgüterindustrie. Die Einkommen der Haushalte wachsen. Sobald die Kapazitäten
der Konsumgüterindustrie ausgelastet sind, fragt diese weitere Produktionsmittel nach. Dabei kann es zu einer Verstärkung des ursprünglichen Impulses
kommen. Nehmen wir an, bei einer gegebenen Preisstruktur werden zur Produktion von Konsumgütern im Wert von 100 DM Maschinen im Wert von 500
DM benötigt. Wenn die Konsumnachfrage nun um zehn Prozent wächst und
die Kapazität der Konsumgüterindustrie ausgeschöpft ist, muß diese ihre
Kapazität um zehn Prozent erhöhen. Das bedeutet, daß die zusätzliche Produktion der Konsumgüterindustrie von 10 DM eine zusätzliche Nachfrage von
50 DM in der Investitionsgüterindustrie schafft. Bliebe in der Folgeperiode die
Konsumnachfrage bei 110 DM, würde die zusätzliche Nachfrage nach Produktivgütern auf Null fallen. Dieses **Akzeleratorprinzip**, auf das u.a. Albert
Aftalion (1874-1956), John B. Clark (1847-1938) und Roy Harrod (1900-1978)
hinweisen, kann somit den Aufschwung verstärken, aber bei dessen Erlahmen
auch den Abschwung einleiten. Der Aufschwung wird gebremst, weil die Ersparnisse letztlich nicht mit der Investition schritthalten. Kommt der Kredit-
boom durch die schon von Hawtrey genannten Gründe zum Stocken, müssen
die Banken die Zinsen erhöhen. Eine Reihe der noch in der Aufbauphase
befindlichen Investitionsprojekte kann nicht weiter finanziert werden. Vorhandene, kapitalintensive Produktionstechniken werden unrentabel. Die Nachfrage nach Erweiterungs- und Ersatzinvestitionen läßt nach oder sinkt. Die
Einkommen der Haushalte stagnieren, und der Akzeleratoreffekt leitet den
Abschwung ein.

Auch in der Konjunkturtheorie Joseph Schumpeters (1883-1950) spielen
Investitionen eine zentrale Rolle. Im Gegensatz zu den Überinvestitionstheorien geht Schumpeter allerdings davon aus, daß es keinen permanenten
Gleichgewichtspfad gibt, um den Produktion und Einkommen schwanken. Für
Schumpeter (1939) verläuft die wirtschaftliche Entwicklung in Schüben. Diese
werden durch grundlegende technische Neuerungen, wie die Entdeckung der
Dampfkraft oder der Elektrizität, eingeleitet. Es obliegt weitsichtigen und
risikobereiten Unternehmerpersönlichkeiten, Schumpeters **dynamischen Unternehmern**, die aus diesen Entdeckungen erwachsenden Möglichkeiten in

grundlegend neuen Herstellungsverfahren und neuen Produkten umzusetzen. Sie lösen damit einen tiefgreifenden Strukturwandel aus, der den Aufschwung einer langen Welle der wirtschaftlichen Entwicklung markiert. Die kürzeren Juglar- und Kitchinzyklen sind die Folge von Innovationen, die das neu geschaffene technologische Potential mehr und mehr ausschöpfen. Ihre Fristigkeit folgt im wesentlichen aus der Ausreifungszeit der Investitionsprojekte, mittels derer die jeweiligen Innovationen durchgesetzt werden. Der Erfolg dynamischer Unternehmer zieht viele Nachahmer an. Sie sorgen dafür, daß die anfängliche Monopolstellung der wenigen Pionierunternehmen abgebaut wird. Das zusätzliche Angebot führt zu sinkenden Preisen, so daß die Nachfrage nach den neuen Verfahren und Produkten steigt. Das Neue verdrängt überholte Techniken und veraltete Erzeugnisse. Wenn die so neu geschaffenen Märkte gesättigt sind und die Erwartungen auf weiterhin überdurchschnittliche Gewinne enttäuscht werden, setzt der Abschwung ein. Abschwung und Konjunkturtief erfüllen eine wichtige Aufgabe. Sie setzen Ressourcen frei, die durch Fehlinvestitionen in der Euphorie des Aufschwungs gebunden wurden. Diese Ressourcen können Pionierunternehmen nutzen, die einem neuen Aufschwung den Weg bereiten.

(3) Die **Unterkonsumptionstheorien** sind eher eine Reihe von Argumenten, die versuchen, den Abschwung zu erklären. Eine eigenständige Erklärung des Konjunkturzyklus bieten sie nicht. Die Idee, mangelnde Konsumnachfrage könne zur Unterbeschäftigung führen, taucht, wie wir gesehen haben, bereits bei Lauderdale, Malthus und Sismondi auf. Sie findet sich später bei vielen Autoren, deren Argumente von Haberler (1937) in seinem Kapitel zur Unterkonsumptionstheorie zusammenfaßt. Er unterscheidet zwei Argumentationslinien. Die erste, vertreten u.a. von John Hobson (1858-1940), kehrt gewissermaßen das Argument der Überinvestitionstheorie in ihr Gegenteil. Nicht ein Mangel, sondern eine zu große Ersparnis leitet den Abschwung ein. Der von ihr getragene Aufschwung der Produktionsgüterindustrie führt dazu, daß am Ende der Ausreifungszeit der Investitionen die Konsumgütermärkte gleichsam mit neuen Produkten überschwemmt werden. Die Preise verfallen und Verluste entstehen. In der Folge sinkt die Investitionsnachfrage der Konsumgüterindustrie. Der Rückgang der Produktion von Investitionsgütern und damit der Einkommen der Haushalte senkt die Konsumnachfrage. Der Abschwung setzt ein. Die zweite Argumentationsline, die u.a. Emil Lederer (1882-1939) vertritt, erklärt die mangelnde Konsumnachfrage damit, daß im Aufschwung die Preise zunächst stärker steigen als die Löhne, wodurch sich die Einkommensverteilung zugunsten der Kapitaleinkommensbezieher verschiebt. Diese haben eine höhere Sparquote, so daß die Konsumnachfrage der Gesamtwirt-

schaft zurückgeht. Über die Investitionsnachfrage der Konsumgüterindustrie setzt dann wiederum ein kumulativer Abschwungsprozeß ein.

(4) Wie die Unterkonsumptionstheorie, so sind auch die **psychologischen Theorien** keine eigenständigen Konjunkturtheorien. Vielmehr verweisen verschiedene Autoren, namentlich Arthur C. Pigou (1877-1959) und John M. Keynes (1883-1946), auf die Bedeutung von Preis- und Absatzerwartungen als mögliche Verstärker für Aufschwung und Abschwung. Die während eines Aufschwungs anfallenden Gewinne der Unternehmen führen zu einer positiven Grundstimmung, die dazu veranlaßt, die Rentabilität von Investitionen zu überschätzen. Sobald die Realität die Erwartungen enttäuscht, kommt es umgekehrt zu einem übertriebenen Pessimismus. Dieser führt zu einer überzogenen Einschränkung der Investitionen, die dann den Abschwung beschleunigt.

(5) In einer Zeit, in der die Landwirtschaft noch einen wesentlich größeren Beitrag zum Sozialprodukt lieferte, ist es nicht erstaunlich, daß man den Konjunkturzyklus mit **Ernteschwankungen** in Verbindung bringt. Gute Ernten erhöhen die Nachfrage des Agrarsektors nach industriellen Produkten. Die Produktion der Konsum- und Investitionsgüterindustrie steigt und induziert zusätzliche Nachfrage der Industriearbeiter. Ein Konjunkturaufschwung beginnt. Umgekehrt senken schlechte Ernten die Nachfrage der Landwirte nach Industrieprodukten und können so einen Abschwung einleiten. Namentlich Henry Moore (1869-1958) und William S. Jevons (1835-1882) vertreten diese These. Ihre Überlegungen beruhen auf der Beobachtung, daß Erntezyklen und Konjunkturzyklen in etwa synchron verlaufen. Ein Zusammenhang, der mit Blick auf die in Tabelle A.III.4 ausgewiesenen Korrelationskoeffizienten heute sicher nicht mehr festzustellen ist. Jevons vergleicht die Zyklen der Sonnenaktivität, die an den bekannten Sonnenflecken gemessen werden, mit den Erntezyklen. Er schließt daraus, daß die Ernteschwankungen und über sie die Konjunkturzyklen auch auf kosmischen Einflüssen beruhen.

Konjunkturtheorie im Anschluß an Keynes[9]

Die eben skizzierten Konjunkturtheorien verweisen mehr oder weniger deutlich auf eine Reihe von Faktoren, die wir heute mit dem Begriff marktwirtschaftliche Koordinationsmängel umschreiben würden. Gleichwohl ist die herrschende ökonomische Lehrmeinung zu Beginn des 20. Jahrhunderts die, der Preismechanismus verhindere dauerhafte und tiefe Krisen. Die große

---

9 Ein lesenswerter Überblick über die ökonomischen Lehrmeinungen im Anschluß an Keynes ist das Büchlein von Phelps (1990).

Depression in den 30er Jahren dieses Jahrhunderts weckt daran ernste Zweifel. John Maynard Keynes (1936) drückt diese Zweifel aus. Er sucht zu begründen, daß ein Gleichgewicht bei Vollbeschäftigung die Ausnahme und dauerhafte Unterbeschäftigung die Regel ist. Keiner vor ihm, der sich gegen das Gesetz von Say wandte, hat eine derart nachhaltige Wirkung in der ökonomischen Literatur hinterlassen. Wir verdanken ihm viele Konzepte. So bringt er den Zusammenhang zwischen Einkommen und Güternachfrage auf den Begriff der **gesamtwirtschaftlichen Konsumfunktion** und entwickelt daraus das Multiplikatorprinzip. Mit dem **Spekulationsmotiv der Geldhaltung** sucht er die Gültigkeit der Quantitätstheorie zu untergraben. Über das Konzept des **Grenzleistungsfähigkeit des Kapitals** erläutert er, wie instabile Erwartungen über künftige Marktchancen zur Instabilität der Investitionsnachfrage führen. Die Interpretation seines Buches "The General Theory of Employment, Interest and Money" durch Hicks (1937) in Form des IS-LM-Modells ist seither integraler Bestandteil fast aller Lehrbücher der makroökonomischen Theorie. Gleichwohl bleibt es anderen überlassen, seine Gedanken in geschlossene Konjunkturerklärungen umzusetzen.

Dabei zeichnet sich nun auch eine Wende in der Argumentationsweise ab. Die ältere Konjunkturtheorie ist praktisch rein verbal formuliert. Sie definiert ihre Begriffe oft unscharf, und ihre Logik ist nicht immer zwingend. In einem Artikel aus dem Jahr 1933 stellt Ragnar Frisch (1895-1973) eine **Analogie zwischen dem Konjunkturzyklus und der Schwingung eines gedämpften Pendels** her [siehe Frisch (1933)]. Er verändert damit den Maßstab zur Beurteilung einer Konjunkturtheorie. Ob eine Theorie wirtschaftliche Wechsellagen erklären kann, entscheidet sich nun daran, ob ein auf der Grundlage ihrer Hypothesen formuliertes mathematisches Modell Lösungen in Form harmonischer Schwingungen erzeugen kann. Das Beispiel, das Frisch (1933) wählt, verknüpft zirkulär Konsum- und Investitionsnachfrage. Es führt auf eine gemischte Differenzen-Differentialgleichung, deren Lösung eine Überlagerung gedämpfter harmonischer Schwingungen ist. Permanente Zyklen lassen sich mithin nur erzeugen, wenn man das System ständig von außen stört. Der Unterschied zwischen Impulsen oder exogenen Schocks und den modelleigenen Verarbeitungsmechanismen ist seither Bestandteil der Konjunkturtheorie.

Neben dem Artikel von Frisch zählen auch die Arbeiten von Michal Kalecki (1899-1970) zu den ersten mathematischen Konjunkturmodellen. In Kalecki (1935) ist die geplante Investition eine Funktion des Sozialprodukts und des vorhandenen Produktivkapitals. Die **Ausreifungszeit der Investitionen** führt dazu, daß der Zeitpunkt der Investitionsentscheidung vor dem Zeitpunkt liegen muß, zu dem die Produktivgüter eingesetzt werden sollen. Diese Zeitverzögerung führt wie bei Frisch (1933) zu einer gemischten Differenzen-Differentialgleichung, die gedämpfte Schwingungen beschreiben kann.

Die Verbindung des keynesschen Multiplikators mit dem Akzeleratorprinzip hat zu einer Reihe mathematischer Konjunkturmodelle geführt, zu denen u.a. die Artikel vom Samuelson (1939a,b), das Buch von Hicks (1950) und der Artikel von Goodwin (1951) zählen. Diese Modelle beschränken sich im wesentlichen auf den Gütermarkt und vernachlässigen Preisreaktionen. Das gilt auch für Kaldors (1940) Modell, das zumindest implizit den **Kapazitätseffekt der Investitionen** erfaßt. Den Geldmarkt beziehen in diese Modelle u.a. die Arbeiten von Smyth (1963) und Phillips (1961) ein.

Phillips (1958) weist für das Vereinigte Königreich einen inversen Zusammenhang zwischen der Wachtsumsrate der Nominallöhne und der Arbeitslosenquote nach. Dieser empirische Zusammenhang geht unter dem Namen **Phillipskurve** in die Literatur ein.[10] Lipsey (1960) erklärt die Phillipskurve als Ergebnis einer langsamen Reaktion der Nominallöhne auf Arbeitsmarktungleichgewichte. Samuelson und Solow (1960) stellen eine Verbindung zwischen Arbeitsmarktungleichgewichten und der Inflationsrate her. Ihre **modifizierte Phillipskurve** beschreibt die Inflationsrate als Funktion der erwarteten Veränderung des Preisniveaus und der Arbeitslosenquote. Die erwartete Inflationsrate geht in die Lohnforderungen ein und erhöht daher die tatsächliche Inflation. Die Arbeitslosenquote ist invers mit der Inflationsrate verbunden, weil sie den Lohnanstieg bremst. In dieser Form geht die Phillipskurve als Hypothese zur Erklärung der Preisanpassung in keynesianische Konjunkturmodelle ein.

In den siebziger Jahren läßt das Interesse an der Konjunkturtheorie nach. Mit dem **Monetarismus** Milton Friedmans taucht wieder die Vorstellung auf, der Preismechanismus würde Vollbeschäftigung sichern. Beschäftigungsschwankungen seien die Folge monetärer Impulse. Bei flexiblen Preisen erfordert dies allerdings einen Mechanismus, der zumindest kurzfristig die Quantitätstheorie des Geldes außer Kraft setzt. Friedman (1968) und Phelps (1967) sehen ihn in einer kurzfristigen Täuschung der Haushalte. Eine Ausdehnung des Geldangebots verändert die Vermögensanlage der Haushalte und erhöht schließlich auch die gesamtwirtschaftliche Nachfrage. Eigentlich müßten nun Güterpreise und Löhne gleichermaßen steigen. Die Haushalte orientieren sich bei ihrer Inflationserwartung aber an den bekannten Inflationsraten der Gegenwart und Vergangenheit. Sie unterschätzen das Ausmaß der tatsächlichen Inflation und interpretieren Lohnerhöhungen als realen Kaufkraftzuwachs.

---

10   Einen knappen, aber guten Überblick über die Entwicklung der Literatur zur Phillipskurve gibt Frisch (1983), S. 30-89.

Sie bieten deshalb mehr Arbeit an. Die Produktion kann zunehmen. Nach einer Weile bemerken die Haushalte ihren Irrtum. Ihr Arbeitsangebot sinkt, die Löhne steigen. Bei weiter steigenden Güterpreisen geht die Produktion auf ihr Ausgangsniveau zurück. Löhne und Güterpreise erreichen das von der Quantitätstheorie implizierte Niveau. Diese Erklärung kehrt den von der Phillipskurve behaupteten Kausalzusammenhang um: Nicht das Arbeitsmarktungleichgewicht verursacht die Preissteigerungen, sondern die (unerwartete) Inflation führt dazu, daß kurzfristig die Beschäftigung von ihrem langfristigen Gleichgewicht abweicht.

Mikrofundierung der makroökonomischen Theorie

Wesentliche Bausteine der ersten keynesianischen Konjunkturmodelle sind Hypothesen über den Zusammenhang zwischen wichtigen gesamtwirtschaftlichen Größen, wie sie die Konsumfunktion, verschiedene Versionen von Investitionsfunktionen und die Phillipskurve beschreiben. Der Zusammenhang zwischen diesen Hypothesen und den Verhaltensweisen der Haushalte und Unternehmen einer Wirtschaft ist nicht immer offenkundig. Spiegeln diese Hypothesen die mikroökonomische Realität auf gesamtwirtschaftlicher Ebene treffend wieder? Diese Frage beherrscht in den siebziger Jahren die makroökonomische Theorie. Der Maßstab, an dem makroökonomische Modelle nun gemessen werden, ist die wahlhandlungstheoretische Begründung ihrer Verhaltensgleichungen.

Zwei Strömungen entstehen.[11] Die **Neue Keynesianische Makroökonomik** studiert Modelle mit zeitweilig festen Preisen. Sie geht der Frage nach, wie sich Haushalte und Unternehmen optimal an diese Situation anpassen. Erste Überlegungen dazu gehen auf Robert Clower (1965) und Don Patinkin (1965) zurück. Clower (1965) zeigt, daß die keynesianische Konsumfunktion bei unfreiwilliger Arbeitslosigkeit ein nutzenmaximales Verhalten der Haushalte beschreibt. Patinkin (1965), S. 316ff, erläutert, daß die Unternehmen bei Nachfragemangel am Gütermarkt, ihre Beschäftigung entsprechend der Produktionsfunktion anpassen und nicht am Reallohn orientieren. Barro und Grossman (1971) und (1976), Malinvaud (1977) sowie Muellbauer und Portes (1978) verbinden beide Überlegungen in gesamtwirtschaftlichen Modellen. Sie zeigen, daß abhängig von den gegebenen Güterpreisen und Löhnen verschiedene Gleichgewichte denkbar sind. Das von Walras beschriebene Allgemeine Gleichgewicht und die von Keynes in den Mittelpunkt gestellte Ar-

---

11   Diese Ansätze vergleichen u.a. Maußner (1985) und Ramser (1987), der sich um eine Synthese bemüht.

beitslosigkeit erscheinen als Spezialfälle einer Palette möglicher gesamtwirtschaftlicher Zustände. Auf der Grundlage dieser Ansätze formulieren Benassy (1984) und Malinvaud (1980) Konjunkturmodelle.

Die **Neue Klassische Makroökonomik** setzt auf Modelle flexibler Preise und geräumter Märkte. Ihr Ansatz zur Erklärung der stilisierten Fakten des Konjunkturzyklus beruht auf unvollständiger Information der Wirtschaftssubjekte und der intertemporalen Substitution von Freizeit. Die Wirtschaftssubjekte bilden ihre Erwartungen nicht mehr rückwärtsgewandt nach einfachen Daumenregeln, sondern handeln nach der **Theorie rationaler Erwartungen**. Danach stimmen ihre Prognosen mit der Vorhersage des Modells überein, das auch tatsächlich die vorherzusagenden Größen festlegt. Diese Hypothese benutzt John Muth (1960) beim Studium der Preisdynamik eines Marktes. Robert E. Lucas (1972), Thomas Sargent (1973) und Sargent und Wallace (1975) bringen sie erstmals in gesamtwirtschaftliche Modelle ein. Das zunächst erstaunliche Ergebnis ist, daß selbst kurzfristig, bei vorhersehbaren monetären Impulsen die Quantitätstheorie des Geldes gilt. Nur unsystematische und daher nicht erwartete monetäre Impulse beeinflussen die Produktion. Allerdings müßte diese dann ebenso unsystematisch schwanken. Wie läßt sich also die Autokorrelation der Produktion erklären? Lucas (1975) und Sargent (1979) komplizieren das Informationsproblem der Wirtschaftssubjekte. Sie lassen monetäre und reale Impulse zu. Diese können die Wirtschaftssubjekte nicht direkt beobachten. Trotz rationaler Erwartungen treten Prognosefehler auf, die zu Fehlinvestitionen führen. Der damit verbundene **Kapazitätseffekt** sowie **Anpassungskosten** im Zusammenhang mit dem Arbeitseinsatz strecken die Folgen monetärer Schocks in die Zukunft. Hieran wird deutlich, daß den Modellen der Neuen Klassischen Makroökonomik Frischs (1933) Unterscheidung zwischen Impulsen und den ökonomischen Verarbeitungsmechanismen zugrunde liegt.

In den achtziger Jahren verliert diese These zunehmend an Glaubwürdigkeit. Informationen über die Entwicklung der Geldmenge werden in kurzen Abständen publiziert. Warum sollte man Investitionsprojekte, die auf Jahre die Produktion beeinflussen, nicht wenige Wochen zurückstellen, bis Klarheit über die Natur einer Nachfrage- oder Kostenänderung besteht? In einem einflußreichen Artikel argumentieren John Long und Charles Plosser (1983), wichtigste stilisierte Fakten des Konjunkturzyklus ließen sich allein aus der **intertemporalen Substitution von Freizeit und Konsum** im Rahmen einer Wirtschaft mit vielen Konsum- und Produktivgütern und flexiblen Preisen erklären. Konjunkturzyklen seien daher kein Indiz für Koordinationsfehler, sondern Ausdruck optimaler Anpassungsstrategien der Wirtschaftssubjekte an exogene Schocks, die vorwiegend die Arbeitsproduktivität verändern. Sie heben zusammen mit Kydland und Prescott (1982), welche wieder die **Ausreifungszeit der Investitionen** ins Spiel bringen, die **Theorie der Real Business Cycles** aus der Taufe.

Chaos und Sunspots

In den achtziger Jahren greifen Wirtschaftswissenschaftler eine Entwicklung aus der Naturwissenschaft auf, die dort unter dem Begriff **Chaos** auch über das Fachpublikum hinaus bekannt wurde. Dahinter verbirgt sich die systematische Erforschung der oft äußerst komplizierten Eigenschaften nichtlinearer dynamischer Systeme.

Richard Day (1982) zeigt, daß eine nichtlineare Version des Modells von Solow (1956) **irreguläre Wachstumsschwankungen** erzeugen kann. Jean-Michel Grandmont (1985) erzeugt Produktions- und Zinsschwankungen aus dem Gegeneinander von **Einkommens- und Substitutionseffekt einer Realzinsänderung** und demonstriert damit, daß nutzenmaximales Verhalten bei flexiblen Preisen zu Konjunkturzyklen führen kann. Diese Arbeiten stellen die These in Frage, wonach flexible Preise in einer schockfreien Umwelt eine stetige Wirtschaftsentwicklung gewährleisten.

Im Rahmen des auch von Grandmont (1985) benutzten Modells überlappender Generationen illustrieren Azariadis (1981) und Azariadis und Guesnerie (1986), daß selbst rationale Erwartungen den Konjunkturzyklus entscheidend beeinflussen können. Voraussetzung dafür ist, daß auch bei vollständiger Information der Wirtschaftssubjekte infolge von Nichtlinearitäten Zyklen auftreten. In diesem Fall gibt es weitere Konjunkturzyklen. Ihre Ursache sind sich selbst erfüllende Erwartungen. Nehmen wir an, es gibt ein beobachtbares Phänomen, etwa das Auftauchen von Sonnenflecken, das selbst keinen direkten Einfluß auf die Produktionstechnik und die Präferenzen der Wirtschaftssubjekte hat. Falls die Wirtschaftssubjekte aber fälschlich glauben, die Sonnenflecken beeinflußten die künftigen Preise, verändern sie ihre Pläne. Im Ergebnis bestätigen die von ihnen anschließend beobachteten Preise ihre ursprünglichen Erwartungen und verfestigen damit das entsprechende Verhaltensmuster.

Ausblick

Die Neue Klassische Makroökonomik ist in der Theorie der Real Business Cycles aufgegangen. Eine Weiterentwicklung der Neuen Keynesianischen Makroökonomik sehe ich nicht. Die Ursache dafür liegt darin, daß sie keine Erklärung für das Phänomen kurzfristig starrer Preise anbieten kann. Daraus erwächst ein innerer Widerspruch: Kurzfristig handeln die Wirtschaftssubjekte in dem Glauben, die Preise seien fest und von ihnen nicht zu beeinflussen. Mittelfristig reagieren die Preise indes auf die Marktungleichgewichte. Wer ändert aber die Preise, wenn nicht die Wirtschaftssubjekte selbst?

Diesem Problem wendet sich seit einiger Zeit die Neue Keynesianische Makroökonomik zu. Im Rahmen der **Effizienzlohntheorie**, der **Insider-Outsider-Theorie** und des **Menucosts-Arguments**[12] sucht sie die Ursachen für Preisstarrheiten entscheidungslogisch zu begründen. Wie man diese Überlegungen zusammen mit der Erwartungsbildung der Wirtschaftssubjekte zur Formulierung dynamischer Modelle nutzen kann, versuche ich in Maußner (1992) zu zeigen.

Die Rolle der Geschäftsbanken im Konjunkturzyklus, die Hawtrey und die Vertreter der monetären Überinvestitionstheorie herausstellen, ist lange Zeit vernachlässigt worden. Die **Theorie der Kreditrationierung** infolge asymmetrischer Information weist erneut auf die Bedeutung des finanziellen Sektors hin [siehe Greenwald und Stiglitz (1993a)]. Nach dieser Theorie können sich Unternehmen nicht vollkommen über den Aktienmarkt finanzieren. Mit der Fremdfinanzierung gehen sie aber das Risiko ein, zahlungsunfähig zu werden. Das Konkursrisiko ist um so größer, je höher die Kreditzinsen und die bestehenden Verbindlichkeiten sind. Wenn die geplante Produktion vorfinanziert werden muß, erhöhen steigende Reallöhne das Konkursrisiko. Die Produktion und die Arbeitsnachfrage der Unternehmen sinkt. Greenwald und Stiglitz (1993b) zeigen, daß mit Hilfe dieses Zusammenhangs, Konjunkturzyklen erklärt werden können.

Systematik und Stoffauswahl

Die jüngere Konjunkturtheorie, wenn man diese Bezeichnung für die Literatur ab etwa 1940 wählt, ist im wesentlichen modellhaft. Im Vordergrund stehen Zusammenhänge, die in mathematischen Modellen analysiert werden können. Damit ist ein großes Maß an Präzision und logischer Strenge verbunden. Die Lösungseigenschaften eines Modells zeigen, ob das ihm zugrundeliegende Hypothesensystem tatsächlich permanente oder vorübergehende Schwankungen wirtschaftlicher Größen impliziert. Analytisch lösbar sind indes nur vergleichsweise einfache mathematische Modelle. Der Preis für Präzision und logische Strenge ist daher der Verlust der Vielfalt erfaßter Zusammenhänge, der die ältere Konjunktur auszeichnet. Man sollte deshalb nicht den Fehler

---

12 Einen Überblick über diese Ansätze gibt Fischer (1988). Eine Einschätzung dieser Ansätze liefern die Diskussionsbeiträge im Winterheft des Journal of Economic Perspectives des Jahres 1993.

begehen, von einem der in diesem Buch behandelten Modelle die Konjunkturerklärung schlechthin zu erwarten. Vielmehr sollte man jedes als Analyserah-
men sehen, der jeweils bestimmte, konjunkturverursachende oder den Konjunkturverlauf prägende Mechanismen zu durchschauen hilft.

Die jüngere Konjunkturtheorie hat sich im Spannungsfeld von Modellen
entwickelt, die entweder davon ausgehen, Märkte seien stets preisgeräumt
oder unterstellen, zumindest manche Preise reagierten nur langsam auf
Marktungleichgewichte. Es liegt daher nahe, Konjunkturmodelle anhand ihrer
Annahmen über die **Preisflexibilität** zu unterscheiden.

Ein zweites Merkmal bezieht sich auf die Frage, ob Konjunkturzyklen ein
der Marktwirtschaft innewohnendes Phänomen sind in dem Sinne, daß sie unabhängig von äußeren Einflüssen auf das Wirtschaftsgeschehen existieren. In
diesem Fall spricht man von einer **endogenen oder schockunabhängigen
Konjunkturerklärung.** Im Gegensatz dazu sehen **exogene oder schockab-
hängige Konjunkturerklärungen** den Konjunkturzyklus als Ergebnis der
Anpassung der Wirtschaft an permanente Störungen, wie technische Erfin-
dungen, den Wandel der Bedürfnisse oder die Entdeckung neuer Rohstoffvor-
räte. Dieses Unterscheidungsmerkmal ist natürlich nur im Rahmen der Theorie eindeutig. Jedes klar formulierte Modell unterscheidet zwischen exogenen
und endogenen Variablen. Was indes in einem Modell noch exogen ist, kann in
einem anderen, weiter gefaßten Modell bereits endogen sein. So sind für
Friedman (1968) monetäre Impulse exogener Anlaß für Produktionsschwankungen. Im Modell von Nordhaus (1975), das die Phillipskurve mit
dem Verhalten der Regierung verknüpft, ist der Konjunkturzyklus eine dem
politisch-ökonomischen System innewohnende Erscheinung. Selbstverständlich
ist mit dieser Unterscheidung auch keine Aussage über die Wirklichkeit verbunden. Solange wir die Wirtschaft als Ausschnitt sozialen Lebens begreifen,
ist sie stets Einflüssen unterworfen, deren Ursprung in anderen Lebensberei-
chen oder in der natürlichen Umwelt des Menschen liegt.

Ich habe mich entschlossen, aus der Vielzahl vorliegender Konjunkturmodelle nur eine beschränkte, aber gleichwohl repräsentative Auswahl zu behandeln.[13] Ich hoffe, mit einer ausführlichen Darstellung ein tieferes Verständnis konjunkturrelevanter Mechanismen zu erreichen als mit einem möglichst
vollständigen, dafür im Einzelfall jeweils knappen Überblick.

---

13   Über die jüngere Konjunkturtheorie informieren viele Überblicksartikel. Einige davon
     sind Assenmacher (1986/1987), Kromphardt (1989), Ploeg (1984), Ramser (1988), Tichy
     (1982), Vosgerau (1978) und Zarnowitz (1985). Lehrbücher zur Konjunkturtheorie sind
     Assenmacher (1990), Gabisch und Lorenz (1989), Kromphardt (1993) und Heubes
     (1991).

Ich behandle jede Konjunkturerklärung unter drei Gesichtspunkten. Zunächst erläutere ich verbal und mit Hilfe von Graphiken die relevanten Mechanismen. Die formale Analyse präzisiert die dynamischen Eigenschaften der Modelle. Die wichtigsten Techniken dafür faßt das letzte Kapitel des Buches zusammen. Abschließend stelle ich die Aussagen des Modells den stilisierten Fakten des Konjunkturzyklus gegenüber.

Allerdings muß ich hier vor überzogenen Erwartungen warnen. Ich behandle hier nur vergleichsweise einfache Modelle und benutze statistische Techniken, die zur Grundausbildung jedes Wirtschaftswissenschaftlers zählen. Ökonometrische Tests einer Theorie benutzen dagegen umfangreiche Modelle und ausgefeilte Testverfahren. Es wäre daher voreilig, anhand unserer Ergebnisse eine Konjunkturtheorie pauschal zu verwerfen. Ich sehe die Aufgabe dieses Lehrbuchs nicht darin, Theorien mit all ihren Verästelungen darzustellen und sie mit allen verfügbaren Mitteln empirisch zu testen. Vielmehr soll es Einblicke in verschiedene Theorien und deren Erklärungsgehalt vermitteln. Die Gegenüberstellung der Implikationen der Modelle mit den stilisierten Fakten soll die Auseinandersetzung mit der Theorie anregen, nicht ein abschließendes Urteil über sie fällen.

Die stärker mathematisch ausgerichteten Abschnitte des Buches sind mit einem Sternchen gekennzeichnet. Sie enthalten Zusammenhänge, auf die gegebenenfalls an anderer Stelle verwiesen wird. Es ist nicht unbedingt erforderlich, diese Abschnitte zu lesen, wenn das Ziel der Ausbildung im Verstehen konjunkturrelevanter Mechanismen liegt. Ich denke allerdings, daß insbesondere für Studenten der Volkswirtschaftslehre auch das Erlernen der Modellbildung und Modellanalyse Ziel des Studiums sein muß. Zu diesem Zweck habe ich die entsprechenden Abschnitte geschrieben.

Die nachfolgende Tabelle enthält eine Übersicht über die behandelten Modelle. Dabei bezieht sich der Begriff Fixpreismodelle auf Modelle, in denen zumindest ein Preis in der kurzen Frist starr ist.

Tabelle A.IV.1

	Flexpreismodelle	**Fixpreismodelle**
Schock-abhängige Modelle	Abschnitt B.I. - Neue Klassische Makro-ökonomik [Lucas (1975), Sargent (1979)] - Theorie der Real Business Cycles [Long und Plosser (1983)]	Abschnitt C.I. - Akzelerator und Multiplikator [Hicks (1950), Samuelson (1939), Metzler (1941)] - Kapitalrentabilität und Arbeitslosigkeit [Malinvaud (1980)]
Schock-unabhängige Modelle	Abschnitt B.II. - Nichtlinearitäten [Day (1982), Grandmont (1985)] - Sunspots [Azariadis (1981), Azariadis und Guesnerie (1986)]	Abschnitt C.II. - Einkommen und Kapital [Kaldor (1940)] - Beschäftigungsgrad und Lohnquote [Goodwin (1967)] - Absatzerwartungen und Löhne [Benassy (1984)] - Politökonomische Konjunkturzyklen [Nordhaus (1975)]

B

Konjunkturzyklen in Flexpreismodellen

*Though there is absolutely no theoretical reason to anticipate it, one is led by the facts to conclude that, with respect to the qualitative behavior of co-movements among series, **business cycles are all alike**. To the theoretically inclined economist, this conclusion should be attractive and challenging, for it suggests the possibility of a unified explanation of business cycles, grounded in the **general** laws governing market economies, rather than in political or institutional characteristics specific to particular countries or periods.*

Robert E. Lucas, (1977), S. 10, (Hervorhebung im Original).

I. Schockabhängige Konjunkturerklärungen

1. Prognosefehler

Dieser Abschnitt behandelt die Konjunkturerklärung der Neuen Klassischen Makroökonomik. Nach dieser Theorie führen exogene Schocks zu Prognosefehlern. Deren Folgen kann die Wirtschaft erst nach einer Reihe von Perioden abbauen. Die Gründe dafür liegen in Schätzproblemen, Anpassungskosten und Kapazitätseffekten. In den folgenden Absätzen skizziere ich zunächst ein einfaches makroökonomisches Modell. Dessen Bausteine sollten Ihnen bereits vertraut sein. An einer Variante dieses Modells erläutere ich den Mechanismus, über den nominelle Schocks reale Impulse zeitigen. Die Verarbeitung dieser Impulse durch die Wirtschaft studieren wir an einer einfachen dynamischen Version des Modells. Diese hilft uns, die empirischen Implikationen der Konjunkturtheorie der Neuen Klassischen Makroökonomie aufzudecken.

Grundlagen

Die meisten einfachen makroökonomischen Modelle kombinieren keynesianische Elemente, wie die Konsumfunktion und die Geldnachfragefunktion, mit der aus der Mikroökonomik entlehnten Beschreibung des Arbeitsmarktes.

Das Modell, das ich im folgenden entwickle, beschreibt eine geschlossene Volkswirtschaft mit Haushalten, Unternehmen und Staat.[1]

Tabelle B.I.1.1 enthält die Budgetrestriktionen dieser drei Sektoren. Das Superskript s [d] kennzeichnet Angebotspläne [Nachfragepläne]. W ist der Lohnsatz, P der Güterpreis, r der Zinssatz, mit dem der Staat seine Anleihen B_S verzinst, und S sind die Steuern. Das Symbol Δ bezieht sich auf Bestandsänderungen.

Das Bruttoeinkommen der Haushalte umfaßt die geplanten Lohneinkommen WN^s, die Zinsen rB_S und die Dividenden D. Aus diesem Einkommen bezahlen die Haushalte Steuern S und finanzieren ihre Konsumausgaben PC^d. Das verbleibende Einkommen legen sie in Geld ΔM^d und Wertpapieren ΔB^d an. Dabei betrachten Sie Aktien der Unternehmen B_U und staatliche Anleihen B_S als vollkommene Substitute.

Die Unternehmen produzieren ein Gut Y mit Hilfe von Arbeitsleistungen, fragen Arbeit und Investitionsgüter I nach. Ihre Gewinne, d.h. die Umsatzerlöse PY^s abzüglich der Lohnkosten WN^d, fließen als Dividenden D an die Haushalte. Die Unternehmen schließen mögliche Finanzierungslücken durch die Ausgabe von Aktien ΔB_U^s.

Der Staat erwirbt Güter G, bezahlt Zinsen rB_S auf die Staatsschuld B_S und erhebt Steuern S. Sein Budgetdefizit, $PG + rB_S$-S, finanziert er durch Neuverschuldung ΔB_S^s. Über sein Angebot an Zentralbankgeld steuert er das Geldangebot M.

Tabelle B.I.1.1

	Zuflüsse		Abflüsse
Haushalte	$WN^s + rB_S + D$	$=$	$PC^d + S + \Delta M^d + \Delta B^d$
Unternehmen	$PY^s + \Delta B_U^s$	$=$	$WN^d + D + PI^d$
Staat	$S + \Delta B_S^s$	$=$	$PG + rB_S$
Gesamtwirtschaftliche Überschußnachfragen	$P[Y^s\text{-}C^d\text{-}I^d\text{-}G] + W[N^s\text{-}N^d] - \Delta M^d +$ $[\Delta B_U^s + \Delta B_S^s \text{-} \Delta B^d] = 0$		

---

1 Ausführlichere Beschreibungen dieser Art von Modellen finden Sie in allen gängigen Lehrbüchern der makroökonomischen Theorie, bspw. in Klaus und Maußner (1986), S. 226-230.

Wenn wir die drei Budgetgleichungen in Tabelle B.I.1.1 addieren und etwas umstellen, erhalten wir die letzte Zeile dieser Tabelle. Sie zeigt, von links nach rechts gelesen, die Überschußnachfrage auf dem Gütermarkt, dem Arbeitsmarkt, dem Geldmarkt und dem Wertpapiermarkt. Die Summe der Überschußnachfragen ist gleich Null. Deshalb ist einer der vier Märkte stets dann ausgeglichen, wenn Angebot und Nachfrage auf den drei anderen Märkten übereinstimmen (**Gesetz von Walras**). Die drei Preise des Modells, nämlich der Lohn W, der Güterpreis P und der Zins r, werden deshalb von den Gleichgewichtsbedingungen für drei Märkte bestimmt. Wie üblich wähle ich Arbeitsmarkt, Gütermarkt und Geldmarkt.

Die Arbeitsnachfrage der Unternehmen beruht auf folgender Analogie zur mikroökonomischen Theorie: Ein Unternehmen produziert ein Gut Y mit Hilfe von Arbeitsleistungen N gemäß der Produktionsfunktion $Y=F(N)$. Beim Güterpreis P und Lohnsatz W wählt es die Beschäftigung, die seinen Gewinn, $\Pi=PF(N)-WN$, maximiert. Diese Beschäftigung findet sich dort, wo der Reallohn, W/P, dem Grenzprodukt der Arbeit $F'(N)$ entspricht.[2] Das Grenzprodukt der Arbeit, die erste Ableitung der Produktionsfunktion, nimmt mit dem Arbeitseinsatz ab, d.h. $F'(N)>0$ und $F''(N)<0$. Demnach ist die Arbeitsnachfrage des Unternehmens N^d eine inverse Funktion des Reallohnes. Hieraus folgt, daß auch das Güterangebot Y^s mit dem Reallohn sinkt.

Das Arbeitsangebot der Haushalte N^s nimmt mit dem Reallohn zu. Ihre Konsumnachfrage C wächst mit ihrem realen verfügbaren Einkommen. Dieses ist $Y_v:=[WN+rB_S+D-S]/P$. Per Definition ist $D=PY-WN$. Wenn wir außerdem annehmen, der Staat fixiere seine realen Nettosteuern T jeweils derart, daß $T=[S-rB_S]/P$ gilt, dann ist $Y_v=Y-T$. Die Nachfrage nach Realkasse L ist negativ mit dem Zins r und positiv mit dem Einkommen Y verknüpft. Die Investitionsnachfrage I ist eine inverse Funktion des Zinses.

Einkommen, Beschäftigung und Preise der so beschriebenen Wirtschaft folgen dann aus der Lösung der folgenden Gleichungen:

$$N^s(W/P) = N^d(W/P), \qquad\qquad\qquad\text{(B.I.1.1)}$$
$$\;\;+\qquad\qquad\;\;-$$

$$Y^s(W/P) = C(Y-T) + I(r) + G, \qquad\qquad\text{(B.I.1.2)}$$
$$\;\;-\qquad\qquad\;\;+\qquad\quad\;\;-$$

---

2 Die erste Ableitung einer Funktion $f(x)$ kennzeichne ich durch einen Strich. Die zweite Ableitung durch zwei Striche. Die erste Ableitung einer Funktion $f(x,y,z,...)$ nach einem ihrer Argumente x, y, z, ..., kennzeichne ich durch $f_x, f_y, f_z, \ldots$. Für die zweite partielle Ableitung schreibe ich $f_{xx}, f_{xy}, f_{yy}, f_{yx} \ldots$. Die Reihenfolge der Indizes kennzeichnet die Reihenfolge bei der Bildung der Ableitung.

$$\frac{M}{P} = L(\underset{-}{r}, \underset{+}{Y}).\qquad\qquad\qquad\qquad\text{(B.I.1.3)}$$

Sie beschreiben das Gleichgewicht auf dem Arbeitsmarkt, dem Gütermarkt und dem Geldmarkt.[3] Der Geldmarkt ist im Gleichgewicht, wenn der vorhandene reale Geldbestand M/P der gewünschten Realkasse $L(r, Y)$ entspricht und daher ΔM^d gleich Null ist.

Gleichung (B.I.1.1) besitzt nur eine Variable, den Reallohn, W/P. Demnach kann sie unabhängig von den beiden anderen Gleichungen gelöst werden. Sei $(W/P)_1$ diese Lösung, und sei N_1 die zugehörige Beschäftigung. Graphisch finden wir beide Werte im Schnittpunkt von Arbeitsangebots- und Arbeitsnachfragefunktion im dritten Quadranten von Abbildung B.I.1.1. Mit der

Abbildung B.I.1.1

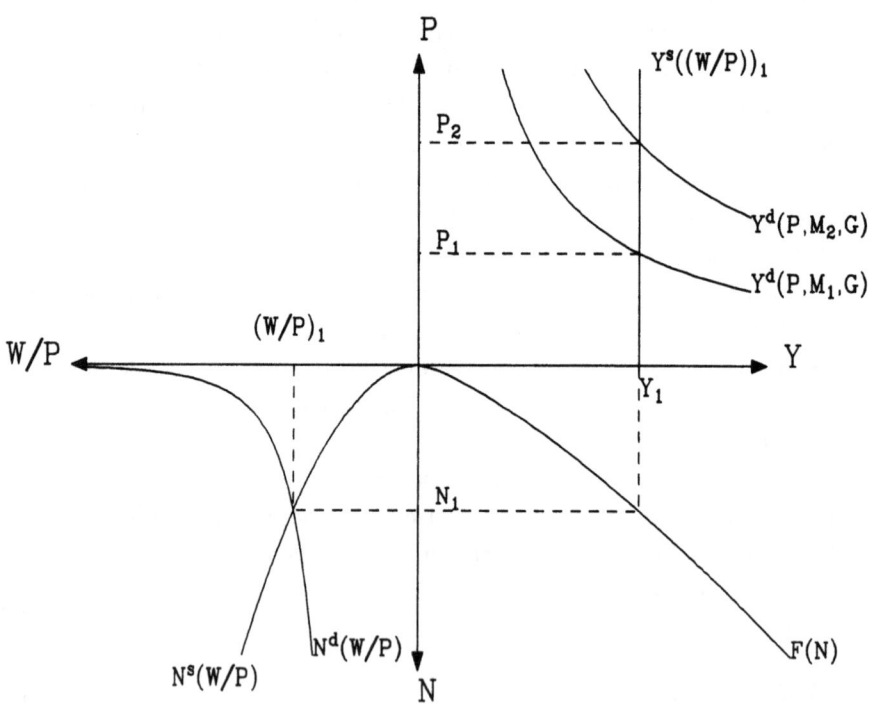

Beschäftigung ist auch die Vollbeschäftigungsproduktion, $Y_1 = F(N_1) = Y^s((W/P)_1)$, bestimmt. Sie ist eine Parallele zur Ordinate des ersten Quadranten. Wenn wir in Gleichung (B.I.1.2) Y^s und Y durch Y_1 ersetzen, enthält auch

---

3 Die Plus- und Minuszeichen unter den jeweiligen Argumenten kennzeichnen die Vorzeichen der entsprechenden (partiellen) Ableitungen.

diese Gleichung nurmehr eine Variable, nämlich den Zins. Das Gütermarkt-gleichgewicht bestimmt demnach den Zins r_1. Beim Zins r_1 und dem Einkommen Y_1 ist die Geldnachfrage in Gleichung (B.I.1.3) festgelegt. Die linke Seite dieser Gleichung bestimmt deshalb bei gegebener Geldmenge M das Preisniveau P_1. Dabei gilt eine strenge Proportionalität zwischen Geldmenge und Preisniveau: Steigt die Geldmenge von M_1 auf $M_2 = (1+k)M_1$, dann klettert auch das Preisniveau um $k \times 100$ Prozent auf $P_2 = (1+k)P_1$, weil sowohl der Zins r_1 wie auch das Einkommen Y_1 unabhängig sind von der Größe der Geldmenge.

Damit haben wir gezeigt, daß in unserem Modell flexibler Preise die **Quantitätstheorie des Geldes** gilt.

Um die Lösung graphisch zu veranschaulichen, bedienen wir uns des Konzepts der makroökonomischen Güternachfragefunktion Y^d. Diese Funktion ist keine Nachfragefunktion im mikroökonomischen Sinn. Sie beschreibt vielmehr zu jeder Höhe des Preisniveaus, der Geldmenge und der staatlichen Güterkäufe dasjenige Sozialprodukt, das ein simultanes Gleichgewicht auf dem Güter- und dem Geldmarkt bewirkt. Dieses Gleichgewicht liegt im Schnittpunkt der IS-Kurve,

$$Y = C(Y\text{-}T) + I(r) + G,$$

mit der LM-Kurve, die Gleichung B.I.1.3 beschreibt. Dabei geht die IS-Kurve aus der Gleichgewichtsbedingung des Gütermarktes hervor, wenn wir in Gleichung (B.I.1.2) Y^s durch Y ersetzen und damit unterstellen, die Güternachfrage, d.i. die rechte Seite der Gleichung, entspreche der Produktion auf der linken Seite der Gleichung.

Die makroökonomische Güternachfrage sinkt mit dem Preisniveau. Verantwortlich hierfür ist der **Keyneseffekt**: Je höher das Preisniveau ist, desto geringer ist das reale Geldangebot. Um so höher muß daher der Zins sein, der Geldangebot und Geldnachfrage ausgleicht. Je höher aber der Zins ist, desto geringer fällt die Investitionsnachfrage aus. Mit der Investitionsnachfrage geht aber auch die Gesamtnachfrage und damit die Produktion zurück. Über den Keyneseffekt ist das Geldangebot positiv mit der Güternachfrage verknüpft. Die Güternachfrage ist außerdem eine positive Funktion der staatlichen Güterkäufe. Zusammenfassend erhalten wir:

$$Y^d = \underset{-\quad+\quad+}{Y^d(P, M, G)}. \tag{B.I.1.4}$$

Das gesamtwirtschaftliche Gleichgewicht finden wir nun im Schnittpunkt der makroökonomischen Güterangebotsfunktion Y^s, die auf einem Gleichgewicht am Arbeitsmarkt beruht, mit der makroökonomischen Güternachfragefunktion. Steigt das Geldangebot von M_1 auf M_2, so verschiebt sich die Güternachfrage in Abbildung B.I.1.1 entlang der Güterangebotskurve nach oben. Das Preisniveau steigt von P_1 auf P_2. Produktion, Beschäftigung und Reallohn verändern sich nicht. Der Nominallohn muß daher im selben Maße steigen wie das Preisniveau.

Kann uns dieses Modell die stilisierten Fakten des Konjunkturzyklus erklären? Wir haben eben gesehen, daß unser Modell nur einen Zusammenhang zwischen der Geldmenge und dem Preisniveau herstellt, aber nicht mit der realen Produktion. Die Korrelation zwischen Produktion und Geldmenge kann es also nicht erklären. Es gibt auch keine Antwort auf die Frage, warum Preise und Sozialprodukt autokorreliert sind. Jeder exogene Schock, der die Wirtschaft trifft, wird, wie das Beispiel der Geldmengenänderung zeigt, sofort verarbeitet. Welche der Modellannahmen - mit Ausnahme der Preisflexibilität - könnte dafür verantwortlich sein?

Reale Wirkung monetärer Schocks

Unser Modell unterstellt, daß Haushalte wie Unternehmen am Arbeitsmarkt über Nominallöhne und Güterpreise korrekt informiert sind. Diese Annahme geben die Modelle der Neuen Klassischen Makroökonomik auf. Friedman (1968) und Phelps (1967) argumentieren, das Arbeitsangebot der Haushalte sei eine Funktion des **erwarteten Reallohnes**: Haushalte fragen in einer dezentralen Wirtschaft die Güter vieler Unternehmen nach, sind aber in der Regel nur bei einem Unternehmen beschäftigt. Nach dem Abschluß eines Arbeitsvertrags kennen sie ihren Nominallohn. Dessen Kaufkraft müssen sie am Preis eines Warenkorbes messen, in den viele Güter eingehen. Die Preise dieser Güter erfahren die Haushalte indes erst am Ende einer Kreislaufperiode, wenn die entsprechenden Preisindizes publiziert werden. Sie müssen deshalb ihr Arbeitsangebot an der erwarteten Kaufkraft der Nominallöhne orientieren. In unserem einfachen Modell ist dies der erwartete Reallohn, d.h. der Quotient aus dem Nominallohn und dem erwarteten Preisniveau P^e.

Betrachten wir dagegen den Produzenten eines der vielen Güter, welche die Haushalte nachfragen. Er kennt den Preis, zu dem er sein Produkt am Markt absetzen kann. Mit dem Abschluß eines Arbeitsvertrags zum herrschenden Lohn kennt er folglich den für seine Entscheidung maßgeblichen Reallohn. In unserem Modell mit nur einem produzierten Gut berücksichtigen wir diesen Unterschied im Informationsbedürfnis von Haushalten und Unternehmen, indem wir die Arbeitsnachfrage weiterhin als eine Funktion des tatsächlichen Reallohnes darstellen.

Die Bedingung für ein Arbeitsmarktgleichgewicht lautet daher:

$$N^s(\underset{+}{W/P^e}) = N^d(\underset{-}{W/P})$$ (B.I.1.5)

Wir betrachten das erwartete Preisniveau in dieser Gleichung zunächst als einen gegebenen Parameter. Trotzdem kann aus dem Arbeitsmarktgleichgewicht nicht länger auf den Reallohn geschlossen werden. Die Trennung zwischen Güter- und Arbeitsmarkt einerseits und dem Geldmarkt andererseits, die unser Ausgangsmodell kennzeichnet, ist nun aufgehoben. Bei gegebenem Preisniveau bestimmt das Arbeitsmarktgleichgewicht nun den Nominallohn.

Abbildung B.I.1.2 stellt den Arbeitsmarkt im dritten Quadranten dar. Ein Gleichgewicht liegt jeweils im Schnittpunkt einer Arbeitsnachfragekurve mit einer Arbeitsangebotskurve. Angenommen, die Haushalte erwarten ein Preisniveau in Höhe von $P^e = P_1$. Wenn das tatsächliche Preisniveau ebenfalls P_1 ist, liegt im Schnittpunkt der Arbeitsangebotsfunktion $N^s(W/P^e = P_1)$ mit der Arbeitsnachfragefunktion $N^d(W/P_1)$ ein Arbeitsmarktgleichgewicht mit korrekten Erwartungen. Steigt nun unerwartet das Preisniveau auf P_2, verschiebt sich zwar die Arbeitsnachfrage, nicht jedoch das Arbeitsangebot. Ein neues Gleichgewicht am Arbeitsmarkt liegt nun bei (W_2, N_2). Die Lohnsteigerung von W_1 auf W_2 interpretieren die Haushalte, die weiter P_1 erwarten, als Reallohnerhöhung. Tatsächlich ist jedoch das Preisniveau stärker gestiegen als der Lohn. Man kann dies im vierten Quadranten ablesen. Der Tangens des Winkels θ entspricht dem Quotienten W_1/P_1. Der Punkt W_2/P_2 liegt oberhalb der Linie durch W_1/P_1, d.h. der Reallohn ist gesunken. Die Unternehmen weiten deshalb die Beschäftigung auf N_2 aus. Über die im zweiten Quadranten eingezeichnete Produktionsfunktion finden wir das dem Preisniveau P_2 zugeordnete Güterangebot Y_2. Man kann nun für beliebige Preise P_i eine Arbeitsnachfragefunktion in den dritten Quadranten einzeichnen. Aus den Schnittpunkten dieser Funktionen mit der Arbeitsangebotsfunktion $N^s(W/P^e = P_1)$ erhält man die zugeordneten Arbeitsmarktgleichgewichte. Mit Hilfe der Produktionsfunktion kann man aus der jeweiligen Beschäftigung das Güterangebot Y_i ermitteln, das zum Preis P_i gehört. Jedes Paar (P_i, Y_i) ist ein Punkt der makroökonomischen Güterangebotsfunktion

$$Y^s = Y^s(\underset{+}{P}, \underset{-}{P^e}),$$ (B.I.1.6)

die im ersten Quadranten gezeichnet ist. Diese Funktion ist wie die makroökonomische Güternachfragefunktion ein analytisches Hilfsmittel und keine Angebotsfunktion im mikroökonomischen Sinn. Sie beschreibt für jedes Paar (P, P^e) das Güterangebot, das mit einem Gleichgewicht auf dem Arbeitsmarkt

Abbildung B.I.1.2

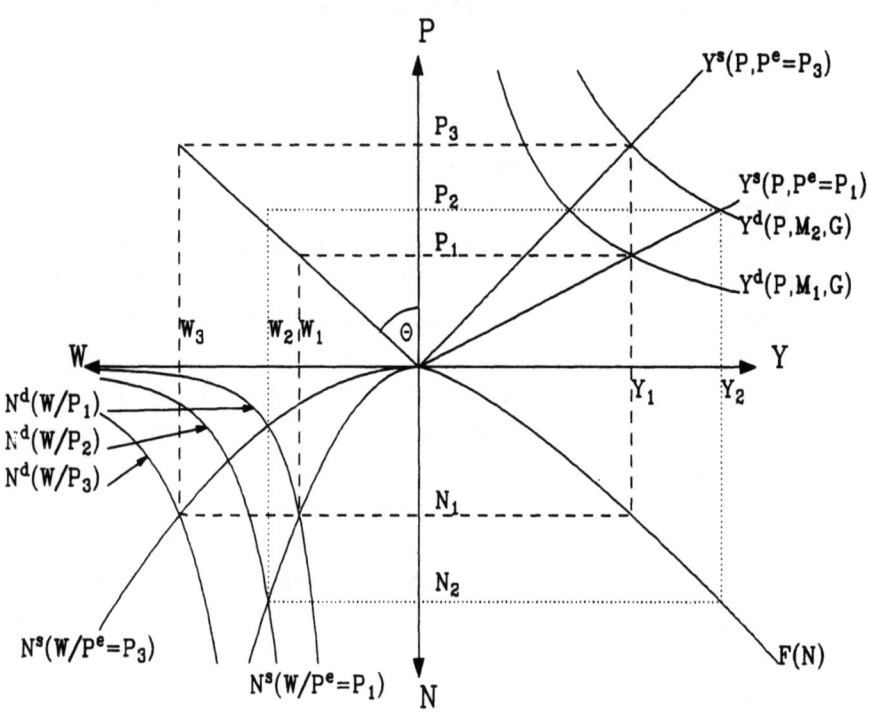

zu vereinbaren ist. Dieses Güterangebot wächst mit dem Preisniveau. Der
Grund hierfür liegt in dem momentanen Informationsdefizit der Haushalte,
die den Lohnanstieg fälschlich als Reallohnerhöhung wahrnehmen. Die Güter-
angebotskurve verschiebt sich nach links oben, wenn die Haushalte ein höhe-
res Preisniveau $P^e=P_3$ erwarten. Ihr Arbeitsangebot sinkt. In Abbildung
B.I.1.2 verschiebt sich die Arbeitsangebotskurve von $N^s(W/P^e=P_1)$ auf
$N^s(W/P^e=P_3)$. Die Löhne steigen, und bei gegebenen Güterpreisen geht die
Arbeitsnachfrage der Unternehmen und mithin ihr Güterangebot zurück.

Das Modell aus den Gleichungen (B.I.1.5) und (B.I.1.6) können wir mit
Hilfe von Gleichung (B.I.1.4) schließen. In Abbildung B.I.1.2 beschreiben die
mit 1 indizierten Variablen ein Gleichgewicht mit korrekten Erwartungen.

Angenommen, die Geldmenge steigt nun unerwartet von M_1 auf M_2. Die
makroökonomische Güternachfragekurve verschiebt sich in Abbildung B.I.1.2
nach rechts oben. Bei flexiblen Preisen kommt es bei (P_2, Y_2) zu einem neuen
Gleichgewicht. Der monetäre Impuls kann nun die Produktion erhöhen. Die
Ursache dafür liegt allein im Prognosefehler, den er erzeugt.

Die weitere Verarbeitung des monetären Schocks hängt nun davon ab, wie
die Haushalte ihre Preiserwartungen bilden. Um die damit verbundenen Prozesse beschreiben zu können, brauchen wir ein dynamisches Modell.

Ein dynamisches Modell

Die bislang beschriebenen Zusammenhänge konnten in einer makroökonomischen Güternachfragefunktion und in einer Güterangebotsfunktion zusammengefaßt werden. Es liegt nahe, ein dynamisches Modell anhand dieser beiden Gleichungen zu formulieren. Dabei ist es zweckmäßig, nicht die Ausgangsvariablen zu benutzen: Wenn wir Konjunkturzyklen als Abweichung von einem Trend betrachten, sollten wir nur trendbereinigte Modellgrößen verwenden. Im multiplikativen Modell erreichen wir dies, indem wir alle Ausgangsvariablen X_t durch ihren jeweiligen Trendwert X_T teilen. Um die Analyse zu vereinfachen, formulieren wir ein Modell, das linear in den natürlichen Logarithmen der so definierten Größen ist. Den Unterschied zu den Ausgangsgrößen machen wir deutlich, indem wir Kleinbuchstaben verwenden. Wir definieren also[4]

$$x_t := \ln(X_t / X_T). \qquad \text{(B.I.1.7)}$$

Die Güterangebotsfunktion nähern wir durch folgende Gleichung an:

$$y_t^s = \alpha \, (p_t - p_t^e), \quad \alpha > 0. \qquad \text{(B.I.1.8)}$$

Das Güterangebot Y_t^s weicht von seinem Trend Y_T, nach oben ab, $y_t^s = \ln(Y_t / Y_T) > 0$, wenn die Trendabweichung des tatsächlichen Preisniveaus $p_t = \ln(P_t / P_T)$ unterschätzt wurde, $p_t - p_t^e > 0$. Diese Gleichung ist als **Lucas-Angebotsfunktion** bekannt.[5]

Die Güternachfrage sei eine Funktion der realen Geldmenge. Den Einfluß der staatlichen Güternachfrage vernachlässigen wir der Einfachheit halber. Dafür nehmen wir einen Term v_t auf, der exogene Schocks erfassen soll. Diese Schocks denken wir uns als voneinander unabhängige Ziehungen aus einer normalverteilten Grundgesamtheit mit Erwartungswert $E(v_t) = 0$ und Varianz $\text{var}(v_t) = \sigma_v^2$. Die spezielle Form der Nachfragefunktion sei:

$$y_t^d = \beta \, (m_t - p_t) + v_t, \quad \beta > 0 \qquad \text{(B.I.1.9)}$$

---

4 Es ist sprachlich sehr umständlich, die Variable x korrekt zu bezeichnen. Deshalb werde ich im folgenden weiter vom Preisniveau, dem Sozialprodukt usw. sprechen, obwohl ich damit jeweils die gemäß Gleichung B.I.1.7 transformierten Variablen meine.

5 Nach Robert E. Lucas. Dieser benutzt allerdings in Lucas (1973) eine disaggregierte Version der nach ihm benannten Angebotsfunktion. In der Version von Gleichung B.I.1.8 findet sich die Angebotsfunktion meines Wissens erstmals bei Sargent (1973), S. 434f.

Nach dieser Funktion ist die Güternachfrage überdurchschnittlich groß, wenn die reale Geldmenge über ihrem Trend liegt.

Die Annahme flexibler Preise steckt, wie wir wissen, zum Teil schon in der Güterangebots- und der Güternachfragefunktion. Die erste beruht auf der Annahme eines ausgeglichenen Arbeitsmarktes, die zweite auf der Annahme eines ausgeglichenen Geldmarktes. Die Flexibilität der Güterpreise müssen wir noch ausdrücklich fordern:

$$y_t^s = y_t^d. \qquad\qquad\text{(B.I.1.10)}$$

Um das Modell zu schließen, müssen wir noch die Art der Erwartungsbildung beschreiben. Wir betrachten zwei Hypothesen.

Nach dem Modell der **adaptiven Erwartungen** schätzen die Haushalte das Preisniveau der nächsten Periode, nach folgender Formel:

$$p_t^e = p_{t-1}^e + \psi\left(p_{t-1} - p_{t-1}^e\right), \quad \psi \in [0, 1]. \qquad\text{(B.I.1.11)}$$

Sie korrigieren demnach ihre Schätzung aus der Vergangenheit, p_{t-1}^e, um den von ihnen beobachteten Schätzfehler, $p_{t-1} - p_{t-1}^e$. Das Ausmaß der Korrektur hängt vom Parameter ψ ab, der im Intervall $[0, 1]$ liegt. Die Extremwerte sind $\psi=0$ und $\psi=1$. Im ersten Fall geht der Schätzfehler nicht in die neue Prognose ein. Die Haushalte haben statische Preiserwartungen,

$$p_t^e = p_{t-1}^e \quad \text{für alle } t.$$

Im zweiten Extremfall schätzen die Haushalte das künftige Preisniveau mit Hilfe des Preisniveaus der Gegenwart:

$$p_t^e = p_{t-1}.$$

Das zweite Modell der Erwartungsbildung sind **rationale Erwartungen**. Der Begriff wurde von John Muth (1961) geprägt. Er definiert rationale Erwartungen als eine Prognose mit Hilfe jenes Modells, das auch tatsächlich die zu schätzende Variable bestimmt. Das formale Konzept dafür ist der **bedingte Erwartungswert** des Preisniveaus, $E_{t-1}p_t$. Mit dem Subskript $t-1$ deutet man an, welche Informationen in die Prognose einfließen. Wenn das Preisniveau der Periode t geschätzt werden soll, sind alle Daten der Vergangenheit bis zum Ende der Vorperiode t-1 bekannt. Wir können das zweite Modell der Erwartungsbildung damit wie folgt schreiben:

$$p_t^e = \mathrm{E}_{t-1} p_t.$$

(B.I.1.12)

Dynamik bei adaptiven Erwartungen

Die Dynamik der Wirtschaft bei adaptiven Erwartungen steckt in den vier Gleichungen (B.I.1.8), (B.I.1.9), (B.I.1.10) und (B.I.1.11). Diese Gleichungen können wir auf eine Gleichung reduzieren, welche die Entwicklung des Preisniveaus beschreibt. Wir setzen Gleichung (B.I.1.8) und Gleichung (B.I.1.9) in Gleichung (B.I.1.10) ein und lösen nach dem Preisniveau auf. Das Ergebnis ist

$$p_t = \frac{\alpha}{\alpha+\beta} p_t^e + \frac{\beta}{\alpha+\beta} m_t + \frac{1}{\alpha+\beta} v_t.$$

(B.I.1.13)

Aus dieser Gleichung müssen wir noch das erwartete Preisniveau eliminieren. Dazu verschieben wir in Gleichung (B.I.1.13) den Zeitindex um eine Periode nach hinten und multiplizieren beide Seiten der Gleichung mit $(\psi-1)$:

$$(\psi-1)p_{t-1} = (\psi-1)\frac{\alpha}{\alpha+\beta} p_{t-1}^e + (\psi-1)\frac{\beta}{\alpha+\beta} m_{t-1}$$
$$+ (\psi-1)\frac{1}{\alpha+\beta} v_{t-1}.$$

(B.I.1.14)

Nun ersetzen wir in Gleichung (B.I.1.13) die Variable p_t^e durch den Ausdruck auf der rechten Seite von Gleichung (B.I.1.11). Die Gleichung, die wir daraus erhalten, addieren wir zu Gleichung (B.I.1.14). Das Ergebnis ist:

$$p_t = \left[1 - \psi\frac{\alpha}{\alpha+\beta}\right]p_{t-1} + \frac{\alpha}{\alpha+\beta}\Big(m_t - (1-\psi)m_{t-1}\Big)$$
$$+ \frac{1}{\alpha+\beta}\Big(v_t - (1-\psi)v_{t-1}\Big).$$

(B.I.1.15)

Die Eigenschaften dieser Lösung sehen wir am ehesten, wenn wir annehmen, das Geldangebot wäre seinem Trend gefolgt, $m_t=0$ für alle t, und die Wirtschaft wäre keinen Schocks ausgesetzt gewesen, $v_t=0$ für alle t. In diesem Fall reduziert sich Gleichung (B.I.1.15) auf eine homogene Differenzengleichung erster Ordnung mit der Lösung

$$p_t = \left[1 - \psi\frac{\alpha}{\alpha+\beta}\right]^t p_0,$$

in der p_0 für das Preisniveau der Periode $t=0$ steht.[6] Der Term in eckigen Klammern ist kleiner als Eins. Mit fortschreitender Zeit nähert sich daher p_t dem Wert Null. In diesem Fall folgt aus der Güternachfragefunktion, daß sich auch das Sozialprodukt seinem Trend nähert, d.h. $\lim_{t\to\infty} y_t=0$. Wir können p_0 als Trendabweichung des Preisniveaus betrachten, die in der Periode $t=0$ durch einen einmaligen Geldangebotsschock m_0 entstand, dem keine weiteren Schocks folgten.

Unser Modell erklärt sowohl die positive Korrelation zwischen Geldmenge und Sozialprodukt als auch die Autokorrelation der zyklischen Komponente des Preisniveaus und des Sozialprodukts. Die Korrelation zwischen Geldmenge und Sozialprodukt führt es auf Prognosefehler zurück. Die Autokorrelation folgt aus dem schrittweisen Abbau des Prognosefehlers gemäß der Hypothese adaptiver Erwartungen.

Das Modell impliziert auch, daß es der Geldpolitik auf Dauer möglich ist, die Produktion zu erhöhen. Dazu muß sie das Geldangebot permanent ausdehnen. Sie erzeugt dadurch stets aufs neue Prognosefehler. Diese Schlußfolgerung ändert sich, wenn wir rationale Erwartungen betrachten.

Dynamik bei rationalen Erwartungen

Nach Gleichung (B.I.1.13) ist das tatsächliche Preisniveau eine Funktion des erwarteten Preisniveaus, der Geldmenge und des exogenen Schocks. Bei rationalen Erwartungen ist das erwartete Preisniveau der bedingte Erwartungswert des tatsächlichen Preisniveaus. Aus Gleichung (B.I.1.13) und Gleichung (B.I.1.12) folgt daher

$$p_t^e = E_{t-1}p_t$$

$$= E_{t-1}\left[\frac{\alpha}{\alpha+\beta}p_t^e + \frac{\beta}{\alpha+\beta}m_t + \frac{1}{\alpha+\beta}v_t \right].$$

Diese Gleichung können wir nach dem erwarteten Preisniveau $E_{t-1}p_t$ auflösen.[7] Zunächst folgt

$$E_{t-1}p_t = \frac{\alpha}{\alpha+\beta}E_{t-1}p_t + \frac{\beta}{\alpha+\beta}E_{t-1}m_t + \frac{1}{\alpha+\beta}E_{t-1}v_t.$$

---

6 Über die Lösung linearer Differenzengleichungen erster Ordnung können Sie sich im Abschnitt D.II.1 informieren.

7 Dazu bedienen wir uns folgender Eigenschaften des Erwartungsoperators E:

- $E(a_1X_1 + a_2X_2 + ... + a_nX_n) = a_1E(X_1) + a_2E(X_2) + ... + a_nE(X_n)$ [Linearität]

- $E(E(X)) = E(X)$.

Nun ist annahmegemäß $E(v_t)=0$ und damit auch $E_{t-1}v_t=0$, so daß nach $E_{t-1}p_t$ aufgelöst folgt:

$$E_{t-1}p_t = E_{t-1}m_t. \tag{B.I.1.16}$$

Die Haushalte legen folglich ihrer Prognose die Quantitätstheorie des Geldes zugrunde: In dem Maße, in dem sie das Geldangebot vorhersehen können, $E_{t-1}m_t$, erwarten sie überdurchschnittliche Preise. Mit Hilfe von Gleichung (B.I.1.16) und Gleichung (B.I.1.13) können wir den Prognosefehler berechnen:

$$p_t - E_{t-1}p_t = \frac{\beta}{\alpha+\beta}\Big[m_t - E_{t-1}m_t\Big] + \frac{1}{\alpha+\beta}v_t.$$

Der Ausdruck in eckigen Klammern beschreibt Geldangebotsänderungen, die auf der Grundlage der Informationen am Beginn einer Periode, d.h. am Ende der Vorperiode t-1, nicht vorhersehbar sind. Solche Änderungen müssen ebenso zufällig sein, wie der exogene Schock v_t, andernfalls könnten die Haushalte sie ja vorhersehen. Der Prognosefehler ist deshalb zufällig. Er ist nicht mit Größen aus der Vergangenheit verknüpft, wie es der Prognosefehler im Modell der adaptiven Erwartungen ist. Demnach folgt auch das Sozialprodukt einem reinen Zufallsprozeß. Das können wir sehen, wenn wir den Ausdruck für den Prognosefehler in die Güterangebotsfunktion, Gleichung (B.I.1.8), einsetzen. Die Lösung ist:

$$y_t = \frac{\alpha\beta}{\alpha+\beta}\Big[m_t - E_{t-1}m_t\Big] + \frac{\alpha}{\alpha+\beta}v_t. \tag{B.I.1.17}$$

An dieser Gleichung sehen wir, daß es der Geldpolitik nicht länger möglich ist, die Produktion zielgerichtet zu beeinflussen. Jede systematische Geldpolitik würde von den Haushalten erkannt und in der Preisniveauprognose berücksichtigt.[8]

Mit dem Einfluß der Geldpolitik verschwindet indes auch die Erklärung der Autokorrelation von Preisen und Sozialprodukt. Nach Gleichung (B.I.1.17) ist

---

8 Diese Folgerung gilt nicht nur für die Geldpolitik. Davon können Sie sich selbst überzeugen: Ergänzen Sie die Güternachfragefunktion um einen Term γg_t für die staatlichen Güterkäufe. Lösen Sie nun das Modell über die im Text beschriebenen Schritte nach dem Sozialprodukt auf. Sie erhalten dann eine Gleichung, die außer den Ausdrücken auf der rechten Seite von Gleichung B.I.1.17 noch den Term

$$\frac{\alpha\gamma}{\alpha+\beta}\Big[g_t - E_{t-1}g_t\Big]$$

enthält. Eine detaillierte Auseinandersetzung mit den wirtschaftspolitischen Implikationen der Neuen Klassischen Makroökonomik finden Sie in Maußner (1985).

die zyklische Komponente des Sozialprodukts ein Zufallsprozeß, dessen Ausprägungen in einer Periode t unabhängig sind von denen vergangener Perioden. Insbesondere Lucas (1975) und Sargent (1979), Kapitel XVI, haben deshalb nach Mechanismen gesucht, welche die Persistenz monetärer Schocks erklären können.

Signalextraktion, Kapazitätseffekte und Anpassungskosten

Lucas (1975) erläutert zwei Mechanismen, die dazu führen, daß selbst unkorrelierte Schocks nachhaltig das Sozialprodukt beeinflussen. Zum einen verschärft er das Informationsproblem der Wirtschaftssubjekte. In seinem Modell gibt es reale und monetäre Schocks. Die Wirtschaftssubjekte können diese Schocks nicht direkt beobachten. Könnten sie es, würden monetäre Schocks nur das Preisniveau beeinflussen. Welcher Schock in welchem Ausmaß die Wirtschaft trifft, können sie indes nur indirekt an der Reaktion von Preisen und Mengen erkennen. Das statistische Schätzproblem, das sie lösen müssen, ist ein Problem der **Signalextraktion**. Mit Hilfe dieses Verfahrens kann das volle Ausmaß eines monetären Schocks in der Periode $t=0$ erst nach Ablauf sehr vieler Perioden erkannt werden. Der Schock erhöht deshalb nur nach und nach das Preisniveau.

Prognosefehler verändern in dem Modell von Lucas (1975) nicht nur das Arbeitsangebot, sondern auch die Investitionen der Unternehmen. Ein positiver Schock erhöht den Kapitalstock der nächsten Periode und verändert dadurch das Grenzprodukt der Arbeit. Dieser **Kapazitätseffekt** verschwindet erst dann, wenn das zusätzliche Kapital nach einigen Perioden abgeschrieben ist.

Sargent (1979), Kapitel XVI, berücksichtigt die Kosten, die einem Unternehmen entstehen, das seine Beschäftigung verändert. Zu diesen **Anpassungskosten** zählen die Kosten für Stellenausschreibungen, für Bewerbungsgespräche und für die Einarbeitung der neuen Mitarbeiter. Sie führen dazu, daß ein Unternehmen die Zahl seiner Arbeitskräfte nicht zeitlos an die jeweilige Nachfrage anpaßt. Ist die Beschäftigung infolge einer Fehlprognose erst einmal gestiegen, vergeht einige Zeit, bis sie wieder ihren Ausgangswert erreicht.

Empirische Aspekte

Wir können die eben erläuterten Gründe für die Persistenz exogener Schocks in unserem Modell berücksichtigen. Hierfür ergänzen wir die Angebotsfunktion (B.I.1.8) um die Produktion der Vorperiode:

$$y_t^s = \alpha(p_t - p_t^e) + \delta y_{t-1}, \quad \delta \in (0, 1). \tag{B.I.1.18}$$

Mit dieser Angebotsfunktion hat unser Modell die Lösung:

$$y_t = \delta y_{t-1} + u_t, \quad \text{mit } u_t := \frac{\alpha\beta}{\alpha+\beta}\Big[m_t - \mathrm{E}_{t-1}m_t\Big] + \frac{\alpha}{\alpha+\beta}v_t. \tag{B.I.1.19}$$

Das Sozialprodukt ist eine Funktion seines Wertes der Vorperiode und eines exogenen Schocks u_t, der aus zwei Quellen stammt: Dem unsystematischen Teil des Geldangebots, d.i. der Ausdruck in den eckigen Klammern, und sonstigen unsystematischen Änderungen der Güternachfrage, die in der Zufallsgröße v_t zusammengefaßt sind.

Damit kann unser Modell die Autokorrelation des Sozialprodukts erklären. Welche weiteren stilisierten Fakten des Konjunkturzyklus zeichnet es nach? Betrachten wir hierzu nochmals die graphische Darstellung unseres Ausgangsmodells, Abbildung B.I.1.2. Ein Geldangebotsschock stimuliert über eine Zinssenkung die Nachfrage. Die Preise steigen, der Reallohn sinkt. Trotzdem nimmt das Arbeitsangebot zu, weil die Haushalte von dem Preisanstieg überrascht werden. Demnach sind Zinsen, Reallöhne und Arbeitsproduktivität antizyklisch, während das Preisniveau prozyklisch ist. Genau das umgekehrte Muster zeigen die stilisierten Fakten.

Wir können das Modell noch einer weiteren Prüfung unterziehen. Gleichung (B.I.1.19) ist eine Aussage über die zyklische Komponente des Sozialprodukts. Wie gut sie diese Zeitreihe beschreibt, können wir mit Hilfe der Regressionsanalyse prüfen. Hierzu müssen wir die Eigenschaften des Zufallsschocks u_t näher eingrenzen. Wir nehmen an, die beiden Komponenten dieses Schocks seien stochastisch voneinander unabhängig und hätten jeweils einen Erwartungswert von Null. Unter diesen Umständen hat u_t einen Erwartungswert von Null und eine Varianz $\sigma_u^2 = \sigma_m^2 + \sigma_v^2$, wobei σ_m^2 die Varianz des unsystematischen Teils des Geldangebots ist. Gleichung (B.I.1.19) ist in diesem Fall ein Beispiel für einen **autoregressiven Prozeß erster Ordnung**.[9] Mit Hilfe der Kleinst-Quadrate-Methode kann man den Parameter δ dieses Prozesses hinreichend verläßlich schätzen. Die Ausgangsdaten für diese Schätzung liefert das HP-trendbereinigte [μ=1600] reale Bruttosozialprodukt der alten Bundesländer auf Quartalsbasis im Zeitraum 1960/1 bis 1990/2.[10] Die Schätzung führt zu folgendem Ergebnis:

---

9   Eine nähere Beschreibung der Eigenschaften dieser Prozesse finden Sie im Abschnitt D.IV.3.

10 Das Verfahren zur Trendbereinigung beschreibe ich im Abschnitt D.IV.4, S. 252.

$$y_t = \underset{(0,046)}{0{,}86}\; y_{t-1}, \quad R^2 = 0{,}75, \quad h = 3{,}95.$$

Der Wert in Klammern ist die geschätzte Standardabweichung der Schätzung für δ. Nach der Gleichung sind rund 25% der Varianz der zyklischen Komponente des Sozialprodukts auf die Varianz des Schocks u_t zurückzuführen. Der Rest beruht auf der Persistenz der Schocks, die der Term $0{,}86 y_{t-1}$ wiedergibt. Bei einer Irrtumswahrscheinlichkeit von 5% kann die a-priori-Annahme $\delta \in (0,1)$ nicht verworfen werden. Die Teststatistik h, Durbins h Statistik, prüft, ob die Annahme erfüllt ist, die Schocks selbst seien nicht autokorreliert.[11] Diese Annahme ist eine wichtige Voraussetzung für die Verläßlichkeit der Schätzung. Bei einer Irrtumswahrscheinlichkeit von 5% überschreitet h=3,95 deutlich den kritischen Wert dieser Statistik von 1,96. Die naheliegende Schlußfolgerung, die Schocks seien autokorreliert, das Modell sonst aber korrekt, ist aus zwei Gründen unbefriedigend. Im Rahmen unseres Modells, in dem nur Nachfrageschocks auftreten, müssen diese notwendigerweise zeitlich unkorreliert sein. Das ist eine Folge der Annahme rationaler Erwartungen.[12] Wir müßten deshalb unterstellen, es gebe autokorrelierte Angebotsschocks. Diese Annahme verlagert aber die Erklärung auf außerökonomische Zusammenhänge.

Wir sehen an diesem Beispiel sehr deutlich, daß einfache Modelle zumeist nur einen engen Ausschnitt der stilisierten Fakten des Konjunkturzyklus erklären können. Allerdings schneiden auch Erweiterungen des vorgestellten Modells in einer Reihe empirischer Studien aus den siebziger und achtziger Jahren nicht gut ab [siehe Maußner (1985), S. 174-177].

2. Intertemporale Substitution von Konsum und Freizeit

Dieser Abschnitt behandelt die Theorie der Real Business Cycles (RBC). Nach dieser Theorie lösen technologische Schocks intertemporale Substitutionsprozesse aus: In Perioden mit überdurchschnittlich großer Arbeitsproduktivität wird vergleichsweise viel produziert. Ein Teil des Mehrertrags wird investiert, um in künftigen Perioden sowohl über mehr Freizeit zu verfügen als auch mehr konsumieren zu können. Ich erläutere zunächst dieses Prinzip an einem einfachen Modell.

---

11 Durbins h ist asymptotisch standardnormalverteilt, wenn die Residuen nicht autokorreliert sind. Siehe bspw. Stewart und Wallis (1981), S. 225f..

12 Das folgt zum einen aus der Definition der unsystematischen Komponente des Geldangebots, $m_t - E_{t-1} m_t$. Um zu prüfen, daß dies auch für den Schock v_t gelten muß, können Sie wie folgt vorgehen. Nehmen Sie an, dieser Schock sei selbst ein autoregressiver Prozeß nach der Gleichung $v_t = \rho v_{t-1} + \epsilon_t$, wobei nun ϵ_t zeitlich unkorreliert sei mit Erwartungswert Null und endlicher Varianz. Wenn sie nun die Gleichung für das Sozialprodukt ableiten, finden Sie dort nur den Term $\alpha \epsilon_t / (\alpha + \beta)$, nicht aber v_{t-1}.

Anschließend betrachten wir ein dynamisches Modell, das die wichtigsten empirischen Implikationen der RBC-Theorie aufdeckt. Abschließend erläutere ich dem interessierten Leser die Technik zur Lösung des Modells.

Grundlagen

Die Konjunkturtheorie der Neuen Klassischen Makroökonomik sieht vor allem das Geldangebot als Quelle der Unsicherheit. In einem einflußreichen Artikel argumentieren Long und Plosser (1983), die Ursache für Konjunkturzyklen sei auf der Angebotsseite der Wirtschaft zu suchen.[13] Sie zeigen, daß die intertemporale Substitution von Konsum und Freizeit als Reaktion auf angebotsseitige Schocks die wichtigsten stilisierten Fakten erklären kann. Nicht staatliche Intervention, Prognosefehler oder inflexible Preise, sondern elementare ökonomische Verhaltensweisen führen zu Konjunkturzyklen. Um diesen Punkt zu betonen, studieren Long und Plosser (1983) ein Modell der optimalen Kapitalakkumulation, in dem es keine staatliche Aktivität und keine monetären Variablen gibt und in dem die Wirtschaftssubjekte rationale Erwartungen über künftige Preise haben. Anhand numerischer Beispiele suchen sie zu belegen, daß dieses Modell in der Lage ist, wichtige Eigenschaften makroökonomischer Zeitreihen der US-Wirtschaft nachzuzeichnen.

Mit ihrem Artikel haben sie ein Forschungsprogramm initiiert, dessen Anliegen die gemeinsame Analyse von Wirtschaftswachstum und Konjunktur ist. Ihr analytischer Rahmen ist das neoklassische Modell der optimalen Kapitalakkumulation unter Unsicherheit. Long und Plosser sprechen deshalb von Real Business Cycles (RBC).

Unter idealen Bedingungen, d.h.

o bei vollständiger Konkurrenz,
o bei abnehmenden oder konstanten Skalenerträgen,
o bei rationalen Erwartungen (oder vollständiger Voraussicht),
o wenn es keine externen Effekte gibt und
o die staatliche Politik allokationsneutral ist,

---

13 Der Artikel von Long und Plosser hat sicher maßgeblich zur Entwicklung der Real Business Cycle-Theorie beigetragen, denn er formuliert sehr pointiert das Anliegen dieser Theorie. Indes ist ihre Arbeit nicht die erste gewesen. Kydland und Prescott (1982) verfolgen denselben Gedanken.
Zur Theorie der RBC liegen mittlerweile viele Überblicksartikel vor. Lesenswert ist der Artikel von Plosser (1989). Einen umfangreichen Überblick, der auch die formalen Aspekte der Theorie nicht zu kurz kommen läßt, bieten die beiden Artikel von King, Plosser und Rebelo (1988a,b). Knapper und im Ton kritischer ist McCallum (1989). Empfehlenswert ist die empirische Auseinandersetzung mit der Theorie von Danthine und Donaldson (1993).

gelten für dieses Modell die beiden **Hauptsätze der Wohlfahrtstheorie**. Dann ist es möglich, das Allokationsproblem aus der Perspektive eines sozialen Planers (oder Weisen Diktators) zu studieren. Die pareto-optimale Allokation entspricht dem Wettbewerbsgleichgewicht der dezentralen Wirtschaft. Konjunkturschwankungen sind mithin kein Indiz für mangelhafte marktliche Koordination, sondern im Gegenteil Reflex pareto-optimaler Verarbeitung angebotsseitiger Schocks. Jede antizyklische Konjunkturpolitik ist daher unnötig, ja wäre mit Wohlfahrtseinbußen verbunden. In dieser Konsequenz unterscheidet sich die Theorie der Real Business Cycles somit nicht grundsätzlich von ihrer Vorgängerin, der Konjunkturtheorie der Neuen Klassischen Makroökonomik.

Robinson Crusoe

Das Prinzip der intertemporalen Substitution soll das folgende Beispiel erläutern. Jeder kennt wohl die Geschichte von Robinson Crusoe. Ökonomen erzählen diese Geschichte oft so (oder so ähnlich):

Robinson lebt auf seiner Insel zwei Jahre, $t=0$ und $t=1$. In beiden Jahren kann er höchstens $\bar{N}$ Stunden arbeiten:

$$N_t \le \bar{N}, \quad t=0,1. \tag{B.I.2.1}$$

Auf dem Schiffswrack fand er $K_0>0$ Pfund Weizen, den er während der Sommermonate aussäen kann. Seine Ernte Y ist eine Funktion seiner Arbeitsleistung N, der Menge ausgesäten Weizens K, und der Wetterverhältnisse Z:

$$Y = ZF(N,K),$$

mit:

(a) $F(0,K) = F(N,0) = F(0,0) = 0,$

(b) $\left. \begin{array}{l} F_N(N,K), \ F_K(N,K) > 0, \\[6pt] F_{NN}(N,K), \ F_{KK}(N,K) < 0 \end{array} \right\} \forall \ (N,K) \ge 0,$ $\qquad$ (B.I.2.2)

(c) $\lim_{N\to 0} F_N(N,K) = \lim_{K\to 0} F_K(N,K) = \infty,$

(d) $F_K(\bar{N},K_0), \ F_K(\bar{N},F(\bar{N},K_0)) > 1.$

Je besser das Wetter während der Ernteperiode ist (große Werte für Z), desto mehr Getreide erntet Robinson aus einer gegebenen Menge Saatgut bei gleichem Arbeitsaufwand. Die Eigenschaften der Funktion F ergeben sich aus der

Natur des Problems: Robinson kann nur dann Weizen ernten, $Y > 0$, wenn er tatsächlich Weizen sät, $(N, K) > 0$ (Bedingung (a)). Auch darf man getrost erwarten, daß Arbeit und Kapital (das Saatgut) einen stets positiven, aber abnehmenden Grenzertrag haben (Bedingung (b)). Um für unser Beispiel uninteressante Randlösungen auszugrenzen, sei unterstellt, der Grenzertrag des ersten ausgesäten Korns wie der ersten geleisteten Arbeitsstunde sei sehr groß (Bedingung (c)). Schließlich wollen wir annehmen, daß er auch aus dem letzten ausgesäten Korn Weizen mehr als ein Korn Weizen erntet (Bedingung (d)). Diese Bedingung stellt sicher, daß Robinson das Saatgut nicht verbraucht, sondern den gefundenen Weizen vollständig aussät.

Robinsons Ziel ist es, seinen Lebensnutzen zu maximieren, der nur eine Funktion des Konsums beider Perioden ist:

$$U(C_0, C_1),$$

mit:

(a) $U(0, C_1) = U(C_0, 0) = U(0, 0) = 0,$

(b) U ist streng quasikonkav,   (B.I.2.3)

(c) $U_{C_0}(C_0, C_1),\ U_{C_1}(C_0, C_1) > 0 \ \forall \ (C_0, C_1) \geq 0,$

(d) $\lim_{C_0 \to 0} U_{C_0}(C_0, C_1) = \lim_{C_1 \to 0} U_{C_1}(C_0, C_1) = \infty.$

Die Eigenschaften dieser Nutzenfunktion sind traditionell: Sein Lebensnutzen ist nur dann positiv, wenn er in beiden Perioden Weizen verbraucht, andernfalls verhungert er frühzeitig (Bedingung (a)). Robinsons Nutzenfunktion kann durch streng konvexe Indifferenzkurven dargestellt werden. Er schätzt mithin den Konsum im ersten Jahr um so geringer, je mehr er bereits in diesem Jahr verbraucht (Bedingung (b)). Robinson zieht mehr Konsum in zumindest einem der beiden Jahre weniger Konsum vor (Bedingung (c)). Bedingung (d) schließt uninteressante Randlösungen aus (Verhungern ist keine optimale Strategie).

Betrachten wir nun Robinsons Entscheidung. Nachdem Freizeit Robinson keinen Nutzen stiftet, jede weitere Arbeitseinheit aber die Weizenproduktion erhöht, kann ein Nutzenmaximum nur mit einem Arbeitseinsatz von

$$N_0 = N_1 = \bar{N}, \tag{B.I.2.4}$$

verbunden sein. Wenn Robinson im ersten Jahr die Menge C_0 verbraucht, bleibt ihm

$$K_1 = Z_0 F(\bar{N}, K_0) - C_0, \qquad \text{(B.I.2.5)}$$

als Saatgut für sein zweites Lebensjahr. Weil er unersättlich ist und im dritten Jahr nicht mehr lebt, verbraucht Robinson im zweiten Jahr seine gesamte Weizenernte

$$C_1 = Z_1 F(\bar{N}, K_1). \qquad \text{(B.I.2.6)}$$

Die Gleichungen (B.I.2.5) und (B.I.2.6) drücken Robinsons Ressourcenbeschränkung aus. Zusammengefaßt zu

$$C_1 = Z_1 F(\bar{N}, Z_0 F(\bar{N}, K_0) - C_0) \qquad \text{(B.I.2.7)}$$

definieren sie die technische Substitutionsbeziehung zwischen dem Weizenverbrauch im zweiten und ersten Jahr. Gleichung (B.I.2.7) ist in Abbildung B.I.2.1 durch eine streng konkave Kurve dargestellt. Die Grenzrate der intertemporalen Transformation des Konsums erhalten wir nach differenzieren von Gleichung (B.I.2.7) als[14]

$$\frac{dC_1}{dC_0} = -Z_1 F_K(\bar{N}, K_1). \qquad \text{(B.I.2.8)}$$

Robinsons Nutzenmaximum liegt offensichtlich dort, wo eine Indifferenzkurve die Transformationskurve tangiert. Für die bei Δ auf der Abszisse beginnende Transformationskurve ist (C_0^*, C_1^*) die optimale Entscheidung Robinsons. In diesem Punkt stimmen die Steigung von Transformationskurve und Indifferenzkurve überein. Die Steigung der Indifferenzkurve, die Grenzrate der intertemporalen Substitution, ist $-(\partial U/\partial C_0)/(\partial U/\partial C_1)$, so daß das Nutzenmaximum die Bedingung

$$\frac{\partial U(C_0, C_1)/\partial C_0}{\partial U(C_0, C_1)/\partial C_1} = Z_1 F_K(\bar{N}, K_1) \qquad \text{(B.I.2.9)}$$

erfüllt.

Wie hängt Robinsons Entscheidung mit den Witterungsbedingungen zusammen, welche die Variable Z verkörpert? Wird er bei unerwartet günstigem

---

14   Die strenge Konkavität der Transformationskurve folgt aus

$$\frac{d^2 C_1}{dC_0^2} = Z_1 F_{KK} < 0.$$

Abbildung B.I.2.1

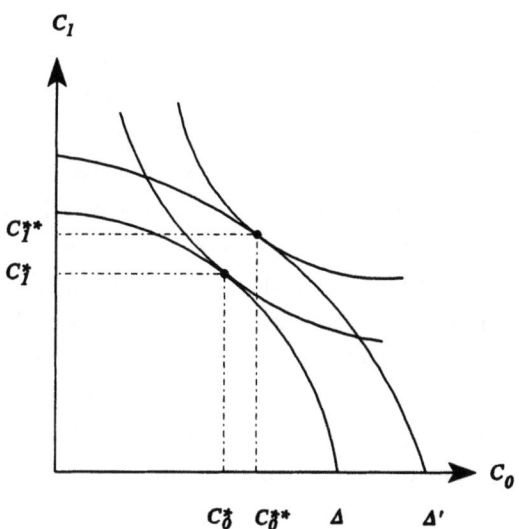

Wetter die zusätzliche Ernte ausschließlich im ersten Jahr verbrauchen?

Der Fund vergrößert seine Ressourcen. Im Prinzip kann er deshalb in beiden Perioden mehr konsumieren, wie die Verschiebung der Transformationskurve von Δ nach Δ' in Abbildung B.I.2.1 zeigt. Wenn künftiger und gegenwärtiger Konsum normale Güter sind, führt der Fund dazu, daß Robinson in beiden Jahren mehr Weizen verbrauchen wird. Das ist der Einkommenseffekt. Er ist für beide Güter positiv, wenn der Grenznutzen eines Gutes mit dem Verbrauch des anderen Gutes zunimmt, d.h. wenn

$$U_{C_1, C_0}(C_0, C_1) > 0 \ \forall \ (C_0, C_1) \geq 0. \qquad \text{(B.I.2.10)}$$

Andererseits hat Robinson nun bei jeder gegebenen Menge an Gegenwartskonsum mehr Saatgut für die nächste Periode zur Verfügung. Das Grenzprodukt des Kapitals ist deshalb bei gleichem Gegenwartskonsum, aber verbesserten Witterungsbedingungen niedriger als in der alten Situation. Aus der Optimalitätsbedingung folgt daher, daß Robinson seinen Gegenwartskonsum zu Lasten künftigen Konsums ausweiten wird. Das ist der Substitutionseffekt. Unter den in (B.I.2.2) und (B.I.2.3) getroffenen Annahmen an die Produktions- und Nutzenfunktion dominiert der Einkommenseffekt [siehe Ergänzung B.I.2.1]. Robinson verbraucht auch in der nächsten Periode mehr Weizen. Das kann er nur tun, wenn er eine größere Menge Saatgut für das zweite Jahr zurücklegt. Seine Ersparnis, K_1, nimmt zu. Abbildung B.I.2.1 zeigt diesen Fall. Das Paar $(C_0^{**},$

C_1^{**}) maximiert den Nutzen für die mit Δ' bezeichnete Ressourcenausstattung. Der Zufallsschock des ersten Jahres hinterläßt im zweiten Jahr noch seine Spuren.

Nehmen wir an, außer Konsum wäre auch Freizeit ein Argument von Robinsons Lebensnutzen. Dann gibt es noch eine zweite Substitutionsmöglichkeit: Die größere Ernte kann Robinson nutzen, um in beiden Perioden weniger zu arbeiten. Dieser Einkommenseffekt ist zu erwarten, wenn Freizeit in beiden Perioden ein normales Gut ist. Die besseren Witterungsverhältnisse erhöhen das Grenzprodukt von Robinsons Arbeit in der Gegenwart relativ zu dem in der Zukunft. Dieser Substitutionseffekt veranlaßt Robinson, mehr in der Gegenwart, aber weniger in der Zukunft zu arbeiten. Wenn der Substitutionseffekt den Einkommenseffekt dominiert, arbeitet Robinson im ersten Jahr mehr, spart die zusätzliche Ernte, um im zweiten Jahr weniger arbeiten zu können. Kapitalbildung ist daher nicht nur das Vehikel zur intertemporalen Substitution des Konsums, sondern auch zur intertemporalen Substitution der Freizeit.

*   *   *

Ergänzung B.I.2.1

Komparative-Statik des Robinson Modells[*]

Gleichung (B.I.2.5), (B.I.2.6) und (B.I.2.9) bestimmen die drei endogenen Variablen von Robinsons Entscheidungsproblem, C_0, C_1 und K_1. Mit Hilfe der Methode der komparativen Statik [bspw. Klaus und Maußner (1986), S. 263-268] läßt sich zeigen, daß die Eigenschaften der Produktions- und Nutzenfunktion hinreichen, um sicherzustellen, daß der Konsum beider Perioden zunimmt, wenn sich die Wetterverhältnisse in der Periode $t=0$ verbessern. Wir differenzieren alle drei Gleichungen nach den drei endogenen Variablen und nach Z_0. An der Stelle des Nutzenmaximums berechnet, sind die partiellen Ableitungen reelle Zahlen. Das Ergebnis ist folglich ein lineares Gleichungssystem in den Differentialen der endogenen Variablen,

$$\begin{bmatrix} a & b & c \\ 1 & 0 & 1 \\ 0 & 1 & -Z_1 F_{K_1} \end{bmatrix} \begin{bmatrix} dC_0 \\ dC_1 \\ dK_1 \end{bmatrix} = \begin{bmatrix} F_{K_1} U_{C_1} dZ_1 \\ F(\bar{N}, K_0) dZ_0 \\ F(\bar{N}, K_1) dZ_1 \end{bmatrix} \quad \text{mit} \quad \begin{cases} a := (U_{C_0, C_0} - U_{C_1, C_0} Z_1 F_{K_1}) < 0, \\ b := (U_{C_0, C_1} - U_{C_1, C_1} Z_1 F_{K_1}) > 0, \\ c := -U_{C_1} Z_1 F_{K_1, K_1} > 0, \end{cases}$$

das wir nach dC_0/dZ_0 und dC_1/dZ_0 auflösen können. Die Lösungen lauten:

$$\frac{dC_0}{dZ_0}\bigg|_{dZ_1=0} = \Delta^{-1} F(\bar{N}, K_0) \left[Z_1 F_{K_1} b + c \right] > 0,$$

$$\frac{dC_1}{dZ_0}\bigg|_{dZ_1=0} = -\Delta^{-1} Z_1 F_{K_1} F(\bar{N}, K_0) a > 0,$$

$$\Delta := -a + Z_1 F_{K_1} b + c > 0.$$

*   *   *

Wettbewerbsgleichgewicht

Was hat Robinsons Entscheidung mit einer Marktwirtschaft zu tun? Nehmen wir an, Robinson gründet ein Unternehmen, das von Robinson als Besitzer des Weizens Saatgut zum Preis v_t und Arbeitsleistungen zum Lohn w_t kauft und damit Weizen gemäß der Produktionstechnik $Y=ZF(N,K)$ produziert. Beide Faktorpreise seien in Einheiten Weizens ausgedrückt. Robinson erhält vom Unternehmen außer der Entlohnung für die von ihm zur Verfügung gestellten Produktionsfaktoren auch den jeweiligen Gewinn $\pi_t=Y_t\text{-}v_tK_t\text{-}w_tN_t$. Ziel des Unternehmens sei es, den abdiskontierten Gewinn beider Jahre zu maximieren, während der Konsument und Sparer Robinson seinen Lebensnutzen maximiere. Dieser sei weiterhin durch die Funktion (B.I.2.3) beschrieben. Weiterhin gelten auch (B.I.2.1) und (B.I.2.2). Robinsons Entscheidungsproblem lautet also:

$$\max \quad U(C_0,C_1),$$

unter den Nebenbedingungen

$$C_0 + K_1 \leq v_0K_0 + w_0N_0 + \pi_0,$$

$$C_1 \leq v_1K_1 + w_1 N_1 + \pi_1, \tag{B.I.2.11}$$

$$N_0 \leq \bar{N},$$

$$N_1 \leq \bar{N},$$

$$C_0,\ C_1,\ N_0,\ N_1,\ K_1 \geq 0.$$

Dabei nehmen wir an, daß Robinson die künftigen Faktorpreise richtig voraussieht. Aufgrund der in (B.I.2.3) genannten Bedingungen kommt nur eine Lösung mit $N_0^s = N_1^s = \bar{N}$, $C_0, C_1, K_1 > 0$ in Frage. Sie erfüllt die beiden Budgetrestriktionen als Gleichungen. Die notwendige Bedingung für ein Maximum muß daher lauten:

$$\frac{\partial U(C_0, C_1)/\partial C_0}{\partial U(C_0, C_1)/\partial C_1} = v_1. \tag{B.I.2.12}$$

Das Unternehmen fragt zu jeweils gegebenen Preisen Arbeit und Saatgut nach und bietet Weizen an. Die Maximierung des abdiskontierten Gewinns ist mithin gleichbedeutend mit der Maximierung der jeweiligen Periodengewinne:

$$\left.\begin{aligned} \max \quad \pi_t &:= Y_t - w_t N_t - v_t K_t \\[1em] \text{unter der Nebenbedingung} \\[1em] Y_t &\le Z_t F(N_t, K_t) \end{aligned}\right\} \quad t = 1, 2$$

Die unter (B.I.2.2) genannten Bedingungen stellen sicher, daß jede Lösung die Nebenbedingung als Gleichung erfüllt. Die notwendigen Bedingungen lauten daher:

$$\left.\begin{aligned} w_t &= Z_t F_N(N_t, K_t) \\[1em] v_t &= Z_t F_K(N_t, K_t) \end{aligned}\right\} \quad t = 1, 2 \qquad\qquad \text{(B.I.2.14)}$$

Das Unternehmen fragt solange Arbeit nach, bis der Reallohn dem Grenzprodukt der Arbeit entspricht. Es kauft soviel Saatgut, bis dessen Grenzprodukt den Preis des Saatguts erreicht. Falls wir annehmen, die Produktionsfunktion sei linear-homogen, ist infolge des Eulersatzes für homogene Funktionen der Gewinn jeder Periode gleich Null.[15]

Auf dem Arbeitsmarkt und dem Markt für Saatgut seien die Preise flexibel. In jeder Periode gleichen sie Angebot und Nachfrage aus. Folglich ist die Allokation in der so beschriebenen Wirtschaft durch die Bedingungen

$$\begin{aligned} K_0^d = K_0^s = K_0 &\;\Rightarrow\; v_0 = Z_0 F_K(\bar{N}, K_0), \\[1em] N_0^d = N_0^s = \bar{N} &\;\Rightarrow\; w_0 = Z_0 F_N(\bar{N}, K_0), \\[1em] K_1^d = K_2^s = K_1 &\;\Rightarrow\; v_1 = Z_1 F_K(\bar{N}, K_1), \\[1em] N_1^d = N_1^s = \bar{N} &\;\Rightarrow\; w_1 = Z_1 F_N(\bar{N}, K_1), \end{aligned} \qquad \text{(B.I.2.15)}$$

zusammen mit Gleichung (B.I.2.12) gekennzeichnet. Der Gütermarkt ist infolge der Budgetrestriktionen Robinsons in jeder Periode im Gleichgewicht, wenn es Arbeits- und Kapitalmarkt sind. Aus Gleichung (B.I.2.12) und den

---

15   Nach dem Eulersatz gilt für eine linear-homogene Produktionsfunktion

$$Y = F_N N + F_K K.$$

Daraus folgt zusammen mit den Gleichungen (B.I.2.14) $\Pi = Y - wN - vK = 0$.

unter (B.I.2.15) genannten Bedingungen folgt für die Aufteilung des Konsums auf die beiden Lebensjahre:

$$\frac{\partial U(C_0, C_1)/\partial C_0}{\partial U(C_0, C_1)/\partial C_1} = v_1 = Z_1 F_K(\bar{N}, K_1). \tag{B.I.2.16}$$

Wie ein Vergleich von Gleichung (B.I.2.16) mit Gleichung (B.I.2.9) zeigt, führt eine marktwirtschaftliche Allokation mit den Preisen und Mengen aus (B.I.2.15) zum selben Ergebnis wie Robinsons Planungsproblem.

Die Geschichte von Robinson illustriert die beiden **Hauptsätze der Wohlfahrtstheorie**. Eine aus der Sicht des Konsumenten optimale Allokation kann als Ergebnis eines Planungsproblems erklärt werden, bei dem der Planer simultan über Produktion und Verbrauch entscheidet. Dieselbe Allokation kommt bei Wahl geeigneter Marktpreise als Ergebnis dezentraler, voneinander unabhängig getroffener Entscheidungen über Produktion und Konsum zustande. Dieser Zusammenhang gilt nur unter den eingangs erwähnten idealen Bedingungen. Solange man dies voraussetzen kann, ist es möglich, die intertemporalen Substitutionsprozesse anhand der Entscheidung eines repräsentativen Wirtschaftssubjekts zu studieren.

Optimale Kapitalakkumulation unter Unsicherheit

Wir können dieses Ergebnis nutzen, um nun das Modell einer wachsenden Wirtschaft zu formulieren. Das Modell soll möglichst einfach lösbar sein. Deswegen treffe ich eine Reihe realitätsferner Annahmen, auf die man auch verzichten könnte. Die erste Annahme löst das Verteilungsproblem bei der Konstruktion einer Allokation. Sie unterstellt, alle Wirtschaftssubjekte wären gleich im Hinblick auf Bedürfnisse, Produktionstechnologie und Ressourcenausstattung. Deshalb können wir das Allokationsproblem eines Wirtschaftssubjekts, nennen wir es weiter Robinson, stellvertretend für das Allokationsproblems der Wirtschaft lösen. Die zweite Annahme, eine Abschreibungsrate auf das Kapital von 100 Prozent, ist zwar im Beispiel der Weizenproduktion gerechtfertigt, aber sonst weit übertrieben. Die restlichen Annahmen beziehen sich auf die Form der Nutzen- und Produktionsfunktion.

Robinson produziert mit Hilfe von Arbeit N und Kapital K ein Gut Y nach der Produktionsfunktion

$$Y_t = Z_t N_t^{1-\alpha} K_t^{\alpha}, \quad \alpha \in (0, 1). \tag{B.I.2.17}$$

Die Variable Z_t repräsentiert das Niveau des technischen Wissens. Wir nehmen an, sie folge einem Zufallsprozeß der Form

$$Z_{t+1} = Z_t e^{\mu + \epsilon_t}, \quad \mu \geq 0, \quad \epsilon_t \sim n(0, \sigma_\epsilon), \qquad \text{(B.I.2.18)}$$

mit ϵ_t als einer Ziehung aus einer normalverteilten Grundgesamtheit mit Erwartungswert Null und Varianz σ_ϵ^2. Nach Gleichung (B.I.2.18) wächst das technische Wissen im Durchschnitt mit der konstanten Rate μ. Die tatsächliche Wachstumsrate weicht von diesem Durchschnitt ab, weil es zusätzlich technologische Schocks, ϵ_t, gibt.

Robinsons maximale Arbeitszeit je Periode normieren wir auf Eins. Sein Nutzen in einer Periode t sei nun $u(C_t) := \ln(C_t)$. Freizeit, $1-N_t$, stiftet wiederum keinen Nutzen. Weil das Grenzprodukt der Arbeit stets positiv ist, wünscht Robinson keine Freizeit. Seine Arbeitsleistung je Periode ist dann Eins.

Bei einer Abschreibungsrate von 100 Prozent beschreibt die Gleichung

$$K_{t+1} = I_t, \qquad \text{(B.I.2.19)}$$

Robinsons Kapitalakkumulation. Die Produktion einer Periode t steht Robinson für den Konsum und die Investition zur Verfügung:

$$C_t + K_{t+1} \leq Z_t K_t^\alpha. \qquad \text{(B.I.2.20)}$$

Nachdem wir unterstellt haben, Robinsons momentaner Nutzen wachse mit der konsumierten Menge, können wir davon ausgehen, daß diese Bedingung in einem Nutzenmaximum stets als Gleichung erfüllt ist.

Z_t ist eine Zufallsvariable. Nach (B.I.2.20) ist dann auch der Konsum eine Zufallsvariable. Robinson kann deshalb seinen Lebensnutzen nicht mit Sicherheit vorhersehen. Die Größe, die er maximieren kann, ist der Erwartungswert seines Lebensnutzens. Der Lebensnutzen sei die abdiskontierte Summe des Konsumnutzens der jeweiligen Perioden. Der Diskontfaktor sei $\beta \in (0,1)$, und der Planungshorizont liege in der unendlich fernen Zukunft. Robinsons optimale intertemporale Allokation des Konsums muß dann das folgende Problem lösen:

$$\max E\left[\sum_{t=0}^{\infty} \beta^t \ln(C_t)\right]$$

(B.I.2.21)

unter der Nebenbedingung

$$C_t + K_{t+1} = Z_t K_t^{\alpha}, \quad K_0 \text{ gegeben.}$$

Die Lösung ist folgende Regel:

$$K_{t+1} = \alpha \beta Z_t K_t^{\alpha}.$$

(B.I.2.22)

Sie bestimmt zu jedem Zeitpunkt, bei dem dann vorhandenen technischen Wissen und Kapital den Kapitalstock der folgenden Periode. Die Eigenschaften dieser Regel sehen wir am ehesten, wenn wir sie in logarithmischer Form schreiben:

$$k_{t+1} = \ln(\alpha\beta) + \alpha k_t + z_t,$$

(B.I.2.23)

wobei Kleinbuchstaben wieder den natürlichen Logarithmus einer Größe beschreiben. Wenn wir in Gleichung (B.I.2.23) den Zeitindex um eine Periode nach hinten schieben und diese Gleichung von der Ausgangsgleichung abziehen, erhalten wir

$$k_{t+1} - k_t = \ln(\alpha\beta) + \alpha k_t + z_t - \ln(\alpha\beta) - \alpha k_{t-1} - z_{t-1}$$

$$= \alpha(k_t - k_{t-1}) + \mu + \epsilon_t,$$

wobei die zweite Gleichung aus der ersten folgt, wenn wir z_t durch den Logarithmus der rechten Seite von Gleichung (B.I.2.18) ersetzen. Die Differenz k_t-k_{t-1}, die wir mit Symbol $\hat{k}_t$ bezeichnen, entspricht näherungsweise der Wachstumsrate des Kapitals [Fußnote 24 im Abschnitt D.IV.4]. Aus der oben stehenden Gleichung folgt daher, daß die Wachstumsrate des Kapitalstocks einem autoregressiven Prozeß erster Ordnung folgt:

$$\hat{k}_{t+1} = \mu + \alpha \hat{k}_t + \epsilon_t,$$

(B.I.2.24)

der den Erwartungswert $\mu/(1-\alpha)$ und die Varianz

$$\text{var}(\hat{k}) = \frac{\sigma_\epsilon^2}{1 - \alpha^2}$$

(B.I.2.25)

hat [siehe Abschnitt D.IV.3, S. 245].

Empirische Aspekte

Der RBC Ansatz setzt neue Maßstäbe für die Beurteilung einer Konjunkturtheorie. Diese soll nicht nur qualitativ mit den stilisierten Fakten übereinstimmen, sondern diese auch quantitativ möglichst gut nachzeichnen. Deshalb
werden RBC Modelle als **berechenbare Gleichgewichtsmodelle** formuliert.
Sie werden numerisch gelöst und die von ihnen erzeugten Zeitreihen werden
den Zeitreihen der entsprechenden gesamtwirtschaftlichen Größen gegenüber-
gestellt. Diesen Ansatz werde ich an dem eben skizzierten Modell veranschaulichen.

Eine prüfbare Aussage des Modells enthält Gleichung (B.I.2.25). Wenn wir
für die beiden Modellparameter auf der rechten Seite der Gleichung empirisch
plausible Werte einsetzen, könnten wir sehen, ob die von unserem Modell vorhergesagte Varianz der Wachstumsrate des Kapitals einigermaßen der tatsächlichen Varianz entspricht.

Wir haben Robinson als typisches oder repräsentatives Wirtschaftssubjekt
definiert. Beim Vergleich des Modells mit der Realität müssen wir dem Rechnung tragen und geeignet relativierte, anstelle absoluter Größen heranziehen.
Deshalb beziehen wir Kapitaleinsatz und Sozialprodukt auf die Zahl der geleisteten Arbeitsstunden.

Als Indikator für den Technologieschock benutzt die RBC Theorie das
Solow-Residuum [siehe Ergänzung B.I.2.2]. Das Solow-Residuum ist der
Teil des Wachstums des Sozialprodukts, der nicht durch das Wachstum des
Kapital- und Arbeitseinsatzes erklärt werden kann. Eine Schätzung der Ver-
änderungsrate des Solow- Residuums für die Bundesrepublik Deutschland
(alte Länder) für den Zeitraum 1960 bis 1990 zeigt Abbildung B.I.2.2. Die
Varianz der Veränderungsrate des Solow-Residuums können wir als Schät-
zung für σ_ϵ^2 heranziehen. Sie beträgt 2,8 und entspricht rund 61 Prozent der
Varianz des realen Bruttosozialprodukts je Arbeitsstunde.

In Robinsons Produktionsfunktion, Gleichung (B.I.2.17), ist α die Produk-
tionselastizität des Kapitaleinsatzes. Wenn wir Gleichung (B.I.2.17) auf beiden
Seiten mit $(1/N_t)$ multiplizieren, sehen wir, daß α zugleich die Elastizität der
Produktion je Arbeitseinheit in bezug auf den Kapitaleinsatz je Arbeitseinheit
ist:

$$\frac{Y_t}{N_t} = Z_t \, (K_t/N_t)^\alpha \, .$$

Bei vollständiger Konkurrenz werden Arbeit und Kapital mit ihrem jeweiligen
Grenzprodukt entlohnt [siehe Gleichung (B.I.2.15)]. In diesem Fall entspricht
α der Einkommensquote des Kapitals, die sich mit der Lohnquote zu Eins
ergänzt. Die amtliche Statistik weist die Lohnquote meist als Quotient aus

dem Einkommen aus unselbständiger Arbeit und dem Nettosozialprodukt zu
Faktorkosten aus. Die Variable Y unseres Modells ist indes das Bruttosozialprodukt und N steht für die Arbeitsleistungen, unabhängig davon, ob sie Robinson als Selbständiger oder als Angestellter eines Unternehmens erbringt.
Die für unser Modell geeignete Definition der Lohnquote ist also das Lohneinkommen aus unselbständiger wie selbständiger Arbeit bezogen auf das Bruttosozialprodukt. Der Durchschnitt dieses Wertes für die Jahre 1960 bis 1990
liegt bei rund 0,64.

Abbildung B.I.2.2

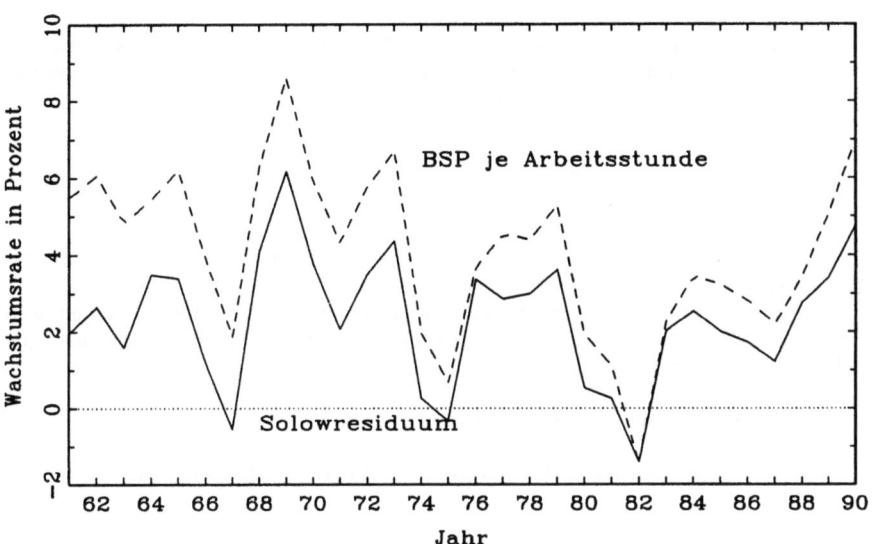

* * *

Ergänzung B.I.2.2

Das Solow-Residuum

Robert Solow (1957) hat folgendes Verfahren zur Schätzung des technischen Fortschritts vorgeschlagen: Nehmen wir an, die gesamtwirtschaftliche Produktionsfunktion
habe die Form

$$Y(t) = Z(t)F(N(t),K(t)).$$

Dabei bezeichnen: $Y(t)$ das Sozialprodukt im Zeitpunkt t, $Z(t)$ den Stand des technischen
Fortschritts, der als Verschiebung der Produktionsfunktion $F(\bullet)$ gedacht wird, $N(t)$ den
Arbeitseinsatz (gemessen in Stunden), $K(t)$ den Kapitaleinsatz (gemessen zu konstanten
Preisen).

Differenzieren der Produktionsfunktion nach der Zeit $[\dot{x}:=dx/dt]$ führt auf:

$$\frac{\dot{Y}(t)}{Y(t)} = \frac{\dot{Z}(t)}{Z(t)} + \frac{F_N N(t)}{Y(t)}\frac{\dot{N}(t)}{N(t)} + \frac{F_K K(t)}{Y(t)}\frac{\dot{K}(t)}{K(t)}$$

Diese Gleichung besagt, daß die Wachstumsrate des Sozialprodukts die Summe aus der Wachstumsrate des technischen Fortschritts, $\dot{Z}(t)/Z(t)$, und der mit den Faktoren $(F_N N/Y)$ bzw. $(F_K K/Y)$ gewichteten Wachstumsraten des Arbeits- und Kapitaleinsatzes ist, $\dot{N}(t)/N(t)$ bzw. $\dot{K}(t)/K(t)$. Wenn Arbeit und Kapital mit ihrem jeweiligen Grenzprodukt entlohnt werden, entspricht $(F_N N/Y)$ der Lohnquote und $(F_K K/Y)$ der Kapitaleinkommensquote. Wenn darüberhinaus die Produktionsfunktion $F(\bullet)$ linear-homogen ist, muß die Summe aus Lohn- und Kapitaleinkommensquote gleich Eins sein: $(F_N N/Y)+(F_K K/Y)=1$. Unter diesen Annahmen folgt für die Wachstumsrate des Sozialprodukts je Arbeitsstunde, $y(t):=Y(t)/N(t)$:

$$\frac{\dot{y}(t)}{y(t)} = \frac{\dot{Z}(t)}{Z(t)} + \frac{F_K K(t)}{K(t)} \left[\frac{\dot{K}(t)}{K(t)} - \frac{\dot{N}(t)}{N(t)} \right],$$

wobei der Ausdruck in eckigen Klammern die Wachstumsrate des Kapitals je Arbeitsstunde ist. Die Wachstumsrate des technischen Fortschritts, die man in diesem Zusammenhang **Solow-Residuum** nennt, ist mithin:

$$\frac{\dot{Z}(t)}{Z(t)} = \frac{\dot{y}(t)}{y(t)} - (1 - \omega(t)) \frac{\dot{k}(t)}{k(t)},$$

wenn wir $\omega(t)$ für die Lohnquote und $k(t):=K(t)/N(t)$ für den Kapitaleinsatz je Arbeitsstunde schreiben.

Für die Berechnung des Solow-Residuums für die Bundesrepublik Deutschland habe ich die einzelnen Größen dieser Gleichung wie folgt definiert [$\dot{x}$ entspricht der jährlichen Veränderung der Größe x]:

$Y:=$ Bruttosozialprodukt in Preisen von 1985,

$N:=$ Tatsächliche jährliche Arbeitszeit aller Erwerbstätigen in Stunden,

$\omega:=$ LN/YN,

$LN:=$ Bruttoeinkommen aus unselbständiger Arbeit in jeweiligen Preisen plus fiktives Lohneinkommen der Selbständigen; das fiktive Lohneinkommen der Selbständigen entspricht der Zahl der Selbständigen multipliziert mit dem Bruttoeinkommen aus unselbständiger Arbeit je abhängig Beschäftigten,

$YN:=$ Bruttosozialprodukt in jeweiligen Preisen,

$K:=$ (Jahresdurchschnittliches Nettoanlagevermögen zu Preisen von 1985)*(1-Arbeitslosenquote).

Die Definition der Lohnquote berücksichtigt, daß unser Modell nicht zwischen selbständiger und unselbständiger Arbeit unterscheidet, die amtliche Statistik aber nur das Lohneinkommen aus unselbständiger Arbeit ausweist [Krelle (1985), S. 121 berechnet L auf dieselbe Weise]. Die Definition des Kapitaleinsatzes approximiert den Auslastungsgrad des Kapitals mit Hilfe des Auslastungsgrades des Faktors Arbeit [Solow (1957)].

Die benutzen statistischen Quellen sind: Sachverständigenrat (1991), S. 308, 322, 235, Statistisches Bundesamt (1991), S. 398ff. Die Daten für die jährliche Arbeitszeit hat mir das Institut für Arbeitsmarkt- und Berufsforschung der Bundesanstalt für Arbeit übermittelt, dem ich dafür danke.

* * *

Zusammen mit den Schätzungen $\hat{\sigma}_\epsilon^2 = 2,8$ und $\alpha=0,36$ sagt Gleichung (B.I.2.25) eine Varianz für die Wachstumsrate des Kapitals je Arbeitsstunde von rund 3,2 voraus. Die tatsächliche Varianz dieser Größe ist 6,3 und damit fast doppelt so groß wie von unserem Modell vorhergesagt.

Abbildung B.I.2.3

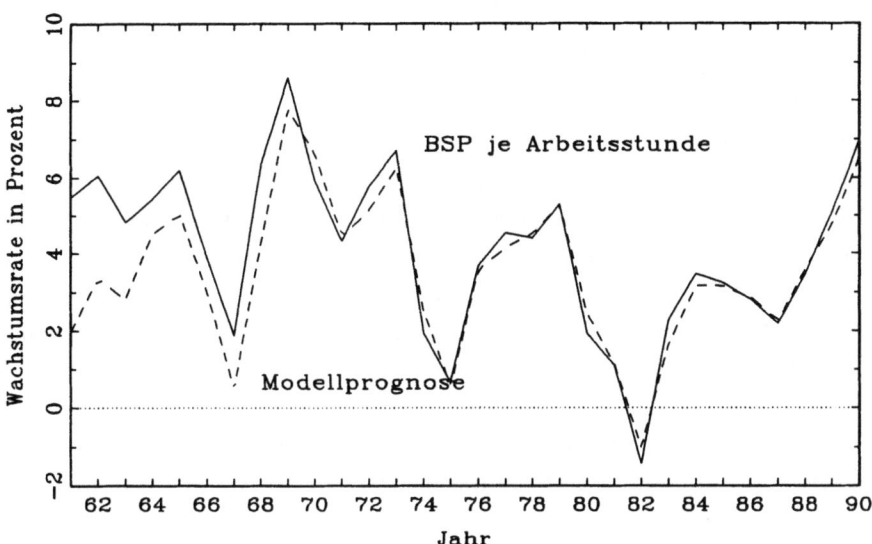

Wir können noch etwas weiter gehen. Mit Plosser (1989), S. 75, nehmen wir an, der Diskontfaktor sei $\beta=0,95$. Mit Hilfe der Produktionsfunktion (B.I.2.17), der Regel für die optimale Kapitalakkumulation (B.I.2.22) und der Schätzung des Solow-Residuums können wir dann die Veränderungsrate des Sozialprodukts je Arbeitsstunde berechnen. Abbildung B.I.2.3 stellt diese Prognose der tatsächlichen Entwicklung gegenüber. Sie können sehen, daß die Prognose in den sechziger Jahren die tatsächliche Entwicklung unterschätzt, aber diese in der zweiten Hälfte des Prognosezeitraums gut nachzeichnet. Das zeigt der Vergleich der Varianzen beider Größen. Die Varianz der tatsächlichen Wachstumsrate des realen Bruttosozialprodukts je Arbeitsstunde ist 4,58, das Modell prognostiziert eine Varianz von 3,77 und "erklärt" damit rund 82 Prozent der tatsächlichen Varianz.

Ausgefeiltere RBC Modelle, in denen Robinson auch über die intertemporale Allokation seiner Freizeit entscheidet und die Abschreibungsrate realistische Werte annimmt, zeichnen die Zeitreihenmomente gesamtwirtschaftlicher Größen noch besser nach als unser einfaches Modell. Das von Plosser (1989) simulierte, immer noch einfache Modell führt beispielsweise auf eine Varianz der Wachstumsrate des Sozialprodukts, die rund 90 Prozent der Varianz der tatsächlichen Größe ausmacht [Plosser (1989), Table 1, S. 62].

Diese Ergebnisse können nur auf den ersten Blick überraschen. Schließlich haben wir unsere Prognose auf dem Solow-Residuum aufgebaut, das ja bereits 61 Prozent der Varianz des realen Bruttosozialprodukts pro Kopf erklärt. Außerdem müssen wir noch zwei weitere Kritikpunkte bedenken:

Martin Eichenbaum (1991) hat darauf hingewiesen, daß eine Aussage, wie "Das Modell erklärt x Prozent der Varianz der Variablen y" eine Wahrscheinlichkeitsaussage ist. Die Simulation des Modells greift ja auf Schätzungen von Parametern zurück. Diese Schätzungen sind wie die Schätzung der empirischen Momente einer Reihe als Ergebnisse von Zufallsexperimenten zu betrachten. Demnach ist auch der Quotient λ aus einer vom Modell erzeugten Zahl und der entsprechenden empirischen Zahl eine Zufallsvariable. Die Schätzung für λ muß also um die Schätzung eines Konfidenzintervalls ergänzt werden. Eichenbaum (1991), S. 613, schätzt den Standardfehler für ein RBC-Modell, das 78 Prozent der Varianz der zyklischen Komponente des Sozialprodukts erklärt auf 64 Prozent und faßt zusammen [S. 614, Hervorhebung im Original]:

*"... we ought to be very comfortable believing that the model explains **anywhere** between 5% and 200% of the variance in per capita US output."*

Die Prognosegüte der RBC Modelle hängt entscheidend von der Konstruktion des Technologieschocks ab. Wir haben bereits gesehen, daß das Solow-Residuum rund 67 Prozent der Varianz der Wachstumsrate des Bruttosozialprodukts je Arbeitsstunde erklärt. Es darf daher nicht verwundern, wenn ein Modell mit dieser Größe als Zufallsschock im Ergebnis der Realität sehr nahe kommt. Kritiker bezweifeln, daß das Solow-Residuum eine geeignete Größe ist, um zufällige Veränderungen der Faktorproduktivität abzubilden. Eichenbaum (1991) und Mankiw (1989) schreiben Veränderungen dieser Größe weniger dem technischen Fortschritt als dem Bemühen der Unternehmen zu, Arbeitskräfte zu horten. Nach der RBC Theorie sind Rezessionen Zeiten mit niedriger Arbeitsproduktivität. In Boomzeiten ist die Arbeitsproduktivität überdurchschnittlich hoch. Entlassen die Unternehmen im Abschwung Arbeitskräfte nicht in dem Maß, wie es die Grenzproduktregel vorschreibt, so sinkt die gemessene Arbeitsproduktivität stärker, als sie es andernfalls tun würde. Im Aufschwung können die Unternehmen auf die nicht entlassen Arbeitskräfte zurückgreifen. Die statistisch ausgewiesene Arbeitsproduktivität überzeichnet daher die tatsächliche Arbeitsproduktivität. Eichenbaum (1991), S. 618, schreibt dazu:

" *Consequently naive Solow residual accounting systematically overestimates the level of technology in booms, systematically underestimates the level of technology in recessions, and systematically overestimates the variance of the true technology shock.*"

Burnside, Eichenbaum und Rebelo (1993) vergleichen ein Standard RBC Modell mit verschiedenen Modellen, welche die Hortung von Arbeitskräften berücksichtigen. Sie konstruieren den Technologieschock für diese Modelle und zeigen, daß dieser eine viel geringere Varianz als das Solow-Residuum besitzt. Während daher das Standardmodell noch 81 Prozent der zyklischen Komponente des US-Sozialprodukts erklärt, sinkt dieser Wert bis auf 31 Prozent in einer der von den Autoren studierten Modellvariante.

Wenn das Ausmaß technologischer Schocks gering ist, dann muß die intertemporale Substitutionselastizität der Freizeit groß sein, um annähernd die empirische Varianz der geleisteten Arbeitsstunden erklären zu können. Empirische Untersuchungen deuten indes auf eine sehr geringe Bereitschaft hin, Freizeit in der Gegenwart mit künftiger Freizeit zu substituieren.[16]

Die RBC Theorie vermag daher zwar zu zeigen, daß elementare ökonomische Verhaltensweisen konjunkturelle Muster erzeugen können. Ob der Großteil konjunktureller Schwankungen nur Substitutionsprozesse widerspiegelt, ist indes fraglich.

Formale Aspekte[*]

Wir betrachten zunächst die Lösung des Problems (B.I.2.21) unter der Annahme, $Z_t=1$ für alle t. In diesem Fall handelt es sich um ein deterministisches Problem und wir können fürs erste den Erwartungsoperator E vernachlässigen.[17] Die einzigen Größen, die als Parameter in das Problem einfließen sind α, β und K_0. Angenommen, wir hätten für jeden beliebigen Kapitalbestand K_0 das Planungsproblem gelöst und den zugehörigen Lebensnutzen $v(K_0)$ berechnet. Für den Kapitalbestand der Periode $t=1$ wäre dann $v(K_1)$ der maximale Nutzen ab der Periode $t=1$. $\beta v(K_1)$ ist der auf die Periode $t=0$ abdiskontierte Wert dieses Nutzens. K_1 muß dann das Problem

---

16   Siehe hierzu Mankiw (1989), S. 86.

17   Eine hervorragende Darstellung der mathematischen Techniken zur Lösung zeitdiskreter optimaler Planungsprobleme ist Stockey und Lucas (1989).

max $\ln\left(C_0\right) + \beta v(K_1),$

unter der Nebenbedingung   (B.I.2.26)

$C_0 + K_1 = K_0^\alpha,\ K_0$ gegeben,

lösen, für das wir nach Ersetzen von C_0 mit Hilfe der Nebenbedingung auch

$$\max_{0 \leq K_1 \leq K_0^\alpha} \ln\left(K_0^\alpha - K_1\right) + \beta v(K_1)$$

schreiben können. Die Lösung können wir als Funktion von K_0 schreiben: $K_1 = g(K_0) > 0$. Nehmen wir an, v und g seien differenzierbar, dann müssen sie die notwendige Bedingung für ein Maximum,

$$\frac{1}{K_0^\alpha - g(K_0)} = \beta v'(g(K_0)) \tag{B.I.2.27}$$

erfüllen. Die Ableitung der maximierten Nutzenfunktion

$$v(K_0) = \ln\left(K_0^\alpha - g(K_0)\right) + \beta v(g(K_0))$$

nach K_0 ergibt:

$$v'(K_0) = \frac{\alpha K_0^{\alpha-1}}{K_0^\alpha - g(K_0)} + \left[\beta v'(g(K_0)) - \frac{1}{K_0^\alpha - g(K_0)}\right] g'(K_0).$$

Der Ausdruck in eckigen Klammern ist infolge von Gleichung (B.I.2.27) gleich Null, so daß folgt:

$$v'(K_0) = \frac{\alpha K_0^{\alpha-1}}{\left(K_0^\alpha - g(K_0)\right)}. \tag{B.I.2.28}$$

Aus Gleichung (B.I.2.27) und Gleichung (B.I.2.28) folgt die bereits aus dem Zwei-Perioden-Problem bekannte Bedingung, daß die Grenzrate der intertemporalen Substitution zwischen der Periode $t=0$ und der Periode $t=1$ der Grenzrate der intertemporalen Transformation entsprechen muß.

Es liegt nahe zu vermuten, die Funktion $g(K)$ habe die Form

$$g(K) = \alpha\beta K^{\alpha}.$$ (B.I.2.29)

Aus der Zielfunktion

$$\sum_{t=0}^{\infty} \beta^t \ln\left(K_t^{\alpha} - g(K_t)\right)$$

können wir dann den maximalen Lebensnutzen $v(K_0)$ berechnen. Das Ergebnis ist

$$v(K_0) = \Delta + \frac{\alpha}{1-\alpha\beta}\ln(K_0),$$ (B.I.2.30)

$$\Delta := \alpha\beta\left[1 + \frac{\beta}{(1-\alpha)(1-\beta)} - \frac{\alpha^2\beta}{1-\alpha\beta}\right]\ln(\alpha\beta) + \frac{1}{1-\beta}\ln(1-\alpha\beta).$$

Es erfüllt zusammen mit der Funktion (B.I.2.29) die beiden Bedingungen (B.I.2.27) und (B.I.2.28). Damit haben wir gezeigt, daß $\alpha\beta K_t^{\alpha}$ zumindest eine optimale Politik für die Kapitalakkumulation ist.

Wenden wir uns nun dem stochastischen Problem

$$\max_{0 \le K_{t+1} \le Z_t K_t^{\alpha}} E\left[\sum_{t=0}^{\infty} \beta^t \ln\left(Z_t K_t^{\alpha} - K_{t+1}\right)\right], \quad K_0 \text{ gegeben,}$$ (B.I.2.31)

zu und nehmen an,

$$K_{t+1} = g(K_t, Z_t) := \alpha\beta Z_t K_t^{\alpha}.$$ (B.I.2.32)

sei dessen Lösung. Mit Hilfe dieser Gleichung können wir den Erwartungswert des Lebensnutzens berechnen und zeigen, daß dieser die zu (B.I.2.27) und (B.I.2.28) analogen Bedingungen

$$\frac{1}{ZK^{\alpha} - g(K,Z)} = \beta E\left[v_K\big(g(Z,K), Z\big)\right],$$ (B.I.2.33)

$$E\left[v_K(K,Z)\right] = \frac{\alpha ZK^{\alpha-1}}{ZK^{\alpha} - g(K,Z)},$$

erfüllt, wobei

$$E[v(g(Z,K),Z)] = v(K) + \frac{1}{1 - \alpha\beta} E\left[\sum_{t=0}^{\infty} \beta^t \ln(Z_t)\right] \qquad (B.I.2.34)$$

und $v(K)$ durch Gleichung (B.I.2.30) bestimmt ist. Damit haben wir gezeigt, daß Gleichung (B.I.2.22) eine Lösung des stochastischen Planungsproblems (B.I.2.21) ist.

II. Schockunabhängige Konjunkturerklärungen

1. Nichtlinearitäten

Dieser Abschnitt befaßt sich mit Arbeiten, die zeigen, daß selbst in einer von äußeren Einflüssen isolierten Wirtschaft flexible Preise und rationale Erwartungen Konjunkturzyklen nicht ausschließen. Er ergänzt und vertieft damit das Studium von Flexpreismodellen in Abschnitt B.I. Als Anschauungsobjekt dient ein einfaches Modell des Wirtschaftswachstums. Ein kurzer Überblick über die mathematisch recht anspruchsvolle Literatur zeigt abschließend, unter welchen Bedingungen Konjunkturzyklen auch in deterministischen Modellen der optimalen Kapitalakkumulation auftreten.

Grundlagen

Die im Abschnitt B.I behandelten Modelle haben eine gemeinsame Eigenschaft: Gelänge es, die Wirtschaft von exogenen Schocks zu isolieren, wäre der Konjunkturzyklus beseitigt. Gewährleisten also flexible Preise und rationale Erwartungen in einer von äußeren Einflüssen isolierten Wirtschaft ein zyklenfreies Wachstum? Bis in die siebziger Jahre haben Ökonomen diese Frage bejaht. Seit den achtziger Jahren kann man ein Nein nicht mehr ausschließen, wenngleich die Relevanz der Bedingungen, unter denen es gilt, umstritten ist.

Den Anstoß dazu gaben Entwicklungen in der Naturwissenschaft, namentlich der Meteorologie. Dort zeigen selbst einfache, aber nichtlineare Modelle zur Beschreibung der Dynamik von Gasen ein überaus komplexes Verhalten, für das der Begriff **deterministisches Chaos** geprägt wurde. Mathematiker und Naturwissenschaftler widmen sich seit den sechziger Jahren der Erforschung dieses Phänomens. Ihre Einsichten werden seit den achtziger Jahren auch in der ökonomischen Theorie genutzt.

Dabei geht es weniger darum, grundlegend neue ökonomische Modelle zu entwerfen. Die meisten Wirtschaftsmodelle enthalten nichtlineare Zusammenhänge.[18] Allerdings blendet man diese oft aus, indem man das Modell in der Nähe eines Gleichgewichts linear approximiert. Oder man formuliert Bedingungen, die denkbare Rückkopplungen ausschließen. In vielen Modellen steckt das Potential für komplexes Verhalten. Die neuen Methoden helfen, es zu erschließen.

Größere Aufmerksamkeit in der Wirtschaftswissenschaft weckte in dieser Hinsicht ein Artikel von Richard Day (1982). Er zeigt, daß schon vergleichsweise einfache Modifikationen am neoklassischen, angebotsorientierten Wachstumsmodell ausreichen, um zyklisches, ja sogar irreguläres Wachstum zu erzeugen. Während weiterführende Arbeiten ein tieferes Verständnis mathematischer Methoden erfordern, lassen sich die Überlegungen von Day (1982) leicht nachvollziehen. Deshalb werde ich die grundlegenden Konzepte beim Studium nichtlinearer Modelle anhand von Days Arbeit erläutern.[19]

Wirtschaftswachstum bei gegebenem Sparverhalten

Das folgende Modell ist eine vereinfachte, dafür dynamische Version des Grundmodells aus Abschnitt B.I.1. Es ist eine Variante der von Solow (1956) formulierten Wachstumsmodelle. Wir betrachten eine Wirtschaft, die nur aus Unternehmen und Haushalten besteht. Die Haushalte bieten Arbeitsleistungen N unabhängig von der Höhe des Reallohns an. Sie erhalten das gesamte produzierte Sozialprodukt Y in Form von Löhnen und Dividenden als Einkommen. Sie sparen einen konstanten Bruchteil $s \in (0,1)$ dieses Einkommens und erwerben dafür Sachkapital K. Wie Arbeit bieten sie das Sachkapital unabhängig von der Höhe seines jeweiligen Nutzungspreises den Unternehmen als Produktionsfaktor an. Die Unternehmen produzieren das Gut Y mit Hilfe von Arbeit N und Kapital K gemäß der linear-homogenen Produktionsfunktion

---

18   Ein Modell heißt linear, wenn es auf die Form

$$y = b + Ax \tag{i}$$

gebracht werden kann. Dabei ist $y=(y_1, y_2, \ldots y_n)$ der Spaltenvektor mit den n abhängigen [endogenen] Variablen des Modells, $b=(b_1, b_2, \ldots, b_n)$ ein Vektor mit Parametern, $x=(x_1, x_2, \ldots, x_m)$ ein Vektor mit den m unabhängigen [exogenen] Variablen des Modells und A eine $n \times m$-Matrix mit den Modellparametern a_{ij}. [Mathematiker bezeichnen die Abbildung (i) als linear affine Transformation.] Wenn der Vektor x zeitlich verzögerte Werte der abhängigen Variablen enthält, beschreibt (i) ein lineares dynamisches Modell.

19   Als Einführung in die Chaostheorie und Überblick über ihre Anwendung in der Volkswirtschaftslehre eignen sich Baumol und Benhabib (1989), Kelsey (1988) sowie der Abschnitt 5.1 in dem Buch von Gabisch und Lorenz (1989). Ein weiterer Überblicksartikel ist Boldrin und Woodford (1990).

$$Y = F(ZN, K), \quad F_{ZN}(\cdot), F_K(\cdot) > 0, \; F_{ZN,ZN}(\cdot), F_{KK}(\cdot) < 0. \qquad \text{(B.II.1.1)}$$

Dabei repräsentiert die Variable Z das Produktivitätsniveau einer Einheit Arbeit. Der technische Fortschritt führt dazu, daß Z mit einer gegebenen Rate z wächst:

$$Z_{t+1} = (1 + z)Z_t. \qquad \text{(B.II.1.2)}$$

Der Reallohn und der Nutzungspreis des Sachkapitals sind flexibel. Sie pendeln sich jeweils auf einem Niveau ein, das gewährleistet, daß die gesamte verfügbare Arbeit und das gesamte verfügbare Sachkapital in der Produktion genutzt werden. Das Arbeitsangebot ist konstant, $N = \bar{N}$. Die physische Abschreibung auf das Kapital ist $\delta \in [0,1]$. Die Wachstumsdynamik dieser Wirtschaft beschreiben deshalb Gleichung (B.II.1.2) und die folgende Gleichung:

$$K_{t+1} = s F(Z_t \bar{N}, K_t) - (1 - \delta)K_t. \qquad \text{(B.II.1.3)}$$

Nach dieser Gleichung setzt sich der Kapitalbestand der Periode $t+1$, K_{t+1}, aus zwei Komponenten zusammen: Dem nach Abzug der Abschreibung verbleibenden Kapital aus der Periode t, $(1-\delta)K_t$, und der Investition in neues Sachkapital, die mit der Ersparnis der Haushalte, $sF(Z_t\bar{N},K_t)$, übereinstimmt. Um die Wachstumsdynamik besser studieren zu können, dividieren wir Gleichung (B.II.1.3) durch den effizienten Arbeitseinsatz $Z_t\bar{N}$. Wenn wir dabei Gleichung (B.II.1.2) und die lineare Homogenität der Produktionsfunktion berücksichtigen, können wir für das Ergebnis

$$k_{t+1} = \frac{s}{1+z}F(1,k_t) + \frac{1-\delta}{1+z}k_t, \quad k_t := \frac{K_t}{Z_t\bar{N}} \qquad \text{(B.II.1.4)}$$

schreiben. Die rechte Seite dieser Gleichung ist eine Funktion der Variablen k, des Kapitals je Einheit effizienter Arbeit $Z\bar{N}$. Wir wollen diese Funktion mit $f(k)$ bezeichnen. Die üblichen Annahmen bezüglich der Eigenschaften dieser Funktion sind:

$$f(0) = 0, \quad \lim_{k \to \infty} f(k) = \infty,$$

$$\text{(B.II.1.5)}$$

$$f'(k) > 0, \quad \lim_{k \to 0} f'(k) > 1, \quad \lim_{k \to \infty} f'(k) < 1, \; f''(k) < 0.$$

Die erste Annahme besagt, daß ohne Kapitaleinsatz keine Produktion möglich ist. Die weiteren Annahmen sorgen für den streng konkaven Verlauf der

Funktion und die Existenz eines einzigen Wachstumsgleichgewichts. Sie können durch geeignete Annahmen an das Grenzprodukt des Kapitals, d.h. die
Ableitung der Funktion $F(\cdot)$ nach K, ersetzt werden.

Abbildung B.II.1.1

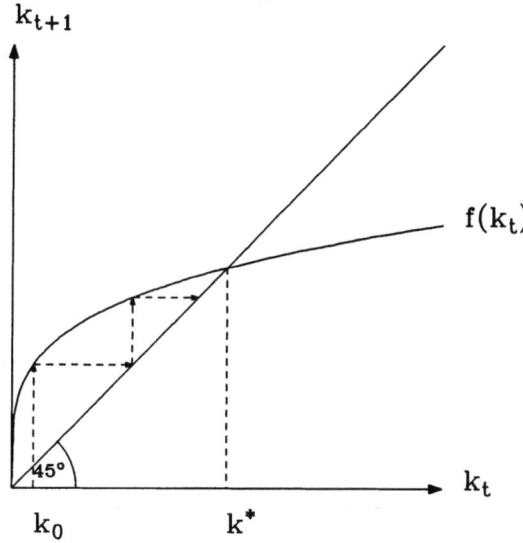

Ein Wachstumsgleichgewicht ist ein Zustand, in dem sich der Kapitaleinsatz je Einheit effizienter Arbeit nicht mehr verändert, d.h.

$$k_{t+1} = k_t$$

gilt. Dieses Gleichgewicht liegt offensichtlich im Schnittpunkt der Funktion
$f(k)$ mit der 45°-Linie in Abbildung B.II.1.1. Das Pfeilschema zeigt, daß jede im
Zeitpunkt $t=0$ gegebene Kapitalausstattung je Einheit effizienter Arbeit, k_0,
im Verlauf der Zeit zu diesem Gleichgewicht k^* wandert. Das Wachstumsgleichgewicht ist also stabil. Der Quotient $k=K/Z\bar{N}$ kann nur konstant bleiben, wenn sein Zähler und sein Nenner mit der gleichen Rate zunehmen. In
einem Wachstumsgleichgewicht muß deshalb der Kapitalbestand je Arbeitseinheit, $K/\bar{N}$, mit der Rate des technischen Fortschritts wachsen. Aus der Produktionsfunktion

$$\frac{Y}{Z\bar{N}} = F(1, \frac{K}{Z\bar{N}})$$

folgt, daß auch das Sozialprodukt je Arbeitseinheit mit der Rate des technischen Fortschritts wächst. Diese Veränderungen vollziehen sich indes gleichmäßig. Es gibt keine Konjunkturzyklen.

Wachstumshemmende Einflüsse: Beispiel 1

Was geschieht mit unserem Wachstumsmodell, wenn die Funktion *f(k)* nicht
streng monoton verläuft? Nehmen wir beispielsweise an, die Produktion je
Einheit effizienter Arbeit wäre durch folgende Funktion gegeben:

$$F(1,k) := Bk^{\beta}(m - k)^{\gamma}, \quad B,\beta,m,\gamma > 0. \tag{B.II.1.6}$$

Day (1982) begründet diesen Verlauf mit möglichen negativen Rückwirkungen
der Umweltverschmutzung: Bei der Produktion fallen Schadstoffe an. Geringe
Schadstoffmengen werden entweder durch natürliche Prozesse abgebaut oder
stellen noch kein Hemmnis für die Produktion dar. Größere Schadstoffmengen
beeinträchtigen die Produktion. Verschmutzte Gewässer senken den Ertrag
der Fischer, saurer Regen führt zu Waldschäden und knapper Boden muß für
Deponien reserviert werden. Solche Rückwirkungen verhindern, daß die Produktion unbegrenzt steigt. Vielmehr erreicht sie bei

$$k^{\max} := \frac{\beta m}{\beta + \gamma}$$

ein Maximum und sinkt bei weiterer Kapitalintensivierung.

Mit Hilfe der Produktionsfunktion (B.II.1.6) erhalten wir aus Gleichung
(B.II.1.4) folgende Wachstumsdynamik:

$$k_{t+1} = \frac{s}{1+z}Bk_t^{\beta}(m - k_t)^{\gamma} + \frac{(1-\delta)}{(1+z)}k_t. \tag{B.II.1.7}$$

Um die Eigenschaften dieser Gleichung zu veranschaulichen, unterstellen wir
eine Abschreibungsrate von $\delta=1$ und setzen auch $\beta=\gamma=m=1$. Aus Gleichung
(B.II.1.7) folgt dann

$$k_{t+1} = \mu k_t(1 - k_t), \quad \mu := \frac{sB}{1+z}. \tag{B.II.1.8}$$

Diese Gleichung ist als **logistische Gleichung** oder **Verhulst Gleichung**
bekannt [bspw. Seifritz (1987), S. 41ff].

Dynamik der Verhulst Gleichung

Die rechte Seite der Verhulst Gleichung beschreibt eine Parabel $h(k)$, deren Scheitel bei $(1/2, \mu/4)$ liegt. Das Wachstumsgleichgewicht, d.h. die Lösung von

$$k^* = \mu k^* (1 - k^*),$$

liegt bei $k^* = 1 - 1/\mu$. Solange daher der Parameter μ nicht kleiner als Eins und nicht größer als Vier ist, $\mu \in [1,4]$, liegen alle Punkte der Menge $\{h(k): k \in [0,1]\}$ im Intervall $I=[0,1]$. Man sagt, h bildet I auf I ab. Anders formuliert: Kein Zeitpfad, der im Intervall $[0,1]$ beginnt, kann dieses Intervall jemals verlassen. Nun können wir durch die Wahl der Dimension von k stets sicherstellen, daß ein historisch gegebener Wert k_0 innerhalb dieses Intervalls liegt. Das nichtlineare Rückkopplungsschema (B.II.1.8) verhindert, daß im Zuge des Wachstums der Kapitaleinsatz je Einheit effizienter Arbeit über alle Maßen wächst oder auf Null schrumpft.

Der Parameter μ bestimmt die Lage und Stabilitätseigenschaften des Wachstumsgleichgewichts. Für $\mu \in (1,2]$ liegt das Wachstumsgleichgewicht links des Scheitels, andernfalls rechts davon, wie Abbildung B.II.1.2 zeigt. An der Stelle des Wachstumsgleichgewichts hat $h(k)$ die Steigung $h_k(k^*)=2-\mu$. Für $\mu > 3$, ist

Abbildung B.II.1.2

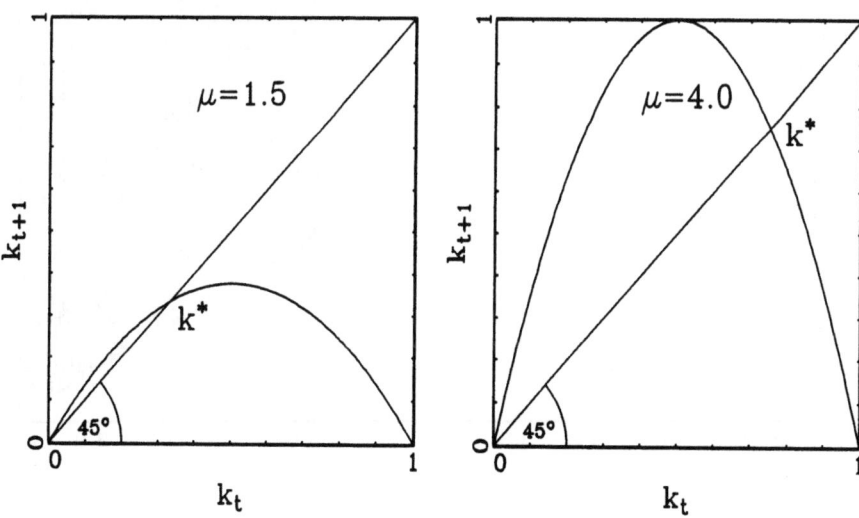

der Betrag der Steigung größer als Eins und das Gleichgewicht ist instabil.[20] Es kann von keinem Zeitpfad erreicht werden. Nun haben wir andererseits gesehen, daß kein Zeitpfad das Intervall I verlassen kann. Die beiden
verbleibenden Entwicklungsmuster sind periodische und aperiodische Zeitpfade.

Ein Zeitpfad ist **periodisch**, wenn er jeweils nach p Perioden zum selben
Punkt zurückkehrt, d.h. wenn $k_{t+p}=k_t$ für alle Punkte k eines Zeitpfades gilt.
Ein **aperiodischer** Zeitpfad ist dann eine unendliche Folge von Punkten aus
I mit der Eigenschaft, daß alle Punkte voneinander verschieden sind.

Den Einfluß von μ auf die Dynamik der Verhulst Gleichung kann man graphisch veranschaulichen. Abbildung B.II.1.3 ist ein **Bifurkationsdiagramm**.
Ich habe es wie folgt konstruiert. Für einen gegebenen Wert von μ habe ich
400 aufeinander folgende Werte aus der Gleichung (B.II.1.8) berechnet und die
letzten 100 Werte davon, also k_{301} bis k_{400}, auf der Ordinate abgetragen. Anschließend habe ich μ geringfügig erhöht und mit dem gleichen Startwert eine

Abbildung B.II.1.3

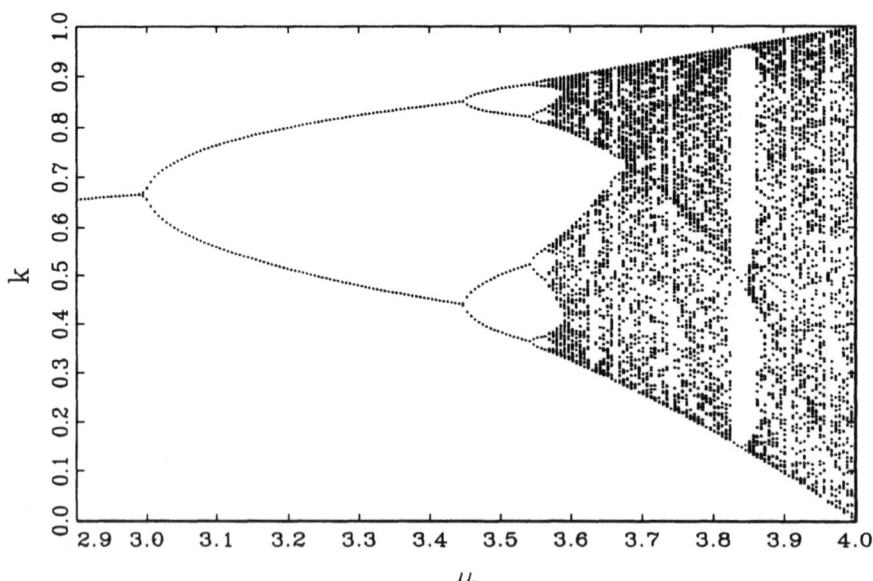

---

20   In der Nähe eines Gleichgewicht kann man die nichtlineare Differenzengleichung k_{t+1}
      $=h(k_t)$ durch eine Taylorreihe approximieren: $k_t\text{-}k^* = h_k(k^*)(k_t\text{-}k^*)$. Das Gleichgewicht ist
      daher instabil, wenn $|h_k(k^*)| > 1$. Die Stabilität linearer Differenzengleichungen erster
      Ordnung behandelt Abschnitt D.II.1.

neue Zeitreihe berechnet und deren letzte 100 Werte wiederum in das Diagramm eingetragen. Dieses Verfahren habe ich bis $\mu=4$ fortgesetzt. Die Idee dahinter ist folgende: Besitzt die Verhulst Gleichung für ein gegebenes μ ein stabiles Gleichgewicht, so kann man erwarten, daß die letzten 100 von 400 Werten einer bei k_0 beginnenden Zeitreihe nahe genug beim Gleichgewicht sind, um optisch als ein Punkt zu erscheinen. Besitzt die Gleichung einen zweiperiodigen Zyklus, der andere Punkte anzieht, so darf man nach 300 Iterationen nur zwei Punkte in der Graphik sehen. Das Bifurkationsdiagramm bestätigt zunächst unsere Vermutung: Solange $\mu \leq 3$, ist das Wachstumsgleichgewicht stabil. Sobald μ den Wert drei übersteigt, wird das Gleichgewicht instabil. Dafür entsteht ein stabiler zweiperiodiger Zyklus, dem für größere μ ein vierperiodiger und dann ein achtperiodiger Zyklus folgt. Erkennbar sind auch Werte von μ, die zu einem dreiperiodigen Zyklus führen, der - bei genauem Hinsehen - in einen sechsperiodigen Zyklus übergeht. Für μ nahe Vier muß der Zyklus entweder sehr groß sein, oder es muß irreguläre Zeitpfade geben. Diese Frage ist indes mit rein numerischen Methoden nicht zu beantworten.

Eine einfache Bedingung für Chaos

Li und Yorke (1975) nennen einfach zu prüfende Bedingungen für das Auftreten von Zyklen und irregulären Zeitpfaden [siehe Satz D.II.3.1]. Diese Bedingungen gelten für jede stetige Abbildung h eines Intervalls I auf sich selbst, die ein dynamisches Modell beschreibt. Wenn es gelingt, vier aufeinander folgende Punkte $d=h(c)$, $c=h(b)$, $b=h(a)$ mit der Eigenschaft

$$d \leq a < b < c \quad \text{oder} \quad d \geq a > b > c \qquad \text{(B.II.1.9)}$$

zu finden, dann gibt es zu jeder natürlichen Zahl $p=1, 2, ...$, einen Zyklus mit der Periode p. Außerdem gibt es aperiodische Zeitpfade, die sich nicht einmal asymptotisch einem anderen aperiodischen Zeitpfad oder einem periodischen Zeitpfad nähern. Zeitpfade mit dieser Eigenschaft nennt man chaotisch im Sinne von Li und Yorke. In der Bedingung (B.II.1.9) kann auch das Gleichheitszeichen gelten. Chaotische Zeitpfade existieren deshalb stets dann, wenn es einen dreiperiodigen Zyklus $a{\to}b{\to}c{\to}a$ gibt.

Abbildung B.II.1.4 zeigt, daß die Verhulst Gleichung für μ nahe Vier Chaos im Sinne von Li und Yorke erzeugen kann: die Abfolge der Punkte $a{\to}b{\to}c{\to}d$ genügt der Bedingung (B.II.1.9).

Wenngleich der Satz von Li und Yorke hinreichende Bedingungen für die Existenz chaotischer Zeitpfade nennt, so läßt er doch offen, wie groß die Wahrscheinlichkeit ist, daß ein beliebig gewählter Startwert auf einem dieser

Pfade liegt. Beispielsweise sehen wir in Abbildung B.II.1.3 einen dreiperiodigen Zyklus, obwohl es nach dem Satz von Li und Yorke für denselben Wert
von μ beliebig lange andere Zyklen und chaotische Zeitpfade gibt. Wenn wir
sie gleichwohl nicht sehen, bedeutet dies, daß die meisten Punkte des Intervalls [0,1] dem dreiperiodigen Zyklus zustreben. Die Punkte, die auf anderen
Zyklen und chaotischen Zeitpfaden liegen, sind so wenige, daß wir sie kaum
entdecken. Gleichwohl bilden auch diese Punkte eine nichtabzählbare Menge.
Daß beides zugleich der Fall sein kann, ist eine der erstaunlichen Eigenschaften der Menge der reellen Zahlen.

Abbildung B.II.1.4

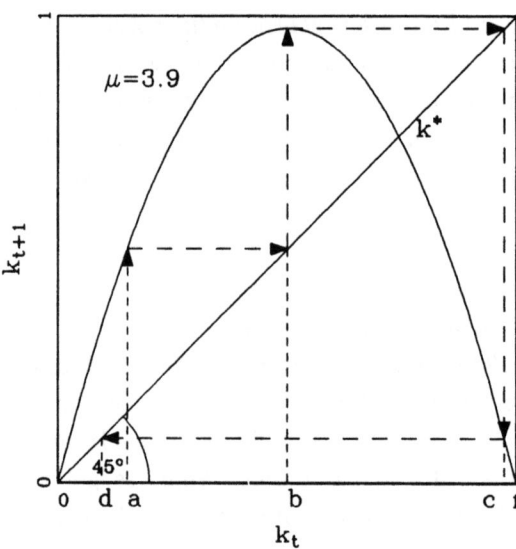

Wenn die Menge der Punkte auf chaotischen Zeitpfaden die Größe eines
Teilintervalls von I erreicht, spricht man von **beobachtbarem Chaos**. Von
der Verhulst Gleichung weiß man, daß sie für $\mu=4$ beobachtbares Chaos besitzt. Für $\mu=3,828427$ hat sie einen stabilen dreiperiodigen Zyklus. Die gleichzeitig vorhandenen Zyklen und irregulären Zeitpfade findet man praktisch
nicht [Boldrin und Woodford (1990), S. 196].

Vom analytischen Standpunkt aus sind nur stabile Zyklen und beobachtbares Chaos interessant. Beobachtbares Chaos kann aber mit Hilfe der Bedingung (B.II.1.9) allein nicht nachgewiesen werden.

Sensitivität in den Anfangsbedingungen

Die Verhulst-Gleichung besitzt noch eine weitere interessante Eigenschaft: Chaotische Zeitpfade, die anfänglich nahe beieinander liegen, entfernen sich oft weit voneinander. Abbildung B.II.1.5 illustriert diesen Sachverhalt, der als **Sensitivität in den Anfangsbedingungen** bekannt ist. Der durchgezogen und der gestrichelt gezeichnete Zeitpfad sind für $t=0$ eng beieinander. Indes weichen sie bereits nach zehn Perioden erheblich voneinander ab. In den Perioden 13-19 ist das besonders augenfällig.

Abbildung B.II.1.5

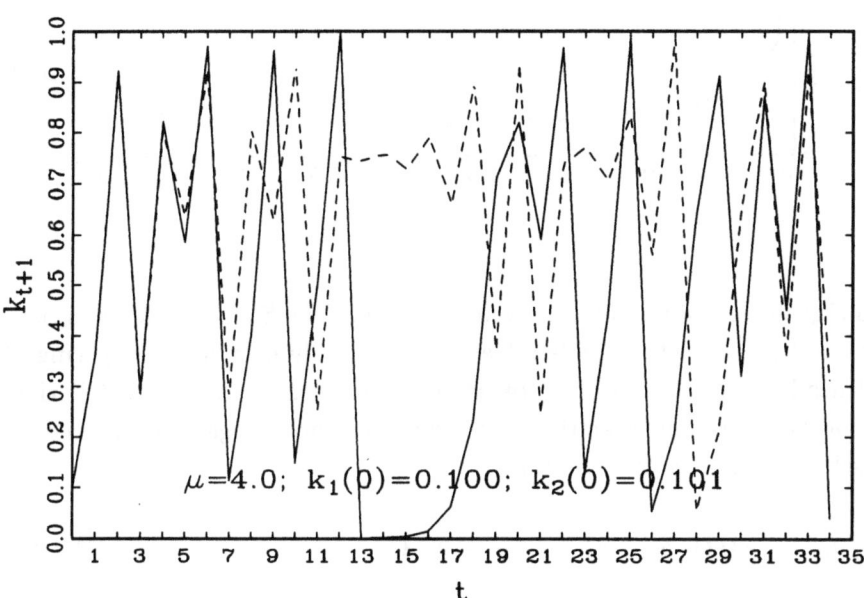

Wenngleich die zeitliche Abfolge der Punkte entlang zweier chaotischer Zeitpfade äußerst unterschiedlich ausfallen kann, so sind sie sich aus anderer Perspektive doch oft recht ähnlich. Wenn wir nämlich fragen, wieviele Punkte eines chaotischen Zeitpfades in ein bestimmtes Teilintervall von I fallen, dann finden wir, daß sich chaotische Pfade in dieser Hinsicht oft nicht unterscheiden. Abbildung B.II.1.6 zeigt das Ergebnis folgenden Experiments: Für $\mu=4$ habe ich zwei Zeitpfade mit Hilfe von Gleichung (B.II.1.8) berechnet. Beide bestehen aus 50.000 Punkten. Der erste Pfad startet bei $k_1(0)=0.1$, der zweite bei $k_2(0)=0.9$. Das Intervall $I=[0, 1]$ habe ich in 200 Intervalle geteilt und für beide Reihen die Zahl der Punkte gezählt, die jeweils in eines dieser Intervalle fallen. Diese empirische Häufigkeitsverteilung für die erste Zeitreihe ist die durchgezogene Linie in Abbildung B.II.1.6. Die gepunktete Linie zeigt die

Abbildung B.II.1.6

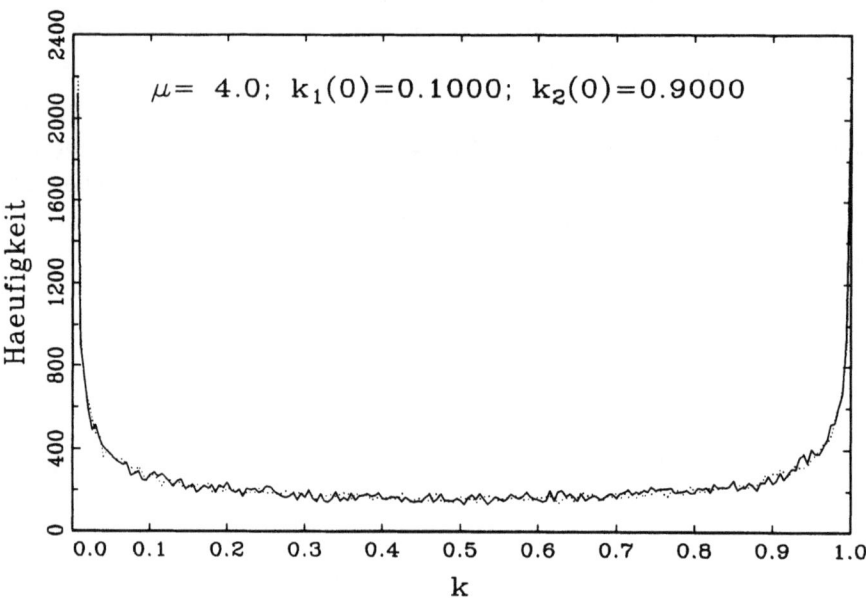

$\mu = 4.0;\ k_1(0) = 0.1000;\ k_2(0) = 0.9000$

Häufigkeitsverteilung für die zweite Zeitreihe. Wie Sie sehen können, ist der Unterschied zwischen beiden Häufigkeitsverteilungen äußerst gering. Ein solches Ergebnis würde man erwarten, wären beide Zeitreihen Zufallsziehungen aus einer Grundgesamtheit mit bekannter Verteilungsfunktion. In der Tat beschreibt für $\mu=4$ die Funktion

$$f(k) := \left\{ \pi [k(1-k)]^{(1/2)} \right\}^{-1}, \quad \pi \simeq 3{,}14. \tag{B.II.1.10}$$

die Verteilungseigenschaften für jede von der Verhulst-Gleichung erzeugte Zeitreihe [Boldrin und Woodford (1990), S. 196]. Wenn die statistischen Eigenschaften chaotischer Zeitpfade durch eine Verteilungsfunktion beschrieben werden können, spricht man auch von **ergodischem Chaos**.

Wachstumshemmende Einflüsse: Beispiel 2[*]

In unserem Beispiel 1 ist das Wachstum zyklisch, wenn das Grenzprodukt des Kapitals dem Betrag nach groß ist. Mit zunehmender Kapitalintensivierung wächst daher die Produktion zunächst kräftig. Das führt dazu, daß k jenen Wert überschreitet, ab dem der Schadstoffausstoß die Produktion senkt. Es kommt zu einem größeren Rückgang der Produktion, der die Kapitalbildung erheblich einschränkt. Bei gegebenem Wachstum des technischen Fortschritts sinkt deshalb das vorhandene Kapital je Einheit effizienter Arbeit k.

Wir betrachten nun ein zweites Beispiel, in dem miteinander widerstreitende Effekte auf die Sparquote zu zyklischem Wachstum führen.

Nehmen wir mit Day (1982) an, die Pro-Kopf-Ersparnis, $sY/\bar{N}$, sei folgende Funktion des Realzinses r und der Kapitalintensität $K/\bar{N}$:

$$\frac{sY}{\bar{N}} = a\left(1 - \frac{b}{r}\right)\frac{K}{\bar{N}}, \quad a, b > 0. \tag{B.II.1.11}$$

Die Produktion je Einheit effizienter Arbeit sei eine streng monoton wachsende Funktion des Kapitaleinsatzes je Einheit effizienter Arbeit k:

$$F(1, k) := Bk^{\beta}, \quad B > 0, \beta \in (0, 1). \tag{B.II.1.12}$$

Nach Gleichung (B.II.1.11) ist die Pro-Kopf-Ersparnis proportional zur Kapitalintensität, wobei der Proportionalitätsfaktor $a(\cdot)$ mit dem Realzins steigt. Die Kapitalintensität entspricht in unserer Wirtschaft dem Pro-Kopf-Vermögen. Die Sparfunktion unterstellt daher, daß die Pro-Kopf-Ersparnis sowohl mit dem Pro-Kopf-Vermögen als auch mit dem Zins wächst. Der Kapitalstock verkörpert das gesamte Vermögen unserer einfachen Wirtschaft. Die reale Verzinsung des Vermögens stimmt deshalb mit dem Grenzprodukt des Kapitals überein. Aus Gleichung (B.II.1.12) erhalten wir mithin für den Realzins:

$$r := \frac{\partial Z\bar{N}F(1, K/Z\bar{N})}{\partial K} = \frac{\partial Z\bar{N}B(K/Z\bar{N})^{\beta}}{\partial K} = \beta B k^{\beta - 1}. \tag{B.II.1.13}$$

Wenn wir Gleichung (B.II.1.11) mit $(1/Z)$ multiplizieren und den Realzins r durch die rechte Seite von Gleichung (B.II.1.13) ersetzen, erhalten wir den Ausdruck

$$sF(1, k_t) = a\left[1 - \frac{b}{\beta B}k_t^{1 - \beta}\right]k_t,$$

den wir in Gleichung (B.II.1.4) einsetzen können. Wir erhalten dann folgende Gleichung für die Wachstumsdynamik der Wirtschaft:

$$k_{t+1} = \frac{a}{1+z}\left(1 - \frac{b}{\beta B}k_t^{1 - \beta}\right)k_t + \frac{1 - \delta}{1 + z}k_t. \tag{B.II.1.14}$$

Der in dieser Gleichung angelegte Rückkopplungseffekt reflektiert zwei einander entgegengesetzt wirkende Kräfte. Einerseits erhöht k die Sparquote infolge der Proportionalität zwischen Vermögen und Ersparnis. Andererseits senkt k das Grenzprodukt des Kapitals. Der damit verbundene negative Zinseffekt verringert die Ersparnis. Das Wechselspiel zwischen diesen beiden Kräften kann zu Wachstumszyklen führen.

Ich zeige nun, daß es für gegebene Werte von B, b, β und δ möglich ist, einen Wert für a zu finden, so daß ein dreiperiodiger Zyklus existiert, der die Bedingungen von Satz D.II.3.1 erfüllt.

Die rechte Seite von Gleichung (B.II.1.14) ist eine stetige, nichtlineare Funktion der Variablen k, die wir wieder mit $h(k)$ bezeichnen. Für k sind nur nichtnegative Werte zugelassen. Wir müssen deshalb sicherstellen, daß $h(k)$ für kein k negativ ist. Die Gleichung $h(k)=0$ erfüllen $k=0$ und $k=\bar{k}$, wobei

$$\bar{k} := \left[\frac{\beta B}{b}\left(1 + \frac{1-\delta}{a}\right)\right]^{\frac{1}{1-\beta}} > 0. \qquad \text{(B.II.1.15)}$$

Der Definitionsbereich der Funktion $h(k)$ muß deshalb mit dem Intervall $D=[0,\ \bar{k}]$ gleichgesetzt werden.

Die Funktion $h(k)$ besitzt an der Stelle

$$k' := \left[\frac{\beta B}{b(2-\beta)}\left(1 + \frac{1-\delta}{a}\right)\right]^{\frac{1}{1-\beta}} < \bar{k} \qquad \text{(B.II.1.16)}$$

ein eindeutiges Maximum, denn ihre zweite Ableitung

$$h''(k) = \frac{a}{1+z}\frac{b}{\beta B}(\beta - 2)(1-\beta)k^{-\beta} \qquad \text{(B.II.1.17)}$$

ist für alle positiven k negativ. Links des Maximums nimmt $h(k)$ streng monoton zu, rechts davon streng monoton ab. An der Stelle k' hat die Funktion den Wert

$$k^{max} := h(k') = \frac{a}{1+z}\left(1 + \frac{1-\delta}{a}\right)^{\frac{2-\beta}{1-\beta}}\left(\frac{\beta B}{b(2-\beta)}\right)^{\frac{1}{1-\beta}}\frac{1-\beta}{2-\beta}. \qquad \text{(B.II.1.18)}$$

Solange

$$a \le \bar{a} := \frac{1+z}{1-\beta}(2-\beta)^{\frac{2-\beta}{1-\beta}} - (1-\delta), \qquad \text{(B.II.1.19)}$$

ist $k^{max} \le \bar{k}$ und h bildet $D=[0,\ \bar{k}]$ auf D ab. Damit ist die erste Voraussetzung von Satz D.II.3.1 erfüllt.

k^{max} ist eine Funktion von a mit der Ableitung

$$\frac{\partial k^{max}}{\partial a} = \frac{1}{(1+z)(2-\beta)}\left(1 + \frac{1-\delta}{a}\right)^{\frac{1}{1-\beta}}\left(\frac{\beta B}{b(2-\beta)}\right)^{\frac{1}{1-\beta}}\left(1 - \beta - \frac{1-\delta}{a}\right).$$

Solange daher

$$a \geq \underline{a} := \frac{1-\delta}{1-\beta}, \tag{B.II.1.20}$$

strebt k^{max} mit wachsendem a gegen $\bar{k}$. Anderseits strebt $k'(a)$ gegen $k'(\bar{a})$ >0. Da h links von k' streng monoton wächst, gibt es zu jedem k' ein $k^c:= h^{-1}(k') < k' < k^{max}$. Nun ist $h(k^{max}(\bar{a}))=0<k^c(\bar{a})$. k^{max} ist aber eine stetige Funktion von a, so daß es ein Intervall $A:=(a',\bar{a})$ gibt, mit der Eigenschaft, daß für alle $a{\in}A$ gilt: $h(k^{max}(a))<k^c(a)<k'(a)<k^{max}(a)$. Diese Punktefolge, die in Abbildung B.II.1.7 dargestellt ist, erfüllt die zweite Voraussetzung von Satz D.II.3.1.

Abbildung B.II.1.7

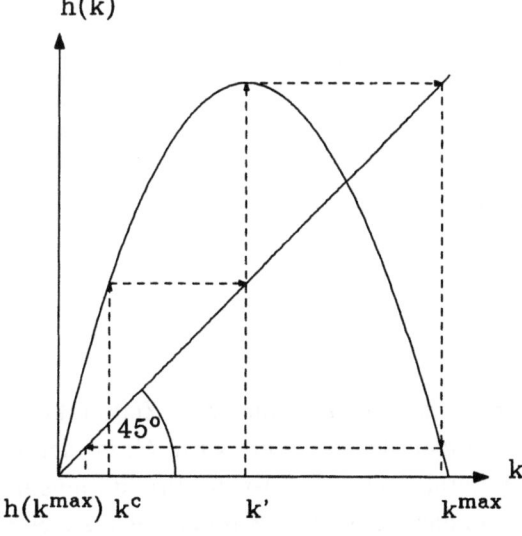

Zyklen und Chaos in Modellen der optimalen Kapitalakkumulation

Man mag gegen die beiden Beispiele für zyklisches Wachstum einwenden, sie seien willkürlich konstruiert. Sowohl die konstante wie die zins- und vermögensabhängige Sparquote seien Verhaltensannahmen, die ad hoc, d.h. ohne entscheidungslogische Fundierung, eingeführt wurden. Es ist deshalb wichtig zu wissen, ob Zyklen und Chaos auch in Modellen auftreten können, in denen Haushalte rational über die Höhe ihrer Ersparnisse entscheiden. Sind, mit anderen Worten, chaotische Zeitpfade mit individueller Rationalität vereinbar?

Bereits in einfachen Entscheidungsmodellen sind Nichtlinearitäten angelegt. Die Ersparnis eines Haushalt, der seinen Konsum für zwei Perioden plant, ist eine Funktion des Realzinses. Der Graph dieser Funktion spiegelt Stärke und Richtung zweier Effekte. Je höher der Realzins ist, desto größer ist der Anreiz, Konsum von der Gegenwart in die Zukunft zu verlagern. Diesem Substitutionseffekt steht ein Einkommenseffekt gegenüber, wenn der Konsum beider Perioden ein normales Gut ist. Wir werden im Abschnitt über Sunspots sehen, daß in einer Wirtschaft mit überlappenden Generationen die gegeneinander gerichteten Kräfte dieser beiden Effekte zu einem zweiperiodigen Zyklus führen können. Grandmont (1985) zeigt, daß auch eine kompliziertere Dynamik - bis hin zum Chaos - denkbar ist.

Im Zusammenhang mit der Theorie der Real Business Cycles haben wir ein spezielles stochastisches Problem der optimalen Kapitalakkumulation formuliert [siehe Gleichung (B.I.2.21)]. Eine etwas allgemeinere, aber deterministische Version dieses Problems lautet:

$$\max \quad \sum_{t=0}^{\infty} \beta^t u(C_t), \quad \beta \in (0,1),$$

unter den Nebenbedingungen

$$C_t + K_{t+1} \le F(N_t, K_t) + (1-\delta)K_t, \qquad \text{(B.II.1.21)}$$

$$N_t \le \bar{N},$$

K_0 gegeben.

Hierin ist $u(C_t)$ der Nutzen des Konsums zum Zeitpunkt t, β ist der Faktor, mit dem künftiger Nutzen abdiskontiert wird, N_t ist der Arbeitseinsatz der Periode t, K_t der Kapitaleinsatz. $F(\cdot)$ ist die Produktionsfunktion und δ der Abschreibungssatz auf das vorhandene Kapital. Die erste Nebenbedingung des Problems stellt sicher, daß der Konsum und die Bruttoinvestition der Periode t, $K_{t+1}-(1-\delta)K_t$, die jeweilige Produktion nicht übersteigen. Die zweite Nebenbedingung beschränkt den Arbeitseinsatz je Periode auf den Wert $\bar{N}$.

Die Lösung dieses Problems ist eine Funktion h, welche die Entwicklung des optimalen Kapitaleinsatzes beschreibt: $K_{t+1}=h(K_t)$. Es ist bekannt [Dechert (1984)], daß $h(\cdot)$ unabhängig von β ist und monoton mit K_t zunimmt, wenn der momentane Nutzen $u(C_t)$ eine konkave Funktion ist. Weder Zyklen noch Chaos können in diesem Fall auftreten.

Das ändert sich, wenn wir zumindest zwei Produktionssektoren unterscheiden. Beispielsweise werde das Konsumgut in einem Sektor 1 und das Kapitalgut in einem Sektor 2 hergestellt. Dann lautet das Problem der optimalen Kapitalakkumulation

$$\max \ \sum_{t=1}^{\infty} u(C_t), \ \ \beta \in (0,1),$$

unter den Nebenbedingungen

$$C_t \leq F^1(N_t^1, K_t^1),$$

$$K_{t+1} - (1-\delta)K_t \leq F^2(N_t^2, K_t^2),$$

$$N_t^1 + N_t^2 \leq \bar{N},$$

$$K_t^1 + K_t^2 \leq K_t, \quad K_0 \text{ gegeben}.$$

(B.II.1.22)

Dabei ist $F^i(\cdot)$ die Produktionsfunktion des Sektors $i=1,2$, und N_t^i (K_t^i) der Arbeitseinsatz (Kapitaleinsatz) im Sektor i. Die beiden ersten Nebenbedingungen beschränken Konsum und Bruttoinvestition auf die Höhe der jeweiligen Produktion. Die beiden letzten Nebenbedingungen beschränken Arbeits- und Kapitaleinsatz auf die jeweils vorhandenen Höchstmengen. Aus diesem Problem kann man die Variablen N_t^i und K_t^i eliminieren. Dazu dient folgende Überlegung: Wenn wir zwei beliebige, entlang eines optimalen Pfades benachbarte Punkte K_{t+1} und K_t herausgreifen, dann muß die zugehörige Aufteilung des Kapitals und der Arbeit auf beide Sektoren den momentanen Nutzen $u(C_t)$ maximieren. Wir unterstellen, daß der momentane Nutzen eine streng konkave Funktion des Konsums ist und beide Produktionsfaktoren in beiden Sektoren positive Grenzprodukte besitzen. In diesem Fall nutzt eine optimale Allokation die jeweils vorhandenen Bestände der Faktoren vollständig. Die Aufteilung von Arbeit und Kapital auf die beiden Sektoren erhalten wir deshalb als Lösung des folgenden Problems:

$$\max_{N_t^2, K_t^2} \ u(C_t)$$

unter den Nebenbedingungen

$$C_t^1 \leq F^1(\bar{N} - N_t^2, K_t - K_t^2)$$

$$K_{t+1} - (1 - \delta)K_t \leq F^2(N_t^2, K_t^2)$$

K_t, K_{t+1} gegeben.

Diese Lösung liefert den Konsum und damit den Nutzen der Periode t als Funktion von K_t und K_{t+1}. Sei $V(K_t, K_{t+1})$ diese Funktion. D sei die Menge der zulässigen Paare (K_t, K_{t+1}), welche die Nebenbedingungen des Problems (B.II.1.22) erfüllen. Dann läßt sich das Problem (B.II.1.22) auch in der Form

$$\max_{K_t} \sum_{t=0}^{\infty} \beta^t V(K_t, K_{t+1})$$

(B.II.1.23)

unter den Nebenbedingungen

$$(K_t, K_{t+1}) \in D, \quad K_0 \text{ gegeben,}$$

schreiben. Deneckere und Pelikan (1986), S. 21, geben ein Beispiel für die Funktion $V(\cdot)$, das zusammen mit $\beta=0.01$ dazu führt, daß die Verhulst-Gleichung mit $\mu=4$ die optimale Kapitalakkumulation beschreibt. Darüber hinaus zeigen Boldrin und Montrucchio (1986), daß sich zu jeder Funktion h, $K_{t+1}= h(K_t)$, eine Funktion $V(\cdot)$ und damit ein zugehöriges Problem der optimalen Kapitalakkumulation finden läßt, das h als optimale Lösung besitzt. Es läßt sich also auch zu einem h, das Chaos impliziert, ein passendes Wachstumsproblem finden.

Das Auftreten zyklischen und chaotischen Wachstums in vergleichsweise einfachen Modellen hängt auch mit dem Zeitkonzept dieser Modelle zusammen. Sie betrachten die Zeit als diskrete Variable. Beim Übergang von einer Periode zur nächsten ändern sich die Variablen gleichsam in kleineren oder größeren Sprüngen. Dies kann in zeitstetigen Modellen nicht passieren.[21] Es mag daher intuitiv einleuchten, daß in eindimensionalen zeitstetigen Modellen weder Zyklen noch Chaos auftreten können. Allerdings zeigen die Arbeiten von Benhabib und Nishimura (1979) und Medio (1987), daß auch in zeitstetigen, mehrsektoralen Modellen der optimalen Kapitalakkumulation Zyklen auftreten können.

---

21 Über zeitstetige und zeitdiskrete Modelle informiert der Abschnitt D.I.

Schlußfolgerungen

Wir haben gesehen, daß Nichtlinearitäten in Flexpreismodellen zu zyklischem oder chaotischem Wachstum führen können und daß dies auch mit dem Rationalitätspostulat vereinbar ist. Welche Folgerungen ergeben sich daraus für die Konjunkturpolitik und die empirische Forschung?

Wenden wir uns zunächst der Empirie zu. Die Sensitivität in den Anfangsbedingungen verstößt gegen das **starke Kausalitätsprinzip**, wonach ähnliche Ursachen ähnliche Wirkungen zeitigen [bspw. Seifritz (1987), S. 90ff.]. Weil bereits minimale Fehler bei der Erfassung des Anfangszustands nach wenigen Perioden zu drastischen Schätzfehlern führen, stehen Prognosen mit deterministischen, aber chaotischen Modellen auf wackeligen Beinen. Damit wird aber auch der empirische Test ökonomischer Hypothesen vor ein Problem gestellt. Dies verdeutlicht das folgende Gedankenexperiment: Nehmen wir an, die Verhulst Gleichung (B.II.1.8) beschreibe tatsächlich das Wachstum einer Wirtschaft. Gleichzeitig beschreibe sie eine ökonomische Hypothese, die wir testen wollen. Wir kennen μ. Auch sei uns aus der Statistik ein historisch gegebener Anfangswert k_0 bekannt. Aufgrund von Meßproblemen weiche k_0 allerdings geringfügig vom tatsächlichen, uns unbekannten Anfangswert ab. Von der Existenz chaotischer Systeme haben wir noch nichts gehört. Wenn nun ergodisches Chaos auftritt, so ist es sehr wahrscheinlich, daß ein empirischer Test unser Modell zurückweist, weil der kleine Meßfehler einen beachtlichen Fehler in unserer Ex-post-Prognose zeigt.

Insofern wäre es hilfreich, über empirische Tests zu verfügen, die Aufschluß darüber geben können, ob die Unregelmäßigkeiten wirtschaftlicher Zeitreihen auf chaotische Dynamik oder auf außerwirtschaftliche, stochastische Einflüsse zurückzuführen sind. Die bislang verfügbaren Tests erfüllen indes diese Aufgabe nicht. So schreibt beispielsweise Clive Granger (1991), S. 151, ein führender Ökonometriker:

"I would say that so far, discrimination between deterministic and stochastic models must be more or less impossible. ... In order to proceed in the process of identifying deterministic chaos, only so-called visual econometric techniques seem to be available, and proper test procedures remain to be developed. It may be possible to sort out white chaotic processes of a simple kind, but what about more complicated deterministic chaotic processes?"

Diese Einschätzung teilen auch Barnett et al. (1992). Am Ende eines umfangreichen Vergleichs verschiedener Testverfahren schreiben die Autoren (S. 41):

"None of these tests, which are the best of the available tests for nonlinearity and chaos in noisy data, has the ability to isolate the origins of the nonlinearity or chaos to be within the structure of the economy."

Zyklen oder chaotische Zeitpfade in Modellen der optimalen Kapitalakkumulation sind gleichwohl kein Grund für konjunkturpolitische Maßnahmen. Unabhängig vom jeweiligen Zeitpfad beschreiben diese Modelle eine paretooptimale intertemporale Allokation bei vollständiger Voraussicht der Wirtschaftssubjekte.

Grandmont (1985), S. 1034, weist allerdings darauf hin, daß die Annahme vollständiger Voraussicht gerade dann fraglich ist, wenn die Wirtschaft einem chaotischen Zeitpfad folgt. Üblicherweise rechtfertigt man diese Annahme im Zusammenhang mit der Existenz eines Gleichgewichts. In einem Wachstumsgleichgewicht gibt es keine nennenswerten Veränderungen: Alle Pro-Kopf-Größen wachsen mit derselben Rate. Es ist deshalb folgerichtig zu unterstellen, die Erwartungen der Wirtschaftssubjekte seien im Wachstumsgleichgewicht korrekt. Warum sollten Irrtümer dauerhaft sein, wenn sich die Umwelt nicht ändert und das Einkommen gleichförmig wächst? Dieses Argument kann man auf kurze Wachstumszyklen übertragen. Nach wenigen Perioden zeigt die Einkommensstatistik den Haushalten und Unternehmen, daß die Wirtschaft stets denselben Zyklus durchläuft. Zyklen mit einer Periodenlänge von mehreren tausend Jahren oder chaotische Zeitpfade erscheinen hingegen als ständiger, unsystematischer Wandel. Es gibt keinen logisch zwingenden Grund anzunehmen, Lernen wäre unter diesen Umständen erfolgreich möglich. Aus dieser Perspektive gesehen ist ein chaotischer Zeitpfad der optimalen Kapitalakkumulation bei vollständiger Voraussicht ein schwer begründbares Konzept. Wirtschaftspolitische Maßnahmen, welche die Existenz solcher Pfade ausschließen, beseitigen damit gleichzeitig ein theoretisch widersprüchliches Konzept. Nicht wohlfahrtsökonomisch, sondern forschungslogisch könnte man deshalb den Einsatz solcher Maßnahmen begründen. Gleichwohl muß man der Schlußfolgerung von Bulard und Butler (1993) [S. 859, Hervorhebung im Original] zustimmen:

"Unless one is willing to accept variations on the baseline assumptions, which may of course be quite reasonable, the preliminary conclusion seems to be that when endogenous fluctuations exist in optimising models, the associated policy advice is laissez-faire."

2. Sunspots

Können Konjunkturzyklen einzig das Ergebnis von Erwartungen der Wirtschaftssubjekte sein? Die Theorie der Sunspots befaßt sich mit diesem Problem. An zwei
Beispielen erläutere ich zunächst Bedingungen, unter denen selbst rationale
Erwartungen den Wirtschaftsprozeß beeinflussen können. Anschließend zeige ich
in einem Modell überlappender Generationen, daß je nach Erwartungshaltung
eine Vielfalt unterschiedlicher Konjunkturzyklen auftreten kann.

Grundlagen

Die Vorstellung, Konjunkturzyklen hätten viel mit den Erwartungen der
Wirtschaftssubjekte zu tun, ist durchaus nicht neu. Auf die Spontaneität und
Instabilität der Erwartungen führt Keynes (1936) Schwankungen der Investi-
tionsnachfrage zurück. Bekannt ist folgendes Zitat [Keynes (1936), S. 161]:

*"Even apart from the instability due to speculation, there is the instability
due to the characteristic of human nature that a large proportion of our
positive activities depend on spontaneous optimism rather than on a mathematical expectation, whether moral or hedonistic or economic. Most,
probably, of our decisions to do something positive, the full consequences
of which will be drawn out over many days to come, can only be taken as
a result of animal spirits - of a spontaneous urge to action rather than
inaction, and not as the outcome of a weighted average of quantitative
benefits multiplied by quantitative probabilities."*

Wie passen diese Überlegungen zu einer Theorie flexibler Preise und rationaler Erwartungen? Die Antwort darauf liegt im Begriff der Sunspotgleichgewichte.[22]

Nehmen wir an, die Wirtschaftssubjekte beobachten einen Zufallsprozeß,
der zwei Ausprägungen, α und β mit den Wahrscheinlichkeiten $\pi(\alpha)$ und $\pi(\beta)$
$=1-\pi(\alpha)$ annimmt. Dieser Prozeß steht in keinem kausalen Zusammenhang zu
den Präferenzen oder den Produktionsmöglichkeiten der Wirtschaft. Trotzdem
richten die Wirtschaftssubjekte ihre Preiserwartungen an diesem Prozeß aus.
Sie erwarten den Preisvektor $p(\alpha)$ $[p(\beta)]$ für den Fall, daß der Zustand α $[\beta]$

---

22 Die ersten Beiträge zur Theorie der Sunspotgleichgewichte stammen von Azariadis
   (1981), Azariadis und Guesnerie (1986), Balasko (1983), Cass und Schell (1983) und
   Spear (1984). Eine ausführliche Darstellung des Modells überlappender Generationen in
   vielen seiner Aspekte - auch im Hinblick auf die Existenz von Sunspotgleichgewichten -
   gibt Teil IV des Buches von Azariadis (1993). Den Zusammenhang zwischen deterministischen Zyklen und Sunspotgleichgewichten behandeln daneben auch Boldrin und
   Woodford (1990) sowie Grandmont (1989).

eintritt. Eigentlich sollten die Preise unabhängig von der jeweiligen Ausprä-
gung des Zufallsprozesses sein. Wenn die Preise auf geräumten Märkten trotzdem verschieden sind, $p(\alpha) \neq p(\beta)$, handelt es sich um ein **Sunspotgleichgewicht**, in dem die Erwartungen der Wirtschaftssubjekte korrekt sind. In der
Beliebigkeit des gewählten Zufallsprozesses kommen Keynes "animal spirits"
zum Ausdruck.

Wir müssen nun die Bedingungen herausarbeiten, unter denen dieses Ergebnis zu erwarten ist. Erinnern wir uns an ein anderes Kapitel aus dem Ro-
man von Daniel Defoe.

Sunspotgleichgewichte und heterogene Erwartungen

Robinson und Freitag ernähren sich vom Fischfang. In manchen Nächten
sehen sie Sternschnuppen. [Sonnenflecken mit bloßem Auge zu beobachten, ist
nicht ratsam.] Sie sprechen von α-Tagen, wenn sie in der Nacht zuvor Sternschnuppen sahen. β-Tage folgen den Nächten ohne Sternschnuppen. An den α-
Tagen fängt Robinson $y_R(\alpha)$ Fische und Freitag $y_F(\alpha)$. An den β-Tagen fangen
sie $y_R(\beta)$ bzw. $y_F(\beta)$ Fische. Robinson geht davon aus, die Wahrscheinlichkeit,
in einer Nacht Sternschnuppen zu sehen, sei $\pi_R(\alpha)$. Deshalb haben für ihn β-
Tage die Wahrscheinlichkeit $\pi_R(\beta) = 1 - \pi_R(\alpha)$. Für Freitag sind die entsprechenden Wahrscheinlichkeiten $\pi_F(\alpha)$ und $\pi_F(\beta)$.

Abbildung B.II.2.1

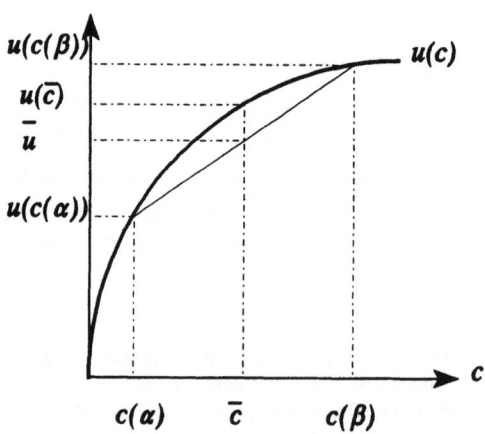

Der Nutzen beider sei jeweils eine Funktion $u_i(c_i)$, $i=R,F$, der verzehrten Fische. Diese Funktion sei streng konkav. Das bedeutet, beide sind risikoscheu, wie Sie mit Hilfe von Abbildung B.II.2.1 sehen können. Diese Graphik zeigt den Verlauf einer streng konkaven Nutzenfunktion $u(c)$. Der Konsum an α-Tagen sei $c(\alpha)$, der an β-Tagen sei $c(\beta)$. Nehmen wir an, es wäre möglich, unabhängig vom Typ eines Tages die Menge

$$\overline{c} := \pi(\alpha)c(\alpha) + \pi(\beta)c(\beta)$$

konsumieren zu können. Diese Menge ist der Erwartungswert des Konsums, d.h. der mit den jeweiligen Eintrittswahrscheinlichkeiten gewichtete Durchschnitt des Konsums an α- und β-Tagen. Aus der Graphik folgt, daß der Nutzen daraus, $u(\overline{c})$, größer ist als der Erwartungswert des Nutzens

$$\overline{u} := \pi(\alpha)u(c(\alpha)) + \pi(\beta)u(c(\beta)).$$

Bei gleichem Durchschnittsverbrauch würden Robinson und Freitag lieber täglich gleich viel Fisch verzehren, anstatt zufallsbedingt wechselnde Mengen. Jeder möchte sich also dem Risiko entziehen. Können sie sich gegenseitig vor dem Risiko absichern, und wie könnte so ein Vertrag aussehen?

Robinson und Freitag könnten folgende Übereinkunft treffen: Jeweils an den α-Tagen gibt Robinson einen Teil seines Fanges an Freitag, der ihm dafür an den β-Tagen einen Teil seines Fanges überläßt. Ein solcher Vertrag kommt natürlich nur zustande, wenn er zumindest dem Wohl einer der beiden dient. Das Verhalten von Robinson und Freitag in dieser Situation können wir mit Hilfe der Hypothese studieren, sie versuchen, den Erwartungswert ihres jeweiligen Nutzens:

$$E(u_i) := \pi_i(\alpha)u_i(c_i(\alpha)) + \pi_i(\beta)u_i(c_i(\beta)), \quad i = F,R \qquad \text{(B.II.2.1)}$$

unter der Nebenbedingung

$$c_i(s) \leq y_R(s) + y_F(s), \quad s = \alpha, \beta, \qquad \text{(B.II.2.2)}$$

zu maximieren. Dieses Problem können wir anhand von Abbildung B.II.2.2 studieren.

Sie zeigt zwei ineinander verschachtelte Koordinatensysteme. In dasjenige mit dem Ursprung bei R können wir für Robinson Konsumpaare $(c_R(\alpha), c_R(\beta))$ einzeichnen, die zum selben Erwartungsnutzen $E(u_R)$ führen. Sie liegen auf streng konvexen Indifferenzkurven. Der einer Indifferenzkurve zugeordnete Erwartungsnutzen ist um so größer, je weiter nordöstlich sie liegt. Das Koor-

Abbildung B.II.2.2

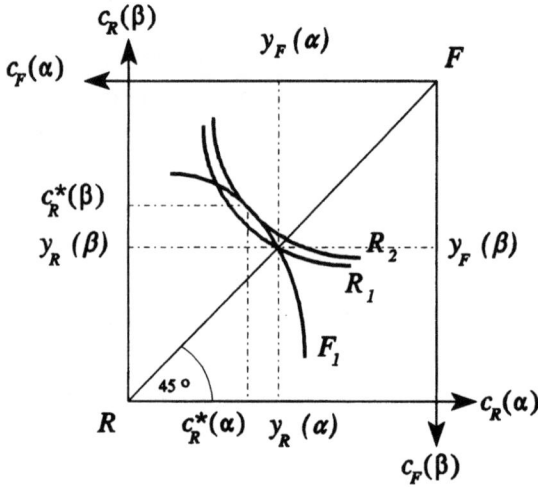

dinatensystem mit dem Ursprung F zeigt Indifferenzkurven für Freitag. Das ihnen zugeordnete Nutzenniveau ist um so größer, je weiter südwestlich sie liegen. Die Länge der Kanten des Rechtecks entspricht der Größe des gemeinsamen Fangs, $y_R(s)+y_F(s)$, $s=\alpha, \beta$. Jeder Punkt innerhalb des Rechtecks beschreibt eine mögliche Aufteilung des Fangs auf beide Tauschpartner.

Zentral für das Konzept der Sunspotgleichgewichte ist die Annahme, der Zufallsprozeß habe keinen Einfluß auf Präferenzen und Produktionsmöglichkeiten. In unserem Beispiel bedeutet das, Robinson und Freitag fangen an α-Tagen ebenso viele Fische wie an β-Tagen:

$$y_i(\alpha) = y_i(\beta), \quad i = R, F. \tag{B.II.2.3}$$

Diese Menge liegt auf der Diagonalen in Abbildung B.II.2.2. Vom Ursprung R aus gelesen ist $y_R(\alpha)=y_R(\beta)$ Robinsons Fang. Das verbleibende Streckenstück ist vom Ursprung F aus gelesen Freitags Fangmenge.

Bei den gegebenen Fangmengen schneidet Robinsons Indifferenzkurve R_1 die Indifferenzkurve F_1 von Freitag. Beide können sich besser stellen, wenn sie einen Punkt im Inneren der von den beiden Indifferenzkurven eingeschlossenen Fläche erreichen. Eine Situation, in der sich keiner weiter verbessern kann, ohne die Situation für den Tauschpartner zu verschlechtern, ist dann erreicht, wenn sich die Indifferenzkurven tangieren. Das Beispiel in Abbildung B.II.2.2 ist so gezeichnet, daß ein Vertrag zustande kommt, bei dem Robinson sich gegenüber der Ausgangssituation verbessert, indem er anbietet, an α-Tagen Freitag einen Teil $y_R(\alpha)-c_R^*(\alpha)$ seines Fangs zu überlassen, wenn Freitag ihm dafür an β-Tagen zusätzlich die Menge $c_R^*(\beta)\cdot y_R(\beta)$ gibt. Freitag erleidet durch diesen Tausch keine Nutzeneinbuße, so daß er dem Vertrag zustimmt.

Die Indifferenzkurven der beiden Tauschpartner können sich in der Ausgangssituation allerdings nur dann schneiden, wenn Robinson α-Tage weniger häufig erwartet als Freitag,

$$\pi_R(\alpha) < \pi_F(\alpha).$$

Die Steigung einer Indifferenzkurve, d.h. die Grenzrate der Substitution des Erwartungswertes des Nutzens, folgt aus Gleichung (B.II.2.1). Sie ist

$$GRS_i := \frac{u_i'(c_i(\alpha))}{u_i'(c_i(\beta))}\frac{\pi_i(\alpha)}{\pi_i(\beta)}, \quad i = R, F, \tag{B.II.2.4}$$

wobei $u'(\cdot)$ die erste Ableitung der Nutzenfunktion ist. An der Stelle $c_i(s) = y_i(s)$ ist

$$GRS_i = \frac{\pi_i(\alpha)}{\pi_i(\beta)}, \quad i = R, F,$$

so daß ein für beide Seiten vorteilhafter Tausch $\pi_R(\alpha) \neq \pi_F(\alpha)$ voraussetzt. Insbesondere ist an der Stelle des Ausgangsgleichgewichts $GRS_R < GRS_F$, wenn $\pi_F(\alpha) < \pi_R(\alpha)$.[23] Wenn Robinson und Freitag Sternschnuppen mit derselben Wahrscheinlichkeit erwarten, müssen sich ihre Indifferenzkurven entlang der Diagonalen in Abbildung B.II.2.2 tangieren. Es gibt dann keine Möglichkeit für einen vorteilhaften Tausch.

Sternschnuppen, die annahmegemäß [siehe Annahme (B.II.2.3)] die Produktionsmöglichkeiten von Robinson und Freitag nicht beeinflussen, verändern in unserem Beispiel folglich nur dann die Allokation, wenn Robinson die Wahrscheinlichkeit, sie zu beobachten, anders einschätzt als Freitag. Nun liegt es in unserem Beispiel nahe, die Annahme heterogener Erwartungen zurückzuweisen: Unsere beiden Inselbewohner können mit Hilfe einer einfachen Strichliste eine empirische Häufigkeitsverteilung berechnen, mit der sie die Wahrscheinlichkeit von α-Tagen schätzen. Spätestens nach einigen Jahren gemeinsamer Beobachtungen sollten ihre Erwartungen übereinstimmen.

---

23 Bei zwei möglichen Ereignissen α und β, ist $\pi_i(\beta) = 1 - \pi_i(\alpha)$, so daß aus $\pi_R(\alpha) < \pi_F(\alpha)$ folgt, daß $\pi_R(\beta) > \pi_F(\beta)$.

Sunspots und Zukunftsmärkte

Wir wollen uns nun die Aufgabe erschweren und homogene Erwartungen voraussetzen. In unserem Beispiel mit nur einem Gut, können dann Sternschnuppen (oder Sunspots) die Allokation nicht verändern. Deshalb betrachten wir nun eine Tauschwirtschaft mit zwei Gütern und beliebig vielen Haushalten $h=1, 2, ..., H$. In dieser Wirtschaft gibt es α-Tage und β-Tage. Alle Beteiligten gehen davon aus, daß α-Tage die Wahrscheinlichkeit $\pi(\alpha)$ haben. β-Tage erwarten sie mit der Wahrscheinlichkeit $\pi(\beta)=1-\pi(\alpha)$. Jeder Haushalt h hat von den beiden Gütern $i=1,2$, eine Anfangsausstattung y_{hi}, die unabhängig vom Zustand $s=\alpha, \beta$, der Umwelt ist. Diese Mengen kann er mit anderen Wirtschaftssubjekten tauschen. Sein Nutzen sei eine streng konkave Funktion $u_h(c_{h1}, c_{h2})$ der von beiden Gütern verbrauchten Mengen c_{h1} und c_{h2}. Die Märkte für diesen Tausch sind als Zukunftsmärkte eingerichtet. Es gibt je einen Markt, auf dem Gut $i=1,2$, gegen Geld unter der Bedingung getauscht wird, der folgende Tag sei ein s-Tag, $s=\alpha, \beta$.

Die von einem Haushalt h nachgefragten Mengen sind die Lösungen des folgenden Entscheidungsproblems:

$$\max \quad \pi(\alpha)u_h(c_{h1}(\alpha), c_{h2}(\alpha)) + \pi(\beta)u_h(c_{h1}(\beta), c_{h2}(\beta)),$$

unter den Nebenbedingungen   (B.II.2.5)

$$p_1(s)c_{h1}(s) + p_2(s)c_{h2}(s) \leq p_1(s)y_{h1} + p_2(s)y_{h2}, \quad s = \alpha, \beta,$$

d.h. sie maximieren den Erwartungswert seines Nutzen unter der Nebenbedingung, daß die Konsumausgaben in keinem der beiden möglichen Umweltzustände, den jeweiligen Wert seiner Anfangsausstattung, $\Sigma_i\, p_i(s)y_i$, $s=\alpha,\beta$, übersteigen. Ein **Wettbewerbsgleichgewicht** dieser Wirtschaft ist ein Preisvektor

$$p^* :=(p_1^*(\alpha), p_2^*(\alpha), p_1^*(\beta), p_2^*(\beta)),$$

so daß die zu diesen Preisen nachgefragten Mengen den Erwartungswert des Nutzens aller Wirtschaftssubjekte maximieren und auf jedem Markt die Summe der nachgefragten Mengen die verfügbaren Ressourcen nicht übersteigt:

$$\left.\begin{array}{l} \sum_{h=1}^{H} c_{h1}(s) \le \sum_{h=1}^{H} y_{h1} \\[3mm] \sum_{h=1}^{H} c_{h2}(s) \le \sum_{h=1}^{H} y_{h2} \end{array}\right\} \; s = \alpha, \beta. \tag{B.II.2.6}$$

Ein **Sunspotgleichgewicht** ist ein Wettbewerbsgleichgewicht mit der Eigenschaft

$$(p_1^*(\alpha), p_2^*(\alpha)) \ne (p_1^*(\beta), p_2^*(\beta)). \tag{B.II.2.7}$$

Obwohl die Präferenzen und die Ressourcen unserer Wirtschaft unabhängig vom Zustand der Umwelt sind, unterscheiden sich die Preise an α-Tagen von denen an β-Tagen.

Mit Hilfe einer einfachen Überlegung können wir uns davon überzeugen, daß es in unserer Wirtschaft kein Sunspotgleichgewicht gibt. Dazu müssen Sie wissen, daß die eben beschriebene Wirtschaft die Voraussetzungen erfüllt, unter denen die beiden Hauptsätze der Wohlfahrtsökonomik gelten. Ein Wettbewerbsgleichgewicht ist also eine pareto-optimale Allokation: Es ist nicht möglich, auch nur einen Haushalt besser zu stellen, ohne den Nutzen eines anderen Haushalts zu mindern. Ich zeige nun, daß die Annahme, es gebe ein Sunspotgleichgewicht, der Annahme widerspricht, die Allokation sei pareto-optimal.

Betrachten wir einen Haushalt h der an α-Tagen die Mengen ($c_{h1}(\alpha)$, $c_{h2}(\alpha)$) und an β-Tagen die Mengen ($c_{h1}(\beta)$, $c_{h2}(\beta)$) nachfragt. Wenn ein Sunspotgleichgewicht existiert, unterscheiden sich beide Paare. Der Erwartungswert beider Mengen ist

$$\bar{c}_{hi} := \pi(\alpha) c_{hi}(\alpha) + \pi(\beta) c_{hi}(\beta), \quad i = 1, 2.$$

Diese Menge ist für jeden Haushalt realisierbar, denn für beide Güter, $i = 1, 2$, gilt:

$$\sum_{h=1}^{H} \bar{c}_{hi} = \pi(\alpha) \sum_{h=1}^{H} c_{hi}(\alpha) + \pi(\beta) \sum_{h=1}^{H} c_{hi}(\beta)$$

$$\le \pi(\alpha) \sum_{h=1}^{H} y_{hi} + \pi(\beta) \sum_{h=1}^{H} y_{hi} = \sum_{h=1}^{H} y_{hi}.$$

Dabei folgt die Ungleichung aus den Nebenbedingungen des Entscheidungs-
problems (B.II.2.5). Die zweite Gleichsetzung folgt aus $\pi(\alpha)=1\text{-}\pi(\beta)$. Wir müssen nun noch zeigen, daß das Paar $(\bar{c}_{h1}, \bar{c}_{h2})$, zu einem höheren Nutzen führt
als der Konsum der Paare $(c_{h1}(\alpha), c_{h2}(\alpha))$ und $(c_{h1}(\beta), c_{h2}(\beta))$. Dies folgt aber
aus der strengen Konkavität der Nutzenfunktion, d.h. aus der Annahme, die
Haushalte seien risikoavers. Im Fall eines Gutes haben wir dieses Ergebnis
bereits mit Hilfe von Abbildung B.II.2.1 nachgewiesen. Es gilt aber auch für
beliebig viele Güter.[24] Die Annahme, es gebe in dieser Wirtschaft Sunspotgleichgewichte, führt also auf einen Widerspruch zur Paretooptimalität der
Allokation.

Die eben betrachtete Wirtschaft ist eine ideale Wirtschaft in zweifacher
Hinsicht. Der Preismechanismus koordiniert die Pläne der Haushalte, und es
ist möglich, sich durch Verträge gegen Risiken abzusichern. Dafür stehen den
Haushalten Zukunftsmärkte zur Verfügung, auf denen Optionen gehandelt
werden, die nur dann einzulösen sind, wenn der vereinbarte Umweltzustand
eintritt. In dieser idealen Wirtschaft können homogene und korrekte, aber
gleichwohl beliebige Erwartungen, das Wirtschaftsgeschehen nicht beeinflussen.[25] Das Fehlen einiger Zukunftsmärkte ist eine Form des Marktversa-
gens. Die Schlußfolgerung lautet mithin: Erwartungen können nur in einer
unvollkommenen Wirtschaft eine Rolle spielen.

Die Alltagserfahrung lehrt uns, daß es nur wenige Zukunftsmärkte gibt.
Oder haben Sie schon einmal eine Option auf einen Regenschirm erworben,
die einzulösen wäre, wenn es am 28.10.2000 in Köln um 12.00 Uhr regnete?
Es gibt einige Gründe, warum Zukunftsmärkte nicht eingerichtet werden.
Erstens besitzen wir für viele Ereignisse keine subjektive, geschweige denn
eine objektive Wahrscheinlichkeitsverteilung. Angebot und Nachfrage auf
Zukunftsmärkten setzen aber voraus, daß die Marktteilnehmer unterschiedli-
che Risiken gegeneinander abwägen können. Zweitens gibt es Ereignisse,
deren Eintritt nur einer der beiden Vertragspartner beobachten kann. Damit
gibt es einen Anreiz zum Betrug, der das Geschäft verhindert. Schließlich sind
die Kosten der Suche nach Marktpartnern auf Märkten mit nur wenigen
Teilnehmern groß. (Versuchen Sie doch einmal, ein Kaufhaus zu finden, das

---

24   Eine streng konkave Funktion $f(x)$, $x=(x_1, x_2, ..., x_n)$, ist so definiert: Für zwei Punkte
      $x' \neq x''$, $0 < \lambda < 1$ und $\bar{x} = \lambda x' + (1-\lambda)x''$ gilt:

$$f(\bar{x}) > \lambda f(x') + (1-\lambda)f(x'').$$

      Ersetzen Sie in dieser Defintion λ durch $\pi(\alpha)$, x' durch $(c_{h1}(\alpha), c_{h2}(\alpha))$, x'' durch $(c_{h1}(\beta),$
      $c_{h2}(\beta))$ und f durch u, um den Beweis für die Behauptung zu erhalten.

25   Das gilt nicht nur für unser Beispiel, sondern generell für eine Wettbewerbswirtschaft
      mit Zukunftsmärkten [Balasko (1983)].

Ihnen die Option auf den Regenschirm verkauft.) Sie übersteigen deshalb oft den Nutzen aus einem erfolgreichen Handel.

Nun haben wir gesehen, daß die Existenz von Sunspotgleichgewichten Wohlfahrtsverluste impliziert. Es müßte sich also lohnen, entsprechende Zukunftsmärkte einzurichten. Allerdings reicht es nicht aus, diese Märkte einzurichten, um Sunspotgleichgewichte zu verhindern [Woodford (1987), S. 94]. Es muß auch allen Wirtschaftssubjekten möglich sein, auf diesen Märkten teilzunehmen. Das können aber all jene nicht, die erst in der Zukunft geboren werden. Sunspotgleichgewichte lassen sich daher vor allem in Modellen nachweisen, die explizit die Altersstruktur und den Generationenwechsel einer Wirtschaft abbilden. Ein solches Modell behandelt der folgende Abschnitt.

Ein Modell überlappender Generationen

Wir betrachten nun eine Wirtschaft, in der in jeder Periode t zwei Generationen leben. Die Jungen werden zu Beginn der Periode geboren und sterben am Ende der nächsten Periode. Die Alten wurden in der Vorperiode geboren und sterben am Ende der Periode t. Jede Generation besteht aus vielen Haushalten, die sich nicht voneinander unterscheiden. Deshalb können wir uns beim Studium dieser Wirtschaft auf je einen Vertreter der Jungen und der Alten beschränken.

Der Junge arbeitet in seiner ersten Lebensperiode und erwirbt dabei eine Gütereinheit je geleisteter Arbeitseinheit. Seine Produktion verkauft er gegen Geld an den Alten, der nicht arbeitet, sondern von seiner Ersparnis lebt. Der Junge verbraucht selbst keine Güter. Sein Zeitbudget, das er in Arbeit und Freizeit aufteilen kann, ist gegeben. Der Einfachheit halber sei es gleich Eins. Der Nutzen des Jungen ist eine (zweimal stetig differenzierbare) Funktion seiner Freizeit f_t in der ersten und seines Konsums c_{t+1} in der zweiten Lebenshälfte:

$$u(f_t, c_{t+1}),$$

mit:

(a) $u_f(f_t, c_{t+1}) > 0,\ u_{ff}(f_t, c_{t+1}) < 0\ \forall\ (f_t, c_{t+1}) \geq 0,$

(b) $u_c(f_t, c_{t+1}) > 0,\ u_{cc}(f_t, c_{t+1}) < 0\ \forall\ (f_t, c_{t+1}) \geq 0,$ (B.II.2.8)

(c) $u_{fc}(f_t, c_{t+1}) = u_{cf}(f_t, c_{t+1}) > 0\ \forall\ (f_t, c_{t+1}),$

(d) $\displaystyle\lim_{f_t \to 0} u_f(f_t, c_{t+1}) = \lim_{c_{t+1} \to 0} u_c(f_t, c_{t+1}) = \infty.$

Nach (a) und (b) haben Freizeit und Konsum einen positiven, aber abnehmenden Grenznutzen. Bedingung (c) führt zusammen mit (a) und (b) dazu, daß die Indifferenzkurven der Nutzenfunktion streng konvex sind. Außerdem impliziert sie, daß Freizeit und Konsum normale Güter sind. Annahme (d) verhindert uninteressante Randlösungen.[26] Weil er in seinem ersten Lebensabschnitt nur produziert, aber nichts davon verbraucht, bestimmt das Arbeitsangebot des Jungen zugleich seine Ersparnis s_t. Bei einem Güterpreis von P_t DM je Gütereinheit kann er $P_t s_t$ DM sparen. Der korrekt vorhergesehene Preis der Konsumgüter in der nächsten Periode sei P_{t+1}, so daß der maximal mögliche Konsum $P_t s_t / P_{t+1}$ ist. Nachdem der Nutzen eine streng monotone Funktion des Konsums ist, wird der Junge im Alter seine gesamte Ersparnis verbrauchen und keine Erbschaft hinterlassen. Sein Lebensplan löst daher das folgende Entscheidungsproblem:

$$\max_{0 \le s_t \le 1} \quad u(1-s_t, \, R_t s_t), \tag{B.II.2.9}$$

wobei $R_t := P_t/P_{t+1}$.

Wir können dieses Problem wahlweise als eine Konsum-Freizeit-Entscheidung oder als eine intertemporale Konsumentscheidung (mit Freizeit als dem Konsumgut der Gegenwart) betrachten. Im ersten Fall interpretieren wir R_t als Reallohn, im zweiten ist R_t-1 der Realzins ρ_t, denn es gilt:

$$\rho_t := \frac{\dfrac{P_t}{P_{t+1}} - 1}{1} = R_t - 1.$$

Das Ergebnis der Nutzenmaximierung (B.II.2.9) ist die Ersparnis. Sie ist eine stetige Funktion $s(R_t)$ des Realzinses im Intervall [0, 1]. Der Zusammenhang zwischen Ersparnis und Zins ist indes nicht eindeutig: Ein größerer Realzins verteuert die Freizeit relativ zum künftigen Konsum. Dieser Substitutionseffekt erhöht die Ersparnis. Anderseits steigt mit dem Realzins das Lebenseinkommen. Das führt dazu, daß der Haushalt mehr Freizeit und mehr Konsum nachfragt. Dieser Einkommenseffekt senkt die Ersparnis [siehe Ergänzung B.II.2.1].

---

26 Nämlich den Fall des Workaholics, $f_t=0$, und den Fall des Selbstmordes durch Verhungern, $c_{t+1}=0$.

* * *

Ergänzung B.II.2.1

Eigenschaften der Sparfunktion*

Die Ersparnis ist eine stetige Funktion $s(R_t)$ mit dem Wertebereich $[0, \infty)$ und dem Definitionsbereich $[0, 1]$, wobei gilt:

$$\lim_{R \to 0} s(R) = 0,$$

$$\lim_{R \to \infty} s(R) = 1. \tag{i}$$

Um diese Behauptung zu beweisen, betrachten wir die notwendige Bedingung des Nutzenmaximierungsproblems (B.II.2.9):

$$u_f(1-s, Rs) = Ru_c(1-s, Rs), \tag{ii}$$

in der zur Vereinfachung die Zeitindizes weggelassen sind. Die linke Seite dieser Gleichung ist aufgrund der Annahmen in (B.II.2.8) eine im Intervall $[0, 1]$ streng monoton fallende Funktion von s. Umgekehrt ist die rechte Seite eine streng monoton wachsende Funktion von s in diesem Intervall. Es gibt daher zu jedem $R \in [0, \infty)$ genau einen Schnittpunkt und mithin ein $s(R)$, das die Gleichung löst. Damit ist die Funktionseigenschaft nachgewiesen. Die Stetigkeit folgt aus der Stetigkeit der jeweiligen Grenznutzen. Die Eigenschaft (i) folgt aus Annahme (d) in (B.II.2.8).

Den Zusammenhang zwischen s und R können wir ebenfalls aus (ii) ableiten. Dazu differenzieren wir (ii) nach s und R und lösen nach ds/dR auf:

$$\frac{ds}{dR} = \frac{u_c(\cdot) + Rsu_{cc}(\cdot) - su_{fc}(\cdot)}{\Delta} = ?,$$

$$\Delta := 2Ru_{fc}(\cdot) - u_{ff}(\cdot) - R^2 u_{cc}(\cdot) > 0.$$

Der Term $u_c(\cdot)/\Delta > 0$ ist der Substitutionseffekt. Das kann man wie folgt erkennen. Nehmen wir an, wir würden dem Jungen gleichzeitig mit einer Zinsänderung soviel Einkommen entziehen, daß sein Nutzen gleich bleibt. Damit beseitigen wir den Einkommenseffekt. Die erforderliche Einkommensminderung errechnen wir aus der Budgetgleichung $c = Rs-y$. Differenzieren nach allen Variablen führt auf

$$dc = sdR + Rds - dy. \tag{iii}$$

Der Nutzen bleibt konstant, wenn

$$du(\cdot) = -u_f(\cdot)ds + u_c(\cdot)dc = 0 \Rightarrow dc = [u_f(\cdot)/u_c(\cdot)]ds. \tag{iv}$$

Wenn wir den Ausdruck für dc aus Gleichung (iv) in Gleichung (iii) einsetzen, erhalten wir:

$$\{[u_f(\cdot)/u_c(\cdot)]-R\}ds = sdR - dy \Rightarrow dy = sdR, \tag{v}$$

denn die linke Seite von Gleichung (v) ist wegen Gleichung (ii) gleich Null. Wenn wir nun

$$u_f(1-s, c) = Ru_c(1-s, c),$$

$$c = Rs - y,$$

nach c, s, R und y differenzieren, die Folgerung (v) berücksichtigen und anschließend
nach ds/dR auflösen, erhalten wir:

$$\frac{ds}{dR}\bigg|_{dy\,=\,sdR} = \frac{u_c(\cdot)}{\Delta}.$$

*   *   *

Mit Hilfe der Sparfunktion $s(P_t/P_{t+1})$ können wir nun zu jedem gegebenen
P_{t+1} den Preis der Periode t aus der Gleichgewichtsbedingung des Gütermarktes bestimmen. Bei gegebenem Geldbestand, der gleich Eins sei, ist die Güternachfrage der Alten $1/P_t$. Diese Nachfrage muß mit dem Güterangebot der
Jungen übereinstimmen, das - wie wir wissen - deren Ersparnis entspricht.
Der Güterpreis folgt damit als Lösung der Gleichung

$$\frac{1}{P_t} - s(P_t/P_{t+1}) = 0.$$

Diese Gleichung definiert eine funktionale Beziehung $P_{t+1}=h(P_t)$ zwischen
dem Preis der Periode $t+1$, P_{t+1}, und dem Preis der Periode t, P_t. Die Eigenschaften der Funktion h folgen aus denen der Sparfunktion $s(P_t/P_{t+1})$. Wir
wissen aber bereits, daß diese Funktion je nach Stärke von Einkommens- und
Substitutionseffekt sowohl eine positive als auch eine negative Steigung haben
kann. Es ist deshalb vorstellbar, daß sie - wie die Verhulst Gleichung - Zyklen
als Lösungen besitzt. Um zu zeigen, daß in diesem Modell auch Sunspotgleichgewichten existieren können, reicht es, wenn wir uns auf zweiperiodige Zyklen
beschränken.

Zunächst können wir feststellen, daß unser Modell ein eindeutiges stationäres Gleichgewicht besitzt. Es gibt einen Preis P^*, auf den in der nächsten
Periode der Preis P^* folgt. Dieser Preis löst die Gleichung

$$\frac{1}{P^*} = s(1). \tag{B.II.2.11}$$

Diese Lösung ist eindeutig, denn ihre linke Seite ist eine gleichschenkelige
Hyperbel, während ihre rechte Seite eine Konstante ist. Ein zweiperiodiger
Preiszyklus, $\{P_1, P_2\}$, ist eine zweite Lösung, wenn die Ersparnis an der Stelle des stationären Gleichgewichts mit einem Zinsanstieg hinreichend stark
sinkt, genauer, wenn gilt:

$$\epsilon(1) \ < \ -\frac{1}{2}. \tag{B.II.2.12}$$

In dieser Bedingung ist $\epsilon(\cdot)$ die Elastizität der Sparfunktion an der Stelle $P_t/P_{t+1}=1$. Abbildung B.II.2.3 veranschaulicht diese Situation.

Abbildung B.II.2.3

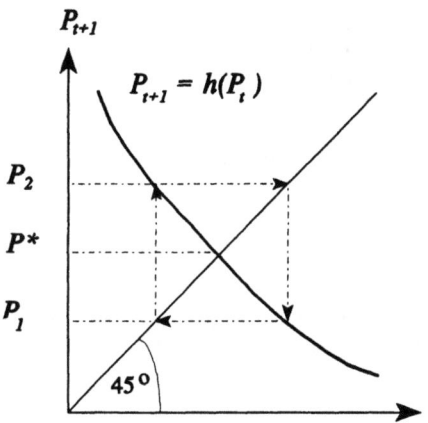

$$* \quad * \quad *$$

Ergänzung B.II.2.2

Existenz zweiperiodiger Zyklen[*]

Die Bedingung (B.II.2.12) für die Existenz zweiperiodiger Zyklen mit vollständiger Voraussicht kann man wie folgt ableiten: Ein zweiperiodiger Zyklus ist eine Lösung der beiden nachstehenden Gleichungen:

$$\frac{1}{P_1} = s(P_1/P_2), \tag{i}$$

$$\frac{1}{P_2} = s(P_2/P_1). \tag{ii}$$

Wenn wir Gleichung (ii) durch Gleichung (i) teilen und die Lösung umstellen, erhalten wir:

$$F(R) := Rs(R) - s(1/R) = 0, \quad R := P_1/P_2. \tag{iii}$$

Die Funktion $F(R)$ hat an der Stelle $R=1$ eine Nullstelle. Wenn sie weitere, von Eins verschiedene Wurzeln besitzt, können wir zu jeder Wurzel zwei Preise finden, die das Gleichungssystem (i), (ii) lösen. Aus den Eigenschaften der Sparfunktion [siehe Ergänzung B.II.2.1, Gleichung (i)] folgt, daß

$$\lim_{R \to \infty} F(R) = \infty,$$

$$\lim_{R \to 0} F(R) < 0.$$

Wenn daher die Steigung der Funktion an der Stelle $R=1$ negativ ist, muß es zwei weitere Schnittpunkte der Funktion mit der Abszisse geben [siehe Abbildung B.II.2.4]. Wenn eine dieser Wurzeln R^{*} ist, dann muß die zweite Wurzel $1/R^{*}$ sein. Die Steigung von $F(R)$ ist:

Abbildung B.II.2.4

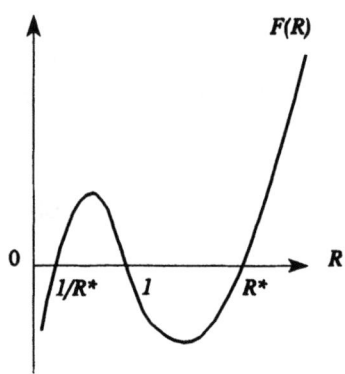

$$F_R(R) = s(R) \left[1 + \epsilon(R) + \frac{\epsilon(R)}{R^3} \right].$$

An der Stelle $R=1$ ist die Steigung folglich negativ, wenn der Ausdruck in eckigen Klammern kleiner als Null ist. Dies ist genau dann der Fall, wenn $\epsilon(1)<-0{,}5$ ist.

* * *

Sunspotgleichgewichte und Zyklen

Wir führen nun den Zufall in die eben beschriebene Wirtschaft ein. Es gibt α-Perioden, in denen man Sonnenflecken beobachten kann, und es gibt β-Perioden ohne Sonnenflecken. Die Wahrscheinlichkeit, daß einer α-Periode wieder eine α-Periode folgt, sei $\pi_{\alpha\alpha}$. Demnach folgt auf eine α-Periode eine β-Periode mit der Wahrscheinlichkeit $\pi_{\alpha\beta}=1-\pi_{\alpha\alpha}$. Die entsprechenden Wahrscheinlichkeiten für β-Perioden seien $\pi_{\beta\beta}$ und $\pi_{\beta\alpha}=1-\pi_{\beta\beta}$. Ein Junger glaubt, daß α-Perioden mit dem Güterpreis $P(\alpha)$ und β-Perioden mit dem Preis $P(\beta)$ einhergehen.

Um das Entscheidungsproblem des Jungen in dieser neuen Situation zu studieren, betrachten wir einen beliebigen Umweltzustand. π sei die Wahrscheinlichkeit, daß die Umwelt in der zweiten Lebensperiode dieselbe ist wie im ersten Lebensabschnitt. Bei einer Ersparnis von s hat der Junge mit der Wahrscheinlichkeit π den Nutzen $u(1-s, s)$. Mit der Wahrscheinlichkeit $1-\pi$ ändert sich die Umwelt und das Preisverhältnis ist $R \neq 1$, so daß sein Nutzen dann $u(1-s, Rs)$ ist. Der Junge wählt nun diejenige Ersparnis, die den Erwartungswert seines Nutzens im Intervall [0, 1] maximiert:

$$\max_{0 \le s \le 1} \quad \pi u(1-s, s) + (1-\pi)u(1-s, Rs). \qquad \text{(B.II.2.13)}$$

Die Lösung dieses Problems ist eine Funktion $\tilde{s}(R, \pi)$ des Reallohns R und der Wahrscheinlichkeit π. Sie stimmt für $\pi=0$ bzw. $R=1$ mit der Sparfunktion $s(R)$ des Modells ohne Unsicherheit überein:

$$\tilde{s}(R, 0) \equiv s(R),$$
$$\tilde{s}(1, \pi) \equiv s(1), \ \forall \pi \in [0, 1]. \qquad \text{(B.II.2.14)}$$

Außerdem ist sie streng monoton in π. Das bedeutet, falls $s(1)>s(R)$, sinkt $\tilde{s}(R, \pi)$ mit π. Im umgekehrten Fall steigt die Ersparnis mit π [siehe Ergänzung B.II.2.3].

Mit Hilfe dieses Ergebnisses können wir nun der Frage nachgehen, ob es zu einer gegebenen Matrix von Übergangswahrscheinlichkeiten

$$\Pi := \begin{pmatrix} \pi_{\alpha\alpha} & \pi_{\alpha\beta} \\ \pi_{\beta\alpha} & \pi_{\beta\beta} \end{pmatrix} \qquad \text{(B.II.2.15)}$$

zwei Preise $P(\alpha)$ und $P(\beta)$ gibt, die in der jeweiligen Umweltsituation den Gütermarkt ausgleichen. Diese Preise müssen das folgende Gleichungssystem lösen:

$$\frac{1}{P(\alpha)} = \tilde{s}(P(\alpha)/P(\beta), \pi_{\alpha\alpha}),$$
$$\frac{1}{P(\beta)} = \tilde{s}(P(\beta)/P(\alpha), \pi_{\beta\beta}). \qquad \text{(B.II.2.16)}$$

Eine Lösung dieses Systems, für die wir bereits eine Existenzbedingung kennen, ist ein deterministischer zweiperiodiger Zyklus. Er löst das Gleichungssystem, wenn die Übergangswahrscheinlichkeiten $\pi_{\alpha\alpha}=\pi_{\beta\beta}=0$ sind, denn nach (B.II.2.14) stimmt dann $\tilde{s}(\cdot)$ mit $s(\cdot)$ überein. Falls aber ein deterministischer zweiperiodiger Zyklus existiert, dann muß es auch eine Lösung des Gleichungssystems (B.II.2.16) für kleine, aber positive $\pi_{\alpha\alpha}$ und $\pi_{\beta\beta}$ geben. Die Intuition hinter diesem Ergebnis ist folgende: Die beiden Gleichungen in (B.II.2.16) beschreiben je eine stetige Kurve $P(\alpha)=f^1(P(\beta), \pi_{\alpha\alpha})$ und $P(\alpha)=f^2(P(\beta), \pi_{\beta\beta})$. Diese Kurven schneiden sich annahmegemäß im Fall $\pi_{\alpha\alpha}=\pi_{\beta\beta}=0$. Wenn wir nun $\pi_{\alpha\alpha}$ und $\pi_{\beta\beta}$ ein klein wenig erhöhen, verschieben sich beide Kurven nur sehr wenig, so daß sie sich nach wie vor schneiden müssen.

Etwas allgemeiner kann man zeigen, daß zu jedem positiven Paar $(\pi_{\alpha\alpha}$, $\pi_{\beta\beta})$ im Intervall $(0, 1)$ ein Sunspotgleichgewicht existiert, wenn die Bedingung

$$\pi_{\alpha\alpha} + \pi_{\beta\beta} < 2 - \frac{1}{|\,\epsilon(1)\,|}, \quad \epsilon(1) < 0, \qquad \text{(B.II.2.17)}$$

erfüllt ist [siehe Ergänzung B.II.2.3].

$$* \; * \; *$$

Ergänzung B.II.2.3

Existenz von Sunspotgleichgewichten[*]

Die Eigenschaften der Sparfunktion $\hat{s}(R, \pi)$ können wir aus der notwendigen Bedingung für eine Lösung des Entscheidungsproblems (B.II.2.13) gewinnen. Diese lautet:

$$\frac{\pi}{1-\pi}\left(u_c(1-\hat{s}, \hat{s}) - u_f(1-\hat{s}, \hat{s})\right) = u_f(1-\hat{s}, \bar{R}\hat{s}) - Ru_c(1-\hat{s}, \bar{R}\hat{s}). \qquad \text{(i)}$$

Hieraus folgen für $\pi=0$ bzw. $R=1$ die Behauptungen (B.II.2.14). Differenziert man (i) nach $\hat{s}$, R und π erhält man:

$$\frac{\partial \hat{s}}{\partial \pi} := \frac{d\hat{s}}{d\pi}\Big|\, dR = 0 \;=\; \frac{u_c^1 - u_f^1}{\Delta},$$

$$\frac{\partial \hat{s}}{\partial R} := \frac{d\hat{s}}{dR}\Big|\, d\pi = 0 \;=\; \frac{\hat{s}u_{fc}^R - R\hat{s}u_{cc}^R - u_c^R}{\Delta},$$

$$\Delta := \frac{\pi}{1-\pi}\left(u_{cc}^1 + u_{ff}^1 - 2u_{fc}^1\right) + \left(u_{ff}^R + R^2 u_{cc}^R - 2Ru_{fc}^R\right) < 0,$$

worin das Superskript 1 bzw. R angibt, ob die entsprechende partielle Ableitung an der Stelle $(1-\hat{s}, \hat{s})$ bzw. an der Stelle $(1-\hat{s}, R\hat{s})$ berechnet ist. Der Zähler im Ausdruck für die partielle Ableitung der Sparfunktion nach dem Reallohn ist wegen

$$\frac{d\left[u_c^1 - u_f^1\right]}{d\hat{s}} = u_{cc}^1 + u_{ff}^1 - 2u_{fc}^1 < 0$$

eine in $\hat{s}$ abnehmende Funktion. An der Stelle $R=1$ ist der Zähler gleich Null. Für $\hat{s}(R, 0) > \hat{s}(1, \pi)$ muß daher der Zähler kleiner Null sein, so daß $\partial\hat{s}/\partial\pi > 0$. Umgekehrt ist für $\hat{s}(R, 0) < \hat{s}(1, \pi)$ der Zähler positiv und $\partial\hat{s}/\partial\pi < 0$. In jedem Fall ist die Ersparnis also eine streng monotone Funktion der Übergangswahrscheinlichkeit. Schließlich folgt für $R=1$, daß

$$\frac{\partial \hat{s}}{\partial R}\Big|\, R = 1 \;=\; (1-\pi)\,\frac{\partial s}{\partial R}\Big|\, R = 1.$$

Mit Hilfe dieser Ergebnisse können wir die Existenzbedingung für ein Sunspotgleichgewicht ableiten. Die Argumentation ist analog zu der in Ergänzung B.II.2.2, so daß ich mich kurz fassen kann. Aus den beiden Gleichungen (B.II.2.16) leiten wir die Funktion

$$\tilde{F}(R, \pi_{\alpha\alpha}, \pi_{\beta\beta}) := R s(R, \pi_{\alpha\alpha}) - s(1/R, \pi_{\beta\beta}), \quad R := P(\alpha)/P(\beta),$$

ab. Diese Funktion strebt wie die Funktion F für $R \to \infty$ gegen ∞. Für $R \to 0$ nimmt sie negative Werte an. Demnach hat auch $\tilde{F}$ zwei weitere, von Eins verschiedene Wurzeln, wenn ihre Steigung an der Stelle $R=1$ negativ ist. Aus diesen Wurzeln können wir je ein Paar Preise ($P(\alpha)$, $P(\beta)$) ableiten, welches das Gleichungssystem (B.II.2.16) erfüllt. Die Steigung der Funktion an der Stelle $R=1$ ist:

$$\tilde{F}_R(1, \pi_{\alpha\alpha}, \pi_{\beta\beta}) = s(1)\Big[1 + (1 - \pi_{\alpha\alpha})\epsilon(1) + (1 - \pi_{\beta\beta})\epsilon(1)\Big].$$

Sie ist negativ, wenn der Ausdruck in eckigen Klammern kleiner als Null ist. Das ist nur möglich, wenn $\epsilon(1) < 0$ und $\pi_{\alpha\alpha} + \pi_{\beta\beta} < 2 - 1/|\epsilon(1)|$, wobei $\epsilon(1)$ die Elastizität der Sparfunktion (bei Sicherheit) an der Stelle $R=1$ ist.

* * *

Es ist also möglich, zu jeder beliebigen Matrix von Übergangswahrscheinlichkeiten, die der Bedingung (B.II.2.17) genügt, einen zweiperiodigen Konjunkturzyklus mit den Preisen $P(\alpha)$ und $P(\beta)$ zu finden. Mit diesen Preisen wechseln auch die jeweils produzierten Mengen. Ist beispielsweise $P(\alpha) < P(\beta)$, dann ist die Produktion in α-Perioden größer als in β-Perioden. Die Häufigkeit der α-Perioden hängt von den Übergangswahrscheinlichkeiten ab. Ist $\pi_{\alpha\alpha}$ sehr groß, während $\pi_{\beta\beta}$ sehr klein ist, produziert die Wirtschaft die meiste Zeit vergleichsweise viel, und Rezessionen treten nur sehr selten auf. Sind hingegen $\pi_{\alpha\alpha}$ und $\pi_{\beta\beta}$ in etwa gleich groß, kommen gute Zeiten praktisch gleich oft vor wie schlechte.

Wirtschaftspolitische Implikationen

Wir haben an einem Beispiel gesehen, daß Erwartungen Konjunkturzyklen verursachen können. Diese Erwartungen orientieren sich an einem beobachtbaren Zufallsprozeß, der selbst weder Präferenzen noch Produktionsmöglichkeiten der Wirtschaft verändert. Es ist dabei völlig unerheblich, welcher Natur dieser Zufallsprozeß ist. Die spontane Entscheidung der Wirtschaftssubjekte, Preise mit seiner Hilfe vorherzusagen, führt dazu, daß sich ihre Erwartungen erfüllen. Insofern können "animal spirits" tatsächlich den Wirtschaftsprozeß beeinflussen.

Dieses Ergebnis ist nicht auf das Beispiel beschränkt. Mehrperiodige Sunspotgleichgewichte existieren in dem Modell überlappender Generationen, wenn es mehrperiodige Zyklen mit vollständiger Voraussicht gibt [Azariadis (1993), Theorem 28.4, S. 434]. Sunspotgleichgewichte finden sich auch in Modellen der optimalen Kapitalakkumulation, wenn es Marktunvollkommenheiten gibt [Woodford (1987), S. 94]. Dazu zählt beispielsweise die Bedingung, daß Güter nur gegen Geld gekauft werden können, das man in der Vorperiode erworben hat [Cash in Advance Modell]. Jüngst haben Howitt und McAfee (1992) gezeigt, daß externe Effekte im Verein mit Sunspots zu Schwankungen der Arbeitslosenrate führen können.

Im Gegensatz zu Konjunkturzyklen, die auf Nichtlinearitäten allein beruhen, schließen Sunspotgleichgewichte nicht aus, daß wirtschaftspolitische Maßnahmen wohlfahrtserhöhend sein können [Woodford (1987), S. 96f.]. Das hat natürlich damit zu tun, daß sie nur in unvollkommenen Wirtschaften auftreten können.

C

Konjunkturzyklen in Fixpreismodellen

... they argue that one cannot believe in the failure of markets to clear without having an acceptable theory to explain why that happens. That is a remarkable precept when you think about it. I remember reading once that it is still not understood how the giraffe manages to pump an adequate blood supply all the way up to its head; but it is hard to imagine that anyone would therefore conclude that giraffes do not have long necks. At least not anyone who had ever been to a zoo.

Robert M. Solow, (1980), S. 7.

I. Schockabhängige Konjunkturerklärungen

1. Akzelerator und Multiplikator

Dieser Abschnitt behandelt Konjunkturerklärungen, die auf Wirkungsverzögerungen zwischen Stromgrößen des Gütermarktes beruhen. Güterpreise und Löhne sind fest, und die Güternachfrage bestimmt die Höhe der Produktion. Damit unterstellen diese Ansätze ein ernsthaftes Versagen des Preismechanismus bei der Koordination wirtschaftlicher Pläne. Ich behandle zunächst das Zusammenspiel von Akzelerator und Multiplikator in der Version von Samuelson. Seinem Modell stelle ich den Ansatz von Hicks gegenüber. Abschließend zeige ich am Modell von Metzler, daß auch Lagerinvestitionen zusammen mit adaptiven Erwartungen Konjunkturzyklen erzeugen können.

Grundlagen

Historisch gesehen gehören die in diesem Abschnitt behandelten Modelle mit zu den ältesten mathematisch formulierten Konjunkturerklärungen. Sie entstanden im Anschluß an die Rezeption der "General Theory" von John M. Keynes und verbinden den in der Konsumfunktion angelegten **Multiplika-**

toreffekt mit dem schon aus der Überinvestitionstheorie bekannten **Akzeleratorprinzip**, nach dem die Investitionsnachfrage von der Veränderung der Produktion abhängt. Sie berücksichtigen zumeist nur den Gütermarkt und lassen stabilisierende oder destabilisierende Preiseffekte außer acht. Der Konjunkturzyklus beruht auf Wirkungsverzögerungen zwischen den Stromgrößen Konsum, Investition und Sozialprodukt. Das Sozialprodukt früherer Perioden bestimmt Konsum- wie Investitionsnachfrage, die beide ihrerseits das Sozialprodukt der Betrachtungsperiode festlegen. Auf diese Weise entsteht eine lineare Rückkopplung des Sozialprodukts auf sich selbst.

Die Linearität der Rückkopplung führt dazu, daß permanente Schwingungen nur bei speziellen Parameterwerten auftreten. Anderseits ist ein Modell, in dem das Sozialprodukt unbegrenzt wachsen wie schrumpfen kann, wenig plausibel. Die einzig relevanten Parameterkonstellationen sind deshalb jene, die implizieren, daß die Volkswirtschaft nach jeder Störung auf ihren Gleichgewichtspfad zurückkehrt. Permanente Konjunkturzyklen erfordern deshalb ständige exogene Störungen des Gleichgewichts.

Eine Ausnahme ist die Konjunkturerklärung von Hicks (1950). In seinem Modell ziehen Produktionskapazität und physische Abschreibungen dem Wirken von Akzelerator und Multiplikator Grenzen. Formal gesehen entsteht dadurch ein nichtlineares Modell, das permanente Konjunkturzyklen auch ohne Rückgriff auf exogene Schocks erklären kann.

Das Modell von Samuelson[1]

Wir betrachten eine geschlossene Volkswirtschaft. Die Güterpreise und Löhne sind gegeben. Wir nehmen an, daß es zu diesen Preisen für die Unternehmen rentabel ist, soviel zu produzieren, wie sie absetzen können. Arbeitskräfte stehen genügend zur Verfügung. Die Güternachfrage bestimmt daher die Produktion und mithin das Volkseinkommen Y. Die Güternachfrage setzt sich zusammen aus der Konsumnachfrage C, der Investitionsnachfrage I und den staatlichen Güterkäufen G. Letztere sind von den anderen Größen des Modells unabhängig.

Die Konsumnachfrage ist eine lineare Funktion des Einkommens der Vorperiode:

$$C_t = c Y_{t-1}, \quad c \in (0, 1), \tag{C.I.1.1}$$

mit der gegebenen Konsumneigung c. Die Investitionsnachfrage ist das k-fache der absoluten Änderung der Konsumnachfrage der Vorperiode:

---

1 Siehe hierzu die beiden Artikel Samuelson (1939a,b).

$$I_t = k(C_t - C_{t-1}), \quad k \geq 0. \tag{C.I.1.2}$$

Diese Investitionshypothese kann man unter folgenden Bedingungen recht-fertigen: Die Produktionsfunktion der Unternehmen in der Konsumgüterindu-strie ist $C=\min\{(1/k)K, (1/a)N\}$, mit K und N als Kapital- bzw. Arbeitseinsatz. $(1/k)$ ist die Kapitalproduktivität. Den reziproken Wert k nennt man **Kapital-koeffizient**. $(1/a)$ ist die Arbeitsproduktivität. Die Kapitalgüter werden nur mit Hilfe von Arbeit produziert. Arbeit ist - wie bereits erwähnt - kein Eng-paßfaktor. Das vorhandene Kapital bestimmt mithin die maximale Konsumgü-terproduktion: $K \geq kC$. Die Unternehmen rechnen damit, in der Periode $t+1$ um ΔC mehr Güter absetzen zu können. Ihre derzeitigen Produktionskapazi-täten sind vollständig ausgelastet: $kC=K$. Es dauert genau eine Periode, um weitere Kapitalgüter zu produzieren. Die Unternehmen der Konsumgüter-industrie müssen deshalb in der Periode t zusätzliche Kapitalgüter in Höhe von $k\Delta C$ bestellen, um in der Periode $t+1$ über eine ausreichende Kapazität zu verfügen. Ihre Nettoinvestition in der Periode t ist deshalb $I_t=\Delta K=k\Delta C$. Wenn die Unternehmen den Nachfragezuwachs ΔC mit Hilfe der jeweils be-obachteten Nachfrageänderung schätzen, $\Delta C=C_t \text{-} C_{t-1}$, erhält man Gleichung (C.I.1.2). Sie ist eine Version der sogenannten **Akzeleratorhypothese** zur Erklärung der Nettoinvestition der Unternehmen.[2]

Mit Hilfe der Konsumnachfragefunktion können wir die Investitionen auch als Funktion des Einkommens früherer Perioden darstellen. Wir verschieben in der Konsumfunktion den Zeitindex um eine Periode nach hinten und erhal-ten:

$$C_{t-1} = c Y_{t-2}.$$

Diese Gleichung ziehen wir von der Konsumfunktion ab und erhalten:

$$C_t - C_{t-1} = c(Y_{t-1} - Y_{t-2}).$$

Die rechte Seite dieser Gleichung setzen wir in die Investitionsfunktion ein. Das Ergebnis lautet:

$$I_t = kc(Y_{t-1} - Y_{t-2}). \tag{C.I.1.3}$$

Wenn nun die Güternachfrage das Einkommen der Periode t bestimmt, so muß

---

2 Siehe bspw. Klaus und Maußner (1986), S. 169f.

$$Y_t = C_t + I_t + G \tag{C.I.1.4}$$

gelten. Auf der linken Seite dieser Gleichung steht das Nettosozialprodukt, denn die Investitionsfunktion (C.I.1.2) definiert nur die Nettoinvestitionen. Wir ersetzen die Konsumnachfrage durch die rechte Seite von Gleichung (C.I.1.1). Für die Investitionsnachfrage setzen wir die rechte Seite der Gleichung (C.I.1.3) ein. Das führt uns auf die Gleichung

$$Y_t = c(1 + k)Y_{t-1} - kcY_{t-2} + G. \tag{C.I.1.5}$$

Das Volkseinkommen der Periode t ist demnach eine Funktion des Volkseinkommens der Periode t-1, der Periode t-2 und der gegebenen Höhe der staatlichen Güternachfrage.

Ein Gleichgewicht der Wirtschaft ist ein Zustand, in dem das Einkommen aufeinanderfolgender Perioden jeweils dasselbe ist. Dieses Einkommen bezeichnen wir mit Y^*. Aus Gleichung (C.I.1.5) erhalten wir:

$$Y^* = c(1 + k)Y^* - kcY^* + G,$$

$$Y^*(1 - c) = G,$$

$$Y^* = \frac{1}{1 - c}G.$$

Die Entwicklung des tatsächlichen Einkommens können wir im Prinzip aus Gleichung (C.I.1.5) berechnen, sobald wir außer den Werten für c, k und G zwei Startwerte für das Einkommen vorgeben. Das Gleichgewicht Y^* ist global stabil, wenn es von beliebigen Startwerten aus erreicht werden kann. Das ist allerdings nur für jene Werte der Konsumquote und des Kapitalkoeffizienten der Fall, welche die Ungleichung

$$c < \frac{1}{k} \tag{C.I.1.6}$$

erfüllen. Diese Werte liegen in den Bereichen A und B von Abbildung C.I.1.1. Für Parameterwerte aus den Bereichen C und D ist das Gleichgewicht instabil. Sinusförmige Schwingungen treten auf, wenn c und k die Ungleichung

$$c < \frac{4k}{(1 + k)^2} \tag{C.I.1.7}$$

erfüllen. Diese Wertepaare liegen in den Bereichen B und C [siehe Ergänzung C.I.1.1]. Das Einkommen entwickelt sich monoton bei Parameterwerten aus

Abbildung C.I.1.1

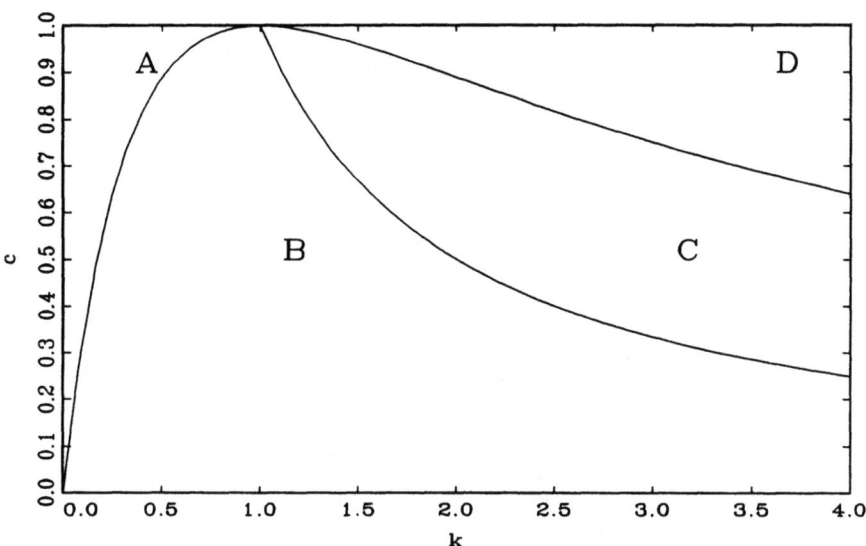

den Bereichen A und D. Schwingungen mit einer konstanten Amplitude erzeugen nur die Parameterwerte auf der Grenzlinie zwischen B und C. Die Menge
der Punkte (c, k), die diese Bedingung erfüllen, ist sehr klein verglichen mit
der Vielzahl anderer denkbarer Kombinationen. Wenn wir willkürlich ein
$c \in (0,1)$ und ein $k > 0$ wählen, werden beide Werte fast mit hundertprozentiger
Sicherheit nicht auf dieser Grenzlinie liegen. Schwingungen mit konstanter
Amplitude sind daher sehr unwahrscheinlich.

Gleichung (C.I.1.5) ist ein lineares Rückkopplungsschema, das man mit
Hilfe eines Flußdiagramms veranschaulichen kann. Das Einkommen wirkt
über die Konsum- und Investitionsnachfrage auf sich selbst zurück. In Abbildung C.I.1.2 veranschaulicht der mit 1 gekennzeichnete Pfad den Multiplikatorprozeß. Solange die Konsumquote zwischen Null und Eins liegt, gehen
von ihm keine destabilisierenden Wirkungen aus. Betrachten wir dazu folgende Situation: Die Volkswirtschaft befindet sich in ihrem Gleichgewicht. Die
staatliche Nachfrage weicht für eine Periode um den Wert ΔG von G nach
oben ab. Das Einkommen steigt in dieser Periode um ΔG. In der nächsten
Periode reagiert die Konsumnachfrage auf den Einkommenszuwachs. Sie
steigt um $c\Delta G$. Das Einkommen liegt deshalb in der Periode 2 um den Betrag
$c\Delta G$ über dem Gleichgewicht. Dieser Wert ist aber schon geringer, als der
anfängliche Impuls, $c\Delta G < \Delta G$.

Der mit 2 markierte Pfad zeigt den Akzeleratoreffekt. Der Konsumzuwachs
in der Periode 2 erhöht die Investitionsnachfrage dieser Periode um den Betrag $kc\Delta G$. Er verstärkt den anfänglichen Nachfrageimpuls, wenn $ck > 1$. Daraus erklärt sich die Stabilitätsbedingung (C.I.1.6). In der Periode 3 tritt

Abbildung C.I.1.2

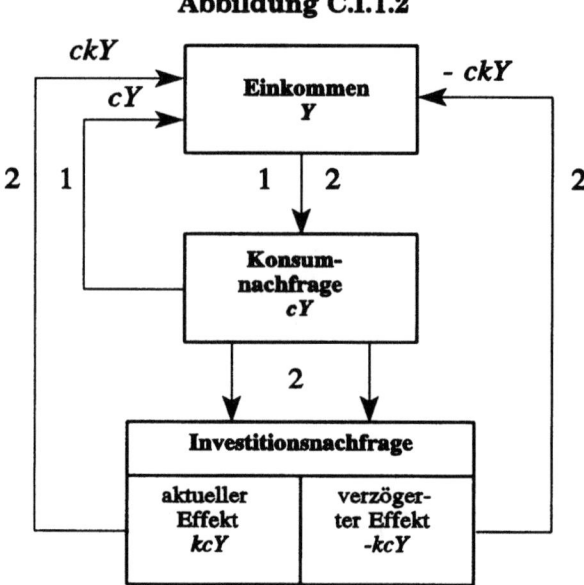

schließlich ein negativer Rückkopplungseffekt von $-kc\Delta G$ auf. Der positive Rückkopplungseffekt in dieser Periode ist $[c(1+k)]^2\Delta G$. Schwingungen kann es nur geben, wenn phasenweise der negative den positiven Effekt dominiert. Diese Bedingung beinhaltet Ungleichung (C.I.1.7).

* * *

Ergänzung C.I.1.1

Parameterbereiche des Samuelson Modells*

Gleichung (C.I.1.5) ist eine inhomogene lineare Differenzengleichung zweiter Ordnung, deren Lösung Abschnitt D.II.2 beschreibt. Mit Hilfe des dort bewiesenen Satzes D.II.2.1 können wir die Parameterbereiche des Modells herleiten.

Den Koeffizienten a und b einer linearen Differenzengleichung zweiter Ordnung entsprechen in Gleichung (C.I.1.5) die Größen

$$a = -c(1+k),$$

$$b = kc.$$

Mit Hilfe dieser Definitionen folgen aus Satz D.II.2.1 die Stabilitätsbedingungen

$$1 - c(1 + k) + kc > 0 \;\;\Rightarrow\;\; 1 - c > 0, \tag{i}$$

$$1 - ck > 0 \;\;\Rightarrow\;\; c < \frac{1}{k}, \tag{ii}$$

$$1 + c(1 + k) + kc > 0 \;\;\Rightarrow\;\; 1 + c + 2kc > 0. \tag{iii}$$

Von diesen Bedingungen bindet nur (ii). Demnach trennt die Kurve $c=1/k$ den stabilen (A und B) vom instabilen (C und D) Bereich. Nach Satz D.II.2.1 treten Schwingungen auf, wenn $a^2-4b<0$. Die Kurve

$$c = \frac{4k}{(1+k)^2}$$

grenzt daher den Bereich mit Schwingungen von dem mit einer monotonen Entwicklung ab.

* * *

Der Akzeleratoreffekt kann erklären, warum die Investitionsnachfrage im Konjunkturzyklus eine größere Amplitude besitzt als das Sozialprodukt. Anderseits verletzen realistische Werte für die Konsumquote und den Kapitalkoeffizienten die Stabilitätsbedingung (C.I.1.6). Der durchschnittliche Kapitalkoeffizient der Unternehmen im Zeitraum 1960-1990 liegt bei 4.3.[3] Klammert man die Unternehmen der Wohnungswirtschaft aus, ergibt sich ein Wert von rund 2,4. Die Konsumquote dürfte also nicht größer als ungefähr 0,41 sein. Die tatsächliche Konsumquote liegt im Zeitraum 1960 bis 1990 zwischen rund 0,91 und 0,85.[4]

Abgesehen davon, unterstellt das Modell, daß die induzierten Investitionen auch beliebige negative Werte annehmen können. Die Unternehmen können Überkapazitäten sofort und in jeder beliebigen Größenordnung abbauen. Realistischer ist, daß die physische Abschreibung auf das Kapital eine Untergrenze für die Desinvestitionen setzt. Ein Kapazitätsabbau darüberhinaus wäre ja nur möglich, wenn Kapitalgüter ohne Kosten in Konsumgüter transformiert oder einfach vernichtet würden. Beides ist unplausibel. Schwer vorstellbar ist es auch, daß im Fall eines instabilen Gleichgewichts die Produktion unbegrenzt zunehmen kann. Diesen Einwänden trägt das Modell von Hicks (1950) Rechnung.

Das Modell von Hicks

Das Modell von Hicks (1950) unterscheidet sich in drei Punkten von dem Samuelsons. Alle Abweichungen betreffen die Investitionsfunktion. Erstens berücksichtigt Hicks neben den nachfrageinduzierten Investitionen auch auto-

---

3 Das Statistische Bundesamt (1991), S. 92, berechnet den Kapitalkoeffizienten als Quotient aus dem jahresdurchschnittlichen Bruttoanlagevermögen mit der unbereinigten Bruttowertschöpfung, wobei es Zähler wie Nenner in Preisen von 1985 erfaßt.

4 Berechnet aus den Angaben über die Sparquote im Gutachten des Sachverständigenrats (1991), S. 323.

nome Investitionen,[5] die mit einer gegebenen Wachstumsrate g zunehmen und der Gleichung

$$I_t^a = A(1+g)^t, \quad A, g > 0, \tag{C.I.1.8}$$

folgen. Zweitens geht Hicks davon aus, daß Kapital nicht nur zur Produktion von Konsumgütern erforderlich ist, sondern auch zur Produktion von Kapital selbst. Deshalb induziert nicht die Konsumänderung, sondern die Veränderung der gesamtwirtschaftlichen Nachfrage zusätzliche Erweiterungsinvestitionen. Dabei unterstellt Hicks drittens eine andere Form der Wirkungsverzögerung: Die Unternehmen müssen Investitionsgüter eine Periode vor der Produktion dieser Güter bestellen. Kapazitätswirksam sind die Investitionen in der darauffolgenden Periode. Die Unternehmen müssen daher den Absatzzuwachs der Periode $t+1$, Y_{t+1}-Y_t, bereits in der Periode t-1 schätzen. Wiederum tun sie es mit Hilfe des in der Periode t-1 beobachteten Absatzzuwachses (bzw. Rückgangs) Y_{t-1}-Y_{t-2}, so daß mit dem Kapitalkoeffizienten k die induzierten Investitionen aus der Gleichung

$$I_t^i = k(Y_{t-1} - Y_{t-2}), \quad k > 0, \tag{C.I.1.9}$$

folgen.

Hicks vernachlässigt die staatliche Güternachfrage. Die gesamtwirtschaftliche Güternachfrage ist deshalb die Summe aus Konsumnachfrage, autonomer und induzierter Investitionsnachfrage. Diese Nachfrage bestimmt das Einkommen der Periode t. Zusammen mit der Konsumnachfragefunktion (C.I.1.1) erhalten wir dafür folgende Gleichung:

$$Y_t = (c+k)Y_{t-1} - kY_{t-2} + A(1+g)^t. \tag{C.I.1.10}$$

Sie beschreibt die Entwicklung des Einkommens um einen Wachstumspfad, welcher der Gleichung

---

5 Hicks (1950) behandelt die formale Struktur seiner Konjunkturtheorie im mathematischen Anhang des Buches. Er betrachtet dort auch den Fall ohne autonome Investitionen. Außerdem untersucht er Verallgemeinerungen der Konsum- und Investitionsfunktion. So läßt er zu, daß der Konsum eine lineare Funktion der Einkommen vieler früherer Perioden ist. Gleichermaßen sind die induzierten Investitionen eine lineare Funktion der Einkommensänderungen vieler früherer Perioden. Meine Darstellung beruht daher auf einer speziellen Auswahl der von Hicks erörterten Hypothesen. Dabei orientiere ich mich an Gandolfos (1980), S. 116-120, Fassung der Hypothesen von Hicks.

$$Y_t^* = Y_0(1+g)^t, \quad Y_0 := \frac{A(1+g)^2}{(1+g)^2 - (c+k)(1+g) + k}, \qquad \text{(C.I.1.11)}$$

folgt [siehe Ergänzung C.I.1.2]. Das tatsächliche Einkommen nähert sich diesem Pfad nach jeder Störung, wenn der Kapitalkoeffizient kleiner als Eins ist. Diese Bedingung ist restriktiver als die Stabilitätsbedingung des Modells von Samuelson, Ungleichung (C.I.1.6). Die Ursache dafür ist, daß die induzierten Investitionen eine Funktion der Änderung der gesamtwirtschaftlichen Nachfrage sind, während sie bei Samuelson von der Veränderung der Konsumnachfrage abhängen. Die Wirkung des Einkommens der Vorperioden auf das aktuelle Einkommen ist daher kY anstelle von kcY bei Samuelson. Abbildung C.I.1.3 veranschaulicht den anderen Rückkopplungseffekt bei Hicks. Der mit 1 gekennzeichnete Pfad verdeutlicht den Multiplikatoreffekt. Die beiden mit 2 markierten Pfade zeigen den Akzeleratoreffekt.

Abbildung C.I.1.3

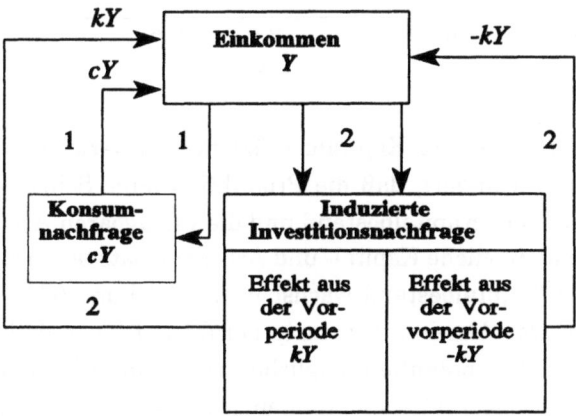

Sinusförmige Schwingungen des Einkommens treten auf, wenn Konsumquote und Kapitalkoeffizient die Ungleichung

$$(c+k)^2 < 4k \qquad \text{(C.I.1.12)}$$

erfüllen. Diese Parameterkombinationen liegen in den Bereichen B und C von Abbildung C.I.1.4. Schwingungen mit konstanter Amplitude gibt es nur bei

einem Kapitalkoeffizienten von Eins. Das Einkommen nähert sich monoton
dem Wachstumspfad (C.I.1.11) für alle Wertepaare aus dem Bereich A, während es sich für jene aus dem Bereich D monoton vom Wachstumspfad entfernt.

Abbildung C.I.1.4

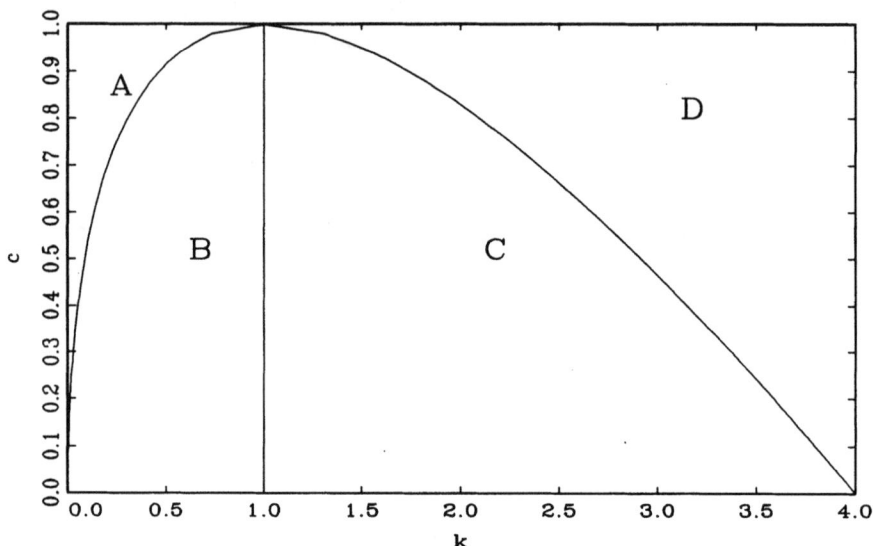

Plausible Werte für den Kapitalkoeffizienten *k* verletzen die Stabilitätsbedingung. Was verhindert, daß die Produktion ohne Schranken wächst? In
jeder Periode sind der Kapitalbestand und die verfügbaren Arbeitskräfte gegeben. Der maximal mögliche Kapital- und Arbeitseinsatz beschränken daher die
Produktion. Der Kapitalbestand wächst nach Gleichung (C.I.1.8) trendmäßig
mit der Rate *g*. Das Akzeleratorprinzip beruht auf einer limitationalen Produktionsfunktion. Der potentiell mögliche Arbeitseinsatz muß daher ebenfalls
mit der Rate *g* wachsen. Deshalb können wir davon ausgehen, daß die maximal mögliche Produktion, Y^{max}, ebenfalls mit dieser Rate wächst. Sie genügt
deshalb der Gleichung

$$Y_t^{max} = B(1 + g)^t, \quad B > Y_0 > 0. \tag{C.I.1.13}$$

Die Güternachfrage kann nicht unbegrenzt fallen. Der physische Verschleiß
des Kapitals bildet eine Untergrenze für die induzierten Investitionen. Diese
sind negativ, wenn das Einkommen in der Vorperiode gesunken ist, $Y_{t-1} < Y_{t-2}$.
Wenn a_t der physische Verschleiß des Kapitals ist, können die Desinvestitionen diese Grenze nur unterschreiten, wenn Kapitalgüter kostenlos in Kon-

sumgüter verwandelt oder zerstört werden. Beides ist nicht eben wahrscheinlich. Die induzierten Desinvestitionen werden deshalb den Wert $-a_t$ nicht
übersteigen. Bei einer konstanten Abschreibungsrate $\delta > 0$ ist $a_t = \delta K_t$. Der
Kapitalstock ist die Summe aus autonomer und induzierter Nettoinvestition
abzüglich der Abschreibungen, aufsummiert über alle zurückliegenden Perioden:

$$K_t = \sum_{\tau=0}^{t-1} \left[(1-\delta)K_\tau + k(Y_{\tau-1} - Y_{\tau-2}) + A(1+g)^\tau \right],$$

wobei Y_{-1}-Y_{-2}=0 unterstellt sei. Wir begehen indes keinen großen Fehler,
wenn wir anstelle dieser Formel annehmen, daß die physischen Abschreibungen ebenfalls einem Wachstumspfad folgen:

$$a_t = D(1+g)^t, \quad 0 < D < A. \tag{C.I.1.14}$$

Damit sind wir in der Lage eine Untergrenze für die Nachfrage zu berechnen:

$$Y_t^{min} = cY_{t-1} + (A-D)(1+g)^t. \tag{C.I.1.15}$$

Die Entwicklung des Einkommens bestimmen deshalb drei Gleichungen.
Sofern die auf der linken Seite von Gleichung (C.I.1.10) definierte gesamtwirt-
schaftliche Güternachfrage zwischen Y^{min} und Y^{max} liegt, bestimmt sie das
Einkommen. Übersteigt sie die Obergrenze Y^{max}, so folgt das Einkommen aus
Gleichung (C.I.1.13). Ist die Nachfrage geringer als die Untergrenze Y^{min},
dann bestimmt Gleichung (C.I.1.15) das Einkommen:

$$Y_t = \begin{cases} Y_t^{max} := B(1+g)^t & \text{falls } Y_t^d \geq Y_t^{max}, \\[2mm] Y_t^d := cY_{t-1} + k(Y_{t-1} - Y_{t-2}) + A(1+g)^t & \text{falls } Y_t^{min} \leq Y_t^d < Y_t^{max}, \\[2mm] Y_t^{min} := cY_{t-1} + (A-D)(1+g)^t & \text{falls } Y_t^{min} > Y_t^d. \end{cases}$$

Das so beschriebene Modell erklärt für $k > 1$ Konjunkturzyklen um den
Wachstumspfad (C.I.1.11). Das Wachstum führt über den Akzeleratoreffekt
dazu, daß die Abweichungen des Einkommens vom Gleichgewichtspfad mit
der Zeit zunehmen. Dabei bleibt indes das Ausmaß der Abweichung nach oben
wie nach unten in Prozent des jeweiligen Gleichgewichtseinkommens konstant.

Abbildung C.I.1.5 zeigt eine Simulation des Modells. Ober- und Untergrenze bilden einen Korridor, der sich infolge des exponentiellen Wachstums mehr und mehr verbreitert, so daß auch die Amplitude des Konjunkturzyklus zunimmt. Die gewählten Parameterwerte sind empirisch plausibel. Das reale Einkommen ist in den alten Bundesländern im Zeitraum von 1960 bis 1990 um rund drei Prozent gewachsen. Die gewählte Kombination aus Konsumquote und Kapitalkoeffizient liegt im Bereich D von Abbildung C.I.1.4. Ohne Ober- und Untergrenze würde sich das Einkommen daher monoton vom Wachstumspfad entfernen.

Abbildung C.I.1.5

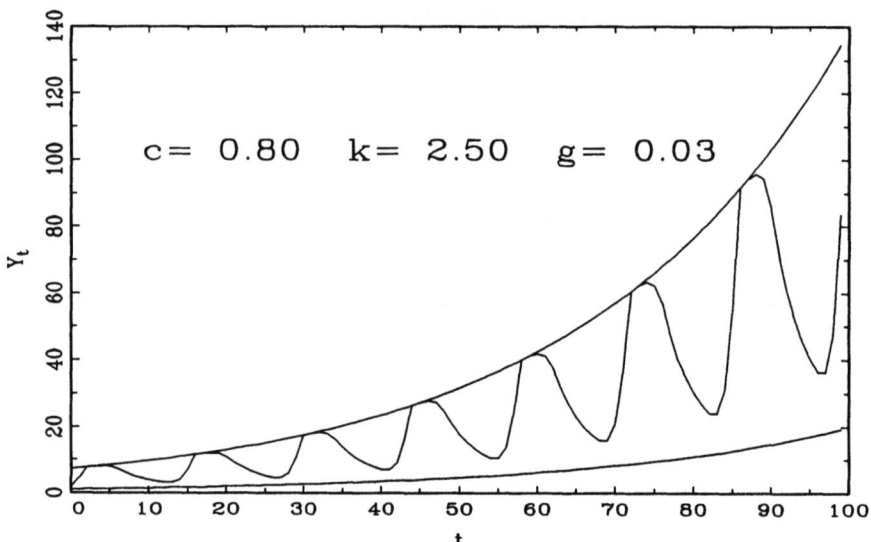

Der Akzeleratoreffekt leitet Konjunkturaufschwung und Abschwung ein. Stößt die Nachfrage im Zuge des Aufschwungs an die Kapazitätsgrenze, wächst das Einkommen nur mit der Rate g. Nach spätestens zwei Perioden [siehe Ergänzung C.I.1.2] sinkt die Nachfrage unter die Kapazitätsgrenze. Der Akzelerator leitet den Abschwung ein. Im Abschwung können die induzierten Desinvestitionen nicht unter die Abschreibungen sinken. Die autonome Investitionsnachfrage führt schließlich wieder zum Wachstum des Einkommens. An diesem Punkt beschleunigen induzierte Investitionen das Wachstum und führen die Wirtschaft aus dem Konjunkturtal.

Formal betrachtet ist das eben behandelte Modell ein nichtlineares Modell. Es kann Konjunkturzyklen ohne Rückgriff auf exogene Schocks erklären. Hieran sehen wir erneut die bedeutende Rolle nichtlinearer Modelle für schockunabhängige Konjunkturerklärungen.

* * *

Ergänzung C.I.1.2

Formale Analyse des Modells von Hicks[*]

Gleichung (C.I.1.10) ist wiederum eine inhomogene Differenzengleichung zweiter Ordnung. Der Wachstumspfad (C.I.1.11) ist eine Lösung dieser Gleichung. Wir finden ihn, indem wir

$$Y_t^* = Y_0(1+g)^t$$

als Lösung versuchen. Einsetzen in Gleichung (C.I.1.10) führt auf:

$$Y_0(1+g)^t = (c+k)Y_0(1+g)^{t-1} - kY_0(1+g)^{t-2} + A(1+g)^t.$$

Diese Gleichung können wir nach der Unbekannten Y_0 auflösen. Das Ergebnis ist

$$Y_0 = \frac{A(1+g)^2}{(1+g)^2 - (c+k)(1+g) + k}.$$

Dabei müssen wir voraussetzen, daß g so gewählt ist, daß Y_0 positiv ist.

Die Stabilitätseigenschaften des Wachstumsgleichgewichts (C.I.1.11) bestimmt die homogene Gleichung $Y_t + aY_{t-1} + bY_{t-2} = 0$, wobei

$$a = -(c+k),$$

$$b = k.$$

Das Wachstumsgleichgewicht ist nach Satz D.II.2.1 stabil, wenn gilt:

$$1 - (c+k) + k > 0 \;\Rightarrow\; 1 - c > 0, \tag{i}$$

$$1 - k > 0, \tag{ii}$$

$$1 + (c+k) + k > 0 \;\Rightarrow\; 1 + c + 2k > 0. \tag{iii}$$

Davon bindet nur Bedingung (ii). Schwingungen treten nach Satz D.II.2.1 auf, wenn $a^2 - 4b < 0$. Die Grenze zwischen monotoner und zyklischer Einkommensentwicklung bilden daher alle Paare (c, k), welche die Gleichung

$$(c+k)^2 = 4k$$

erfüllen. Die Nullstellen der Funktion $f(k) = k^2 - (4-2c)k + c^2$ sind

$$k_1 = 2 - c - \frac{1}{2}\sqrt{1-c} = \left(1 - \sqrt{1-c}\right)^2,$$

$$k_2 = 2 - c + \frac{1}{2}\sqrt{1-c} = \left(1 + \sqrt{1-c}\right)^2.$$

Die Ableitung der Funktion $f(k)$ ist $f'(k) = 2(k - 2 + c)$, so daß $f(k)$ an der Stelle k_1 abnimmt und an der Stelle k_2 zunimmt. Demnach erfüllen alle $k \in (k_1, k_2)$ die Ungleichung (C.I.1.12). Die Funktion $k_1 = (1 - \sqrt{1-c})^2$ trennt den Bereich A vom Bereich B der Abbildung C.I.1.4. Die Funktion $k_2 = (1 + \sqrt{1-c})^2$ trennt den Bereich C vom Bereich D.

Es bleibt zu zeigen, daß das Einkommen stets innerhalb der Grenzen Y^{min} und Y^{max} bleibt. Nehmen wir an, das Einkommen erreicht die Kapazitätsgrenze. Es verharrt höchstens für zwei Perioden an dieser Grenze. Um das zu sehen, setzen wir für

$Y_{t-1} = Y_{t-1}^{max}$ und $Y_{t-2} = Y_{t-2}^{max}$ in Gleichung (C.I.1.10) ein. Wir erhalten dann folgende Ungleichung

$$Y_t = (c+k)B(1+g)^{t-1} - kB(1+g)^{t-2} + A(1+g)^t < B(1+g)^t.$$

Sie können durch Umformen leicht prüfen, daß diese Gleichung erfüllt ist, wenn $Y_0 < B$ gilt.

Wenn die induzierten Desinvestitionen die Abschreibungen unterschreiten, entwikkelt sich nach einer weiteren Periode das Einkommen gemäß der Gleichung

$$Y_t = cY_{t-1} + (A - D)(1 + g)^t. \tag{iv}$$

Diese inhomogene Differenzengleichung erster Ordnung besitzt eine Gleichgewichtslösung

$$\bar{Y}_t^{min} = \frac{(A - D)(1 + g)}{1 - c + g}(1 + g)^t, \tag{v}$$

wie Sie durch Einsetzen in Gleichung (iv) überprüfen können. Der Abstand zwischen dem Einkommen Y_t und dieser Lösung wird mit der Zeit immer kleiner, denn er folgt der Gleichung

$$Y_t - \bar{Y}_t^{min} = c(Y_{t-1} - \bar{Y}_{t-1}^{min}),$$

welche die Lösung

$$Y_{t+n} - \bar{Y}_{t+n}^{min} = c^{t+n}(Y_t - \bar{Y}_t^{min}),$$

besitzt, wenn im Zeitpunkt $n-1$ zum erstenmal die Desinvestitionen die Abschreibungen unterschreiten. Das Einkommen nähert sich daher dem Pfad (v), der das Wachstum der Untergrenze beschreibt. Bevor das Einkommen diesen Pfad erreichen kann, leiten die induzierten Investitionen einen neuen Aufschwung ein.

* * *

Zinsabhängige Investitionen

Haben wir mit dem Geldmarkt mögliche stabilisierende Kräfte vernachlässigt? Die Antwort darauf ist nicht eindeutig. Sie hängt ab von der zeitlichen Beziehung zwischen Zins und Investitionsnachfrage und der Flexibilität des Geldangebots.

Um diese Zusammenhänge zu erläutern, betrachten wir das Modell von Hicks unter der Annahme, die autonomen Investitionen seien konstant $I^a = \bar{I}$. Die induzierten Investitionen hängen ab von der Nachfrageänderung der Vorperiode und vom Zins r_t der jeweiligen Periode. Sie sind ceteris paribus um so niedriger, je höher der Zins ist. Zusammen mit der Konsumfunktion (C.I.1.1) erhalten wir daher folgende Gleichung für die gesamtwirtschaftliche Nachfrage

$$Y_t = cY_{t-1} + k(Y_{t-1} - Y_{t-2}) - ar_t + \bar{I}, \quad a > 0. \tag{C.I.1.16}$$

Das Geldangebot M sei gegeben. Die Geldnachfrage ist eine lineare Funktion des Einkommens und des Zinses. Sie steigt mit dem Einkommen und fällt mit dem Zins. Der Zins sorgt jeweils für ein Gleichgewicht am Geldmarkt, das folgende Gleichung beschreibt:

$$M = \bar{M} + bY_t - dr_t, \quad b, d > 0. \tag{C.I.1.17}$$

Wenn wir diese Gleichung nach dem Zins auflösen, das Ergebnis in Gleichung (C.I.1.16) einsetzen und anschließend nach Y_t auflösen, erhalten wir

$$Y_t = \frac{c+k}{1+ab/d} Y_{t-1} - \frac{k}{1+ab/d} Y_{t-2} + \frac{a(M-\bar{M})}{d+ab} + \frac{\bar{I}}{1+ab/d}. \tag{C.I.1.18}$$

Diese Gleichung beschreibt die Entwicklung des Einkommens. Das Gleichgewichtseinkommen

$$Y^* = \frac{a(M-\bar{M})/d + \bar{I}}{1-c+ab/d}$$

ist stabil, wenn[6]

$$k < 1 + \frac{ab}{d}.$$

Diese Bedingung ist schwächer als die Stabilitätsbedingung im Modell von Hicks, nach welcher der Kapitalkoeffizient den Wert Eins nicht überschreiten darf. Die Ursache hierfür ist ein dämpfender Rückkopplungseffekt, den der Geldmarkt vermittelt: Der nachfrageinduzierte Teil der Investitionen erhöht am Geldmarkt den Zins, wodurch der zinsabhängige Teil der Investitionsnachfrage sinkt und der Akzeleratoreffekt nicht mehr voll zur Geltung kommt.

Bestimmt hingegen der Zins der Vorperiode die Investitionsnachfrage, entfällt dieser dämpfende Effekt. Das Einkommen folgt dann der Gleichung

$$Y_t = (c+k-ab/d)Y_{t-1} - kY_{t-2} + \frac{a(M-\bar{M})}{d} + \bar{I}. \tag{C.I.1.19}$$

---

6 Wenn Sie die beiden Ergänzungen C.I.1.1 und C.I.1.2 sowie den Abschnitt D.II.2 gelesen haben, sollten es Ihnen keine Schwierigkeiten bereiten, die Stabilitätsbedingung für diese Modellvariante und die noch folgenden abzuleiten, so daß ich auf deren Herleitung verzichte.

Solange der Term ab/d nicht zu groß ist, $ab/d < 1 + c + 2k$, ist die kritische Stabilitätsbedingung weiterhin $k < 1$.

Destabilisierend wirkt in diesem Zusammenhang eine antizyklische Geldpolitik [Smyth (1963)]. Nehmen wir an, das Geldangebot folgt der Regel

$$M_t = M_{t-1} - w(Y_{t-1} - Y_{t-2}), \quad w > 0, \tag{C.I.1.20}$$

nach der die Notenbank das Geldangebot senkt, wenn das Einkommen in der Vorperiode zugenommen hat, $Y_{t-1} - Y_{t-2} > 0$. Gleichung (C.I.1.20) können wir auch in der Form

$$M_t = -w Y_{t-1} + \Delta, \quad \Delta := M_1 + w Y_0, \tag{C.I.1.21}$$

schreiben, wenn wir das Geldangebot in der Periode $t=1$ und das Einkommen der Periode $t=0$ kennen.[7] Die Gleichgewichtsbedingung des Geldmarktes der Vorperiode,

$$\Delta - w Y_{t-2} = \bar{M} + b Y_{t-1} - d r_{t-1},$$

können wir nach dem Zins auflösen und das Ergebnis in die Güternachfrage,

$$Y_t = c Y_{t-1} + k(Y_{t-1} - Y_{t-2}) - a r_{t-1} + \bar{I},$$

einsetzen. Damit kommen wir auf folgende Entwicklungsgleichung für das Einkommen:

$$Y_t = (c + k - ab/d) Y_{t-1} - (k + aw/d) Y_{t-2} + a(\Delta - \bar{M})/d + \bar{I}. \tag{C.I.1.22}$$

Das Gleichgewicht

$$Y^* = \frac{a(\Delta - \bar{M})/d + \bar{I}}{1 - c + ab/d + aw/d}$$

ist stabil, wenn bei hinreichend kleinem ab/d, $1 + c + 2k + aw/d > ab/d$, der Kapitalkoeffizient den Wert $1 - aw/d$ nicht übersteigt. Diese Bedingung ist stärker als jene im Modell von Hicks. Der Vergleich mit dem Fall des konstanten Geldangebots zeigt, daß die größere Instabilität aus der antizyklischen Geldpolitik folgt.

---

7 Verschieben Sie in Gleichung (C.I.1.20) den Zeitindex um eine Periode nach hinten und benutzen sie das Ergebnis um den Wert M_{t-1} in der Ausgangsgleichung zu ersetzen. Führen Sie dieses Verfahren fort bis zum Zeitindex $t=1$.

Lagerhaltung und adaptive Erwartungen: Das Modell von Metzler

Die Vorratsveränderungen der privaten Unternehmen zeigen ähnlich den Anlageinvestitionen ein ausgeprägt prozyklisches Muster. Es war Lloyd Metzler (1941), der als erster den Zusammenhang zwischen Lagerhaltung und Konjunktur im Rahmen mathematischer Modelle studierte.[8]

Ausgangspunkt seiner Überlegung ist die Vorstellung, die Unternehmen strebten ein bestimmtes Niveau der Lagerbestände an. Ursache für die Lagerhaltung sind dabei unvorhersehbare Schwankungen der Nachfrage. Um die Nachfrage auch dann befriedigen zu können, wenn die Produktion nicht hoch genug ist, unterhalten die Unternehmen Vorräte an Fertigprodukten.[9] Diese Vorräte sinken, wenn die Absatzprognosen zu niedrig ausgefallen sind. Sie wachsen, wenn mehr produziert als abgesetzt wurde.

Der optimale Lagerbestand reflektiert zwei gegenläufige Effekte: Je niedriger er ist, desto größer sind die entgangenen Erlöse, die entstehen, wenn nicht genügend Waren vorhanden sind, um die Nachfrage zu befriedigen. Andererseits nehmen mit zunehmendem Umfang des Lagers die Kosten der Lagerhaltung zu. In einer stationären Umwelt ist es plausibel anzunehmen, der von den Unternehmen gewünschte Lagerbestand Q_t^* sei ein Bruchteil k des erwarteten Absatzes C_t^e:

$$Q_t^* = kC_t^e, \quad k \in (0,1). \tag{C.I.1.23}$$

Die Konsumnachfrage sei eine Funktion des Einkommens der jeweiligen Periode:

$$C_t = cY_t, \quad c \in (0,1). \tag{C.I.1.24}$$

Wie in den beiden anderen Modellen sind auch hier die Preise für Güter und Produktionsfaktoren fest. Anders als in diesen Modellen nimmt Metzler indes an, die **Produktion bestimme das Einkommen**. Die Produktion besteht aus zwei Komponenten: Der Produktion von Investitionsgütern und der Produktion von Konsumgütern. Erstere ist konstant und gegeben:

---

[8] Eine knappe Darstellung des Modells von Metzler gibt Gandolfo (1980), S. 89-94. Metzler (1941) entwickelt verschiedene Modelle, die er jeweils an Zahlenbeispielen illustriert. Das von mir dargestellte Modell entspricht Gleichung (5) in Metzlers Artikel.

[9] Blinder und Maccini (1991) kommen zu dem Schluß, daß es weniger die Lager für Fertigprodukte, sondern für Rohstoffe und Halbfertigprodukte sind, die eine bedeutende Rolle im Konjunkturzyklus spielen.

$$I_t = \bar{I} > 0. \qquad\qquad\qquad\qquad \text{(C.I.1.25)}$$

Die Konsumgüterproduktion setzt sich zusammen aus der geplanten Vorratsänderung und der erwarteten Konsumnachfrage C_t^e. Die geplante Vorratsänderung ist die Differenz zwischen dem gewünschten, Q_t^*, und dem tatsächlich vorhandenen Lagerbestand Q_{t-1}. Mit Hilfe von Gleichung (C.I.1.23) erhalten wir

$$Q_t^* - Q_{t-1} = k\,C_t^e - Q_{t-1}.$$

Somit ist die gesamtwirtschaftliche Produktion der Periode t durch die Gleichung

$$Y_t = C_t^e + \bar{I} + k\,C_t^e - Q_{t-1} \qquad\qquad \text{(C.I.1.26)}$$

bestimmt.

Um das Modell zu schließen, unterstellt Metzler, daß die Nachfrageerwartungen der Unternehmen dem tatsächlichen Absatz der Vorperiode entsprechen[10]

$$C_t^e = C_{t-1}. \qquad\qquad\qquad\qquad \text{(C.I.1.27)}$$

Mit Hilfe dieser Gleichung und der Konsumfunktion (C.I.1.24) können wir
in Gleichung (C.I.1.26) C_t^e ersetzen. Das Ergebnis ist

$$Y_t = c\,Y_{t-1} + \bar{I} + kc\,Y_{t-1} - Q_{t-1}. \qquad\qquad \text{(C.I.1.28)}$$

Der vorhandene Lagerbestand Q_{t-1} entspricht dem für die Periode t-1 geplanten Lagerbestand $kc\,Y_{t-2}$ zuzüglich der nicht geplanten Vorratsänderung in
dieser Periode. Letztere ist die Differenz zwischen dem tatsächlichen Absatz
von Konsumgütern, $c\,Y_{t-1}$, und dem erwarteten Absatz, $c\,Y_{t-2}$. Demnach ist

$$Q_{t-1} = kc\,Y_{t-2} - c(Y_{t-1} - Y_{t-2}).$$

---

10   Mit anderen Worten: Er geht von adaptiven Erwartungen

$$C_t^e = C_{t-1}^e + \psi[C_{t-1} - C_{t-1}^e]$$

mit $\psi = 1$ aus.

Berücksichtigen wir diesen Ausdruck für Q_{t-1} in Gleichung (C.I.1.28), erhalten wir schließlich die Entwicklungsgleichung für das Einkommen:

$$Y_t = (2+k)cY_{t-1} - (1+k)cY_{t-2} + \bar{I}. \tag{C.I.1.29}$$

Abbildung C.I.1.6

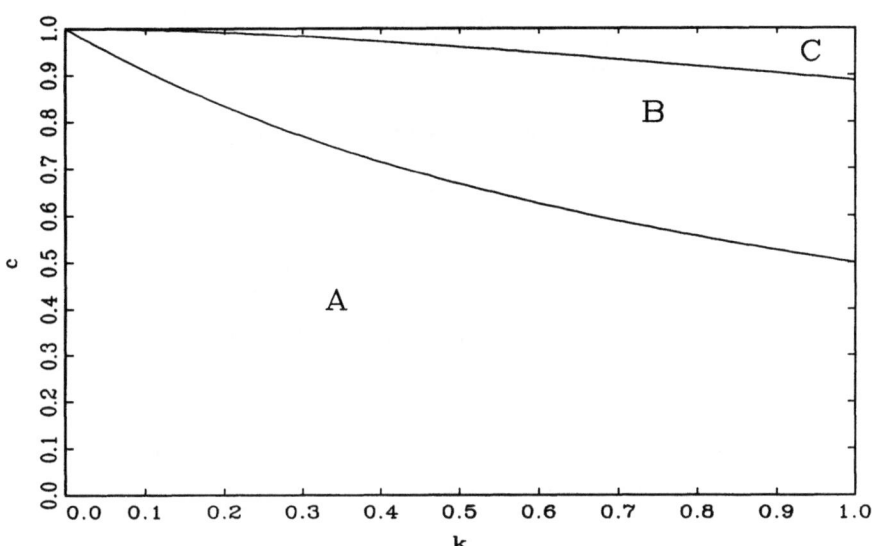

Das Gleichgewichtseinkommen ist

$$Y^* = (2+k)cY^* - (1+k)cY^* + \bar{I} \quad \Rightarrow \quad Y^* = \frac{1}{1-c}\bar{I}.$$

Es ist stabil, wenn Konsumquote c und Lagerhaltungssatz k im Feld A von Abbildung C.I.1.6 liegen. Diese Werte erfüllen die Ungleichung

$$c < \frac{1}{1+k}. \tag{C.I.1.30}$$

Schwingungen treten für

$$c < \frac{4(1+k)}{(2+k)^2} \tag{C.I.1.31}$$

auf. Weil jedes $k>0$ die Ungleichung

$$\frac{4(1+k)}{(2+k)^2} > \frac{1}{1+k}$$

erfüllt, wird ein stabiles Gleichgewicht stets über abklingende Schwingungen erreicht. Das Feld B enthält Wertepaare, die zu Schwingungen mit zunehmender Amplitude führen. Das Einkommen entfernt sich monoton vom Gleichgewicht, wenn die Modellparameter im Feld C liegen.

Abbildung C.I.1.7

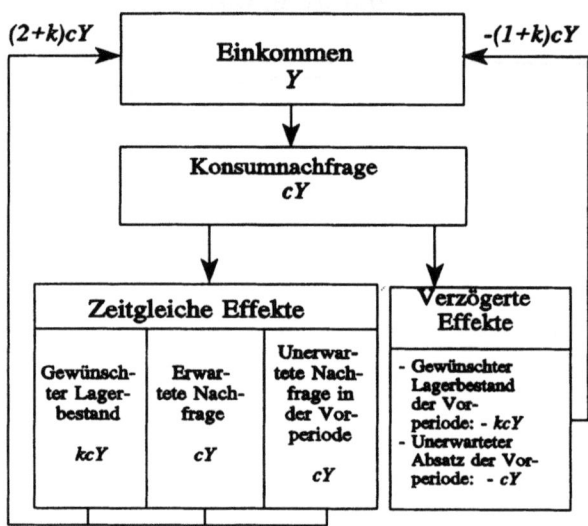

Die Zusammenhänge des Modells verdeutlicht das Flußdiagramm C.I.1.7. Alle Rückkopplungseffekte verlaufen über die Konsumnachfrage. Diese bestimmt die gewünschte Lagerhaltung und die geplante Konsumgüterproduktion. Über den unerwarteten Absatz hat sie außerdem Einfluß auf die Lagerinvestition. Zeitverzögert führt sie zu einem negativen Rückkopplungseffekt, der über den gewünschten Lagerbestand der Vorperiode und den unerwarteten Absatz der Vorvorperiode läuft.

Für Parameter aus dem Feld A ist das Modell auf exogene Störungen angewiesen. Es impliziert dann,[11] daß die zyklische Komponente des Sozialprodukts durch die Gleichung

$$y_t := Y_t - Y_t^* = (2 + k)cy_{t-1} - (1 + k)cy_{t-2} + u_t \qquad \text{(C.I.1.32)}$$

erklärt werden kann. Der Störterm u_t soll die klassischen Annahmen der Regressionsanalyse erfüllen, d.h. sein Erwartungswert ist Null, er besitzt eine gegebene Varianz, und die Realisationen des Prozesses zu verschiedenen Zeit-

---

11 Wenn man $y_t := Y_t - Y_t^*$ definiert, folgt für $Y_{t-i} = y_{t-i} + Y_t^*$, $i = 0,1,2$. Setzt man die rechte Seite dieser Definition für Y_{t-i} in die Gleichung (C.I.1.29), (C.I.1.31) ein, erhält man Gleichung (C.I.1.32).

punkten sind nicht miteinander korreliert. Mit Hilfe der Kleinst-Quadrate-Methode kann man die beiden Parameter des Prozesses hinreichend verläßlich schätzen. Dazu benutze ich - wie im Abschnitt B.I.1. - das trendbereinigte reale Bruttosozialprodukt der alten Bundesländer im Zeitraum 1960/1 bis 1990/2 [siehe Abschnitt B.I.1, S.56]. Das Ergebnis der Schätzung lautet:

$$y_t = \underset{(0,086)}{1,17} \; y_{t-1} - \underset{(0,086)}{0,35} \; y_{t-2}, \quad R^2 = 0,78, \; h = -2,39.$$

Danach erklärt das Modell rund 78 Prozent der Varianz des Sozialprodukts. Aus den Schätzungen für die beiden Parameter kann man auf c und k schließen. Demnach müßte $k=0,31$ und $c=0,51$ sein. Wir wissen bereits, daß die tatsächliche Konsumquote weit höher liegt. Die Teststatistik h unterschreitet den kritischen Wert von -1,96. Das ist ein Indiz dafür, daß in den geschätzten Residuen noch eine Systematik steckt und die Annahmen bezüglich u_t verletzt sind. Das ist ein weiterer Hinweis darauf, daß das Modell zu einfach ist, um eine gute Beschreibung der Daten zu liefern.

2. Kapitalrentabilität und Arbeitslosigkeit

Das in diesem Abschnitt behandelte Modell ist eine Erweiterung der Akzelerator-Multiplikator-Modelle. Es berücksichtigt den Kapazitätseffekt der Investitionen, die nun nicht nur von der erwarteten Nachfrage, sondern auch vom Reallohn abhängen. Der Reallohn reagiert auf die Beschäftigung, die ihrerseits vom Kapitalstock abhängt. Das Wechselspiel zwischen Kapitalbildung und Beschäftigung führt die Wirtschaft unter bestimmten Bedingungen zu einem Unterbeschäftigungsgleichgewicht.

Grundlagen

Die Akzelerator-Multiplikator-Modelle berücksichtigen nur den Nachfrageeffekt der Investitionen. Sie vernachlässigen mögliche Rückwirkungen der neu geschaffenen Kapazität auf die Investitionen und die Beschäftigung. Gleichzeitig unterstellen sie stillschweigend, daß es stets rentabel ist, zusätzliche Kapazitäten zu errichten, sofern man erwartet, diese auslasten zu können. Solange die Preise fest sind, kann man dies getrost unterstellen. Allerdings übersieht man dabei einen wichtigen Mechanismus, der aus dem Zusammenspiel von Kapazität, Beschäftigung, Reallohn und Kapitalrentabilität erwächst. Diesen Mechanismus deckt ein Modell von Edmond Malinvaud (1980) auf.

Malinvauds Arbeit beruht auf der Neokeynesianischen Makroökonomik der siebziger Jahre. Diese Theorierichtung untersucht die gesamtwirtschaftlichen

Folgen kurzzeitig fester Preise vor einem entscheidungslogischen Hinter-grund.[12] Bei gegebenen Preisen wäre es Zufall, wenn auf den Märkten An-gebot und Nachfrage übereinstimmen. Wenn beispielsweise die Güternach-frage zu gering ist, werden zumindest einige Unternehmen ihre gewinnmaxi-male Produktion nicht absetzen können. In diesem Fall spricht man von einer Angebotsrationierung. Wenn die Lagerhaltung zu teuer ist, werden sie sicher die Produktion der Nachfrage anpassen und die Beschäftigung senken. War ursprünglich der Arbeitsmarkt im Gleichgewicht, so entsteht jetzt Arbeits-losigkeit. Die Haushalte sind am Arbeitsmarkt rationiert. Ihr Einkommen fällt geringer aus, als sie es eigentlich geplant hatten. Sie müssen nun ihre Spar-pläne und/oder ihre Konsumnachfrage der neuen Situation anpassen. Verrin-gern sich ihre Konsumausgaben, so verschärfen sie das Absatzproblem der Unternehmen. Das Beispiel zeigt eine Wechselwirkung zwischen Güter- und Arbeitsmarkt. Die Rationierung der Unternehmen auf dem Gütermarkt führt zur Rationierung der Haushalte auf dem Arbeitsmarkt. Aufgrund dieser und weiterer Wechselwirkungen gibt es kurzfristig eine Vielzahl denkbarer Un-gleichgewichte mit Mengenrationierung. Jedes dieser Ungleichgewichte übt einen Druck auf die Preise aus. Preisänderungen können die Wirtschaft aus einem Ungleichgewichtstyp herausführen. Die Frage dabei ist, ob dieser Pro-zeß langfristig in einem gesamtwirtschaftlichen Gleichgewicht endet, in dem auf allen Märkten Angebot und Nachfrage übereinstimmen. Die Antwort darauf hängt entscheidend von den Hypothesen bezüglich der Art und des Umfangs der Preisänderungen ab.

Bei der Darstellung eines dynamischen Fixpreismodells geht man in zwei Schritten vor. Zunächst studiert man für gegebene Preise und Bestandsgrößen die kurzfristig denkbaren Rationierungszustände, die man temporäre Gleich-gewichte nennt. Anschließend formuliert man für jedes dieser Gleichgewichte Hypothesen über die Preisänderung. Diese führen zu einem dynamischen Modell, dessen Eigenschaften man im zweiten Schritt untersucht.

Das Modell, das ich auf den folgenden Seiten darstelle, weicht in einem Punkt von der Originalarbeit ab. Malinvaud (1980) berücksichtigt den staat-lichen Sektor. Dieser finanziert sein Budgetdefizit ausschließlich durch Geld-schöpfung. Auch die Unternehmen schließen ihre Finanzierungslücke durch die Ausgabe von Geld. Die Haushalte erhalten Löhne und dazu staatliche Transfers und Dividenden in gegebener Höhe. Sie halten ihr Vermögen aus-schließlich in Form von Geld. Ihre Konsumnachfrage ist eine Funktion des Lohneinkommens, der Transfers von Staat und Unternehmen und des Geld-

---

12 Einen Überblick über diese Theorierichtung finden Sie bspw. bei Maußner (1985) im Dritten Kapitel.

vermögens. Das endogene Geldangebot verhindert, daß ein permanentes Gütermarktungleichgewicht über einen Realkasseneffekt beseitigt wird. Es ist nämlich möglich, daß in einer solchen Situation die Preise mit derselben Rate sinken wie der nominelle Geldbestand, so daß der Realwert des Vermögens gleich bleibt.

Das Zusammenspiel von Kapitalrentabilität und Arbeitslosigkeit bleibt daher letztlich von der Berücksichtigung eines Vermögenseffektes unberührt. Deshalb empfiehlt es sich, eine einfachere Version des Modells zu betrachten, in der Geld und Güterpreise keine Rolle spielen.[13]

Modellbeschreibung

Dem Modell liegen die in Tabelle C.I.2.1 dargestellten Kreislaufbeziehungen zugrunde. Die Haushalte erhalten nur Einkommen aus Löhnen. Das geplante Lohneinkommen ist das Produkt aus Nominallohn W und geplantem Arbeitsangebot N^s. Aus dem Einkommen finanzieren die Haushalte ihre Konsumausgaben und die Ersparnis ΔM^d. Die geplanten Konsumausgaben sind das Produkt aus Preisniveau P und Güterkäufen C^d. Die Unternehmen planen Umsatzerlöse PY^s, wobei Y^s ihre geplante Produktion ist. Aus Umsatzerlösen und Neuverschuldung ΔM^s finanzieren sie ihre geplanten Lohnkosten, WN^d, und die Investitionsnachfrage PI^d. Addiert man die beiden Budgetgleichungen auf und stellt um, erhält man die letzte Zeile der Tabelle. Sie zeigt der Reihe nach die Überschußnachfrage am Güter-, Arbeits- und Geldmarkt. Aufgrund der Kreislaufbeziehungen addieren sich diese Überschußnachfragen zu Null. Die Folgerung daraus ist, daß ein Gleichgewicht auf dem Güter- und Arbeitsmarkt auch ein Gleichgewicht auf dem Geldmarkt bedeutet. Bei der weiteren Darstellung können wir uns also auf die ersten beiden Märkte beschränken.

Tabelle C.I.2.1

	Zuflüsse		Abflüsse
Haushalte	WN^s	$=$	$PC^d + \Delta M^d$
Unternehmen	$PY^s + \Delta M^s$	$=$	$WN^d + PI^d$
Gesamtwirtschaftliche Überschußnachfragen	$P[Y^s - C^d - I^d] + W[N^s - N^d] + [\Delta M^s - \Delta M^d] = 0$		

---

13 In dieser Version finden Sie das Modell auch in dem Buch von Heubes (1991), S. 65-75.

Die erste Annahme betrifft das Arbeitsangebot. Es ist unabhängig von der Höhe des Reallohnes und konstant:

$$N^s = \bar{N}. \tag{C.I.2.1}$$

Die Produktionstechnik des Unternehmenssektors ist limitational. Für jede Produkteinheit bedarf es einer gegebenen Kombination aus Arbeit N und Kapital K. Falls mehr Kapital (oder Arbeit) vorhanden ist, kann es nicht genutzt werden. Die Produktionsfunktion lautet daher:

$$Y = \min \{vN, \kappa K\}. \tag{C.I.2.2}$$

Y ist das Nettosozialprodukt, v die Arbeitsproduktivität und κ die Kapitalproduktivität. Das Einsatzverhältnis von Arbeit und Kapital ist demnach

$$Y = vN = \kappa K \;\Rightarrow\; \frac{K}{N} = \frac{v}{\kappa}.$$

Die Definition von Y als Nettosozialprodukt hat folgenden Grund: Bei konstanter Arbeitsproduktivität bestimmt der Reallohn w eindeutig die Lohnstückkosten. Wenn er größer ist als die Arbeitsproduktivität, können die Unternehmen ihre variablen Kosten nicht decken und stellen die Produktion ein. Die für dieses Kalkül relevante Arbeitsproduktivität ist das Bruttosozialprodukt je Arbeitseinheit. Sie übersteigt das v in der Produktionsfunktion (C.I.2.2) nach Maßgabe der vorgenommenen Ersatzinvestitionen je Produkteinheit und ist ebenfalls eine Konstante:

$$a := \frac{Y + \delta K}{N} = v + \delta \frac{K}{N} = v(1 + \frac{\delta}{\kappa}) > v.$$

Um Parameter zu sparen, normieren wir die Kapitalproduktivität auf Eins, $\kappa = 1$.[14]

In einer geschlossenen Volkswirtschaft ohne Staat ist die gesamtwirtschaftliche Güternachfrage Y^d die Summe aus Konsum- und Investitionsnachfrage:

---

14 Wenn der Zusammenhang zwischen einem Parameter und den Modelleigenschaften nicht von Interesse ist, kann man in der Regel durch die Wahl der Maßeinheiten diesen Parameter auf Eins normieren. Nehmen wir beispielsweise an, die ursprüngliche Maßeinheit für Kapital sei eine Maschinenstunde, und κ sei 0,25, so daß vier Maschinenstunden je Produkteinheit notwendig sind. Wenn wir den Kapitaleinsatz nicht in Maschinenstunden, sondern in Einheiten zu je vier Maschinenstunden messen, ist κ bezogen auf diese neue Maßeinheit gleich eins.

$$Y^d = C^d + I^d.$$ (C.I.2.3)

Die tatsächliche Produktion Y ist die kleinste der drei folgenden Größen: Der Güternachfrage, der infolge des gegebenen Arbeitskräfteangebots produzierbaren Menge $v\bar{N}$ und der durch den gegebenen Kapitalstock auf K begrenzten Menge:

$$Y = \min\{Y^d, v\bar{N}, K\}.$$ (C.I.2.4)

Demnach ist die tatsächliche Beschäftigung

$$N = \min\{Y^d/v, \bar{N}, K/v\}.$$ (C.I.2.5)

Die Investitionsnachfrage ist:

$$I^d = b_0(v - d - w) + b_1(\hat{Y} - K),$$

$$\hat{Y} = \min\{Y^d, v\bar{N}\},$$ (C.I.2.6)

$$b_0, b_1, d > 0.$$

Die beiden Terme dieser Funktion reflektieren zwei Aspekte der Investitionsentscheidung [siehe Ergänzung C.I.2.1]: (1) Im Rahmen der gegebenen Produktionstechnik ist bei positivem Stückgewinn der potentielle Gesamtgewinn um so größer, je höher die verfügbare Produktionskapazität K ist. Die Investitionen wachsen deshalb ceteris paribus mit der Differenz zwischen Arbeitsproduktivität und Reallohn. (2) Gewinne können allerdings nur in dem Maße erwirtschaftet werden, in dem die Güternachfrage die verfügbare Kapazität auslastet oder bei hinreichender Nachfrage die verfügbaren Arbeitskräfte keinen Engpaß bilden. Der Term $\hat{Y} - K$ symbolisiert den Kapazitätsengpaß, so daß der zweite Summand in der Investitionsfunktion den Akzeleratorgedanken reflektiert.

Die Konsumnachfrage ist aufgrund der bereits getroffenen Annahme über das Einkommen der Haushalte eine Funktion des Reallohnes w und des Beschäftigungsgrades $N/\bar{N}$, in dem sich der Zusammenhang zwischen Arbeitsmarktrationierung und Konsumnachfrage niederschlägt. Auch diese Funktion ist linear:

$$C^d = c_0\frac{N}{\bar{N}} + c_1 w, \quad c_0, c_1 > 0.$$ (C.I.2.7)

* * *

Ergänzung C.I.2.1

Mikroökonomische Fundierung der Investitionsfunktion[*]

Nach Abzug der Abschreibungen ist der Stückgewinn eines Unternehmens mit der Produktionsfunktion (C.I.2.2) bei einem Reallohn von w gleich

$$\frac{Y - wN}{Y} = 1 - \frac{w}{v}.$$

Wie in Gleichung (C.I.2.6) sei $\hat{Y} = \min\{v\bar{N}, Y^d\}$. Wir nehmen an, das Unternehmen hat subjektive Erwartungen bezüglich $\hat{Y}$, die wir mit Hilfe einer stetigen und differenzierbaren Verteilungsfunktion F darstellen können. Diese Funktion gibt die kumulierte Wahrscheinlichkeit dafür an, daß die Variable $\hat{Y}$ Ausprägungen bis zu einem Wert K annimmt:

$$F(K) := \text{Prob}(\hat{Y} \le K).$$

Bei einer geplanten Kapazität K mit den Nutzungskosten q ist deshalb der Erwartungswert des Gewinns E durch folgende Gleichung bestimmt:

$$E = \left[1 - \frac{w}{v}\right]\left\{\int_0^K \hat{Y}f(\hat{Y})d\hat{Y} + (1 - F(K))K\right\} - qK,$$

wobei $f(\cdot) \equiv F'(\cdot)$ die Wahrscheinlichkeitsdichtefunktion ist. Ein risikoneutrales Unternehmen wählt dasjenige K, das diesen Erwartungswert maximiert. Notwendig dafür ist

$$\frac{dE}{dK} = \left[1 - \frac{w}{v}\right]\left\{Kf(K) - (1 - F(K)) - f(K)K\right\} - q = 0 \Rightarrow$$

$$\left[1 - \frac{w}{v}\right](1 - F(K)) = q. \tag{i}$$

[Die Ableitung des Integrals, dem ersten Term in geschweiften Klammern, folgt aus dem Hauptsatz der Integralrechnung [siehe Fußnote 2, Abschnitt D.I], nach dem das Integral aus $H(K)-H(0)$ berechnet werden kann, wobei H die Stammfunktion von $\hat{Y}f(\hat{Y})$ ist, so daß $H'(K)=Kf(K)$ gilt.] Die Bedingung (i) ist hinreichend für ein Maximum, sofern bei positivem $f(K)$ der Reallohn kleiner als die Arbeitsproduktivität ist:

$$\frac{d^2E}{dK^2} = -\left[1 - \frac{w}{v}\right]f(K) < 0.$$

Die notwendige Bedingung (i) legt die optimale Kapazität so fest, daß der Stückgewinn der letzten produzierbaren Einheit gewichtet mit der Wahrscheinlichkeit diese absetzen zu können, den Nutzungskosten der dafür notwendigen letzten Kapitaleinheit entspricht.

Die Eigenschaften der Investitionsfunktion können nun aus der Bedingung (i) abgeleitet werden. Dazu differenzieren wir diese Bedingung nach K, w und F (wobei dF eine Verschiebung der Wahrscheinlichkeitsdichte ausdrückt):

$$-(1 - F(K))dw - (v - w)f(K)dK - (v - w)dF = 0. \tag{ii}$$

Die Nettoinvestition folgt aus $I=K-\bar{K}$, wobei $\bar{K}$ die gegebene Kapazität sei. Daraus erhalten wir $dI=dK-d\bar{K}$. Wenn wir nun (ii) nach dK auflösen, erhalten wir eine Beziehung zwischen den Differentialen von I, w, F und $\bar{K}$:

$$dI = -\frac{dF}{f(K)} - \frac{1 - F(K)}{(v - w)f(K)}dw - d\bar{K}. \tag{iii}$$

Malinvaud (1980), S. 33, unterstellt nun, daß eine beobachtete Änderung der Variablen $\hat{Y}$ um $d\hat{Y}$ die Verteilungsfunktion so verschiebt, daß die kumulierte Wahrscheinlichkeit gleich bleibt, d.h. daß $\mathrm{Prob}(\hat{Y}\leq K)=\mathrm{Prob}(\hat{Y}\leq K+d\hat{Y})$. Mithin verschiebt sich F um den Betrag $dF=-f(K)d\hat{Y}$. Aus dieser Annahme und Gleichung (iii) folgt, daß die Investitionsnachfrage mit dem Reallohn und der gegebenen Kapazität $\bar{K}$ sinkt und mit $\hat{Y}$ steigt. Gleichung (C.I.2.6) ist eine lineare Approximation dieser Zusammenhänge, wobei K für $\bar{K}$ steht.

In einem stationären Gleichgewicht muß $I=0$ sein, so daß $w=v$-d gelten muß. Aus Gleichung (i) erhalten wir daher für den Parameter d:

$$d = \frac{vq}{1 - F(K)}.$$

* * *

Temporäre Gleichgewichte

Bei gegebenem Reallohn w und gegebener Produktionskapazität K gibt es sieben kurzfristige Gleichgewichte mit Mengenrationierung: Jeder der beiden Märkte kann drei Zustände haben:

o Angebot > Nachfrage (Überschußangebot),

o Angebot = Nachfrage (Gleichgewicht),

o Angebot < Nachfrage (Überschußnachfrage).

Bei zwei Märkten gibt es daher neun logisch denkbare Rationierungstypen. Allerdings scheiden zwei davon aus. Die Unternehmen können nicht gleichzeitig auf dem Arbeitsmarkt und dem Gütermarkt rationiert sein. In einem Modell ohne Lagerhaltung passen die Unternehmen ihre Arbeitsnachfrage stets der Güternachfrage an. Daher bestimmt entweder die Güternachfrage die Beschäftigung oder die maximal mögliche Beschäftigung rationiert die Produktion. Dieselbe Überlegung schließt ein Gleichgewicht am Gütermarkt bei gleichzeitiger Rationierung der Unternehmen am Arbeitsmarkt aus. Tabelle C.I.2.2 zeigt die möglichen Rationierungstypen im Überblick.[15]

---

15 Beachten Sie bitte, daß die Buchstaben C, K, I und W im folgenden Rationierungsgleichgewichte kennzeichnen. Soweit diese Buchstaben auch Variablen des Modells beschreiben, sind sie stets kursiv gesetzt.

Tabelle C.I.2.2

Arbeitsmarkt	Gütermarkt	Rationierungstyp
Gleichgewicht	Gleichgewicht	Walrasianisches Gleichgewicht (W)
Gleichgewicht	Überschußangebot	Grenze keynesianischer Arbeitslosigkeit zur zurückgestauten Inflation (KI)
Gleichgewicht	Überschußnachfrage	Grenze klassischer Arbeitslosigkeit zur zurückgestauten Inflation (CI)
Überschußangebot	Überschußangebot	Keynesianische Arbeitslosigkeit (K)
Überschußangebot	Überschußnachfrage	Klassische Arbeitslosigkeit (C)
Überschußangebot	Gleichgewicht	Grenze keynesianischer zur klassischen Arbeitslosigkeit (CK)
Überschußnachfrage	Überschußnachfrage	Zurückgestaute Inflation (I)
Überschußnachfrage	Überschußnachfrage	Nicht möglich
Überschußnachfrage	Gleichgewicht	Nicht möglich

(1) **Walrasianisches Gleichgewicht (W)** heißt die Situation, in der alle Märkte im Gleichgewicht sind. Die Güternachfrage führt zur Vollauslastung der Produktionskapazität,

$$Y^d = K^*, \tag{C.I.2.8}$$

und es herrscht Vollbeschäftigung:

$$v\bar{N} = K^*. \tag{C.I.2.9}$$

Diese Situation hat nur Bestand, wenn die Nettoinvestitionen Null sind. Da aufgrund von Gleichung (C.I.2.8) und Gleichung (C.I.2.9) $\hat{Y} = K$ gilt, impliziert die Investitionsfunktion (C.I.2.6) für den Reallohn:

$$w^* = v - d. \tag{C.I.2.10}$$

Die Gleichgewichtsbedingung des Gütermarktes, $Y = C^d + I^d$, führt zusammen mit der Konsum- und Investitionsnachfrage und den drei Gleichungen (C.I.2.8) bis (C.I.2.10) auf die Parameterrestriktion

$$v\bar{N} = c_0 + c_1(v - d). \tag{C.I.2.11}$$

(2) Von **keynesianischer Arbeitslosigkeit (K)** spricht man, wenn die Güternachfrage nicht ausreicht, um für Vollbeschäftigung zu sorgen und daher die Produktion Y der Güternachfrage entspricht:

$$Y = Y^d < v\bar{N}, \; K,$$
$$N = Y^d/v < \bar{N}, \; K/v. \tag{C.I.2.12}$$

Mit Hilfe der Konsum- und Investitionsfunktion können wir die Güternachfrage als Funktion des Reallohns und des Kapitalstocks berechnen. Das Ergebnis ist:

$$Y^d_{KA} = \frac{1}{1 - (c_0/v\bar{N}) - b_1} \left\{ (c_1 - b_0)w - b_1 K + b_0(v - d) \right\}. \tag{C.I.2.13}$$

Damit der Multiplikator in dieser Gleichung positiv ist, müssen die Modellparameter der Ungleichung

$$v\bar{N} - c_0 - b_1 v\bar{N} > 0$$

genügen, für die wir mit Hilfe von Gleichung (C.I.2.11) auch

$$c_1(v - d) - b_1 v\bar{N} > 0 \tag{C.I.2.14}$$

schreiben können.

(3) **Klassische Arbeitslosigkeit (C)** liegt vor, wenn die vorhandene Produktionskapazität nicht ausreicht, das Arbeitsangebot auszuschöpfen, obgleich eine hinreichend große Güternachfrage vorhanden ist:

$$Y = K < Y^d, \; v\bar{N},$$
$$N = K/v < \bar{N}, \; Y^d/v. \tag{C.I.2.15}$$

(4) Bei **zurückgestauter Inflation (I)** ist das Arbeitsangebot der Engpaßfaktor:

$$Y = v\bar{N} < Y^d, K,$$

$$N = \bar{N} < Y^d/v, K/v.$$

(C.I.2.16)

Während in den Fällen (2) bis (4) weder auf dem Güter-, noch auf dem Arbeitsmarkt geplantes Angebot und geplante Nachfrage übereinstimmen, kennzeichnet die verbleibenden Rationierungstypen, daß jeweils einer der beiden Märkte ausgeglichen ist. In einem Diagramm mit dem Reallohn w auf der Ordinate und dem Kapitalstock K auf der Abszisse kann man gegebene Paare (K, w) den mit ihnen verbundenen Rationierungstypen zuordnen. In diesem Diagramm grenzen die drei verbliebenen Rationierungstypen die Gebiete K, C und I voneinander ab.

(5) Betrachten wir zunächst die Grenze zwischen klassischer und keynesianischer Arbeitslosigkeit (CK). In beiden Situationen ist $N < \bar{N}$. Im einen Fall übersteigt die Nachfrage die Produktionskapazität, im anderen ist sie kleiner als diese. Im Grenzfall CK ist daher

$$Y = Y^d = K,$$

$$N = Y^d/v < \bar{N}.$$

Aus der ersten dieser Gleichungen erhalten wir mit Hilfe der Konsum- und Investitionsfunktion den geometrischen Ort aller w-K-Kombinationen, die zum Rationierungstyp CK führen:

$$w = \frac{1 - (c_0/v\bar{N})}{c_1 - b_0} K - \frac{b_0(v - d)}{c_1 - b_0}.$$

(C.I.2.17)

Wenn die Konsumnachfrage vergleichsweise stärker auf Reallohnänderungen reagiert als die Investitionsnachfrage, d.h. unter der Restriktion

$$c_1 > b_0,$$

(C.I.2.18)

hat die von Gleichung (C.I.2.17) beschriebene Gerade eine positive Steigung. Sie beginnt auf der Abszisse bei $K = b_0(v-d)/(1-c_0/v\bar{N})$ und endet im Walrasianischen Gleichgewicht [siehe Abbildung C.I.2.1]. Das Gebiet der keynesianischen

Arbeitslosigkeit K liegt rechts von dieser Geraden, links davon liegt die klassische Arbeitslosigkeit C.[16]

Abbildung C.I.2.1

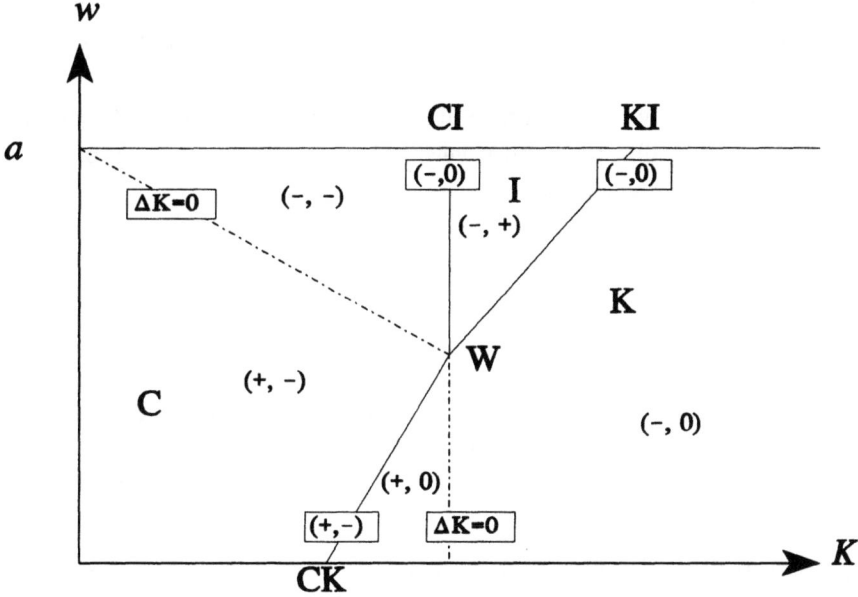

(6) Der Übergang von keynesianischer Arbeitslosigkeit zu zurückgestauter Inflation, KI, muß mit Vollbeschäftigung verbunden sein, denn in I begrenzt das Arbeitsangebot und nicht die Produktionskapazität die Produktion:

$$Y^d = v\bar{N} \leq K,$$

$$N = \bar{N} = Y^d/v.$$

Aus der ersten Gleichung erhält man nach Einsetzen aus den Gleichungen (C.I.2.3), (C.I.2.6) und (C.I.2.7):

---

16 Das macht man sich wie folgt klar: Weicht man von einem Punkt auf der Grenze CK etwa dadurch ab, daß man einen höheren Reallohn wählt, dann nimmt infolge der Annahme (C.I.2.18) die Konsumnachfrage stärker zu als die Investitionsnachfrage sinkt. Demnach muß oberhalb der Grenze die Güternachfrage größer als die gegebene Produktionskapazität sein. Diese Konstellation kennzeichnet aber den Rationierungtyp CA.

$$w = \frac{b_1}{c_1 - b_0} K + \frac{(1 - b_1) v \bar{N} - c_0 - b_0 (v - d)}{c_1 - b_0}. \qquad \text{(C.I.2.19)}$$

Diese Gleichung beschreibt den geometrischen Ort aller w-K-Kombinationen, die zum Rationierungstyp KI führen. Aus der Ungleichung (C.I.2.18) folgt, daß die Grenze KI eine positive Steigung besitzt. Der Bereich I liegt links von dieser Linie.

(7) Der Übergang von zurückgestauter Inflation zu klassischer Arbeitslosigkeit, CI, ist mit Vollbeschäftigung verbunden. Die Produktionskapazität ist indes kleiner als die Nachfrage:

$$Y = v\bar{N} = K^* \leq Y^d,$$

$$N = \bar{N}.$$

Die Trennlinie zwischen beiden Bereichen verläuft daher von W aus parallel zur Ordinate [siehe Abbildung C.I.2.1].

Hypothesen über die Modelldynamik

Während kurzfristig Reallohn und Produktionskapazität gegeben sind, verändern sie sich zwischen zwei Perioden. Die Investition der Vorperiode erhöht den Kapitalstock:

$$K_t = K_{t-1} + I_{t-1}. \qquad \text{(C.I.2.20)}$$

Dabei unterstellt Malinvaud, daß die Investition selbst mit einer Verzögerung von einer Periode auf den Reallohn und den Kapazitätsengpaß reagiert und bei einem Nachfrageüberschuß am Gütermarkt nur die Konsumnachfrage rationiert wird, die Investitionsnachfrage aber stets befriedigt werden kann:

$$I_t = b_0 (v - d - w_{t-1}) + b_1 (\hat{Y}_{t-1} - K_{t-1}). \qquad \text{(C.I.2.21)}$$

Der Reallohn verändert sich gemäß dem Ungleichgewicht am Güter- und Arbeitsmarkt. Bei klassischer Arbeitslosigkeit herrscht auf dem Gütermarkt eine Überschußnachfrage, während am Arbeitsmarkt ein Überschußangebot vorliegt. Es liegt nahe zu erwarten, daß deshalb der Güterpreis steigt und der Nominallohn sinkt. Der Reallohn sinkt demnach. Diese Reaktion ist auch im Rationierungstyp CK zu erwarten: Bei ausgeglichenem Gütermarkt bleibt zwar der Güterpreis gleich, aber die bestehende Arbeitslosigkeit senkt den

Nominallohn. Bei keynesianischer Arbeitslosigkeit herrscht auf beiden Märkten ein Überschußangebot. Güterpreis und Nominallohn sinken. Die Veränderung des Reallohns ist nicht eindeutig. Malinvaud unterstellt, daß der Reallohn gleich bleibt. Das gilt natürlich auch im Fall eines Gleichgewichts auf beiden Märkten. Bei zurückgestauter Inflation übersteigt auf beiden Märkten die Nachfrage das Angebot. Güterpreis und Nominallohn steigen. Auch hier ist die Reaktion des Reallohn nicht a priori eindeutig. Malinvaud nimmt indes an, daß der Reallohn steigt. Zusammenfassend bestimmen folgende Gleichungen die Dynamik des Reallohnes:

$$w_t = w_{t-1} + \sigma\left(\frac{N_{t-1}}{\bar{N}} - 1\right), \ \sigma > 0, \ \text{ in C und CK,}$$

$$w_t = w_{t-1} + \tau\left(\min\{Y^d_{t-1}/v, K_{t-1}/v\} - \bar{N}\right), \ \tau > 0, \ \text{ in I,}$$

(C.I.2.22)

$$w_t = w_{t-1}, \text{ in K, KI, W und CI.}$$

In Abbildung C.I.2.1 sind die Hypothesen über die Lohnänderung eingetragen. Ein Pluszeichen [Minuszeichen] an der zweiten Stelle der Klammerausdrücke symbolisiert einen steigenden [fallenden] Reallohn. Die Null weist darauf hin, daß der Reallohn konstant bleibt.

Die Konsumnachfrage reagiert ohne Verzögerung auf Reallohn und Arbeitslosigkeit. Ebenso passen sich Produktion und Beschäftigung sofort der jeweiligen Marktlage an.

Dynamische Eigenschaften des Modells

Das nunmehr vollständig beschriebene dynamische Modell hat mit dem Walrasianischen Gleichgewicht ein stationäres Gleichgewicht. Weitere stationäre Gleichgewichte können nur im Bereich keynesianischer Arbeitslosigkeit liegen: Auch dort ist per Annahme der Reallohn konstant. Falls er kleiner als w^* ist, wirkt dieser positive Renditeeffekt einer wahrscheinlichen Überkapazität $Y^d\text{-}K < 0$ entgegen. Wenn sich beide Effekte die Waage halten, verändert sich die Produktionskapazität nicht. Die Menge aller $K\text{-}w$-Kombinationen, die im Bereich K zu einer Nettoinvestition von Null führen, bildet eine Gerade, die im Walrasianischen Gleichgewicht beginnt und auf der Abszisse endet. Ihre Steigung hängt von den Modellparametern ab. In Abbildung C.I.2.1 ist es die gestrichelte Linie, die parallel zur Ordinate verläuft. Man kann zeigen [siehe Ergänzung C.I.2.2], daß jedes stationäre Gleichgewicht im Bereich K lokal stabil ist, wenn

$$b_1 < \frac{c_1(v-d)}{c_1(v-d) + v\bar{N}}.$$ (C.I.2.23)

Außer in der keynesianischen Arbeitslosigkeit gibt es auch bei klassischer Arbeitslosigkeit Kombinationen von w und K, die zu einer Nettoinvestition von Null führen. Wenn der Reallohn über dem Gleichgewichtslohn liegt, gibt es zwar einen negativen Renditeeffekt, der allerdings durch den positiven Effekt einer zu geringen Produktionskapazität aufgehoben werden kann. In Abbildung C.I.2.1 zeigt die gestrichelte Linie im Bereich C den geometrischen Ort aller Paare (K, w), die mit einer Nettoinvestition von Null verbunden sind. Oberhalb dieser Linie verringern negative Nettoinvestitionen die Kapazität, unterhalb führen positive Nettoinvestitionen zum Wachstum der Produktionskapazität. Bei zurückgestauter Inflation sinkt der Kapitalstock, weil der Reallohn über dem Gleichgewichtslohn liegt und die Produktionskapazität das verfügbare Arbeitskräftepotential übersteigt. Die Kapitaländerung zeigen die Vorzeichen an der ersten Stelle der Klammerausdrücke in Abbildung C.I.2.1.

Mit Hilfe dieser Abbildung kann man sich nun leicht klar machen, daß unter der Stabilitätsbedingung (C.I.2.23) das Walrasianische Gleichgewicht instabil ist und jeder Zeitpfad bei einem stationären Gleichgewicht mit keynesianischer Arbeitslosigkeit endet. Eine zufällige Änderung des Reallohnes oder der Produktionskapazität, die zu einer Abweichung von (K^*, w^*) führen, hat zur Folge, daß einer der sechs anderen Rationierungstypen auftritt. In KI ist der Reallohn konstant, allerdings ist er größer als die Arbeitsproduktivität. Dieser negative Renditeeffekt auf die Investitionsnachfrage wird verstärkt von der bestehenden Überkapazität, $v\bar{N} < K$. Der Kapitalstock sinkt, so daß von KI aus nur die Situation I erreicht werden kann. In I steigt der Reallohn. Damit verstärkt sich der negative Renditeeffekt. Da außerdem in I stets eine Überkapazität herrscht, kann I nur in Richtung C verlassen werden. Hieran hindert auch die Grenze CI nicht. In diesem Rationierungstyp bleibt der Reallohn konstant, und es gibt keine Überkapazität. Da nach wie vor der Reallohn zu hoch ist, senkt der negative Renditeeffekt den Kapitalstock. In C sinkt der Reallohn. In der Nähe der Grenze zu I dominiert der negative Renditeeffekt den positiven Kapazitätseffekt und der Kapitalstock sinkt. Sinkt in C der Reallohn unter den Gleichgewichtslohn w^*, führen Rentabilität und Kapazitätsengpaß zum Wachstum des Kapitalstocks. C kann daher nur in Richtung K verlassen werden. An der Grenze CK sinkt der Lohn, während der Kapitalstock wächst, so daß auch dieser Rationierungstyp in Richtung K verlassen wird. Ein Zeitpfad $\{K_t, w_t\}$ in K verharrt entweder dort oder verläßt K in Richtung I. Letzteres gilt für Zeitpfade, die in dem Bereich beginnen, in dem der Reallohn über dem Gleichgewichtslohn liegt. In diesem Fall sinkt der Kapitalstock infolge des negativen Renditeeffekts und infolge der Überkapazität und K wird in Richtung I verlassen.

Abbildung C.I.2.2

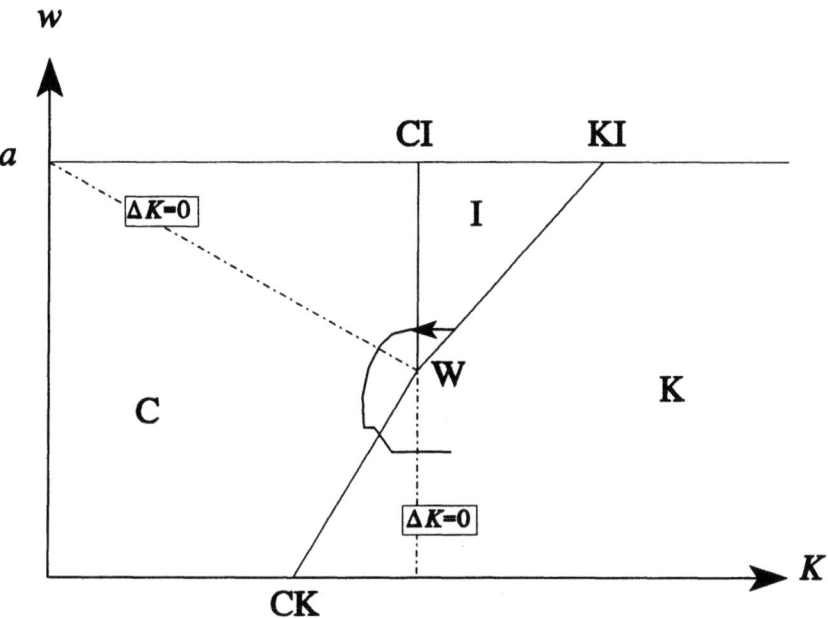

Diese Überlegungen und weitere Eigenschaften des Modells von Malinvaud veranschaulichen numerische Simulationen des Modells. Hierfür habe ich $\bar{N}=v\text{-}d=1$ gesetzt, so daß das Walrasianische Gleichgewicht bei $K^*=w^*=1$ liegt. Die Werte für die anderen Parameter sind $b_0=b_1=0,2$; $c_0=0,7$; $c_1=0,3$, $\sigma=\tau=1$. Abbildung C.I.2.2 zeigt einen Zeitpfad im K-w-Diagramm. Ausgegangen wird von einer zehnprozentigen Überkapazität, $K_0=1,1$. Der Reallohn liegt ebenfalls über dem Gleichgewichtslohn $w^*=1$, und zwar in einem Maße, das zum Rationierungstyp KI führt. Der Zeitpfad verläuft wie erwartet von KI über I, C und CK nach K, wo er auf der $\Delta K=0$-Linie endet. In K verläuft der Zeitpfad parallel zur Abszisse, ein Zeichen dafür, daß das stationäre Unterbeschäftigungsgleichgewicht über abklingende Schwingungen erreicht wird. Dies bestätigt Abbildung C.I.2.3, die den zeitlichen Verlauf der Produktionskapazität zeigt.

Sofern die Stabilitätsbedingung (C.I.2.23) erfüllt ist, gibt es zu jedem Reallohn, der kleiner als w^* ist, ein stationäres Gleichgewicht bei keynesianischer Arbeitslosigkeit. Der Grund hierfür ist zum einen die Annahme, der Reallohn

Abbildung C.I.2.3

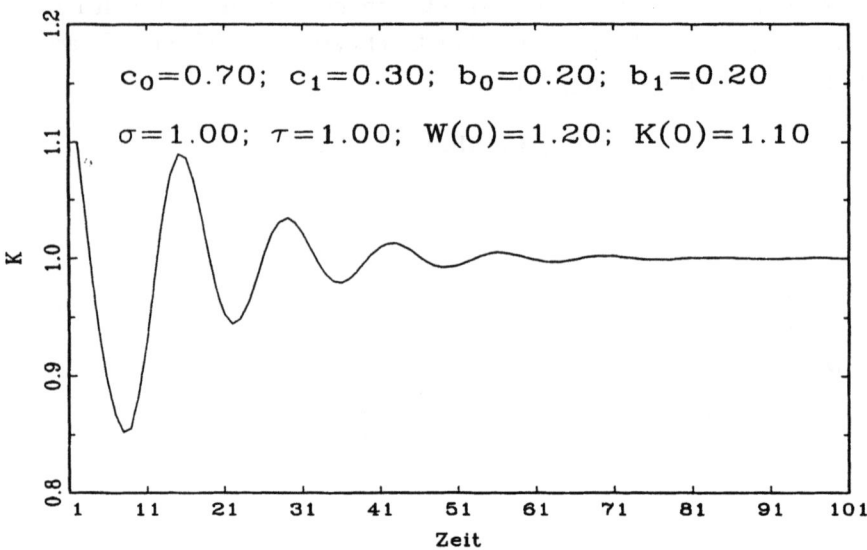

bliebe bei keynesianischer Arbeitslosigkeit konstant. Zum andern sorgen die beiden gegenläufigen Effekte auf die Investitionsnachfrage für dieses Ergebnis: Der positive Renditeeffekt kompensiert den negativen Effekt der Überkapazität.

Abbildung C.I.2.4

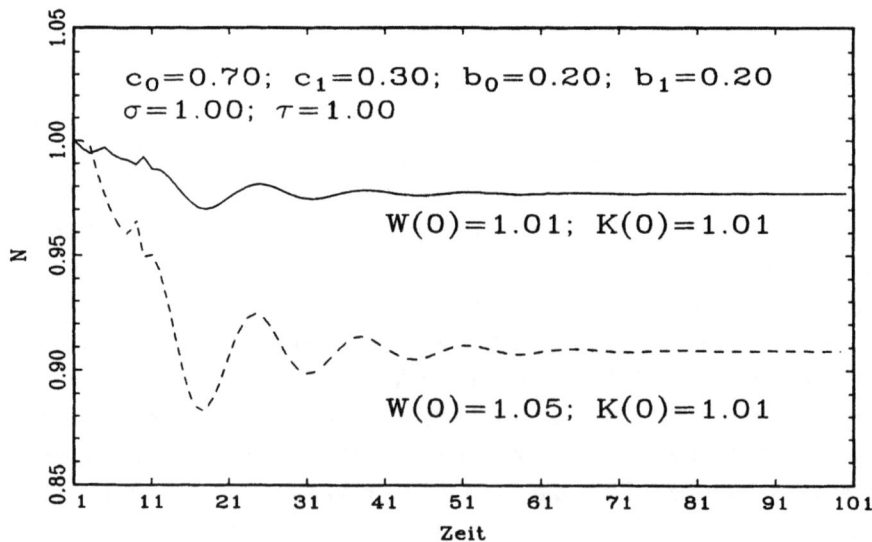

Welcher Reallohn im Bereich K von einem Zeitpfad erreicht wird, hängt
außer von den Parametern der Lohngleichung (C.I.2.22) vom Ausgangspunkt
des Prozesses ab. Abbildung C.I.2.4 zeigt zwei Simulationsläufe, die sich nur
darin unterscheiden, daß im zweiten Lauf (dargestellt durch die gestrichelte
Linie) der anfängliche Reallohn um 5% über dem Gleichgewichtslohn liegt,
während er im ersten Lauf nur um 1% nach oben vom Gleichgewichtslohn
abweicht. Der höhere Reallohn des zweiten Laufs führt dazu, daß der Reallohn im Verlauf des Prozesses stärker sinkt. Damit ist im Unterbeschäftigungsgleichgewicht ein größeres Maß an Überkapazität notwendig. Die Arbeitslosigkeit, die sich einstellt, liegt bei rund neun Prozent, während der
erste Zeitpfad bei einer Arbeitslosigkeit von rund zwei Prozent endet.

Abbildung C.I.2.5

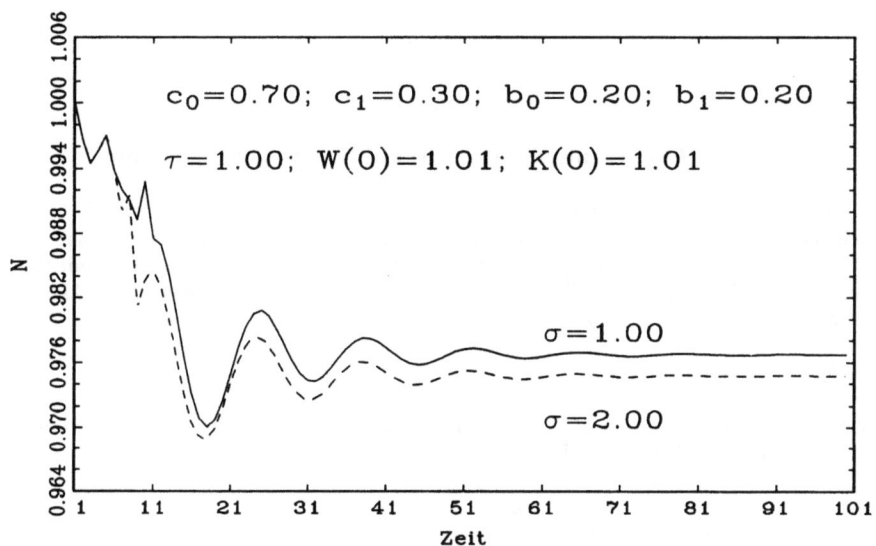

Abbildung C.I.2.5 veranschaulicht den Einfluß des Parameters σ, der festlegt, wie stark der Reallohn bei klassischer Arbeitslosigkeit sinkt. Beide ge-
zeigten Zeitpfade haben den gleichen Ausgangspunkt. Im Fall des gestrichel-
ten Pfades ist σ doppelt so groß wie im Fall des durchgezogen gezeichneten
Pfades. Der Reallohn sinkt stärker und die Arbeitslosigkeit im Unterbeschäftigungsgleichgewicht ist größer als im Fall des niedrigeren σ.

Auslöser konjunktureller Schwankungen sind in Malinvauds Modell exoge-
ne Schocks. Jeder Schock impliziert ceteris paribus einen ihm zugeordneten
Zeitpfad. Anders als in den Multiplikator-Akzelerator-Modellen klingen die
Schwingungen in einem Gleichgewicht aus, das der auslösende Schock be-

stimmt. Damit vermag das Modell die Individualität jedes Zyklus zu erklären, ohne auf ein einheitliches Erklärungsmuster verzichten zu müssen.

Einen Konjunkturzyklus kann man sich in Malinvauds Modell als einen Zeitpfad vorstellen, der aus der keynesianischen Arbeitslosigkeit über die zurückgestaute Inflation in die klassische Arbeitslosigkeit und von dort zurück zur keynesianischen Arbeitslosigkeit führt. Während eines solchen Zyklus entwickelt sich der Reallohn prozyklisch, während die Arbeitsproduktivität annahmegemäß konstant ist. Die Nettoinvestitionen leiten in der Boomphase zusammen mit den steigenden Reallöhnen den Abschwung ein. Sie verhalten sich daher prozyklisch, wobei sie aber infolge der Stabilitätsbedingung (C.I.2.23) eher weniger stark schwanken als das Sozialprodukt. Das Modell bietet daher nur eine unvollständige Erklärung des Konjunkturzyklus.

* * *

Ergänzung C.I.2.2

Stabilität keynesianischer Unterbeschäftigungsgleichgewichte*

Bei keynesianischer Arbeitslosigkeit ist der Reallohn konstant. Sei deshalb w ein beliebiger Reallohn aus dem Bereich K. Wir betrachten zunächst den geometrischen Ort aller Paare (K, w), die zu einer Nettoinvestition von Null führen. In K ist definitionsgemäß $Y^d < vN$, so daß $\hat{Y} = Y^d$ gilt. Aus der Investitionsfunktion, Gleichung (C.I.2.6), erhalten wir deshalb für $I = 0$:

$$b_0(v - d - w) + b_1(Y^d - K) = 0.$$

Wenn wir in dieser Gleichung Y^d durch die rechte Seite von Gleichung (C.I.2.13) ersetzen und nach w auflösen, erhalten wir:

$$w = \frac{b_0(v - d)(1 - c_0/v\bar{N})}{b_0(1 - c_0/v\bar{N}) - b_1 c_1} - \frac{b_1(1 - c_0/v\bar{N})}{b_0(1 - c_0/v\bar{N}) - b_1 c_1} K. \qquad \text{(i)}$$

Diese Gleichung beschreibt die $\Delta K = 0$ Linie in K. Punkte links dieser Linie sind wegen des niedrigeren Kapitalstocks mit einer positiven Nettoinvestition verbunden. Umgekehrt verhält es sich bei Punkten rechts von der $\Delta K = 0$ Linie. Bei den für die Simulation gewählten Parametern verläuft sie parallel zur Ordinate. [Analog kann man die $\Delta K = 0$ Linie im Bereich C ableiten. Dabei taucht ein zusätzliches Problem auf: Man muß zunächst C in zwei Unterbereiche teilen. Im einen davon übersteigt die Güternachfrage das Arbeitskräftepotential, im anderen ist sie kleiner als dieses. Man muß dann prüfen in welchem Gebiet die $\Delta K = 0$ Linie liegt. Bei den für die Simulation gewählten Parametern ist dies der Bereich $Y^d < v\bar{N}$.]

Überschreitet ein Zeitpfad die Grenze CK, so kann er nicht sofort nach C zurückkehren, denn der Kapitalstock wächst in dem Bereich zwischen der Grenze CK und der $\Delta K = 0$ Linie. Bei der Stabilitätsanalyse können wir deshalb getrost davon ausgehen, daß sich ein Zeitpfad bereits seit zwei Perioden im Bereich K befindet. Demnach muß gelten

$$\hat{Y}_{t-i} = Y^d_{t-i} = Y_{t-i}, \quad i = 1, 2.$$

Aus der Konsumnachfragefunktion (C.I.2.7) und der Investitionsnachfrage (C.I.2.21) erhalten wir für die Produktion der Periode t:

$$Y_t = \frac{(c_1 - b_0)w + b_0(v - d)}{1 - c_0/v\bar{N}} + \frac{b_1}{1 - c_0/v\bar{N}}(Y_{t-1} - K_{t-1}). \tag{ii}$$

Die Investitionsfunktion führt zusammen mit Gleichung (C.I.2.20) auf eine Differenzengleichung in K:

$$K_t = b_0(v - d - w) + K_{t-1} + b_1(Y_{t-2} - K_{t-2}). \tag{iii}$$

Nun löst man (ii) nach dem Ausdruck $(Y_{t-1}\text{-}K_{t-1})$ auf, verschiebt den Zeitindex um eine Periode nach hinten und setzt das Ergebnis in (iii) ein:

$$K_t = K_{t-1} + (1 - c_0/v\bar{N})Y_{t-1} - c_1 w. \tag{iv}$$

Der nächste Schritt besteht darin, aus (ii) und (iv) das Sozialprodukt zu eliminieren. Dazu löst man (iv) nach Y_{t-1} auf, setzt das Ergebnis in (ii) ein und verschiebt den Zeitindex um eine Periode nach hinten. Die rechte Seite der so entstandenen Gleichung setzt man für Y_{t-1} in Gleichung (iv) ein. Das Ergebnis ist eine inhomogene lineare Differenzengleichung zweiter Ordnung:

$$K_t = (1 + mb_1)K_{t-1} - b_1(1+m)K_{t-2} + mb_1 c_1 w + b_0(v - d - w),$$

$$m := \frac{1}{1 - c_0/v\bar{N}}. \tag{v}$$

Eine Lösung dieser Gleichung ist ein Punkt auf der $I=0$ Linie in K. Setzen wir nämlich

$$K = K_t = K_{t-1} = K_{t-2}$$

in die Gleichung ein und lösen nach w auf, erhalten wir Gleichung (i). Wenn wir auf Gleichung (v) die Stabilitätsbedingungen von Satz D.II.2.1 anwenden, zeigt sich, daß nur die Bedingung

$$1 - b_1(1+m) > 0 \quad \Leftrightarrow \quad \frac{c_1(v - d)}{c_1(v - d) + v\bar{N}} > b_1$$

bindet. [Die Äquivalenz der beiden Stabilitätsbedingungen folgt aus der Parameterrestriktion (C.I.2.11).] Schwingungen treten auf, wenn

$$(1 + mb_1)^2 - 4b_1(1 + m) < 0.$$

Die quadratische Gleichung $(1+mb_1)^2\text{-}4b_1(1+m)=0$ hat die Wurzeln

$$m_1 = \frac{1}{b_1} + 2\sqrt{1/b_1},$$

$$m_2 = \frac{1}{b_1} - 2\sqrt{1/b_1}.$$

Davon verletzt allerdings m_1 die Stabilitätsbedingung, so daß für

$$\frac{1 - b_1}{b_1} > m > \frac{1}{b_1} - \frac{2}{\sqrt{b_1}}$$

Schwingungen auftreten. Die für die Simulation gewählten Parameterwerte erfüllen diese Bedingung.

* * *

II. Schockunabhängige Konjunkturerklärungen

1. Einkommen und Kapital

Die in diesem Abschnitt behandelte Konjunkturerklärung unterscheidet sich von den Akzelerator-Multiplikator-Modellen durch eine andere Investitionsfunktion. Die Investitionsnachfrage wächst mit dem Einkommen - nicht mit der Einkommensänderung - und sinkt mit wachsendem Kapitalstock. Aus dem Gegeneinander von Nachfrage- und Kapazitätseffekt der Investitionen erwächst der Konjunkturzyklus.

Grundlagen

Einfache, auf den Gütermarkt beschränkte dynamische Modelle haben wir bereits mit den Akzelerator-Multiplikator-Modellen kennengelernt. Diesen Modellen steht die Konjunkturerklärung Nicholas Kaldors (1940) zeitlich wie gedanklich sehr nahe.[17] Sie unterscheidet sich in zwei Punkten von ihnen.

(1) Kaldor betont, daß schockunabhängige Konjunkturerklärungen auf Nichtlinearitäten zurückgreifen müssen. Die Nettoinvestitionen sind in seinem Modell eine Funktion des Einkommens - nicht der Einkommensänderung. Die Investitionsneigung, d.h. die Steigung dieser Funktion, ist bei niedrigem Einkommen klein, sie nimmt zunächst mit dem Einkommen zu, um anschließend wieder zu sinken [siehe Abbildung C.II.1.1]. Kaldor (1940), S. 81, begründet diese Hypothese wie folgt: Bei sehr hohem Einkommen sind die Anschaffungskosten für neue Kapitalgüter infolge hoher Preise groß, so daß die Investi-

---

17   Aus der Originalarbeit verwende ich hier nur die nichtlineare Investitionsfunktion. Kaldor (1940) unterstellt auch eine nichtlineare Sparfunktion, nach der die Ersparnis vom Einkommen und von der Höhe des Kapitalstocks abhängt. Der von Kaldor unterstellte Zusammenhang zwischen Ersparnis und Einkommen ist wenig plausibel. Konjunkturzyklen entstehen schon aus der nichtlinearen Investitionsfunktion, so daß ich auf Kaldors Sparfunktion nicht eingehe. Mathematisch studiert haben Kaldors Modell Chang und Smyth (1971). Eine Darstellung des Orignalmodells und der Analyse dieses Modells durch Chang und Smyth finden Sie bei Gabisch und Lorenz (1989), S. 122-134.

tionsneigung gering ist. Bei niedrigem Einkommen sorgen Überkapazitäten für eine geringe Investitionsneigung. Demnach muß in einem Bereich mit eher durchschnittlich hohem Einkommen die Investitionsneigung größer sein als bei unter- bzw. überdurchschnittlichem Einkommen.

(2) Anders als die Multiplikator-Akzelerator-Modelle berücksichtigt Kaldor (1940) den Kapazitätseffekt der Investitionen zumindest indirekt, indem er von einem inversen Zusammenhang zwischen dem Kapitalstock und der Investitionsnachfrage ausgeht. Kaldor rechtfertigt dies mit dem Verweis darauf, daß mit wachsendem Kapitalbestand die Menge rentabler Investitionsprojekte kleiner wird. Falls Sie Ergänzung C.I.2.1 gelesen haben, wissen Sie, daß ein inverser Zusammenhang zwischen Investitionsnachfrage und Kapitalbestand bereits aus der Tatsache folgt, daß der die erwartete Rendite maximierende Kapitalstock unabhängig vom vorhandenen Kapitalbestand ist. Je größer dieser ist, desto kleiner ist die Lücke, welche die Investitionen schließen müssen.

Wir unterstellen, wie in den Akzelerator-Multiplikator-Modellen, daß es für die Unternehmen rentabel ist, soviel zu produzieren, wie sie absetzen können. In einer elementaren Wirtschaft mit Haushalten und Unternehmen muß deshalb im Gleichgewicht das Nettosozialprodukt Y gleich der Summe aus Konsumnachfrage C^d und Nettoinvestition I^d sein. Die Nettoinvestitionen sind - wie oben erläutert - eine Funktion des Einkommens und des Kapitalstocks K:

$$I^d = I(\underset{+}{Y}, \underset{-}{K}). \tag{C.II.1.1}$$

Plus- und Minuszeichen unter den Funktionsargumenten weisen auf die Richtung des Zusammenhangs hin. Die Haushalte erhalten als Einkommen das Nettosozialprodukt Y. Davon sparen sie den Betrag S, der eine lineare Funktion des Einkommens ist:

$$S(Y) = -\bar{C} + sY, \quad s \in (0, 1), \tag{C.II.1.2}$$

wobei $\bar{C}$ für den einkommensunabhängigen Konsum steht. Die Konsumnachfrage ist daher $C^d = Y\text{-}S(Y)$. Die Gleichgewichtsbedingung für den Gütermarkt, $Y = C^d + I^d$ führt daher auf $S(Y) = I(Y,K)$.

Abbildung C.II.1.1 zeigt, daß es aufgrund des Verlaufs der Investitionsfunktion drei Gleichgewichte geben kann. Davon sind allerdings nur das Gleichgewicht Y_1 und Y_3 stabil: Bei einem Einkommen zwischen Y_1 und Y_2 ist die Ersparnis größer als die Investitionsnachfrage. Das Einkommen wird daher sinken. Umgekehrt ist bei einem Einkommen zwischen Y_2 und Y_3 die Investitionsnachfrage größer als die Ersparnis. Mithin wächst das Einkommen. Wenn es in einer Periode t nicht zufällig gleich Y_2 ist, sondern etwas kleiner

Abbildung C.II.1.1

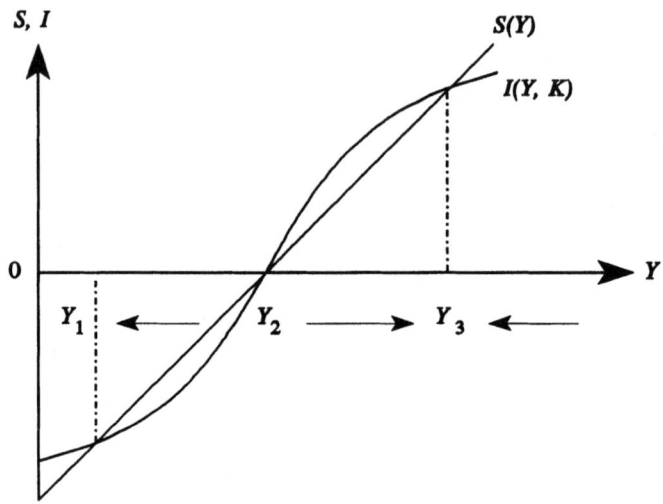

oder etwas größer, sinkt oder steigt das Einkommen in den folgenden Perioden. Diesen Multiplikatorprozeß drückt die folgende Gleichung aus:

$$\dot{Y} = \alpha\,[\,I(Y,K) - S(Y)\,], \quad \alpha > 0. \tag{C.II.1.3}$$

Der Punkt über der Variablen Y symbolisiert ihre Änderung je Zeiteinheit $[\dot{Y} := dY/dt]$. Der Parameter α bestimmt das Ausmaß der Einkommensänderung. Je größer er ist, desto schneller paßt sich das Einkommen der Nachfrage an.

Neben der Einkommensänderung müssen wir noch die Kapitaländerung betrachten. Diese entspricht der Höhe der Nettoinvestitionen:

$$\dot{K} = I(Y,K). \tag{C.II.1.4}$$

Der Konjunkturzyklus entsteht nun aus der Wechselwirkung zwischen Einkommen und Kapital.

Der Konjunkturzyklus

Betrachten wir zum Verständnis dieser Wechselwirkung Abbildung C.II.1.2. Sie zeigt drei Investitionsfunktionen, die jeweils für einen gegebenen Kapitalstock gezeichnet sind. Je größer der Kapitalstock ist, desto tiefer verläuft die Investitionsfunktion. Die Investitionsfunktion $I(Y, K^*)$ schneidet Sparfunktion und Abszisse beim Einkommen Y^*. Der Punkt (Y^*, K^*) ist das langfristige

Abbildung C.II.1.2

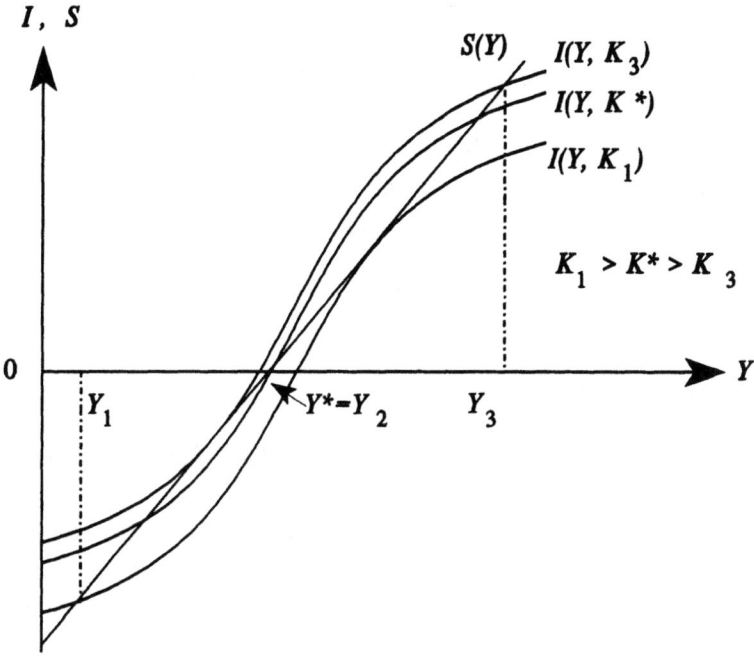

Gleichgewicht der Wirtschaft. Nettoinvestition und Ersparnis sind gleich Null, so daß der Kapitalstock konstant bleibt. Allerdings ist dieses Gleichgewicht nicht stabil, bereits eine kleine Störung führt dazu, daß das Einkommen entweder sinkt oder steigt. Nehmen wir an, der Multiplikatorprozeß laufe sehr schnell ab, so daß die Wirtschaft immer in der Nähe eines der beiden stabilen Gütermarktgleichgewichte ist. Liegt das anfängliche Einkommen links von Y_2, sinkt es schnell. Die Nettoinvestition wird negativ und senkt den Kapitalstock. Dadurch verschiebt sich die Investitionsfunktion nach oben, bis sie die Sparfunktion tangiert. In dieser Periode wird das linke Gleichgewichtseinkommen instabil und das Einkommen wächst rasch in Richtung Y_3. Die Nettoinvestitionen nehmen zu. Sie erhöhen den geringen Kapitalbestand K_3, so daß sich die Investitionsfunktion nun nach unten verschiebt. Wenn sie die Sparfunktion abermals tangiert, sinkt das Einkommen rasch in Richtung Y_1. Dort sind die Nettoinvestitionen wieder negativ. Der Kapitalbestand sinkt, so daß sich die Investitionsfunktion wieder nach oben verschiebt und einen neuen Zyklus einleitet.

Abbildung C.II.1.3 veranschaulicht diesen Prozeß in einem Y-K-Diagramm. Um das stationäre Gleichgewicht (Y^*, K^*) gibt es eine geschlossene Kurve. Jeder Zeitpfad, dessen Ursprung in dem von dieser Kurve eingeschlossenen Gebiet liegt, nähert sich ihr mit der Zeit asymptotisch. Das gilt auch für jeden Zeitpfad, der im Gebiet außerhalb der Kurve, aber nicht allzu weit von ihr entfernt, beginnt. Die Entwicklung von Einkommen und Kapital entlang der geschlossenen Kurve charakterisiert mithin den Konjunkturzyklus, der darin besteht, daß Einkommen und Kapital entgegen dem Uhrzeigersinn einmal diese Kurve durchlaufen.

Die Analyse des Modells mit Hilfe von Satz D.III.3 bestätigt auch die Vermutung, daß dieses Ergebnis nur zu erwarten ist, wenn sich das Einkommen der Nachfrage hinreichend schnell anpaßt. Neben einigen Randbedingungen muß nämlich

$$\alpha > \frac{s - I_Y(Y^*, K^*)}{I_K(Y^*, K^*)} \qquad\qquad (C.II.1.5)$$

gelten. In dieser Bedingung stehen $I_Y(\cdot)$ und $I_K(\cdot)$ für die partiellen Ableitungen der Investitionsfunktion nach dem Einkommen bzw. dem Kapitalstock an der Stelle des stationären Gleichgewichts. Da $I_K(\cdot)$ annahmegemäß negativ ist, muß in einem solchen Gleichgewicht die Sparneigung s kleiner als die Investitionsneigung $I_Y(\cdot)$ sein, wie es in Abbildung C.II.1.1 der Fall ist. Die Wirtschaft kehrt zumindest bei kleinen Störungen stets zum stationären Gleichgewicht zurück, wenn der Multiplikatorprozeß langsamer abläuft als es Ungleichung (C.II.1.5) fordert.

Abbildung C.II.1.3

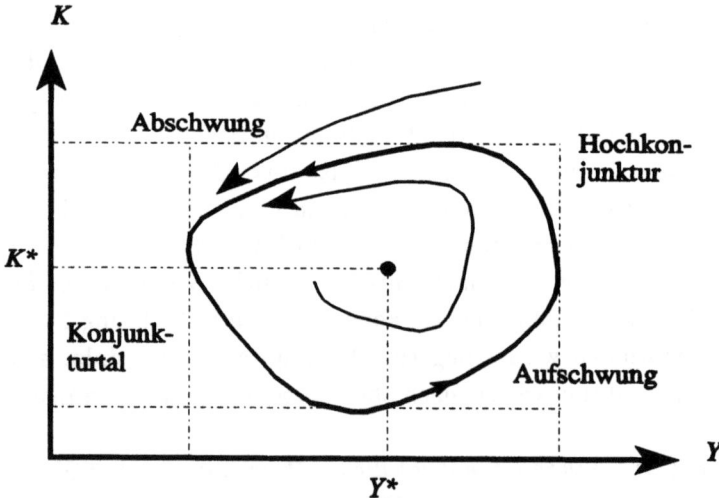

Die vier Phasen des Konjunkturzyklus lassen sich zusammenfassend etwa so beschreiben:

Abschwung: Der Kapitalbestand hat seinen Gipfel erreicht. Das Einkommensniveau ist überdurchschnittlich. Der große Kapitalbestand führt zu Desinvestitionen, die zusammen mit der hohen Ersparnis der Haushalte zu einem Nachfrageausfall führen. Produktion und Kapitalstock sinken.

Konjunkturtal: Infolge des gesunkenen Einkommens entsparen die Haushalte und kompensieren damit den Nachfrageeffekt der weiterhin negativen Nettoinvestitionen. Während daher der Kapitalstock weiter sinkt, beginnt die Produktion zu steigen.

Aufschwung: Die höhere Produktion und der nunmehr niedrige Kapitalbestand führen zu positiven Nettoinvestitionen, welche die Ersparnis der Haushalte übersteigen. Produktion und Kapitalbestand wachsen.

Hochkonjunktur: Die Produktion erreicht ihren Höchststand und dämpft die Investitionsnachfrage, während die Ersparnisse Rekordniveau erreichen und die Investitionen übersteigen. Die Produktion beginnt zu sinken, während der Kapitalstock noch zunimmt.

Empirischer Gehalt

Kennzeichen dieses Zyklus ist, daß Einkommens- und Kapitalentwicklung phasenversetzt zueinander sind. Wie Abbildung C.II.1.3 zeigt, erreicht das Sozialprodukt seinen zyklischen Höhepunkt stets bevor der Kapitalbestand sein Maximum erreicht. Diese Aussage läßt sich empirisch überprüfen. Dabei sollten wir berücksichtigen, daß unser Modell eine Aussage über zyklische Entwicklung der privaten Produktion und des privaten Kapitals ist. Um seine Implikation zu prüfen, dürfen wir daher nur die zyklische Komponente der privaten Produktion und des privaten Kapitalstocks miteinander vergleichen.

Zur Illustration verwende ich als Indikator des privaten Kapitalstocks die Nettoanlageinvestitionen des Warenproduzierenden Gewerbes zu Preisen von 1985. Diese Größe gibt den Wiederbeschaffungswert der um die Abschreibungen verringerten Anlageinvestitionen an. Die Bruttowertschöpfung des Warenproduzierenden Gewerbes zu Preisen von 1985 muß als Indikator der Produktion dienen, weil sektorspezifische Angaben über die Abschreibungen nicht zur

Verfügung stehen.[18] Beide Reihen sind Jahreswerte von 1960 bis 1990. Die zyklische Komponente habe ich mit Hilfe des HP-Filters für $\mu=100$ berechnet.

Abbildung C.II.1.4

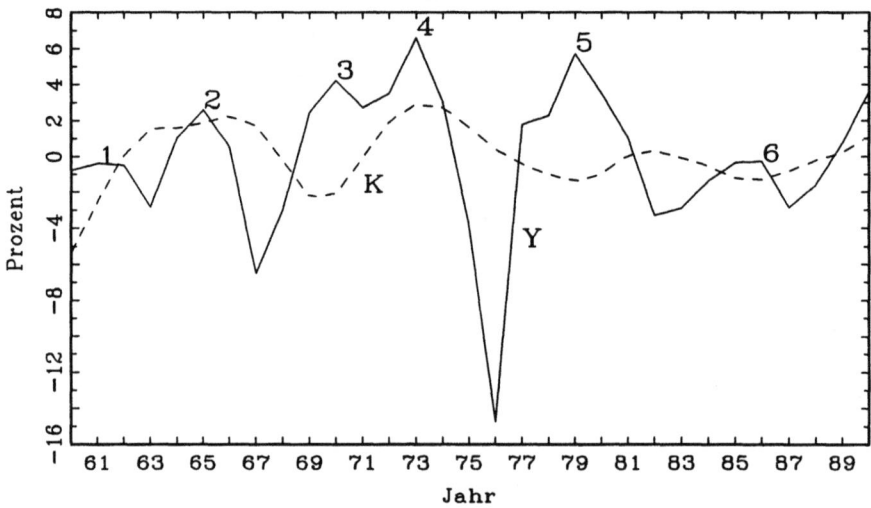

Quelle: Sachverstaendigenrat (1991), S. 313, Statistisches Bundesamt (1991, 1992) S. 398ff. bzw. S. 313, eigene Berechnung.

Abbildung C.II.1.4 zeigt die Zyklen der Bruttowertschöpfung (Y) und des Anlagevermögens (K). Wenn man den Beginn eines Zyklus der Bruttowertschöpfung jeweils mit dem lokalen Maximum der Reihe identifiziert, findet man fünf Zyklen in der Zeit von 1960 bis 1990. In vier der fünf Fälle liegt das Maximum der Y-Reihe ein oder zwei Jahre vor dem Maximum der K-Reihe. Der Lead der Bruttowertschöpfung zeigt sich auch an den Korrelationskoeffizienten: Für die um zwei Perioden verzögerte Y-Reihe erreicht der Korrelationskoeffizient mit rund 0,47 ein Maximum. Der geschätzte Standardfehler ist 0,15.

Die zentrale Implikation der Kaldorschen Konjunkturerklärung widerspricht also keineswegs empirischen Zusammenhängen. Anderseits kann das Modell infolge seiner einfachen Struktur nichts zur Erklärung anderer stilisierten Fakten des Konjunkturzyklus beitragen. Es beinhaltet keine Aussage über die Entwicklung von Löhnen, Güterpreisen und Zinsen oder die Arbeitsproduktivität.

---

18   Damit ist allerdings kein Problem verbunden. Das Kaldormodell kann man auch auf der
      Basis des Bruttosozialprodukts formulieren, ohne an der Implikation des Modells etwas
      zu verändern.

Existenz von Grenzzyklen*

Wir wollen das Differentialgleichungssystem

$$\dot{Y} = \alpha[I(Y, K) - S(Y)]$$

$$\dot{K} = I(Y, K)$$

mit Hilfe von Satz D.III.3 analysieren. Dazu müssen wir ein Gebiet in der Y-K-Ebene suchen, das von keiner Lösung des Differentialgleichungssystems verlassen werden kann. Betrachten wir zunächst den geometrischen Ort aller Kombinationen von Einkommen und Kapital, bei denen die Nettoinvestitionen gleich Null sind:

$$I(Y, K) = 0. \tag{C.II.1.6}$$

Diese Gleichung definiert implizit eine Kurve, die aufgrund der Eigenschaften der Investitionsfunktion eine positive Steigung haben muß: Die Nettoinvestitionen wachsen mit dem Einkommen. Der Kapitalbestand muß also zunehmen, um diesen positiven Effekt zu kompensieren. Den analytischen Ausdruck für die Steigung der $\dot{K} = 0$ Linie findet man nach Differenzieren der Gleichung (C.II.1.6) nach Y und K:

$$\frac{dK}{dY} = -\frac{I_Y(\cdot)}{I_K(\cdot)} > 0. \tag{C.II.1.7}$$

Eine der Randbedingungen, die wir benötigen ist, daß die $\dot{K} = 0$ Linie auf der Ordinate bei einem $\bar{K} > 0$ beginnt [siehe Abbildung C.II.1.5]. Oberhalb [unterhalb] dieser Kurve ist die Nettoinvestition negativ [positiv], so daß der Kapitalbestand sinkt [steigt]. Die Veränderungsrichtung des Kapitals zeigen die parallel zur Ordinate verlaufenden Pfeile an.

Die Gleichung

$$I(Y, K) = S(Y) \tag{C.II.1.8}$$

definiert den geometrischen Ort aller Gütermarktgleichgewichte. Ihre Steigung ist

$$\frac{dK}{dY} = \frac{s - I_Y(\cdot)}{I_K(\cdot)}. \tag{C.II.1.9}$$

Abbildung C.II.1.5

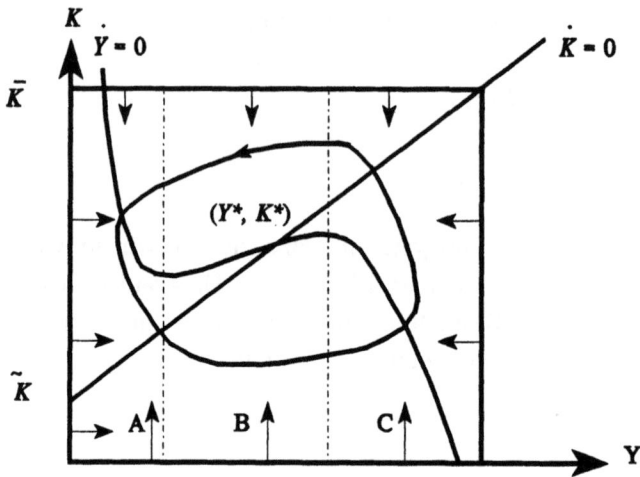

Aufgrund der Annahmen bezüglich der Investitionsneigung [der partiellen Ableitung der Investitionsfunktion nach dem Einkommen] gibt es drei Abschnitte, A, B und C, in denen die $\dot{Y} = 0$ Linie wie folgt aussehen muß: In A ist die Steigung der Kurve negativ, da hier $s > I_Y(\cdot)$ gilt und der Nenner stets negativ ist. Im Abschnitt B ist die Steigung positiv, da nun $s < I_Y(\cdot)$ gilt, während sie in C wieder negativ ist, da hier wieder $s > I_Y(\cdot)$ zutrifft. In den Abschnitten A und C liegt bei Punkten rechts dieser Linie ein Angebotsüberschuß vor, denn die Ersparnis steigt mit dem Einkommen stärker an, als die Investitionen. Deshalb sinkt das Einkommen rechts von der Kurve, während es links davon steigt. Im Abschnitt B gilt das umgekehrte Muster. Die parallel zur Abszisse verlaufenden Pfeile in Abbildung C.II.1.5 weisen in die Richtung der jeweiligen Einkommensänderung.

In Abbildung C.II.1.1 ist die Sparneigung im stationären Gleichgewicht kleiner als die Investitionsneigung. Die $\dot{Y} = 0$ Linie muß deshalb die $\dot{K} = 0$ Linie im Bereich B schneiden. Schließlich brauchen wir noch eine zweite Randbedingung: Die $\dot{Y} = 0$ Kurve schneidet die Abszisse bei $\bar{Y} > Y^*$ und hat die Ordinate als Asymptote.

Das in Abbildung C.II.1.5 eingezeichnete Rechteck ist das in Satz D.III.3 vorausgesetzte Gebiet D. Es ist eine einfach zusammenhängende, kompakte Menge. Die Pfeile an seinen Rändern weisen ins Innere des Gebietes. Kein Zeitpfad, der in D beginnt, kann deshalb jemals diesen Bereich verlassen. Um die Existenz eines Grenzzyklus nachzuweisen, müssen wir noch Voraussetzung b) von Satz D.III.3 prüfen. Die dort erwähnten Funktionen sind in unserem Fall:

$f(x_1, x_2) := \alpha[I(Y, K) - S(Y)],$

$g(x_1, x_2) := I(Y, K),$

$x_1 \equiv Y, x_2 \equiv K.$

Daraus können wir die folgenden Ableitungen an der Stelle des stationären Gleichgewichts berechnen:

$$f_1^* + g_2^* = \alpha[I_Y(Y^*, K^*) - s] + I_K(Y^*, K^*) \qquad \text{(C.II.1.10)}$$

$$f_1^* g_2^* - f_2^* g_1^* = \alpha[I_Y(Y^*, K^*) - s]I_K(Y^*, K^*)$$

$$- \alpha I_Y(Y^*, K^*)I_K(Y^*, K^*) \qquad \text{(C.II.1.11)}$$

$$= -\alpha s I_K(Y^*, K^*) > 0.$$

Das Vorzeichen des Ausdrucks (C.II.1.10) ist eindeutig negativ, wenn im stationären Gleichgewicht die Sparneigung größer als die Investitionsneigung ist. Notwendig für die Existenz eines Grenzzyklus ist deshalb die Annahme, daß die Sparneigung kleiner als die Investitionsneigung ist. Kaldor (1940), S. 85, hält diese Bedingung auch für hinreichend. Die mathematische Analyse zeigt uns, daß diese Vermutung falsch ist. Bei kleinem α dominiert der negative den positiven Term in (C.II.1.10). Erst wenn α die Ungleichung (C.II.1.5) erfüllt, dominiert der positive Term, und das stationäre Gleichgewicht ist instabil.

2. Beschäftigungsgrad und Lohnquote

Im Mittelpunkt der in diesem Abschnitt behandelten Konjunkturerklärung steht die funktionale Einkommensverteilung. Zwei Hypothesen sind zentral für diesen Ansatz: Das Gewinneinkommen wird investiert, und die Kapitalproduktivität ist konstant. In diesem Fall bestimmt die Gewinnquote die Wachstumsrate der Produktion. Übersteigt diese die Wachstumsrate der Arbeitsproduktivität, nimmt der Beschäftigungsgrad zu. Es kommt zu realen Lohnsteigerungen, welche die Gewinneinkommen verringern. Der Rückgang der Investitionen senkt das Wachstum der Produktion, so daß schließlich der Beschäftigungsgrad wieder sinkt. Reale Lohnsenkungen leiten anschließend einen neuen Aufschwung ein.

Grundlagen

Dieser Abschnitt behandelt eine Konjunkturerklärung, die auf Richard Goodwin (1967) zurückgeht. Sie stellt eine interessante Analogie her zwischen der Entwicklung zweier Tierpopulationen und der funktionalen Einkommensverteilung in einer Marktwirtschaft.

Im Tierreich gibt es zahlreiche Beispiele für das Zusammenleben zweier Spezies zum gegenseitigen Nutzen. Dazu zählen nicht nur friedfertige Formen des Zusammenlebens, wie etwa bei Putzerfischen und Walen. Auch Raubtiere und ihre Beutetiere bilden eine symbiotische Lebensgemeinschaft. Zwar sind ihre jeweiligen Lebensinteressen kurzfristig völlig entgegengesetzt, indes sichert gerade diese Rivalität das langfristige Überleben beider Populationen: Die Räuber gingen ohne die Beutetiere zugrunde, sorgen aber ihrerseits dafür, daß die Beutetiere nicht durch übermäßiges Wachstum ihren Lebensraum zerstören und aussterben.

Die Interaktion zwischen Raub- und Beutetieren kann dazu führen, daß sich der Bestand beider Populationen zyklisch entwickelt. Das zeigt ein einfaches mathematisches Modell, das der italienische Mathematiker Vito Volterra (1860-1940) im Jahr 1926 formulierte. Seine Gleichungen sind dieselben, die Alfred J. Lotka (1880-1949) im Jahr 1920 entdeckte [Cohen (1987), S. 246]. Seitdem sind sie als Lotka-Volterra-Gleichungen bekannt.

Auf diese Gleichungen kommt man durch zwei einfache Überlegungen: Die Zahl der Beutetiere v wächst isoliert gesehen mit einer gegebenen Rate a_1, die mit der Zahl vorhandenen Raubtiere u, im Ausmaß $a_2 u$ verringert wird:

$$\frac{v}{v} = a_1 - a_2 u, \quad a_1, a_2 > 0. \tag{C.II.2.1}$$

Ohne Beutetiere würde der Bestand der Räuber mit der Rate b_1 schrumpfen, wogegen der Bestand an Beutetieren ein Wachstum mit der Rate $b_2 v$ erlaubt:

$$\frac{u}{u} = -b_1 + b_2 v, \quad b_1, b_2 > 0. \tag{C.II.2.2}$$

Goodwin zieht eine Parallele zwischen dem Überlebenskampf zweier Spezies und der Rivalität zwischen den Beziehern von Kapital- und Lohneinkommen: *"Finally, at some happy moment, I remembered Vito Volterra's formulation of the struggle for existence, and suddenly all became clear to me."*[19]

---

19   Richard M. Goodwin im Vorwort zu einem Sammelband. Zitiert nach Gandolfo (1987), S. 818.

Die Bezieher von Kapitaleinkommen finanzieren mit ihren Ersparnissen das Wachstum des Kapitalstocks und schaffen dadurch Arbeitsplätze. Kommt es dadurch zu einem Arbeitskräftemangel, können die Lohnbezieher höhere Einkommen durchsetzen und schmälern damit das Kapitaleinkommen, auf dem die Arbeitsplätze beruhen. Anders als Karl Marx, auf dessen Vorstellung vom Klassenkampf er verweist, sieht Goodwin diesen Konflikt nicht als Gefahr für das Weiterbestehen des Wirtschaftssystems, sondern nur als Motor permanenter Konjunkturzyklen.

Nun leben wir natürlich nicht mehr in einer Welt, in der ein Teil der Bevölkerung nur Lohneinkommen und der andere nur Kapitaleinkommen bezieht. Zu Zeiten von Karl Marx mag das zutreffend die sozialen Verhältnisse beschrieben haben, heute jedoch fließen faßt jedem Haushalt in nicht unerheblichem Maße auch Vermögenseinkommen zu. Klammert man Unternehmerhaushalte aus, erhielt beispielsweise 1990 der durchschnittliche Haushalt rund zehn Prozent seines Einkommens aus Zinsen, Dividenden und Mieten.[20] Die Vermögenseinkommen werden aber zum größten Teil wieder gespart [Deutsche Bundesbank (1993)]. Daneben ist die Aussicht, Gewinne zu erzielen, ein wesentlicher Antrieb für Investitionen. Schließlich sind nichtentnommene Gewinne eine wichtige Quelle der Selbstfinanzierung. Wenngleich also die Hypothese des Modells, die Kapitaleinkommen würden vollständig investiert, nicht wortwörtlich zutrifft, so stehen auch heute noch die Einkommen aus Unternehmertätigkeit und Vermögen in einer engen Beziehung zur Investitionstätigkeit der privaten Wirtschaft.

Modellbeschreibung

Goodwin (1967) betrachtet eine Wirtschaft, in der die Erwerbsbevölkerung N mit der Rate n wächst:

$$\frac{\dot{N}}{N} = n. \tag{C.II.2.3}$$

Der Punkt über der Variablen N symbolisiert wieder deren Veränderung je Zeiteinheit [$\dot{N} := dN/dt$]. Die Zahl der Beschäftigten in einer Periode t ist L, so daß der Beschäftigungsgrad

$$v := \frac{L}{N} \tag{C.II.2.4}$$

ist. Y bezeichnet das Nettosozialprodukt. Die Arbeitsproduktivität,

---

20 Berechnet nach den Angaben im Gutachten des Sachverständigenrats (1991), Tabelle 31*, S. 322.

$$a := \frac{Y}{L}, \tag{C.II.2.5}$$

wächst infolge des technischen Fortschritts exogen mit einer konstanten Rate a, d.h.

$$\frac{\dot{A}}{A} = a. \tag{C.II.2.6}$$

Die Kapitalproduktivität,

$$\kappa := \frac{Y}{K}, \tag{C.II.2.7}$$

ist konstant. Bei einem Reallohn w ist das Gewinneinkommen in Kaufkrafteinheiten gleich $Y-wL$. Die Nettoinvestitionen entsprechen diesem Gewinneinkommen, so daß der Kapitalstock um

$$\dot{K} = Y - wL \tag{C.II.2.8}$$

je Zeiteinheit wächst. Die letzte Annahme bezieht sich auf den Reallohn. Dessen Wachstumsrate ist eine lineare Funktion des Beschäftigungsgrades v:

$$\frac{\dot{w}}{w} = -\gamma + \varrho v, \quad \gamma, \varrho > 0. \tag{C.II.2.9}$$

Die Gleichungen (C.II.2.3) bis (C.II.2.8) lassen sich leicht auf zwei Gleichungen im Beschäftigungsgrad v und in der Lohnquote,

$$u := \frac{wL}{Y}, \tag{C.II.2.10}$$

zurückführen.

Der Beschäftigungsgrad kann nur zunehmen, wenn die Arbeitsnachfrage stärker wächst, als das Arbeitsangebot:

$$\frac{\dot{v}}{v} = \frac{\dot{L}}{L} - \frac{\dot{N}}{N} = \frac{\dot{L}}{L} - n. \tag{C.II.2.11}$$

Die Arbeitsnachfrage kann selbst nur zunehmen, wenn das Wachstum der Produktion das Wachstum der Arbeitsproduktivität übertrifft:[21]

$$\frac{\dot{A}}{A} = \frac{\dot{Y}}{Y} - \frac{\dot{L}}{L} \quad \Rightarrow \quad \frac{\dot{L}}{L} = \frac{\dot{Y}}{Y} - a. \tag{C.II.2.12}$$

Infolge der konstanten Kapitalproduktivität bestimmt das Wachstum des Kapitalstocks das Wachstum des Sozialprodukts:

$$\frac{\dot{\kappa}}{\kappa} = \frac{\dot{Y}}{Y} - \frac{\dot{K}}{K} = 0 \quad \Rightarrow \quad \frac{\dot{Y}}{Y} = \frac{\dot{K}}{K},$$

das aufgrund der Investitionsfunktion, Gleichung (C.II.2.8), mithin nur von der Höhe der Lohnquote abhängt:

$$\frac{\dot{Y}}{Y} = \frac{Y - wL}{K} = \frac{Y}{K}\left(1 - \frac{wL}{Y}\right) = \kappa - \kappa u.$$

Wenn wir die rechte Seite dieser Gleichung für $\dot{Y}/Y$ in Gleichung (C.II.2.12) einsetzen, erhalten wir eine Gleichung für die Veränderungsrate der Beschäftigung, die in Gleichung (C.II.2.11) eingesetzt auf

$$\frac{\dot{v}}{v} = a_1 - a_2 u, \quad a_1 := \kappa - a - n, \, a_2 := \kappa, \tag{C.II.2.13}$$

führt.

---

21 Bedenken Sie, daß mit Ausnahme der als konstant vorausgesetzten Größen alle Variablen des Modells zeitabhängig sind. Für den Ausdruck

$$z(t):=x(t)/y(t) \tag{i}$$

gilt nun generell

$$\frac{\dot{z}}{z} = \frac{\dot{x}}{x} - \frac{\dot{y}}{y}. \tag{ii}$$

Das können Sie sich wie folgt klar machen: Schreiben Sie die Definitionsgleichung (i) in Form natürlicher Logarithmen, so daß sie

$$\ln(z(t)) = \ln(x(t)) - \ln(y(t)) \tag{iii}$$

lautet. Differenzieren Sie (iii) auf beiden Seiten nach der Variablen t [verwenden Sie die Kettenregel und $d[\ln(x)]/dx = 1/x$] um die Behauptung (ii) zu erhalten.

Die Veränderungsrate der Lohnquote ist

$$\frac{\dot{u}}{u} = \frac{\dot{w}}{w} - \frac{\dot{A}}{A},$$

Daraus erhalten wir nach Einsetzen aus Gleichung (C.II.2.9) und Gleichung (C.II.2.6):

$$\frac{\dot{u}}{u} = -b_1 + b_2 v, \quad b_1 := \gamma + a, \; b_2 := \varrho. \qquad\qquad \text{(C.II.2.14)}$$

Der Konjunkturzyklus

Die Gleichungen (C.II.2.13) und (C.II.2.14) sind formal identisch mit den Lotka-Volterra-Gleichungen (C.II.2.1) und (C.II.2.2). Eine ihrer Lösungen ist das Wachstumsgleichgewicht, in dem sich Lohnquote und Beschäftigungsgrad nicht verändern. Es liegt bei den Werten

$$u^* = 1 - \frac{a+n}{\kappa},$$

$$v^* = \frac{\gamma + a}{\varrho}. \qquad\qquad \text{(C.II.2.15)}$$

Es ist bekannt, daß mit Ausnahme des Wachstumsgleichgewichts und der uninteressanten Randlösungen $v=0$ und/oder $u=0$ jede Lösung der Lotka-Volterra-Gleichungen eine geschlossene Kurve im u-v-Diagramm beschreibt [siehe Abbildung C.II.2.1]. Der Konjunkturzyklus besteht darin, daß Lohnquote und Beschäftigungsgrad im Uhrzeigersinn gerade einmal eine dieser Kurven durchlaufen. Welche der möglichen Kurven den faktischen Zyklus der Wirtschaft beschreibt, hängt von den historisch gegebenen Anfangswerten der Lohnquote und des Beschäftigungsgrads ab. Exogene Schocks können die Wirtschaft von einem Orbit auf einen anderen stoßen. Dies würde erklären, warum kein Zyklus dem anderen gleicht.

Die vier Phasen eines Konjunkturzyklus lassen sich wie folgt beschreiben:

Abschwung: Die Gewinneinkommen reichen nicht aus, um für ein Wachstum der Produktion zu sorgen, das über dem Wachstum der Arbeitsproduktivität und dem Wachstum der Erwerbsbevölkerung liegt. Der Beschäftigungsgrad sinkt. Der Druck auf dem Arbeitsmarkt ist so groß, daß die Reallöhne weniger wachsen als die Arbeitsproduktivität und somit auch die Lohnquote sinkt.

Abbildung C.II.2.1

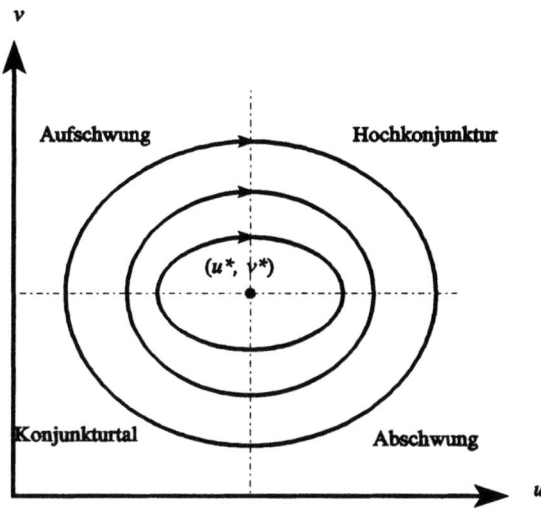

Konjunkturtal: Die Lohnquote ist bereits soweit gesunken, daß die Kapitalbildung ausreicht, ein Wachstum zu induzieren, das über dem Wachstum des Arbeitsangebots und der Arbeitsproduktivität liegt. Der Beschäftigungsgrad beginnt wieder zu steigen. Allerdings ist der Druck auf den Reallohn noch groß, so daß die Lohnquote weiter sinkt.

Aufschwung: Der Beschäftigungsgrad ist jetzt so groß, daß der Reallohn stärker wächst als die Arbeitsproduktivität. Die Lohnquote steigt. Noch reichen allerdings die Gewinneinkommen aus, um für ein weiteres Wachstum des Beschäftigungsgrades zu sorgen.

Hochkonjunktur: Die Lohnquote hat nun die Kapitalbildung so weit eingeschränkt, daß die Pro-Kopf-Produktion hinter dem Wachstum der Arbeitsproduktivität zurückbleibt. Der Beschäftigungsgrad beginnt zu sinken. Er ist indes noch so groß, daß die Lohnquote weiter wachsen kann.

Empirische Aspekte

Abbildung C.II.2.2 zeigt die Entwicklung von Lohnquote und Beschäftigungsgrad in der Bundesrepublik Deutschland im Zeitraum von 1960 bis 1990. Der Beschäftigungsgrad v ist 100 minus die Arbeitslosenquote. Die Lohnquote u ist der Quotient aus Lohneinkommen und Nettosozialprodukt zu Faktorkosten. Die Lohneinkommen habe ich nach dem in Ergänzung B.I.2.2 beschriebenen Verfahren berechnet. Es berücksichtigt näherungsweise die Lohneinkommen der Selbständigen.

Abbildung C.II.2.2

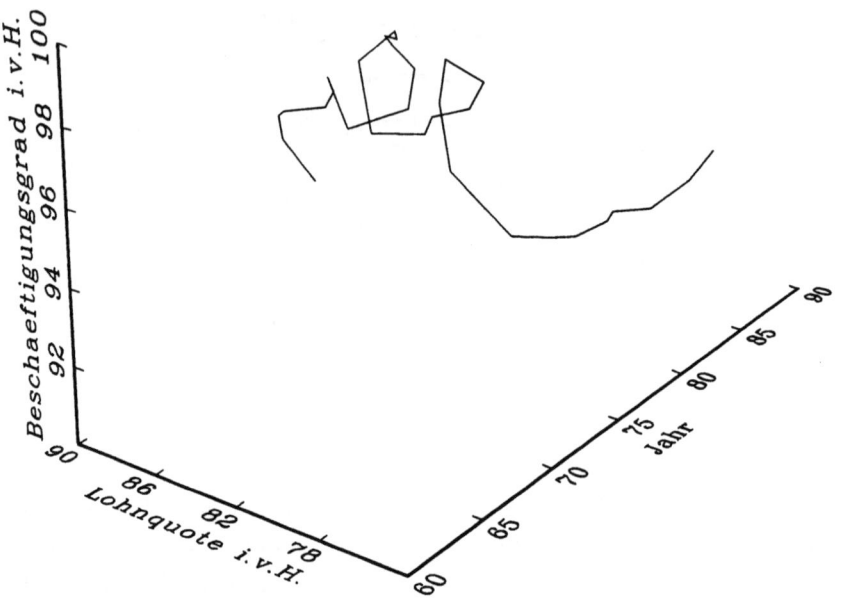

Quelle: Sachverstaendigenrat (1991), S. 308, 314, 322,
         eigene Berechnung

Während der Zeit von 1960 bis zum ersten Ölpreisschock 1973 hat es zyklische Veränderungen von Lohnquote und Beschäftigungsgrad nach dem Muster des Modells gegeben. Die mit den beiden Ölpreiserhöhungen angewachsene Arbeitslosigkeit hat danach den Beschäftigungsgrad anhaltend gesenkt und auch die Lohnquote verringert.

Beim Vergleich der Implikation des Modells mit der tatsächlichen Entwicklung müssen wir allerdings zwei Punkte in Rechnung stellen.

Erstens weichen die benutzten Indikatoren weit von den theoretischen Größen ab. Das Modell beschreibt eine Wirtschaft ohne Staat. Die Zahl der Beschäftigten enthält indes die Staatsbediensteten, deren Gehälter auch in die Lohnsumme eingehen. Wir dürfen davon ausgehen, daß die Einstellungspolitik und die Investitionsentscheidung des Staates nicht den Regeln folgt, die im Modell für die Privatwirtschaft gelten. Wir wissen ja aus Tabelle A.III.5, daß die zyklische Komponente der Beschäftigung im öffentlichen Sektor nur etwa halb so volatil ist wie im privaten Sektor und daß sie der Produktion erst mit einem Lag von etwa einem Jahr folgt, während die Zahl der Beschäftigten im privaten Sektor ausgeprägt prozyklisch ist. Daraus können wir schließen, daß der tatsächliche Beschäftigungsgrad um so weniger dem Muster des Modellzyklus folgt, je größer der Anteil des Staates an der Gesamtbeschäftigung ist. Dieser Anteil ist aber seit 1960 praktisch kontinuierlich gestiegen: Von 14 Prozent auf 22 Prozent im Jahr 1987. Seither ist die öffentliche Beschäftigungsquote leicht rückläufig.[22]

Zweitens müssen wir berücksichtigen, daß Goodwins Modell einen gegebenen Wachstumspfad unterstellt. Nun hat sich aber in den achtziger Jahren das Wachstum verlangsamt. Die Ölpreiserhöhungen in der Mitte der siebziger und Anfang der achtziger Jahre sowie die Aufwertung der DM gegenüber dem US-Dollar nach der Freigabe des Wechselkurses im Jahr 1973 haben die Wirtschaft einem erheblichen Anpassungsdruck ausgesetzt. Die daraus erwachsenden Strukturänderungen überlagern zyklische Prozesse. Um sie zu eliminieren, habe ich für den Beschäftigungsgrad mit Hilfe des HP-Filters einen Trend (μ=100) geschätzt und so gelegt, daß das Maximum des trendbereinigten Beschäftigungsgrads bei Eins liegt. Abbildung C.II.2.3 zeigt die Entwicklung von Lohnquote und trendbereinigtem Beschäftigungsgrad. Die Jahreszahlen zeigen, daß die beiden Größen im Betrachtungszeitraum mehrere Schleifen durchlaufen haben.

Aus dieser Perspektive betrachtet schneidet das Modell beim Vergleich mit den stilisierten Fakten des Konjunkturzyklus nicht schlecht ab.

Zur Lösung der Lotka-Volterra-Gleichungen[*]

Goodwin (1967) zeigt mit Hilfe einer einfachen Graphik, daß die Lotka-Volterra-Gleichungen ungedämpfte Schwingungen beschreiben.[23] Unter Berücksichtigung der Definitionen

$$\dot{v} = \frac{dv}{dt} \ und \ \dot{u} = \frac{du}{dt}$$

erhält man nach Division von Gleichung (C.II.2.13) durch Gleichung (C.II.2.14)

$$\frac{dv}{du} = \frac{(a_1 - a_2 u)\,v}{(-b_1 + b_2 v)\,u},$$

---

22 Berechnet nach Statistisches Bundesamt (1991), S. 89.

23 Einen mathematisch exakten Beweis, der allerdings eine tiefere Kenntnis der Theorie gewöhnlicher Differentialgleichungen voraussetzt, können Sie bei Hirsch und Smale (1974), S. 258-263 nachlesen.

Abbildung C.II.2.3

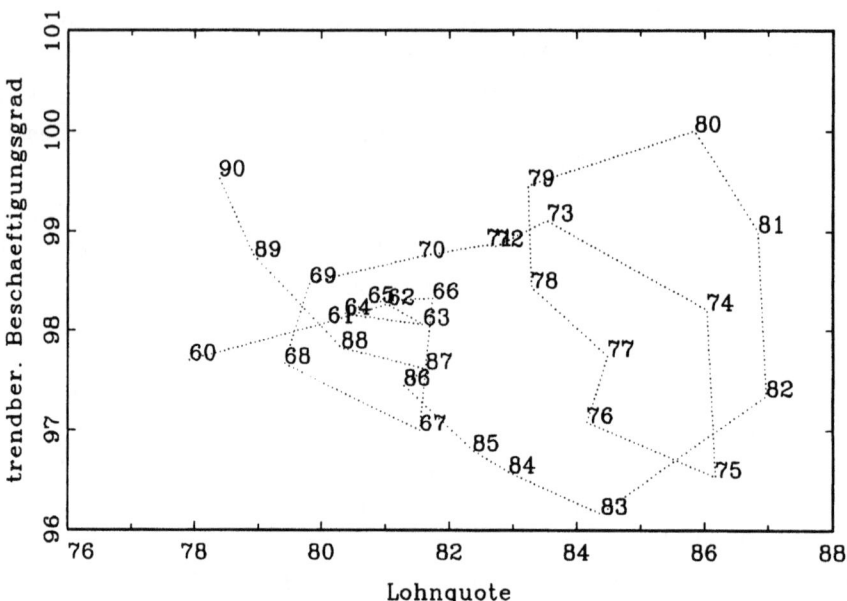

Quelle: Sachverstaendigenrat (1991), S. 308, 314, 322, eigene Berechnung

bzw.

$$-b_1 \frac{dv}{v} + b_2\, dv = a_1 \frac{du}{u} - a_2\, du.$$

Integrieren beider Seiten dieser Gleichung führt auf:

$$-b_1 \ln v + b_2 v + C_1 = a_1 \ln u - a_2 u + C_2,$$

bzw.

$$v^{-b_1} e^{b_2 v} = B\, u^{a_1} e^{-a_2 u}; \quad B := e^{C_2 - C_1}, \tag{C.II.2.16}$$

mit C_1 und C_2 als beliebigen Integrationskonstanten.

Betrachten wir die Funktion

$$\psi(u) := u^{a_1} e^{-a_2 u} \tag{C.II.2.17}$$

mit der ersten Ableitung

$$\psi'(u) = \left[a_1 \frac{1}{u} - a_2 \right] \psi(u). \qquad \text{(C.II.2.18)}$$

Demnach hat $\psi(u)$ an der Stelle

$$u^* = \frac{a_1}{a_2} = 1 - \frac{a+n}{\kappa}$$

ein Minimum. Für $u<u^*$ ist $\psi'(u)$ positiv, für $u>u^*$ ist $\psi'(u)$ negativ [siehe Abbildung C.II.2.4].

Abbildung C.II.2.4

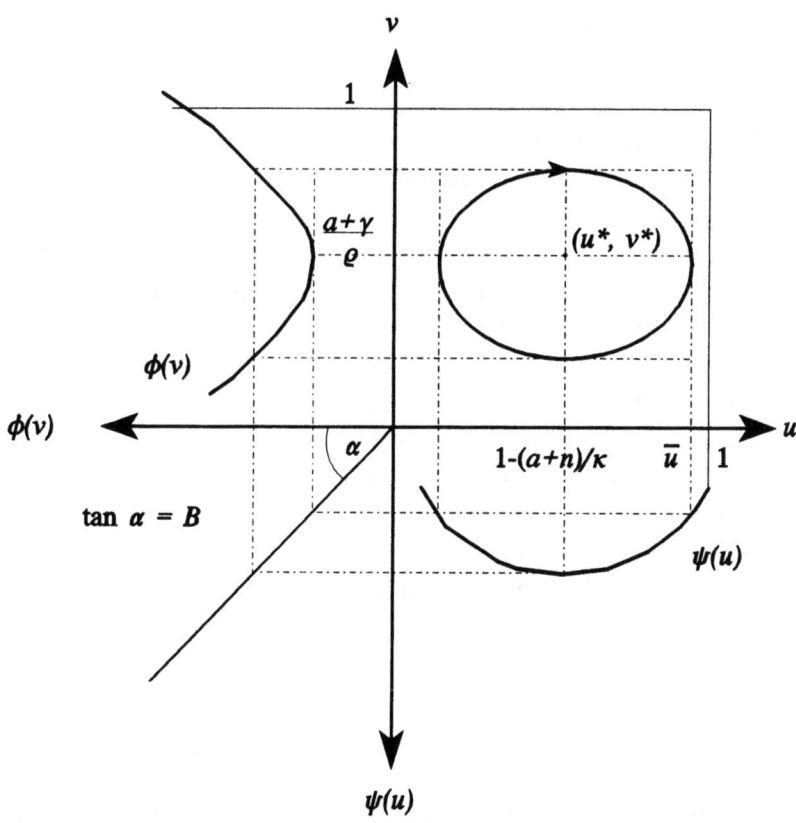

Die Funktion

$$\phi(v) := v^{-b_1} e^{b_2 v} \qquad\qquad \text{(C.II.2.19)}$$

mit der ersten Ableitung

$$\phi'(v) = \left[b_2 - \frac{b_1}{v} \right] \phi(v) \qquad\qquad \text{(C.II.2.20)}$$

hat an der Stelle

$$v^* := \frac{b_1}{b_2} = \frac{a+\gamma}{\varrho}$$

ein Minimum. Für $v < v^*$ ist $\phi'(v)$ negativ, für $v > v^*$ ist $\phi'(v)$ positiv [siehe Abbildung C.II.2.4].

In Abbildung C.II.2.4 hat die Gerade aus dem Ursprung des dritten Quadranten die Steigung tan $\alpha = B$. Mit ihrer Hilfe können wir zu jedem Punkt auf der Kurve $\phi(v)$ im zweiten Quadranten durch Spiegelung auf die u-Achse des vierten Quadranten einen Punkt auf der $\psi(u)$-Kurve finden. Jedes so gefundene Paar (u, v) erfüllt Gleichung (C.II.2.16). Wie Sie sehen können, führt diese Konstruktion zu einer geschlossenen Kurve im ersten Quadranten. Diese Kurve ist eine Lösung der Lotka-Volterra-Gleichungen. Den Parameter B kann man über eine Anfangsbedingung festlegen, die fordert, daß zwei historisch gegebene Werte $u(0)$ und $v(0)$ auf der Lösungskurve liegen sollen.

Die Bewegung entlang einer solchen als Integralkurve bezeichneten Lösung folgt dem Uhrzeigersinn: Beginnt man beispielsweise an der Stelle ($u = \bar{u}$, $v = v^*$), so ist dort $\dot{v} < 0$ und $\dot{u} = 0$.

Die durchschnittlichen Werte von u und v über einen Konjunkturzyklus hinweg entsprechen denen des Wachstumsgleichgewicht, d.h. es gilt:

$$u^* = \frac{1}{T} \int_{t_1}^{t2} u(t)\,dt \quad \text{und} \quad v^* = \frac{1}{T} \int_{t_1}^{t_2} v(t)\,dt,$$

mit T als Länge des Zyklus sowie t_1 und t_2 als dessen Beginn und Ende. Um das zu sehen, schreiben wir Gleichung (C.II.2.13) und Gleichung (C.II.2.14) in der Form

$$\frac{dv}{v} = a_1\,dt - a_2\,u\,dt,$$

$$\frac{du}{u} = -b_1\,dt + b_2\,v\,dt.$$

(C.II.2.21)

Diese beiden Gleichungen integrieren wir im Intervall $[t_1,t_2]$, $t_2\text{-}t_1\text{=}T$, und erhalten

$$\ln v(t_2) - \ln v(t_1) = 0 = a_1 T - a_2 \int_{t_1}^{t_2} u\,dt \;\Rightarrow\; \frac{1}{T}\int_{t_1}^{t_2} u\,dt = \frac{a_1}{a_2},$$

$$\ln u(t_2) - \ln u(t_1) = 0 = -b_1 T + b_2 \int_{t_1}^{t_2} v\,dt \;\Rightarrow\; \frac{1}{T}\int_{t_1}^{t_2} v\,dt = \frac{b_1}{b_2}.$$

Die Lotka-Volterra-Gleichungen sind ein sehr spezielles dynamisches Modell. Bereits geringfügige Änderungen der Gleichungsstruktur ändern die Eigenschaft der Lösung vergleichsweise drastisch: Aus den Orbits können spiralförmig zum Wachstumsgleichgewicht führende Zeitpfade werden. Möglich ist auch, daß das Wachstumsgleichgewicht instabil wird, so daß auch Grenzzyklen entstehen können. Mathematiker nennen dynamische Systeme, deren Lösungseigenschaften sensitiv von einer ganz bestimmten Gleichungsstruktur abhängt, strukturinstabil. Die Lotka-Volterra-Gleichungen beschreiben ein solches System. Es ist daher nicht verwunderlich, wenn Erweiterungen des Goodwin Modells dessen Lösungseigenschaft zumeist nicht konservieren können.[24]

3. Absatzerwartungen und Löhne

Dieser Abschnitt behandelt ein Modell, das den Konjunkturzyklus aus dem Wechselspiel von Absatzerwartungen und Nominallohnentwicklung erklärt. Kurzfristig ist der Nominallohn starr und bestimmt zusammen mit den Absatzerwartungen

---

24 Literaturhinweise zu Erweiterungen des Goodwin Modells finden Sie bei Gabisch und Lorenz (1989), S. 155.

der Investoren die Situation am Arbeitsmarkt. Bei einer Überschußnachfrage nach Arbeitskräften steigt der Lohn. Der damit verbundene Kosteneffekt senkt die Produktion, wodurch auch die Absatzerwartungen zurückgehen. Die Güternachfrage sinkt, und die Arbeitsnachfrage geht zurück. Anschließend sinken die Löhne und leiten einen neuen Aufschwung ein.

Grundlagen

In diesem Abschnitt betrachten wir ein zweites Konjunkturmodell der Neokeynesianischen Makroökonomik, das Jean-Pascal Benassy formuliert hat.[25] Im Gegensatz zu dem im Abschnitt C.I.2 behandelten Modell von Edmond Malinvaud unterstellt Benassy, daß nur der Nominallohn kurzfristig starr ist. Am Gütermarkt herrscht in jeder Periode Gleichgewicht. Dies entspricht der Situation an der Grenze zwischen klassischer und keynesianischer Arbeitslosigkeit [siehe Tabelle C.I.2.2].

Auch bei Benassy spielen die Investitionen eine Schlüsselrolle im Konjunkturzyklus. Anders als Malinvaud betrachtet er aber nur ihren Nachfrageeffekt. Dafür berücksichtigt Benassy den Geldmarkt, auf dem der Zins in jeder Periode für ein Gleichgewicht sorgt.

Der Konjunkturzyklus erwächst aus dem Zusammenspiel zweier Effekte: Der **Angebotseffekt** beruht auf der Lohnbildung. Bei kurzfristig gegebenen Löhnen senken steigende Güterpreise den Reallohn, so daß die Beschäftigung zunehmen kann. Falls jedoch in der Folge die Löhne steigen, geht die Produktion wieder zurück. Die Absatzerwartungen der Investoren führen zu einem **Nachfrageeffekt**. Steigt die Produktion, so erwarten die Unternehmen auch für die Zukunft einen höheren Absatz. Sie investieren mehr und erhöhen damit das Volkseinkommen. Bleibt umgekehrt die Produktion hinter den Absatzprognosen zurück, sinkt die Investitionsnachfrage.

Die Wechselwirkung beider Effekte führt indes nur dann zu permanenten Zyklen, wenn der Nachfrageeffekt in der Nähe des Gleichgewichts stärker als der Angebotseffekt ist.

Modellbeschreibung

Die Wirtschaft, die wir nun betrachten, unterscheidet sich nur in wenigen Punkten von derjenigen des Abschnitts B.I.1. Um Ihnen das Zurückblättern zu ersparen, schildere ich die wichtigsten Zusammenhänge nochmals.

---

25 Die Originalarbeit ist Benassy (1984). Eine Lehrbuchdarstellung findet Sie bei Benassy (1986), S. 173-185. Gabisch und Lorenz (1989), S. 143-151, stellen das Modell ebenfalls dar.

Die Unternehmen produzieren das Gut Y mit Hilfe des Faktors Arbeit N gemäß der Produktionsfunktion

$$Y = F(N), \quad F' > 0, \; F'' < 0. \qquad \text{(C.II.3.1)}$$

Aus der Gewinnmaximierungshypothese folgt, daß ihre Arbeitsnachfrage N^d und damit auch ihr Güterangebot Y^s invers mit dem Reallohn W/P verbunden sind.

Das Arbeitsangebot ist eine positive Funktion des Reallohns, allerdings nur bis zu einer Schranke N^{max}, die das verfügbare Potential an Arbeitskräften wiedergibt. Über diese Schranke kann die Beschäftigung auch bei weiter steigenden Reallöhnen nicht hinausgehen:

$$N^s = \begin{cases} \underset{+}{N^s(W/P)} & \text{solange } N^s \leq N^{max}, \\[2mm] N^{max} & \text{sonst.} \end{cases} \qquad \text{(C.II.3.2)}$$

Wir nehmen an, daß es einen Reallohn $(W/P)^*$ gibt, bei dem Arbeitsangebot und Arbeitsnachfrage übereinstimmen. Die zugehörige Beschäftigung bezeichnen wir mit N^*. Die Differenz zwischen N^{max} und N^* gibt das Ausmaß der freiwilligen Arbeitslosigkeit an.

Wir unterstellen, daß bei gegebenem Nominallohn W, die tatsächliche Beschäftigung bis zum Punkt N^{max} von der Arbeitsnachfrage der Unternehmen bestimmt wird. Diese Annahme ist für Reallöhne unproblematisch, die größer als der Gleichgewichtsreallohn sind. Zu begründen ist aber, weshalb auch bei niedrigeren Reallöhnen die Beschäftigung dem Kalkül der Unternehmen folgen soll. Die Antwort liegt im **Right-to-Manage-Modell**: Zu Beginn einer Periode werden in Tarifkontrakten zwischen Unternehmen und Arbeitern die Nominallöhne für die Dauer einer Periode fixiert. Die Unternehmen erhalten gleichzeitig das Recht, je nach der sich einstellenden Marktlage die Beschäftigung festzulegen; auch für den Fall, daß diese von der optimalen Beschäftigung der Arbeiter gemäß deren Angebotskurve abweicht.

Die Güternachfrage besteht aus der vom verfügbaren Einkommen abhängigen Konsumnachfrage C^d, der Investitionsnachfrage I^d und der staatlichen Nachfrage G. Die Konsumnachfrage ist eine Funktion des verfügbaren Einkommens $Y-T$ [Y das Bruttosozialprodukt und T die Nettosteuern] mit einer marginalen Konsumneigung zwischen Null und Eins:

$$C^d = \underset{+}{C(Y - T)}, \quad C' \in (0, 1). \qquad \text{(C.II.3.3)}$$

Die Investitionen sinken mit dem Zins r und steigen mit den Absatzerwartungen X:[26]

$$I^d = I(r,X).$$
$${-}\;\;{+}$$

(C.II.3.4)

Die reale Geldnachfrage $(M/P)^d$ ist eine Funktion des Zinses und des Einkommens. Die Vorzeichen unter dem Funktionssymbol verweisen auf die jeweilige Richtung des Zusammenhangs:

$$\left(\frac{M}{P}\right)^d = L(r, Y).$$
$$\phantom{\left(\frac{M}{P}\right)^d = L(}{-}\;\;{+}$$

(C.II.3.5)

Zur graphischen Darstellung des Modells definieren wir wieder die aggregierte Güternachfrage Y^d als dasjenige Einkommen, das bei gegebenem Preisniveau und gegebenen Absatzerwartungen ein Gleichgewicht auf Güter- und Geldmarkt bewirkt. Dieses Einkommen ist die Lösung der beiden folgenden Gleichungen:

$$Y = C(Y - T) + I(r,X) + G,$$

$$\frac{M}{P} = L(r, Y).$$

Es ist über den Keyneseffekt invers mit dem Preisniveau P und positiv mit dem Geldangebot M verbunden: Niedrigere Güterpreise bzw. ein größeres Geldangebot senken den Zins und erhöhen die Investitionsnachfrage. Außerdem ist es eine positive Funktion der Absatzerwartungen X und der staatlichen Güternachfrage G:

$$Y^d(P,X,M,G).$$
$${-}\;\;{+}\;\;{+}\;\;{+}$$

Temporäre Gleichgewichte

Abbildung C.II.3.1 veranschaulicht das bislang beschriebene Modell. Betrachten wir die mit dem Index 1 beschriebene Situation. Der Lohn ist in Höhe von W_1 gegeben. Die zugehörige aggregierte Güterangebotsfunktion ist $Y^s(W_1/P)$. Sie kommt wie folgt zustande: Zum Preis von P_1 können wir mit

---

26 Eine Herleitung dieses Zusammenhangs im Rahmen des keynesianischen Konzepts der Grenzleistungsfähigkeit des Kapitals finden Sie bei Klaus und Maußner (1986), S. 170-172.

Abbildung C.II.3.1

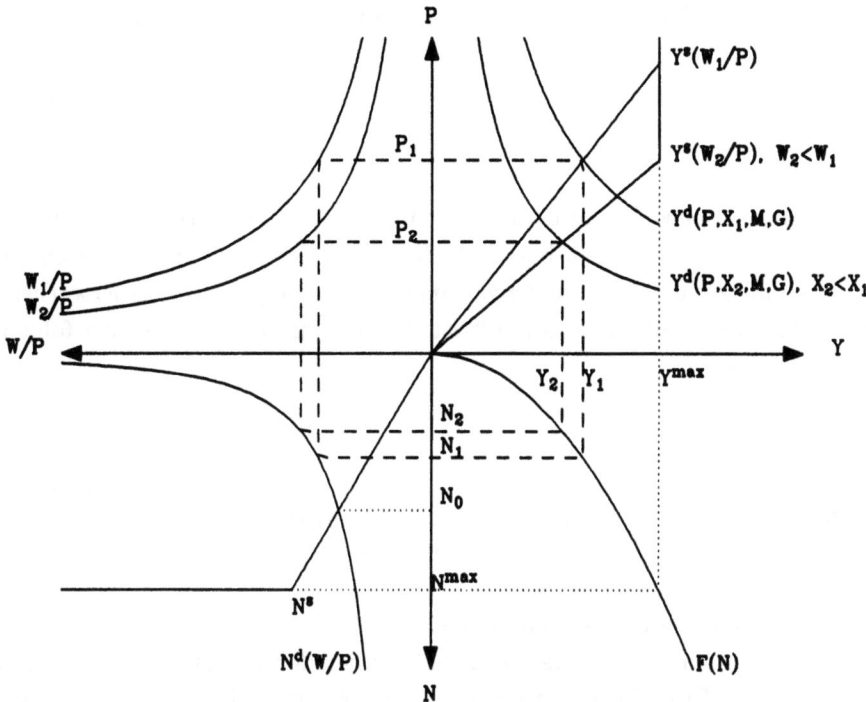

Hilfe der im zweiten Quadranten gezeichneten Hyperbel den Reallohn ermitteln. Über die im dritten Quadranten eingetragene Arbeitsnachfragefunktion erhalten wir die zugehörige Beschäftigung N_1. Diese führt über die Produktionsfunktion im vierten Quadranten zum gewinnmaximalen Güterangebot Y_1, das den Wert $Y^{max}=F(N^{max})$ nicht übersteigen kann.

Das Gleichgewicht des Gütermarktes liegt im Schnittpunkt der aggregierten Güterangebotsfunktion mit der aggregierten Güternachfrage $Y^d(P, X_1, M, G)$.

Lohnsenkungen verschieben die Hyperbel im zweiten Quadranten nach unten. Bei jedem Preisniveau ist dann der Reallohn ceteris paribus niedriger und deshalb die Arbeitsnachfrage größer. Die Güterangebotsfunktion verschiebt sich nach rechts. Entlang einer gegebenen Güternachfrage kommt es über Preissenkungen zu einer größeren Beschäftigung.

Die Güternachfragefunktion verschiebt sich nach rechts oben, wenn sich die Absatzerwartungen erhöhen. Entlang einer gegebenen Angebotsfunktion steigen die Preise. Der Reallohn sinkt und die Beschäftigung wächst.

Als Ergebnis dieser Überlegungen können wir festhalten, daß es zu jedem Paar (W, X) ein Einkommen $Y=G(W,X)$ gibt, bei dem Güter- und Geldmarkt im Gleichgewicht sind, während auf dem Arbeitsmarkt in der Regel entweder

Arbeitslosigkeit oder Überbeschäftigung herrscht. Dieses Einkommen ist um so kleiner, je größer der Lohn W und je kleiner der erwartete Absatz X ist:

$$Y = G(W, X).$$
$$\quad\; {}^{-}\;\; {}^{+}$$
(C.II.3.6)

Dynamik

Das Ungleichgewicht auf dem Arbeitsmarkt übt einen Druck auf den Lohn aus. Wenn Arbeitslosigkeit herrscht, $N < N^*$, sinkt der Lohn. Er steigt bei Überbeschäftigung, $N > N^*$, und zwar um so kräftiger, je mehr das Erwerbspersonenpotential bereits ausgeschöpft ist. Diese Hypothese drückt die folgende Gleichung aus:

$$\dot{W} = \phi(N^{max} - N),$$
(C.II.3.7)

$$\text{mit: } \phi(N^{max} - N^*) = 0, \; \phi'(\bullet) < 0, \; \lim_{N \to N^{max}} \phi(N^{max} - N) = \infty.$$

Sie ist in Abbildung C.II.3.2 dargestellt.

Die Absatzerwartungen passen sich allmählich der tatsächlichen Produktion an. Wurde die Produktion unterschätzt, so erwarten die Investoren künftig

Abbildung C.II.3.2

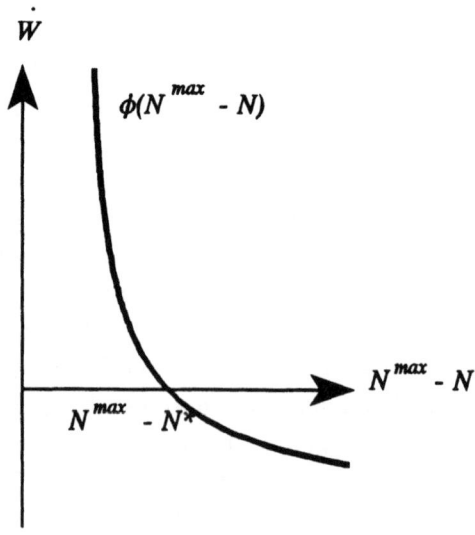

einen größeren Absatz, andernfalls passen sie ihre Erwartungen nach unten an:

$$\dot{X} = \theta(X - Y), \quad \theta \geq 0. \tag{C.II.3.8}$$

Der Parameter θ bestimmt das Ausmaß, in dem die Erwartungen auf Prognosefehler reagieren.

Zusammen mit Gleichung (C.II.3.6) beschreiben die Gleichungen (C.II.3.7) und (C.II.3.8) die Dynamik der Wirtschaft. Das stationäre Gleichgewicht kann nur beim Vollbeschäftigungseinkommen, $Y^*=F(N^*)$ liegen. Die Absatzerwartungen müssen diesem Einkommen entsprechen, $X^*=Y^*$. Der zugehörige Nominallohn folgt deshalb aus $Y^*=G(W^*,Y^*)$.

Der Konjunkturzyklus

Ich zeige am Ende dieses Abschnitts, daß die Wirtschaft das stationäre Gleichgewicht nicht erreichen kann, wenn der Nachfrageeffekt größer als der Angebotseffekt ist. In diesem Fall kommt es zu permanenten Konjunkturzyklen, die sich etwa so beschreiben lassen [siehe Abbildung C.II.3.3].

Aufschwung: Bedingt durch die Arbeitslosigkeit sinken die Löhne. Die Absatzerwartungen nehmen zu. Nachfrageeffekt und Kosteneffekt wirken in dieselbe Richtung, so daß Einkommen und Beschäftigung steigen.

Hochkonjunktur: Der Arbeitsmarkt ist angespannt, so daß die Löhne nun steigen. Die Absatzerwartungen nehmen noch zu. In der Anfangsphase ist der Nachfrageeffekt noch größer als der Kosteneffekt und das Einkommen nimmt noch zu.

Abschwung: Die Produktion bleibt hinter den Absatzprognosen zurück, während die Löhne weiter steigen. Nachfrage- und Kosteneffekt senken gemeinsam Einkommen und Beschäftigung.

Konjunkturtal: Es herrscht Arbeitslosigkeit, die zum Sinken der Löhne führt. Anfänglich ist die damit verbundene Kostensenkung noch nicht groß genug, um bei weiter sinkenden Absatzerwartungen die Produktion zu erhöhen. Erst gegen Ende der Rezession dominiert der Kosteneffekt und stoppt den Beschäftigungsrückgang.

Abbildung C.II.3.3

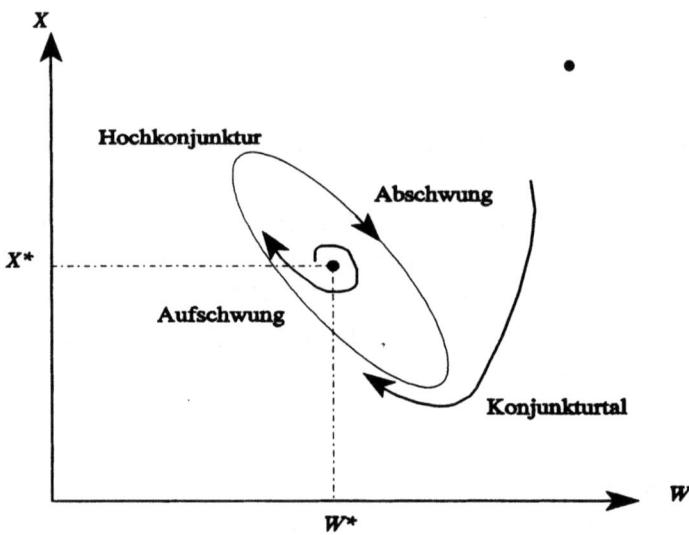

Empirische Aspekte

In einem so beschriebenen Konjunkturzyklus sind Reallohn und Arbeitsproduktivität antizyklisch. Dieser Widerspruch zu den stilisierten Fakten folgt
aus der Annahme, das Grenzprodukt der Arbeit sinke mit wachsender Beschäftigung. Wir könnten diesen Widerspruch mildern durch die Annahme,
das Grenzprodukt der Arbeit v sei konstant. Das Gewinnmaximum der Unternehmen ist dann allerdings nicht mehr eindeutig bestimmt. Wir müssen daher
unterstellen, das Preisniveau werde durch den Wettbewerb auf das Niveau der
Stückkosten gesenkt, $P=W/v$. Auch mit diesen Annahmen können permanente
Zyklen erklärt werden. Nun wären Reallohn und Arbeitsproduktivität über
den Zyklus konstant.

Keinen Widerspruch gibt es im Hinblick auf die Zinsentwicklung. Im Aufschwung steigt die Geldnachfrage, so daß der Zins prozyklisch ist.

Wir können das Modell noch einem weiteren Test aussetzen. Abbildung
C.II.3.3 zeigt, daß der Lohn seinen zyklischen Tiefpunkt vor dem Maximum
der Absatzerwartungen erreicht. Je mehr die Lösungskurve einer flachen
Ellipse gleicht, desto näher liegen zeitlich der Tiefpunkt der Löhne und das
Maximum der Absatzerwartungen. Die beiden Variablen müssen dann negativ
korreliert sein. Diese Implikation können wir empirisch prüfen. Als Indikator
der Löhne benutze ich die Effektivverdienste je Arbeitsstunde. Die Absatz-

erwartungen kann man den Ergebnissen der vom Ifo-Institut für Wirtschaftsforschung in München durchgeführten Unternehmensbefragungen entnehmen. Eine der Fragen bezieht sich auf die für das nächste halbe Jahr erwartete Geschäftsentwicklung. Die Differenz zwischen der Zahl der Unternehmen, die mit besseren Geschäften rechnen und jenen, die schlechtere Geschäfte erwarten, kann als Indikator der Absatzerwartungen dienen. Diese Daten sind auf Monatsbasis seit 1962 verfügbar. Da die Lohndaten nur auf Quartalsbasis verfügbar sind, habe ich Drei-Monatsdurchschnitte berechnet. Diese wurden wie die Lohndaten mit Hilfe des im Abschnitt D.IV.3 beschriebenen gleitenden Durchschnitts saisonbereinigt. Die Löhne habe ich mit dem HP-Filter [$\mu=1600$] trendbereinigt.

Abbildung C.II.3.4

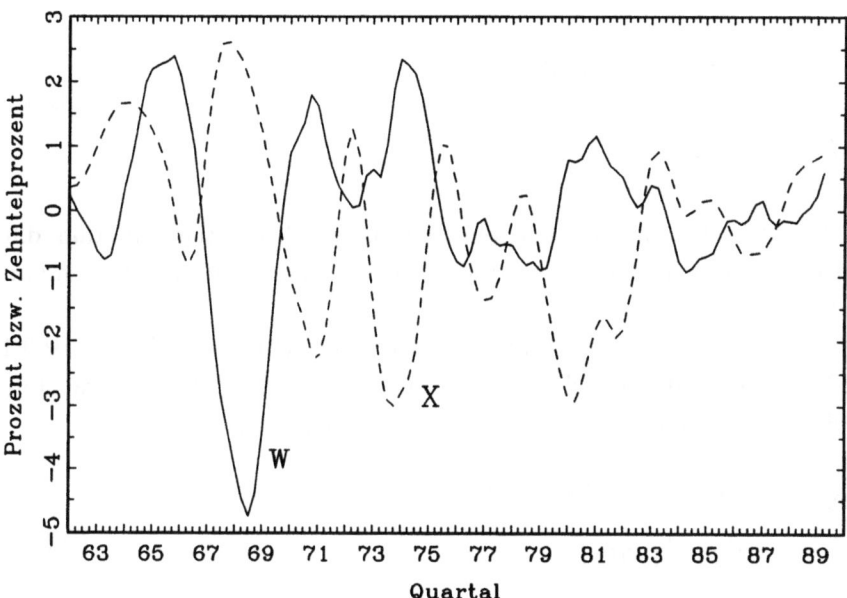

Quelle: DIW, IFO—Institut fuer Wirtschaftsforschung, eigene Berechnung

Abbildung C.II.3.4 zeigt das Ergebnis dieser Berechnungen. Sie können erkennen, daß Löhne W und Absatzerwartungen X wie erwartet fast perfekt antizyklisch sind. Das zeigt auch die Berechnung von Korrelationskoeffizienten. Der dem Betrag nach größte Wert errechnet sich für einen Lead der Lohnreihe von einem Quartal. Er beträgt -0,56 und hat einen geschätzten Standardfehler von 0,13.

Wenngleich das Modell daher ganz gut die stilisierten Fakten nachzeichnet, so läßt es doch eine Frage unbeantwortet: Warum halten die Investoren an dem adaptiven Prognoseverfahren fest, obwohl es ihnen nie gelingt, den Absatz korrekt vorherzusagen? Die Wirtschaft durchläuft wieder und wieder denselben deterministischen Zyklus, der sich auch in den Absatzstatistiken der Unternehmen finden muß. Damit ist es im Prinzip möglich, den Absatz korrekt vorherzusagen und der Zyklus würde verschwinden.

Existenz von Grenzzyklen[*]

Mit Hilfe der oben definierten Funktion $G(W, X)$ läßt sich das Modell auf ein zweidimensionales, nichtlineares Differentialgleichungssystem in den Variablen W und X zurückführen:

$$\dot{W} = \phi(N^{max} - F^{-1}[G(W,X)])$$

$$\dot{X} = \theta(X - G(W,X)).$$

(C.II.3.9)

Die Funktion $F^{-1}(\cdot)$ ist die Umkehrfunktion der Produktionsfunktion, d.h. sie gibt für jedes Produktionsniveau die dafür notwendige Beschäftigung an: $N = F^{-1}(Y)$.

Um dieses Differentialgleichungssystem mit Hilfe von Satz D.III.3.1 zu studieren, empfiehlt es sich, zunächst die Funktion $G(W, X)$ zu betrachten. Sie ist definiert als Lösung des folgenden Gleichungssystems:

$$Y = C(Y - T) + I(r, X) + G,$$

$$Y = F\left(F'^{-1}(W/P)\right),$$

$$M/P = L(r, Y).$$

(C.II.3.10)

Die erste Gleichung beschreibt das Einkommen als Summe aus Konsum-, Investitions- und Staatsnachfrage. Die zweite Gleichung beschreibt das Einkommen im Sinne des gewinnmaximalen Güterangebots der Unternehmen.[27] Die dritte Gleichung beschreibt das Gleichgewicht auf dem Geldmarkt. Wir nehmen an, das Gleichungssystem (C.II.3.10) habe für jedes $(W, X) \geq 0$ eine

---

27 Die Gewinnmaximierungsbedingung $W/P = F'(N)$ können wir nach der Beschäftigung auflösen: $N = F'^{-1}(W/P)$. N eingesetzt in die Produktionsfunktion ergibt die Güterangebotsfunktion.

eindeutige Lösung. Wenn wir alle drei Gleichungen nach Y, r, P, W und X differenzieren erhalten wir:

$$
\begin{pmatrix}
(1-C) & -I_r & 0 \\[2mm]
1 & 0 & +\dfrac{F'^2}{F''}\dfrac{1}{P} \\[3mm]
L_y & L_r & \dfrac{M}{P^2}
\end{pmatrix}
\begin{pmatrix}
dY \\[2mm] dr \\[2mm] dP
\end{pmatrix}
=
\begin{pmatrix}
I_X dX \\[2mm]
\dfrac{F'}{F''}\dfrac{1}{P}dW \\[3mm]
0
\end{pmatrix}.
\qquad\text{(C.II.3.11)}
$$

Aus diesem linearen Gleichungssystem können wir die partiellen Ableitungen der Funktion $G(W, X)$ berechnen. Das Ergebnis lautet:

$$
G_W := \left.\frac{dY}{dW}\right|_{dX=0} = \frac{-I_r}{\left[(1-C')L_r + L_Y I_r\right]F'\,\dfrac{P^2}{M} - I_r\dfrac{F''\,P}{F'}} < 0,
$$

$$\text{(C.II.3.12)}$$

$$
G_X := \left.\frac{dY}{dX}\right|_{dW=0} = \frac{I_X}{(1-C') + \dfrac{I_r L_Y}{L_r} - \dfrac{I_r}{L_r}\dfrac{F''}{F'^2}\dfrac{M}{P}} > 0.
$$

Der Multiplikator der Investitionsnachfrage gibt den Einfluß dreier Effekte wieder: Den einfachen Gütermarktmultiplikator [$1/(1-C')$], die Verdrängung privater Investitionsnachfrage über den Zinsanstieg infolge höherer Geldnachfrage [$I_r L_Y/L_r$] und die Verdrängung privater Investitionsnachfrage über den Zinsanstieg infolge des gesunkenen realen Geldangebots [$I_r\,F''\,M/L_r\,P\,F'^2$].

Wir suchen nun ein Gebiet in der W-X-Ebene, das Voraussetzung a) von Satz D.III.3.1 erfüllt.

Betrachten wir zunächst den geometrischen Ort aller Punkte, bei denen der Arbeitsmarkt im Gleichgewicht ist, so daß $\dot{W} = 0$. Aus $G(W, X)=Y^*$ erhalten wir für die Steigung dieser Linie

$$
\left.\frac{dX}{dW}\right|_{\dot{W}=0} = -\frac{G_W}{G_X} > 0.
$$

Wenn wir annehmen, daß es auch für $X=0$ einen positiven Preis und Lohn gibt, zu dem der Gütermarkt bei Y^* im Gleichgewicht ist, beginnt die $W=0$-Linie auf der Abszisse. Von dort verläuft sie mit positiver Steigung und schneidet die Kurve $X=Y^{max}$ [siehe Abbildung C.II.3.5]. Wegen $G_W<0$ sinkt (steigt) der Nominallohn rechts (links) der $W=0$-Linie.

Die Steigung der $X=0$-Linie erhalten wir nach Differenzieren von $X = G(W, X)$:

$$\frac{dX}{dW}\bigg|_{\dot X = 0} = -\frac{G_W}{G_X - 1}$$

Dieser Ausdruck kann positiv oder negativ sein. In Abbildung C.II.3.5 habe ich unterstellt, daß er im stationären Gleichgewicht positiv ist. Sie werden sehen,

Abbildung C.II.3.5

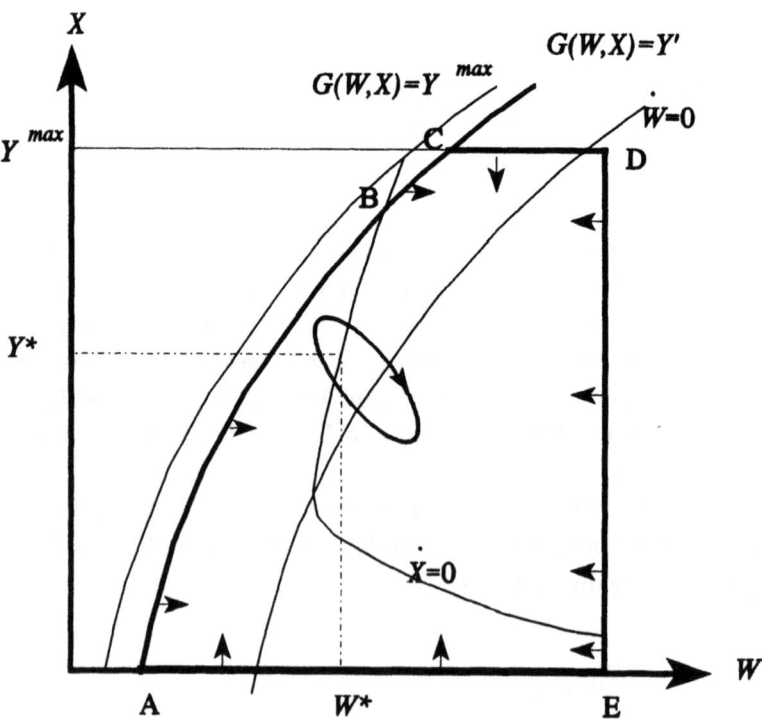

daß dies eine notwendige Voraussetzung für Konjunkturzyklen ist. Gleichzeitig habe ich unterstellt, daß die $X = 0$ Linie die Abszisse als Asymptote besitzt.[28] Wegen $G_X - 1 > 0$ sinken oberhalb bzw. rechts dieser Linie die Nachfrageerwartungen, unterhalb bzw. links dieser Linie steigen sie [siehe Abbildung C.II.3.5].

Die Linie $Y^{max} = G(W, X)$ liegt links der Linie $Y^* = G(W, X)$, da ein höheres Einkommen nur über ein niedriges W und/oder ein höheres X erreicht werden kann. Indes ist diese Linie keine geeignete linke Begrenzung eines kompakten Gebiets: Wegen $\dot{Y}^{max} = 0 = G_W \dot{W} + G_X \dot{X}$ bewegt sich eine Lösung des Differentialgleichungssystems entlang dieser Linie.

Gibt es ein Y' zwischen Y^{max} und Y^*, so daß bei jedem Punkt der Linie $Y' = G(W, X)$ das Sozialprodukt sinkt? Wenn dem so wäre, würden in der Folge W und X auf einer Kurve $Y = G(W,X) < Y'$ liegen, also rechts von Y' und damit im Inneren des kompakten Gebietes ABCDE in Abbildung C.II.3.5. In der Tat sichert die Annahme über die Lohnänderung die Existenz eines solchen Y': Aus

$$\dot{Y} = G_W \dot{W} + G_X \dot{X} = G_W \phi\left(N^{max} - F^{-1}(Y)\right) + G_X \theta(G(W,X) - X),$$

folgt wegen $Y - X < Y^{max}$ für alle $Y < Y^{max}$ und $X \geq 0$, daß

$$\dot{Y} < \theta G_X Y^{max} + \phi\left(N^{max} - F^{-1}(Y)\right) G_W.$$

Somit ist hinreichend für $\dot{Y} < 0$, daß ein Y' existiert, das folgende Ungleichung erfüllt:

$$\phi\left(N^{max} - F^{-1}(Y')\right) > -\frac{\theta G_X Y^{max}}{G_W}.$$

Gleichung (C.II.3.7) impliziert, daß es ein solches Y' gibt: Für $Y = Y^*$ ist der Ausdruck auf der linken Seite der vorstehenden Gleichung Null, für $Y \rightarrow Y^{max}$ wird er unendlich groß. Damit muß es ein $Y' \in (Y^*, Y^{max})$ geben, das die Ungleichung erfüllt.

Als letztes müssen wir noch Voraussetzung b) von Satz D.III.3.1 prüfen. Die dort angegebenen Funktionen lauten in unserem Fall:

---

28   Hinreichend dafür ist die Annahme, es gebe auch bei sehr pessimistischen Absatzerwartungen, $X = 0$, ein Preisniveau (und mithin einen Lohn) bei dem die nachgefragte Gütermenge größer als Y^{max} ist. In diesem Fall kann die Gleichung $0 = G(W,0)$ nur von einem $W > 0$ erfüllt werden.

$$f(x_1, x_2) := \phi(N^{max} - F^{-1}[G(W, X)]),$$

$$g(x_1, x_2) := \theta(X - G(W, X)),$$

$$x_1 \equiv W, \ x_2 \equiv X.$$

Daraus können wir an der Stelle des stationären Gleichgewichts folgende Ableitungen berechnen:

$$f_1^* + g_2^* = -\phi' \frac{1}{F'} G_W + \theta(G_X - 1),$$

$$(C.II.3.13)$$

$$f_1^* g_2^* - f_2^* g_1^* = \phi' \theta \frac{1}{F'} G_W > 0.$$

Die zweite der darin genannten Bedingungen ist stets erfüllt. Das Vorzeichen des ersten Ausdrucks ist dann eindeutig negativ, wenn $G_X < 1$ ist, d.h. die $X = 0$ Linie im stationären Gleichgewicht eine negative Steigung hat. Im umgekehrten Fall können wir ein θ finden, so daß der Ausdruck - wie in Satz D.III.3.1 b) gefordert - positiv wird. $G_X > 1$ ist denkbar, wenn die Investitionsnachfrage kräftig auf Veränderungen der Nachfrageerwartungen reagiert, d.h. I_X groß ist und/oder der Multiplikator in Gleichung (C.II.3.12) groß ist.

4. Politökonomische Konjunkturzyklen

Gegenstand dieses Abschnitts sind wirtschaftspolitisch verursachte Konjunkturzyklen. Sie entstehen durch die Politik einer Regierung, die ihre Wiederwahl sichern will. Sie sorgt deshalb dafür, daß am Ende der Legislaturperiode die Arbeitslosenquote möglichst niedrig ist. Der Preis dafür ist aber eine wachsende Inflation. Nach erfolgreicher Wiederwahl muß die Inflation bekämpft werden, wodurch zunächst die Arbeitslosigkeit steigt.

Grundlagen

Die traditionelle Theorie der Wirtschaftspolitik geht von der Vorstellung aus, staatliche Organe handelten ausschließlich im Sinne des Gemeinwohls. Die Konkretisierung des abstrakten Begriffs "Gemeinwohl" in operationalen Zielen ist deshalb Ausgangspunkt wirtschaftspolitischer Überlegungen. Die Wirtschaftstheorie hat dabei die Aufgabe, den Zusammenhang zwischen diesen Zielen und den Handlungsoptionen staatlicher Organe aufzuzeigen. Indem diese den Empfehlungen der wirtschaftspolitischen Berater folgen, dienen sie dem Gemeinwohl.

Grundlage dieser Sichtweise ist die **Organtheorie** des Staates, nach welcher der Staat als eigenständig handelndes Subjekt begriffen werden kann. Der **methodologische Individualismus**, das dominante wissenschaftstheoretische Leitbild der neoklassischen Ökonomie, geht dagegen von der Vorstellung aus, auch das beobachtete Handeln von Kollektiven (wie etwa eines Ministeriums, einer Landesregierung, eines Stadtparlaments) sei letztlich Reflex individueller Motivation, kanalisiert durch institutionelle Rahmenbedingungen. Konsequenterweise darf dann die Theorie der Wirtschaftspolitik nicht beim Aufdecken von Ziel-Mittel-Beziehungen stehen bleiben, sondern muß fragen, ob staatliches Handeln entlang der vom Wirtschaftswissenschaftler aufgezeigten Wege auch tatsächlich zu erwarten ist.

Diese Aufgabe stellt sich die **Neue Politische Ökonomie** (NPÖ).[29] Ihre Wurzeln reichen zurück auf Josef Schumpeter, der den Begriff des politischen Unternehmers prägte, und auf Anthony Downs, der Demokratie in Analogie zum Markt als Konkurrenz der Parteien um Wählerstimmen betrachtete. Die NPÖ erklärt das Verhalten der Handelnden in Parteien, Regierung und Administration - wie das von Konsumenten und Produzenten - als rationales Verfolgen des Eigeninteresses im Rahmen der institutionell gesetzten Schranken und der Reaktionen anderer Beteiligter.

Ein Beispiel für diese andere Perspektive ist der Artikel von William Nordhaus (1975). An einer sehr vereinfachten Darstellung der Wirtschaft zeigt er die Konsequenzen des Wechsels von der am Gemeinwohl orientierten zur am Eigeninteresse ausgerichteten Wirtschaftspolitik.

Beschreibung der Wirtschaft

Nordhaus beschreibt die Wirtschaft mit Hilfe einer **erwartungsmodifizierten Phillipskurve**. Diese beschreibt den Zusammenhang zwischen der Inflationsrate der Periode t, π_t, der Arbeitslosenquote u_t und der erwarteten Inflationsrate π_t^e:

$$\pi_t = \lambda \pi_t^e + f(u_t), \quad f(\overline{u}) = 0, \ f'(u_t) < 0, \ \lambda \in [0, 1]. \qquad \text{(C.II.4.1)}$$

Dieser Gleichung liegt eine Wirtschaft zugrunde, deren Arbeitsmarkt nach den Regeln des Right-to-Manage-Modells funktioniert [siehe S.175]. Der Nominal-

---

29 Einen ausgezeichneten Überblick über die methodologischen Grundlagen und das Forschungsprogramm der Neuen Politischen Ökonomie gibt Buchanan (1987).

lohn W_t steigt, solange Überbeschäftigung herrscht und sinkt bei unfreiwilliger Arbeitslosigkeit. Das Erwerbspersonenpotential ist N^{max} und Vollbeschäftigung herrscht bei N^*. Die Arbeitslosenquote

$$\bar{u} = \frac{N^{max} - N^*}{N^{max}}$$

reflektiert daher freiwillige Arbeitslosigkeit, die mit konstanten Löhnen vereinbar ist. Außer dem Ungleichgewicht auf dem Arbeitsmarkt beeinflussen auch die Inflationserwartungen der Beschäftigten die Lohnentwicklung, denn letztlich bestimmt die Kaufkraft der Löhne das Arbeitsangebot. Bei einer erwarteten Inflationsrate in Höhe von π_t^e sorgen Lohnerhöhungen von $(\dot{W}/W)_t = \pi_t^e$ gerade dafür, daß die Kaufkraft der Löhne gleich bleibt. Die Lohnhypothese, die der erwartungsmodifizierten Phillipskurve zugrunde liegt, lautet daher:

$$(\dot{W}/W)_t = \lambda \pi_t^e + h(u); \quad h(\bar{u}) = 0, \; h'(u) < 0, \; \lambda \in [0, 1]. \qquad \text{(C.II.4.2)}$$

Der Parameter λ bestimmt das Ausmaß der **Geldillusion**, der die Beschäftigten unterliegen. Bei $\lambda=0$ herrscht völlige Geldillusion: Obwohl die Haushalte mit steigenden Güterpreisen rechnen, gehen diese nicht in die Lohnforderungen ein. Keine Geldillusion herrscht, wenn λ gleich Eins ist.

Den Zusammenhang zwischen Löhnen und Güterpreisen stellen wir über die Annahme her, die Güterpreise würden von den Unternehmen als Aufschlag auf die Lohnstückkosten kalkuliert. Die Stückkosten sind $W_t N_t / Y_t$, wenn W_t der Nominallohn, N_t die in der Produktion eingesetzte Menge Arbeit und Y_t die Produktion symbolisieren. Mit m als Aufschlagssatz und P_t als Symbol für den Güterpreis lautet die Formel der Aufschlagskalkulation:

$$P_t = (1 + m) \frac{W_t N_t}{Y_t}; \quad m \geq 0. \qquad \text{(C.II.4.3)}$$

Der Aufschlagsatz ist konstant. Gleichung (C.II.4.3) impliziert daher folgenden Zusammenhang zwischen der Inflationsrate $\pi_t := (\dot{P}/P)_t$ und den Lohnsteigerungen:[30]

$$\pi_t := (\dot{P}/P)_t = (\dot{W}/W)_t - a; \quad a := (\dot{Y}/Y) - (\dot{N}/N).$$

---

30   Leiten Sie Gleichung (C.II.4.3) nach der Zeit ab, berücksichtigen Sie dabei, daß $dm/dt=0$ ist und dividieren Sie das Ergebnis durch Gleichung (C.II.4.3).

In dieser Gleichung ist a die Veränderungsrate der Arbeitsproduktivität, von der wir annehmen, daß sie konstant ist. Wenn wir nun die rechte Seite von Gleichung (C.II.4.2) für $(W/W)_t$ in die vorstehende Gleichung einsetzen und $f(u_t)=h(u_t)-a$ sowie $h(\bar{u})=a$ definieren, erhalten wir die erwartungsmodifizierte Phillipskurve (C.II.4.1).

Als ein langfristiges Gleichgewicht betrachten wir einen Zustand, in dem die Inflationserwartungen korrekt sind: $\pi_t = \pi_t^e$. Demnach beschreibt die Gleichung

$$\pi_t = \frac{f(u_t)}{1-\lambda} \qquad\qquad\text{(C.II.4.4)}$$

die **langfristige Phillipskurve**. Wenn keine Geldillusion herrscht, $\lambda=1$, ist langfristig die Inflationsrate unabhängig von der Arbeitslosenquote, die dann bei $\bar{u}$ liegt.

Abbildung C.II.4.1

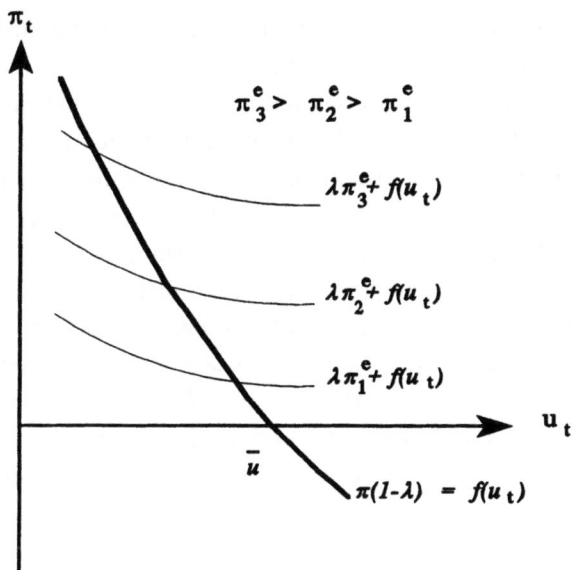

In Abbildung C.II.4.1 ist zu drei verschiedenen erwarteten Inflationsraten $\pi_3^e > \pi_2^e > \pi_1^e$ die zugehörige kurzfristige Phillipskurve eingezeichnet. Diese schneidet jeweils die langfristige Phillipskurve im Punkt $\pi_t = \pi_j^e$, $j=1, 2, 3$.

Die Wirtschaftssubjekte bilden ihre Inflationserwartungen adaptiv. Im Kontext eines zeitstetigen Modells heißt das, die Veränderung der erwarteten Inflationsrate, $\dot{\pi}_t^e$, ist direkt proportional zum Prognosefehler der jeweiligen Periode:

$$\dot{\pi}_t^e = \gamma[\pi_t - \pi_t^e]; \quad \gamma \geq 0. \qquad \text{(C.II.4.5)}$$

Der Parameter γ bestimmt die Geschwindigkeit, mit der sich die Erwartungen der tatsächlichen Inflationsrate annähern.

Die Wahlfunktion

Betrachten wir nun die Stimmabgabe eines Wählers i. Nordhaus vereinfacht auch hier drastisch, indem er unterstellt, einzig die wirtschaftliche Situation des Wählers sei ausschlaggebend für dessen Wahlverhalten. Die wirtschaftliche Situation des Wählers reflektieren gesamtwirtschaftliche Indikatoren wie die Inflationsrate und die Arbeitslosenquote. Sie stehen indirekt mit jenen Größen im Zusammenhang, welche den Lebensstandard des Wählers bestimmen. Es ist plausibel anzunehmen, daß sowohl eine größere Inflationsrate als auch eine höhere Arbeitslosenquote den Lebensstandard senken. Wenn $V_i(\pi_t, u_t)$ die Wohlfahrt des Wählers i als Funktion der gesamtwirtschaftlichen Größen Inflationsrate und Arbeitslosenquote ist, sollte daher $\partial V_i / \partial \pi_t < 0$ und $\partial V_i / \partial u_t < 0$ gelten. Für die Wahlentscheidung reicht indes die momentane Wohlfahrt nicht aus. Notwendig ist desweiteren der Vergleich mit zurückliegenden Jahren. Erst aus der historischen Erfahrung heraus kann der Wähler feststellen, ob es ihm unter der momentanen Regierung besser, schlechter oder gleich gut geht wie in früheren Legislaturperioden. Nordhaus verdichtet diese Erfahrung in Referenzwerten für die Inflationsrate und die Arbeitslosenquote. Wir nennen diese Werte π^* und u^*. Der zugeordnete Lebensstandard ist dann $V_i^* := V_i(\pi^*, u^*)$. Nordhaus unterstellt nun folgendes Wahlverhalten für den Wähler i:

$$
g_i(\pi_t, u_t) := \begin{cases} 1 \text{ falls } \dfrac{V_i(\pi_t, u_t)}{V_i(\pi^*, u^*)} > 1 \\[3ex] 0 \text{ falls } \dfrac{V_i(\pi_t, P_t)}{V_i(\pi^*, u^*)} = 1 \\[3ex] -1 \text{ falls } \dfrac{V_i(\pi_t, u_t)}{V_i(\pi^*, u^*)} < 1 \end{cases} \qquad\text{(C.II.4.6)}
$$

Demnach votiert er für die Regierungspartei, $g_i(\cdot)=1$, wenn sein derzeitiger Lebensstandard über seinem historischen Vergleichsmaß liegt. Er stimmt gegen die Regierungspartei, $g_i(\cdot)=-1$, (und damit für die Opposition), wenn sein Lebensstandard unter seinem historischen Vergleichsmaß liegt. Er enthält sich der Stimme, $g_i(\cdot)=0$, wenn sich sein Lebensstandard nicht geändert hat. Nimmt man nun an, alle I Wähler hätten einen gegebenen und zeitunabhängigen Bewertungsmaßstab V_i^*, dann ist die aggregierte Wahlfunktion

$$
g(\pi_t, u_t) := \sum_{i=1}^{I} g_i(\pi_t, u_t) \qquad\text{(C.II.4.7)}
$$

nur eine Funktion der Inflationsrate und der Arbeitslosenquote. Nordhaus nimmt an, daß diese Funktion durch streng konkave Indifferenzkurven beschrieben werden kann. Jede Kurve reflektiert Kombinationen von Inflationsrate und Arbeitslosenquote, die zum gleichen Anteil an Wählerstimmen führen. Je näher eine dieser Kurven zum Ursprung hin liegt, desto größer ist dieser Anteil [siehe Abbildung C.II.4.2].

Optimale Wirtschaftspolitik aus traditioneller Sicht

Betrachten wir, welche Lösung des Problems von der traditionellen Theorie der Wirtschaftspolitik zu erwarten ist. Dazu müssen wir zunächst das Ziel der Wirtschaftspolitik formulieren. Wir haben gesehen, daß der Anteil an den Wählerstimmen für die Regierungspartei indirekt Ausdruck des Lebensstandards der Bevölkerung ist. Das Ziel der Wirtschaftspolitik sei deshalb die Maximierung der abdiskontierten Summe der Wählerstimmen über einen

Abbildung C.II.4.2

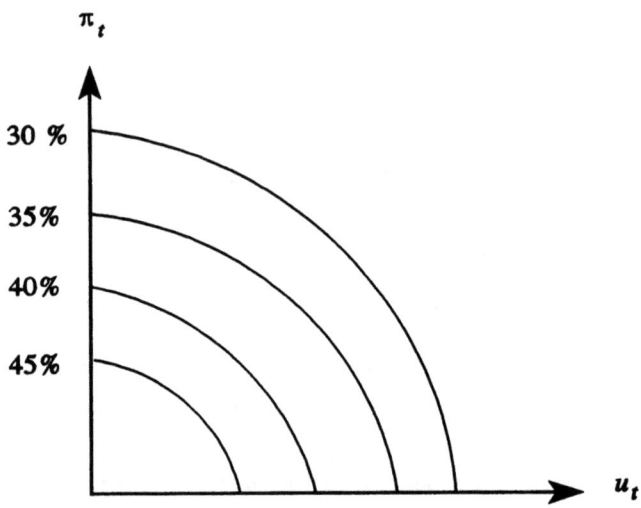

unendlich großen Planungszeitraum:

$$V(0) := \int_0^\infty g(\pi_t, u_t)e^{-\rho t}dt. \qquad\qquad (C.II.4.8)$$

Damit geht nicht nur das Wohlbefinden der lebenden Generationen, sondern auch das aller künftigen Generationen in die Zielsetzung der Wirtschaftspolitik ein. Der Diskontfaktor $\rho \geq 0$ legt fest, in welchem Maß die Wohlfahrt künftiger Generationen berücksichtigt wird. Je größer er ist, desto weniger spielt die Wohlfahrt künftiger Generationen für die Politik in der Gegenwart und in der nahen Zukunft eine Rolle.

Über welches Instrumentarium verfügt nun die Regierung? Durch die Phillipskurve (C.II.4.1) ist ein Zielkonflikt zwischen Inflation und Beschäftigung vorgegeben. Maßnahmen der Geld- und Fiskalpolitik, die auf die Arbeitslosenquote zielen, verändern damit gleichzeitig die Inflationsrate. Der Zusammenhang zwischen der Arbeitslosenquote und den Instrumenten der Geld- und Fiskalpolitik beruht auf einer Reihe ökonomischer Mechanismen, wie etwa dem Multiplikatoreffekt und dem Keyneseffekt. Solange sich diese Mechanismen während der Planungsperiode nicht verändern (weil etwa die Zinselastizität der Investitionsnachfrage sinkt oder die marginale Konsumquote steigt), können wir formal anstelle der Instrumente der Geld- und Fiskalpolitik die Arbeitslosenquote als Instrument der Regierung betrachten.

Die optimale Wirtschaftspolitik besteht demnach darin, einen Zeitpfad für die Arbeitslosenquote zu wählen, der die Zielfunktion (C.II.4.8) unter der Nebenbedingungen der Phillipskurve (C.II.4.1) und der Erwartungsbildung (C.II.4.5) maximiert. Man kann eine Lösung dieses Problems durch folgende Bedingung beschreiben [siehe Ergänzung C.II.4.1]:

$$\frac{f'}{1-\lambda} = -\frac{\rho + \gamma(1-\lambda)}{(1-\lambda)(\rho+\gamma)} \frac{g_u}{g_\pi}. \tag{C.II.4.9}$$

Auf der linken Seite dieser Gleichung steht der Ausdruck für die Steigung der langfristigen Phillipskurve [siehe Gleichung (C.II.4.4)]. Auf der rechten Seite steht das Produkt aus einem Term, der nur von den Modellparametern abhängt und der Grenzrate der Substitution zwischen der Inflationsrate und der Arbeitslosenquote, g_u/g_π, d.h. der Steigung einer der Indifferenzkurven aus Abbildung C.II.4.2.[31]

Nehmen wir an, die Diskontrate ρ wäre Null. Dann würde im langfristigen Gleichgewicht die Kombination von Inflation und Arbeitslosenquote gewählt, bei der die langfristige Phillipskurve Tangente einer Indifferenzkurve ist. Das entspricht dem Punkt G in Abbildung C.II.4.3.

Wenn wir Gleichung (C.II.4.9) etwas umschreiben, lautet sie:

$$f'(u) = \left(1 - \frac{\lambda\gamma}{\rho+\gamma}\right)\frac{g_u}{g_\pi},$$

und wir sehen, daß bei einer unendlich großen Diskontrate ρ das langfristige Gleichgewicht dort liegt, wo eine kurzfristige Phillipskurve Tangente an eine Indifferenzkurve ist. Dieser Punkt, nennen wir ihn M, muß oberhalb von G auf der langfristigen Phillipskurve liegen, denn in G schneidet die kurzfristige Phillipskurve die Indifferenzkurve. Nordhaus nennt diese Politik "myopisch" (kurzsichtig), da sie nur dann optimal ist, wenn die Wohlfahrt künftiger Perioden keine Rolle spielt.

---

31 Das vollständige Differential der aggregierten Wahlfunktion $g(\pi, u)$ lautet

$$dg = g_\pi d\pi + g_u du. \tag{i}$$

Entlang einer Indifferenzkurve muß $dg=0$ gelten. Daher folgt aus Gleichung (i) der Ausdruck

$$\frac{d\pi}{du} = -\frac{g_u}{g_\pi}$$

für die Steigung einer Indifferenzkurve.

Abbildung C.II.4.3

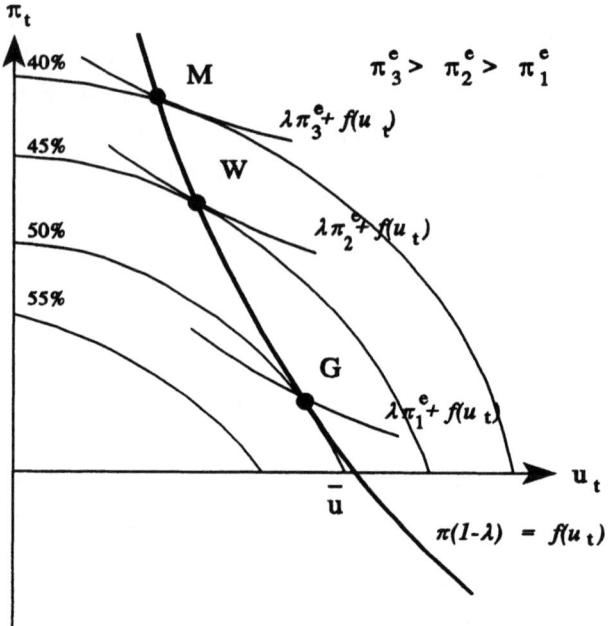

Wenn die Diskontrate im Intervall $\rho \in (0, \infty)$ liegt, ist wegen

$$\frac{\rho + \gamma(1 - \lambda)}{(1 - \lambda)(\rho + \gamma)} > 1$$

die Steigung der Indifferenzkurve im langfristigen Gleichgewicht kleiner als die Steigung der langfristigen Phillipskurve. Gleichzeitig ist dort die Steigung der kurzfristigen Phillipskurve kleiner als die Steigung der Indifferenzkurve, denn $(1-(\lambda\gamma)/(\rho+\gamma)) < 1$. Daraus folgt, daß das Gleichgewicht zwischen den Punkten M und G liegen muß, beispielsweise im Punkt W in Abbildung C.II.4.3.

Welche Diskontrate auch immer vorliegen mag, ein Ergebnis bleibt festzuhalten: Die optimale Wirtschaftspolitik läuft darauf hinaus, einen Punkt auf der langfristigen Phillipskurve anzusteuern.

Der politische Konjunkturzyklus

Betrachten wir nun das Problem, das sich einer Regierungspartei stellt, deren Ziel es ist, am Ende einer Legislaturperiode, $t=\theta$, wiedergewählt zu werden. Die Zahl der Wählerstimmen, die sie am Wahltag erwarten kann, sei:

$$W(\theta) := \int_0^\theta g(\pi_t, u_t) e^{\mu t} dt; \ \mu \geq 0 \qquad \text{(C.II.4.10)}$$

In diesem Ausdruck ist $g(\pi_t, u_t)$ die Zustimmung, welche die Regierungspartei zum Zeitpunkt $t \in [0, \theta]$ während ihrer Legislaturperiode erfährt. Der Faktor $e^{\mu t}$ gewichtet diesen Wert. Je näher der Wahltag rückt, desto größer ist der Gewichtungsfaktor. Die Wählerschaft bewegen deshalb aktuelle Ereignisse mehr, als es zurückliegende tun. Erwartungen über die künftige Politik spielen überhaupt keine Rolle. Für die Regierungspartei, deren Ziel die Wiederwahl ist, stellt sich deshalb die Aufgabe, während ihrer Legislaturperiode die Arbeitslosigkeit so zu steuern, daß (C.II.4.10) unter der Nebenbedingungen der Phillipskurve (C.II.4.1) und der Erwartungsbildung (C.II.4.5) maximiert wird.

Um zu einer expliziten Lösung dieses Problems zu gelangen, unterstellt Nordhaus für g und f einfache Funktionen:

$$g(\pi_t, u_t) := -u_t^2 - \beta\pi_t, \qquad \text{(C.II.4.11)}$$

$$f(u_t) := \alpha_0 - \alpha_1 u_t, \quad \alpha_0, \alpha_1 > 0. \qquad \text{(C.II.4.12)}$$

Damit lautet das Optimierungsproblem der Regierung:

$$\max \quad W(\theta) := \int_0^\theta \left[-u_t^2 - \alpha_0\beta + \alpha_1\beta u_t - \lambda\beta\pi_t^e \right] e^{\mu t} dt,$$

$$\text{(C.II.4.13)}$$

unter der Nebenbedingung

$$\dot{\pi}_t^e = \gamma \left[\alpha_0 - \alpha_1 u_t - (1-\lambda)\pi_t^e \right].$$

Man kann zeigen [siehe Ergänzung C.II.4.1], daß die optimale Politik darin besteht, am Beginn der Legislaturperiode $t=0$ die Arbeitslosenquote auf $u(0)$ anzuheben, um sie dann während der Legislaturperiode stetig abzubauen. Gelingt die Wiederwahl, wiederholt die Regierung diese Politik in der nächsten Legislaturperiode, d.h. im Intervall $[\theta, 2\theta]$. Gewinnt die Opposition die Wahl, so bleibt auch ihr bei gleicher Zielsetzung nichts anderes übrig, als dieselbe Politik zu ergreifen, denn diese ist die einzige, die unter den gegebenen Umständen die Zahl der Wählerstimmen maximiert.

Abbildung C.II.4.4 veranschaulicht die optimale Wirtschaftspoltik der Regierung und den damit verbundenen Pfad der Inflationsrate. Sie entstand aus einer Simulation des Modells mit den Parameterwerten $\lambda=0.7$, $\gamma=0.3$, $\mu=0.03$.

Abbildung C.II.4.4

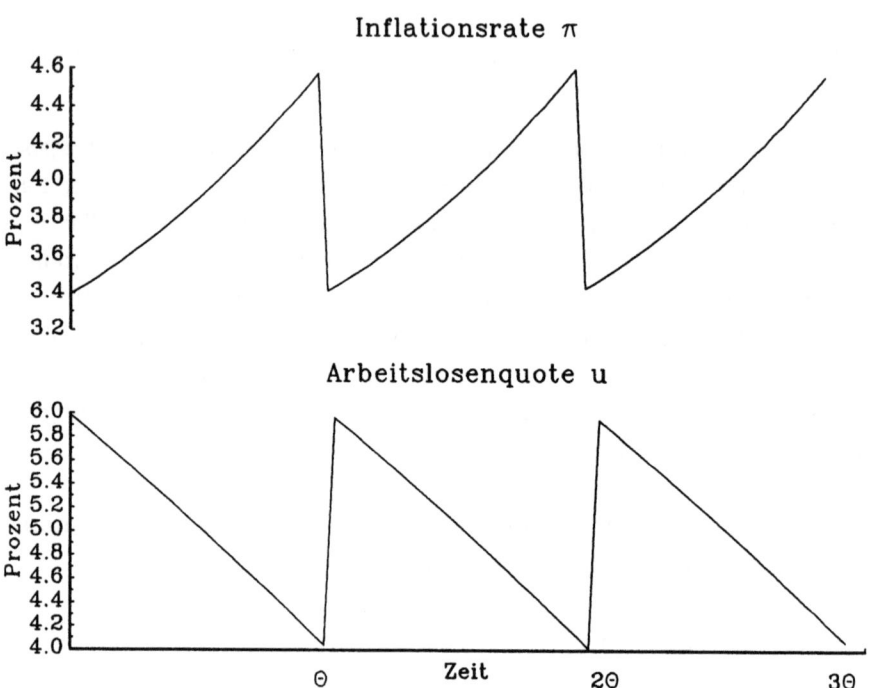

Die Werte für α_0, α_1, β und θ ergeben sich implizit, durch Vorgabe von $u(\theta)=$ 0.04, $u(0)=0.06$, $\pi^e(\theta)=0.06$ und $\pi^e(0)=0.02$. Der Zeitpfad beider Variablen gleicht einer Sägezahnkurve. Dafür ist die Annahme verantwortlich, die Regierung könnte augenblicklich durch geld- und fiskalpolitische Maßnahmen die Arbeitslosenquote nach der Wahl erhöhen. Würde man Wirkungsverzögerungen in das Modell einbeziehen, ergäben sich realistischere Zeitpfade für Inflation und Arbeitslosenquote.

Die Intuition hinter diesem Zyklus ist folgende: Die Regierung kann aufgrund der Phillipskurve Inflationsrate und Arbeitslosenquote nicht gleichzeitig niedrig halten. Die langsame Anpassung der Erwartungen an die tatsächliche Inflationsrate führt allerdings zu einer Wirkungsverzögerung zwischen Arbeitslosenquote und Inflationsrate. Am Tag nach der Wahl, wenn die Arbeitslosenquote sprunghaft zunimmt, ist auch die Inflationsrate noch vergleichsweise hoch, weil die Wähler noch überdurchschnittliche Inflationserwartungen haben. Insofern ist die Popularität der Regierung kurz nach der Wahl am geringsten. Anschließend verbessert sich die Lage auf dem Arbeitsmarkt kontinuierlich, während infolge der gesunkenen Inflationserwartungen die Inflationsrate erst nach und nach wächst. Je näher die nächste Wahl rückt, desto niedriger ist die Arbeitslosenquote. Die Wähler haben die Rezession schon fast vergessen und sehen nur den Aufschwung. Ihre Gegenwartsbezogenheit läßt die künftigen Kosten dieses Aufschwungs (nämlich die nächste Rezession) nicht in die Wahlentscheidung einfließen.

* * *

Ergänzung C.II.4.1

Optimale Wirtschaftspolitik[*]

Bei den in diesem Abschnitt beschriebenen Maximierungsproblemen handelt es sich um Probleme der sogenannten Kontrolltheorie. Gewöhnliche Maximierungsprobleme beinhalten die Suche nach optimalen Werten für die Aktionsparameter des Entscheidenden. Im Unterschied dazu suchen wir hier einen Zeitpfad für die Arbeitslosenquote. Die Unbekannte ist also keine reelle Zahl sondern eine Funktion. Die beiden zu lösenden Aufgaben gehören damit zu folgender Klasse von Problemen:

$$\max \int_{t_1}^{t_2} F(x,y)e^{rt}dt,$$

unter der Nebenbedingung

$\dot{x} = f(x,y), \quad x(0)$ gegeben.

Darin bezeichnet man x als Zustandsvariable und y als Kontrollvariable. Gesucht ist eine im Intervall $I=[t_1, t_2]$ stückweise stetige Funktion $y(t)$, die über die Nebenbedingung auf eine Funktion $x(t)$ führt, so daß beide Funktionen den Wert des Integrals maximieren.

Es ist im Rahmen dieses Buches nicht möglich, eine mathematische präzise Darstellung der Werkzeuge zur Lösung solcher Probleme zu geben. Eine hervorragende Abhandlung dazu ist das Buch von Feichtinger und Hartl (1986). Grob gesprochen findet man notwendige Bedingungen für das Problem durch eine Analogie zum Lagrangeverfahren der statischen Optimierung. Bei der sogenannten Current-Value-Version bildet man einen als Hamiltonfunktion bezeichneten Ausdruck:

$$H := F(x,y) + \psi f(x,y). \tag{i}$$

Er ist die Summe aus der Funktion F und der mit ψ multiplizierten Nebenbedingung. ψ nennt man Kozustandsvariable. Die Kozustandsvariable kann man als Schattenpreis der Zustandsvariablen interpretieren. Sie ist ebenfalls eine Funktion der Zeit. Falls das Problem (i) eine optimale Lösung (x^*, y^*) besitzt, dann gilt folgendes:

y^* maximiert die Hamiltonfunktion, d.h. es gilt $\dfrac{\partial H}{\partial y}(x^*,y^*) = 0,$ \hfill (ii)

Die Kozustandsvariable genügt der Differentialgleichung

$$\dot{\psi} + r\psi = -\frac{\partial H}{\partial x}(x^*,y^*). \tag{iii}$$

Wenn für x kein Endwert $x(t_2)$ vorgegeben ist und t_2 endlich ist, gilt

$$\psi(t_2) = 0. \tag{iv}$$

Mit Hilfe der Bedingungen (ii) bis (iv) können wir nun die notwendigen Bedingungen für die beiden Maximierungsprobleme ableiten. Wir betrachten zunächst das Problem der am Gemeinwohl orientierten Wirtschaftspolitik. Die Hamiltonfunktion ist [Die Zeitindizes unterdrücken wir zur Vereinfachung der Schreibweise]:

$$H := g(\pi, u) + \psi\gamma[\pi - \pi^e],$$

$$= g(\lambda\pi^e + f(u), u) + \psi\gamma[\lambda\pi^e + f(u) - \pi^e].$$

Daraus erhalten wir:

$$\frac{\partial H}{\partial u_t} = g_\pi f' + g_u + \psi\gamma f' = 0,$$

$$\dot\psi = \rho\psi - g_\pi\lambda - \psi\gamma(\lambda - 1).$$

Nachdem in diesem Problem der Zeithorizont unbeschränkt ist, betrachten wir ein langfristiges Gleichgewicht, indem der Schattenpreis der Inflation konstant ist, $\psi = 0$. Aus der zweiten Gleichung erhalten wir dann

$$\psi = \frac{\lambda g_\pi}{\rho + \gamma(1 - \lambda)}.$$

Wenn wir diesen Wert in die erste Gleichung einsetzen, erhalten wir Gleichung (C.II.4.9).

Die Hamiltonfunktion für die an ihrer Wiederwahl interessierte Regierung lautet:

$$H := -u^2 - \alpha_0\beta + \alpha_1\beta u - \lambda\beta\pi^e + \psi\gamma[\alpha_0 - \alpha_1 u - (1-\lambda)\pi^e].$$

Daraus folgen:

$$\frac{\partial H}{\partial u} = -2u + \alpha_1\beta - \psi\gamma\alpha_1 = 0 \quad \Rightarrow \quad u = \frac{1}{2}\alpha_1(\beta - \gamma\psi),$$

$$-\frac{\partial H}{\partial\pi^e} = \mu\psi + \dot\psi \quad \Rightarrow \quad \dot\psi = [(1 - \lambda)\gamma - \mu]\psi + \lambda\beta.$$

Differenziert man die Bestimmungsgleichung für u nach der Zeit und berücksichtigt die Differentialgleichung für den Schattenpreis der Inflation, gelangt man zu:

$$\dot u = -\frac{1}{2}\alpha_1\gamma\dot\psi = -\frac{1}{2}\alpha_1\gamma\{[(1-\lambda)\gamma - \mu]\psi + \lambda\beta\},$$

$$= \frac{1}{2}\alpha_1\{-[(1-\lambda)\gamma - \mu]\gamma\psi - \gamma\lambda\beta\},$$

$$= \frac{1}{2}\alpha_1\{\beta[(1-\lambda)\gamma - \mu] - \beta[(1-\lambda)\gamma - \mu] - [(1-\lambda)\gamma - \mu]\gamma\psi - \gamma\lambda\beta\},$$

$$= \frac{1}{2}\alpha_1[\beta - \gamma\psi][(1-\lambda)\gamma - \mu] + \frac{1}{2}\alpha_1\beta(\mu - \gamma),$$

und damit zu der folgenden linearen Differentialgleichung in u_t:

$$\dot{u} = au + b,$$

$$a := (1 - \lambda)\gamma - \mu, \tag{v}$$

$$b := -\frac{\alpha_1 \beta (\gamma - \mu)}{2}.$$

Nun ist am Wahltag der Schattenpreis der (künftigen) Inflation Null, $\psi(\theta)=0$ [siehe (iv)]. Demnach muß die Arbeitslosenquote am Wahltag den Wert

$$u(\theta) = \frac{\alpha_1 \beta}{2} \tag{vi}$$

erreichen. Die Lösung der linearen Differentialgleichung (v) mit der Endbedingung (vi) ist:

$$u(t) = \frac{u(\theta)}{a} \left(\gamma - \mu - \lambda \gamma e^{a(t - \theta)} \right). \tag{vii}$$

Der Klammerausdruck in Gleichung (vii) ist eine Funktion von $t \in [0, \theta]$ mit dem Wertebereich

$$\left[a, \gamma - \mu - \lambda \gamma e^{-a\theta} \right] \quad \text{wenn } a > 0,$$

$$\left[\gamma - \mu - \lambda \gamma e^{-a\theta}, a \right] \quad \text{wenn } a < 0.$$

In beiden Fällen ($a>0$ bzw. $a<0$) ist der Faktor $(\bullet)/a$ für $t=0$ größer als eins und sinkt mit $t \to \theta$ auf eins. Die optimale Politik besteht deshalb darin, am Beginn der Legislaturperiode $t=0$ die Arbeitslosenquote auf $u(0)$ anzuheben, um sie dann während der Legislaturperiode stetig abzubauen.

* * *

Empirische Aspekte

Der Konjunkturzyklus des Nordhaus Modells beruht auf drei Prämissen: Der erwartungsmodifizierten Phillipskurve mit der Geldillusion der Wirtschaftssubjekte, den adaptiven Inflationserwartungen und dem Vergessen und der Gegenwartsbezogenheit der Wähler, die von einer die Zusammenhänge überblickenden Regierung ausgenutzt werden.

Aus heutiger Perspektive ist wohl keine dieser drei Prämissen akzeptabel. Geldillusion ist keine realistische Beschreibung des Verhaltens von Haushalten und Unternehmern. Die Theorie Rationaler Erwartungen lehnt darüber hinaus einen wirtschaftspolitisch nutzbaren Trade-Off zwischen Inflation und Arbeitslosigkeit ab. Nach dieser Theorie wäre es auch verfehlt, von einer wohlinformierten Regierung und uninformierten Wählern auszugehen. Das

Zusammenspiel von Wirtschaftspolitik und Wirtschaft gleicht aus dieser Sicht eher strategischen Situationen, wie sie die Theorie nicht-kooperativer Spiele beschreibt. Schließlich müssen wir auch berücksichtigen, daß wirtschaftliche Zusammenhänge zwar wichtig, aber sicher nicht allein entscheidend für die Stimmabgabe sind.

Abbildung C.II.4.5

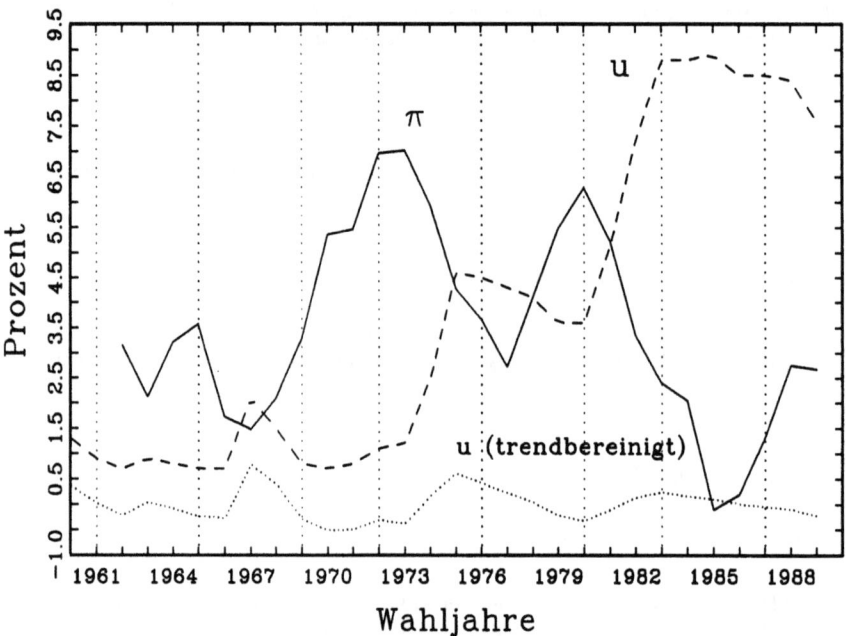

Quelle: Sachverstaendigenrat 1992, eigene Berechnungen

Es darf daher nicht verwundern, daß zahlreiche empirische Untersuchungen nicht in der Lage sind, den vom Modell behaupteten Zusammenhang festzustellen. Abbildung C.II.4.5 zeigt die Entwicklung von Arbeitslosenquote und Inflationsrate (gemessen an der Veränderungsrate des Preisindex der Lebenshaltung aller Haushalte) in der Bundesrepublik Deutschland von 1960 bis 1990. Die gepunkteten, vertikalen Linien grenzen die Legislaturperioden voneinander ab. Das Muster von Inflationsrate und Arbeitslosenquote aus Abbildung (C.II.4.13) zeigt sich nur während der Legislaturperiode von 1976 bis 1980. Selbst wenn man mit Hilfe des HP-Filters ($\mu=100$) den Trend der Arbeitslosenrate eliminiert, zeigt sich nur noch einmal, nämlich in der Periode von 1983 bis 1987, der vom Modell vorhergesagte Zusammenhang.

Die Schwächen des Nordhaus Modells haben spätere Arbeiten zu beheben versucht. Beispielsweise zeigt Alesina (1987) in einem spieltheoretischen Modell, daß es trotz rationaler, vorausschauender Wähler zu politisch induzierten Konjunkturzyklen kommen kann. Allerdings unterscheidet sich deren Verlaufsmuster von jenen des Nordhaus Modells. Dafür entsprechen seine Implikationen weit eher der Realität, wie eine empirischen Untersuchung von Alesina und Roubini (1992) auf der Basis von Daten für zahlreiche OECD-Länder zeigt.

D
Analytische Hilfsmittel[*]

" ... ask yourself what advice you would have to give to a young man who steps into your office with the following surprisingly common story: 'I am interested in economic theory. I know little mathematics. And when I look at the journals, I am greatly troubled. Must I give up hopes of being a theorist? Must I learn mathematics? If so, how much? I am already past twenty-one; am I past redemption?' ... I think a better answer might go somewhat as follows: Some of the most distinguished economic theorists, past and present, have been innocent of mathematics. Obviously, you can become a great theorist without knowing mathematics. Yet it is fair to say that you will have to be that much more clever and brilliant."

Paul A. Samuelson (1952), S. 64f.

I. Zeitdiskrete und zeitstetige Modelle

Dieser Abschnitt liefert die konzeptionelle Grundlage für das Verständnis dynamischer, mathematischer Wirtschaftsmodelle. Er erläutert die beiden Zeitkonzepte, in denen solche Modelle formuliert werden und deckt den formalen Zusammenhang zwischen Strom- und Bestandsgrößen auf. Die Lektüre der folgenden Abschnitte ist für Leser mit geringer mathematischer Übung nicht ganz einfach. Diesen Lesern empfehle ich, einzelne Herleitungen, die bisweilen den einen oder anderen Zwischenschritt nur erwähnen, ihn aber nicht schriftlich festhalten, mit Bleistift und Papier nachzuvollziehen.

Strom- und Bestandsgrößen

Grundlegend für das Verständnis dynamischer Modelle ist der Zusammenhang zwischen Strom- und Bestandsgrößen. Ein Beispiel aus dem Alltag soll die entsprechenden Konzepte veranschaulichen.

Betrachten wir einen Pkw, der auf einer vorgezeichneten Strecke fährt [bspw. der A3 von Köln nach Frankfurt]. Nachdem seine Wegstrecke vorgegeben ist, können wir seinen genauen Standort durch Angabe der Zeit eindeutig festlegen. Nennen wir die Stelle, an der sich der Pkw zum Zeitpunkt t befindet, $P(t)$ [z.B. $t=9$ Uhr morgens, Autobahndreieck Heumar]. Er fährt mit konstanter Geschwindigkeit $\bar{v}$ [z.B. 120 km/h] den vorgezeichneten Weg. Nach Δt Zeiteinheiten [z.B. einer Stunde] hat er $\Delta t \bar{v}$ Kilometer zurückgelegt und muß deshalb an der Stelle $P(t+\Delta t)$ angelangt sein, die wir einfach berechnen können:

$$P(t+\Delta t) = \bar{v}\Delta t + P(t). \qquad\qquad\qquad\text{(D.I.1)}$$

Die Zahl der gefahrenen Kilometer entspricht der Fläche des schraffierten Rechtecks in Abbildung D.I.1. Sie ist ein Beispiel für eine **Stromgröße**. Das sind Größen, die nur in bezug auf Zeitintervalle definiert sind: Ohne das Auto auch nur für die Spanne eines Augenblicks zu bewegen, legt es keinen Millimeter zurück.

Abbildung D.I.1

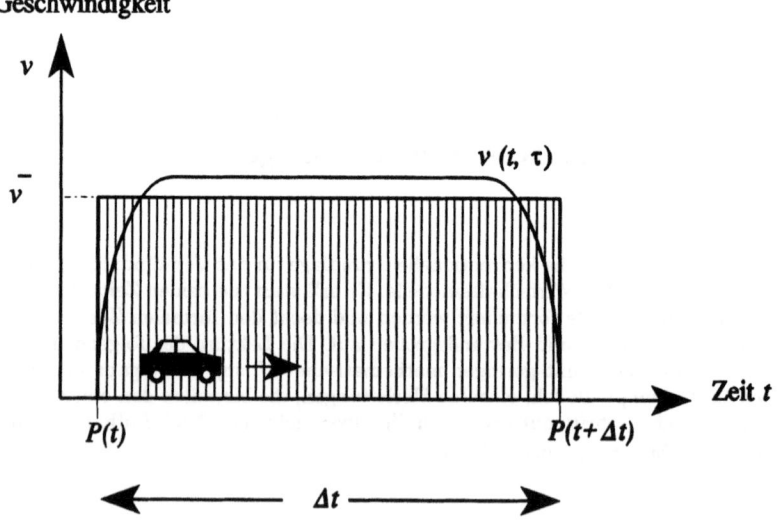

Ökonomische Kategorien wie Produktion und Konsum sind in diesem Sinne Stromgrößen. Herstellen wie Verbrauchen von Gütern erfordert Zeit. Demgegenüber sind Größen wie die Menge im Umlauf befindlicher Münzen oder ein Preisindex jederzeit meßbar. Sie sind **Bestandsgrößen**, analog zur Position P unseres Pkws.

Die Geschwindigkeit eines Pkws ist nicht während seiner gesamten Fahr-
zeit konstant. Beginnt die Fahrt bei *P(t)* und endet sie bei *P(t+Δt)*, muß der
Fahrer zunächst auf die Reisegeschwindigkeit beschleunigen, die er bis kurz
vor Fahrtende beibehält, um dann abzubremsen, so daß er bei *P(t+Δt)* zum
Stehen kommt. In Abbildung D.I.1 beschreibt die durchgezogene Kurve *v(t,τ)*
diesen Verlauf der Geschwindigkeit. Die Geschwindigkeit ist nun eine Funktion der Zeit während der Fahrt $\tau \in [t, t+\Delta t]$ und des Zeitpunkts *t*, an dem die
Fahrt beginnt [im morgendlichen Stau fährt man gezwungenermaßen lang-
samer als zwischen den Hauptverkehrszeiten]. Die gefahrenen Kilometer entsprechen nun der Fläche unter der Kurve *v(t,τ)*.[1] Der analytische Ausdruck
für die gefahrenen Kilometer, bzw. die Fläche unter dem Kurvenzug *v(t,τ)*, ist
das bestimmte Integral der Funktion *v(t,τ)* im Intervall [*t*, *t+Δt*].

Damit können wir folgende Beziehung zwischen einer Stromgröße *X(t,Δt)*
und einer und Bestandsgröße *P(t)* formulieren:

$$P(t + \Delta t) - P(t) = X(t, \Delta t) := \int_{t}^{t + \Delta t} v(t, \tau)\, d\tau. \qquad \text{(D.I.2)}$$

Aus dem Hauptsatz der Integralrechnung[2] folgt:

$$\lim_{\Delta t \to 0} X(t, \Delta t) = 0,$$

$$\lim_{\Delta t \to 0} \frac{X(t, \Delta t)}{\Delta t} = v(t, t). \qquad \text{(D.I.3)}$$

Die inhaltliche Bedeutung dieser Aussagen erläutert der nächste Absatz.

---

1 Die Zeichnung zeigt es nicht präzise, aber natürlich muß die Fläche des Rechtecks ebenso
   groß sein wie die Fläche unter dem Kurvenzug *v(t,τ)*. Wissen Sie warum?

2 Nach diesem Satz gilt für das bestimmte Integral einer reellwertigen Funktion *g(x)* mit der
   Stammfunktion *G(x)*, *G'(x)=:g(x)*:

$$\int_{a}^{b} g(x)\, dx = G(b) - G(a).$$

Siehe beispielsweise Beckmann und Künzi (1973), S. 160.

Dauer der Kreislaufperiode

Ein dynamisches Wirtschaftsmodell ist ein Modell, in dem die Variablen zeitabhängig sind. Den Zustand eines Wirtschaftsmodells zu einem beliebigen Zeitpunkt t beschreiben die Werte aller relevanten Variablen des Modells. Von einem **zeitdiskreten Modell** spricht man, wenn die Kreislaufperiode eine gegebene und konstante Länge $\Delta t > 0$ besitzt. Die Zeit ist in diesem Fall eine diskrete Variable, weil sie auf der Skala t, $t+\Delta t$, $t+2\Delta t$, $t+3\Delta t$ usw. gemessen wird. Läßt man gedanklich die Kreislaufperiode auf Null schrumpfen, gelangt man zu einem **zeitstetigen Modell**, weil t nun jede reelle Zahl sein kann. Gleichung (D.I.3) zeigt, daß in einem solchen Modell nur Bestandsgrößen und Stromraten $v(t,t)$ [in Analogie zur Geschwindigkeit] vorkommen. Hingegen besitzt ein zeitdiskretes Modell **Bestands- und Stromgrößen**.

Periodenmodelle sind sicher anschaulicher als zeitstetige Modelle. Für alle praktischen Zwecke, wie die empirische Konjunkturforschung und Konjunkturprognose, benutzt man in der Regel zeitdiskrete Modelle, weil nur sie Stromgrößen besitzen.[3] Andererseits implizieren diese Modelle eine perfekte Synchronisation wirtschaftlicher Aktivitäten, die es in der Realität nicht gibt. Preise, Kassen- und Lagerbestände können sich in einem Periodenmodell nur am Übergang von einer Periode zur nächsten ändern. Wäre beispielsweise $v(t, \tau)$ die momentane Preisänderung, dann beschriebe Gleichung (D.I.2) die Differenz zwischen dem Preisniveau P zweier Perioden t und $t+\Delta t$. In einem Periodenmodell kommen aber nur $P(t)$ und $P(t+\Delta t)$ vor. Die Preisänderung vollzieht sich deshalb abrupt beim Übergang von der einen zur anderen Periode. Gerade gesamtwirtschaftliche Größen, die ja die Entwicklung vieler ihnen zugrunde liegender Einzelgrößen widerspiegeln, ändern sich indes mehr oder weniger kontinuierlich während der Kreislaufperiode. Als Approximation für das zeitliche Nebeneinander unterschiedlichster wirtschaftlicher Aktivitäten favorisieren deshalb viele Forscher zeitstetige Modelle.

Der Übergang von der diskreten zur zeitkontinuierlichen Betrachtung, kann formal über die Bildung von Grenzwerten geschehen. Dieses Verfahren zwingt dazu, den Zeitbezug von Variablen und Modellparametern aufzudekken.

Betrachten wir ein einfaches Beispiel: Der Konsum der Periode $t+\Delta t$, $C(t+\Delta t, \Delta t)$, sei eine lineare Funktion des Einkommens der Vorperiode, $Y(t,\Delta t)$:

$$C(t + \Delta t, \Delta t) = A(\Delta t) + c(\Delta t)\, Y(t, \Delta t), \qquad\qquad \text{(D.I.4)}$$

---

3 Es gibt auch Ansätze, zeitstetige Modelle ökonometrisch zu schätzen. Siehe hierzu bspw. Gandolfo (1981).

wobei der autonome Konsum A und die marginale Konsumneigung c nur von der Länge der Kreislaufperiode abhängig seien. Wenn die Produktion der Nachfrage entspricht, beschreibt die nachstehende Gleichung den Multiplikatorprozeß:

$$Y(t + \Delta t) = A(\Delta t) + c(\Delta t) Y(t, \Delta t).$$ (D.I.5)

Bei konstanter Periodenlänge $\Delta t > 0$, ist die vorstehende Gleichung eine Differenzengleichung erster Ordnung. Subtrahieren wir nämlich auf beiden Seiten der Gleichung $Y(t, \Delta t)$, sehen wir, daß diese Gleichung die erste Differenz der Variablen Y mit dem Niveau dieser Variablen verknüpft:

$$\Delta Y(t, \Delta t) = \big(c(\Delta t) - 1\big) Y(t, \Delta t) + A(\Delta t),$$

$$\Delta Y(t, \Delta t) := Y(t + \Delta t, \Delta t) - Y(t, \Delta t).$$ (D.I.6)

Dividieren wir die vorstehende Gleichung mit Δt und lassen Δt gegen Null streben, erhalten wir

$$\dot{y}(t, t) = (c - 1) y(t, t) + a(0),$$ (D.I.7)

sofern der Grenzwert $c = \lim_{\Delta t \to 0}(c(\Delta t))$ existiert. In dieser Gleichung ist $y(\cdot)$ die Produktionsrate [die Geschwindigkeit im Autobeispiel] und $\dot{y}(\cdot)$ die Veränderung dieser Rate [die Beschleunigung im Autobeispiel]. Entsprechend sind $a(\cdot)$ und $i(\cdot)$ die Stromraten des autonomen Konsums bzw. der autonomen Investition. Gleichung (D.I.7) ist das zeitstetige Modell des Multiplikatorprozesses. Sie ist eine Differentialgleichung erster Ordnung, weil in ihr der Differentialquotient einer Variablen, $dy/dt =: \dot{y}(t, t)$, mit dem Niveau der Variablen verknüpft ist.

Ein zweites Beispiel verdeutlicht den Zusammenhang zwischen der zeitstetigen und der zeitdiskreten Veränderung einer Variablen. Sei $P(t)$ ein Preisindex zum Zeitpunkt t. Die Dauer der Kreislaufperiode normieren wir auf Eins, d.h. $\Delta t = 1$. Bei zeitdiskreter Betrachtung ist die Inflationsrate wie folgt definiert:

$$\pi(t) := \frac{P(t + 1) - P(t)}{P(t)}.$$ (D.I.8)

Wie bereits oben bemerkt, ändert sich das Preisniveau aber nicht sprunghaft am Periodenende. Es kommt der Realität wesentlich näher, davon auszugehen, die Preise änderten sich während der gesamten Kreislaufperiode kontinuierlich mit einer konstanten Rate je Zeiteinheit:

$$\frac{dP/d\tau}{P(\tau)} \equiv \frac{\dot{P}}{P(\tau)} =: \gamma(t), \quad \tau \in [t, t+1].$$ (D.I.9)

Wenn wir Gleichung (D.I.9) umschreiben zu

$$\gamma(t)\,d\tau = \frac{1}{P(\tau)}\,dP$$

und diese Definitionsgleichung auf der linken Seite über τ und auf der rechten über P integrieren, erhalten wir

$$\gamma(t)\tau + C = \ln(P(\tau)) \quad \Rightarrow \quad Ce^{\gamma(t)\tau} = P(\tau),$$

mit der Integrationskonstanten C und $e \approx 2{,}718$, der Eulerschen Zahl. Die Integrationskonstante können wir bestimmen, denn für $t=\tau$ folgt

$$C = P(t)\,e^{-\gamma(t)t}$$

aus der vorstehenden Gleichung. Somit gilt:

$$P(\tau) = P(t)e^{\gamma(t)(\tau - t)}, \quad \tau \in [t, t+1].$$ (D.I.10)

Welche Beziehung besteht nun zwischen der zeitdiskreten Inflationsrate $\pi(t)$ und der zeitkontinuierlichen Inflationsrate $\gamma(t)$? Aus Gleichung (D.I.9) und Gleichung (D.I.10) folgt:

$$\pi(t) = \frac{P(t + \Delta t) - P(t)}{P(t)} = \frac{P(t)e^{\gamma(t)} - P(t)}{P(t)} = e^{\gamma(t)} - 1.$$

Demnach sind zeitdiskete und zeitkontinuierliche Inflationsrate über die Formel

$$\gamma(t) = \ln(1 + \pi(t))$$ (D.I.11)

miteinander verknüpft. Einer auf Jahresbasis gemessenen Inflationsrate von 10 Prozent [$\Delta t=1$ Jahr] entspricht daher eine kontinuierliche Inflation von rund 9,5 Prozent.

Formale Struktur

Sei $x(t) \in \mathbf{R}^n$ ein Vektor mit n Elementen, den Werten von n Variablen, die den Zustand eines Wirtschaftsmodells im Zeitpunkt t beschreiben. Ein dynamisches Modell ist eine Regel, die festlegt, wie sich der Modellzustand mit der

Zeit ändert. Im Fall eines Periodenmodells, dessen Kreislaufperiode auf die Länge $\Delta t = 1$ normiert ist, verknüpft diese Regel den gegenwärtigen Zustand mit dem künftigen Zustand. Sei $f: \mathbf{R}^n \rightarrow \mathbf{R}^n$ diese Regel. Ein dynamisches Wirtschaftsmodell in diskreter Zeit kann damit allgemein durch das folgende **Differenzengleichungssystem** beschrieben werden:[4, 5]

$$x(t+1) = f(x(t)). \qquad (D.I.12)$$

Als **Gleichgewicht** dieses Systems bezeichnen wir eine Lösung x^*, für die gilt:

$$x^* = f(x^*). \qquad (D.I.13)$$

Das Gleichgewicht ist **global asymptotisch stabil**, wenn für alle $x \in \mathbf{R}^n$ gilt:

$$\lim_{t \to \infty} f^t(x) = x^*. \qquad (D.I.14)$$

Dabei ist die Abbildung f^t rekursiv über

$$f^t = f(f^{t-1}) \text{ und } f^0 = f,$$

definiert. Ist die Bedingung (D.I.14) nur für Punkte x aus einer Umgebung des Gleichgewichts erfüllt, heißt das Gleichgewicht **lokal asymptotisch stabil**.

---

4 Diese Darstellung ist eine Kurzform für die ausführliche Schreibweise

$$x_1(t+1) = f^1(x_1(t), x_2(t), ..., x_n(t))$$

$$x_2(t+1) = f^2(x_1(t), x_2(t), ..., x_n(t))$$

$$\vdots \qquad \vdots \qquad \vdots$$

$$x_n(t+1) = f^n(x_1(t), x_2(t), ..., x_n(t))$$

wobei $f = (f^1, f^2, ..., f^n)$.

5 Auf diese Form kann jedes dynamische Modell gebracht werden, selbst wenn die ursprüngliche Formulierung auf eine Differenzengleichung höherer Ordnung hinausläuft. Hierfür ist es nur nötig, zusätzliche Variable zu definieren.

Beispiel: $y(t) = ay(t-1) + by(t-2)$ führt nach Definition von $z(t) = y(t-1)$ auf die Form

$$y(t) = ay(t-1) + bz(t-1)$$

$$z(t) = y(t-1).$$

Zeitstetige Modelle verbinden Gegenwart und Zukunft dadurch, daß sie die
Zustandsänderung als Funktion des jeweiligen Zustands ausdrücken. Dabei
kennzeichnet man die Ableitung einer Funktion $y(t) \in \mathbf{R}$ nach der Zeit mit
einem Punkt und schreibt: $dy/dt =: \dot{y}(t)$. Die mathematische Struktur eines
zeitstetigen dynamischen Wirtschaftsmodells ist ein **Differentialgleichungssystem** der Form:

$$\dot{x}(t) = f(x(t)), \quad x \in \mathbf{R}^n. \tag{D.I.15}$$

Ein **Gleichgewicht** ist nun ein Punkt x^*, der die Gleichung

$$0 = f(x^*) \tag{D.I.16}$$

erfüllt. Sei $\Phi(q,t)$ eine Lösung des Differentialgleichungssystems (D.I.15), die
im Zeitpunkt $t=0$ durch den Punkt $q \in \mathbf{R}^n$ geht. Das Gleichgewicht heißt **global asymptotisch stabil**, wenn für alle $q \in \mathbf{R}^n$ gilt:

$$\lim_{t \to \infty} \Phi(q,t) = x^*. \tag{D.I.17}$$

Wenn diese Bedingung nur für Punkte einer Umgebung des Gleichgewichts
erfüllt ist, bezeichnen wir das Gleichgewicht wieder als **lokal asymptotisch
stabil**.

Differenzen- und Differentialgleichungen sind **Funktionalgleichungen**.
Ihre Lösungen sind nicht Variablen, sondern Funktionen, welche die jeweilige
Gleichung für alle zulässigen Werte ihrer Variablen erfüllen.

Deterministische und stochastische Modelle

Von deterministischen Modellen spricht man, sofern das Bewegungsgesetz
$f: \mathbf{R}^n \to \mathbf{R}^n$ allein die Dynamik eines Modells bestimmt. In diesem Fall genügt
es, den Zustand der Wirtschaft in einem Zeitpunkt $t=0$ zu kennen, um daraus
mit Hilfe von f die Zukunft der Wirtschaft exakt vorhersagen zu können.

Realistischerweise müssen wir davon ausgehen, daß es eine Vielzahl von
Größen gibt, welche die wirtschaftliche Entwicklung beeinflussen. Ein Modell,
das wir mit Hilfe analytischer Methoden studieren wollen, kann stets nur
einen Ausschnitt dieser Vielfalt erfassen. Eine Möglichkeit, den Einfluß von
Faktoren zu berücksichtigen, die wir weder benennen, geschweige denn nach
Richtung und Ausmaß des Einflusses abschätzen können, besteht darin, sie als
zufällig anzusehen. Ökonomen sprechen dann meist von **exogenen Schocks**.
Modelle, die den Zufall - stellvertretend für alle nicht explizit erfaßbaren oder
bekannten Einwirkungen - ausdrücklich berücksichtigen, sind **stochastische**

Modelle. Die mathematische Struktur für zeitdiskete stochastische Modelle sind stochastische Differenzengleichungen. Beispiele dafür sind lineare stochastische Prozesse, die im Abschnitt D.IV.3 behandelt werden. Alle schockabhängigen Konjunkturerklärungen, die dieses Buch behandelt, führen auf zeitdiskrete lineare stochastische Prozesse, so daß es unnötig ist, auf die mathematisch schwierigeren stochastischen Differentialgleichungen einzugehen.

II. Differenzengleichungen

Dieser Abschnitt behandelt die Lösung linearer Differenzengleichungen erster und zweiter Ordnung mit konstanten Koeffizienten. Darüber hinaus finden Sie hier einen Satz, mit dessen Hilfe man feststellen kann, ob eine nichtlineare Differenzengleichung erster Ordnung periodische und aperiodische Lösungen besitzt.

1. Lineare Differenzengleichung erster Ordnung

Homogene Gleichung

Die einfachste Form einer Differenzengleichung ist die **homogene lineare Differenzengleichung erster Ordnung mit konstantem Koeffizienten**:

$$x_t = ax_{t-1}, \, a \neq 0. \tag{D.II.1.1}$$

Darin steht x_t für den Wert der Variablen $x \in \mathbf{R}$ zum Zeitpunkt t, und a ist ein konstanter Parameter. Gleichung (D.II.1.1) verbindet den Wert der Variablen x in der Periode t mit dem Wert dieser Variablen aus der Vorperiode $t-1$. Deshalb heißt sie Gleichung erster Ordnung. Sie ist eine homogene Gleichung, weil in ihr nur die Funktion x_t und keine weitere Funktion der Zeit vorkommt. Das Adjektiv linear bezieht sich auf die Verknüpfung von x_t und x_{t-1}.

Die Lösung der Gleichung (D.II.1.1) ist eine Schar von Funktionen: Nehmen wir einen beliebigen Startwert $K \in \mathbf{R}$. Schrittweise können wir $x_1 = aK$, $x_2 = ax_1 = a^2 K$ usw. berechnen. Allgemein erhalten wir deshalb die Lösung:

$$x_t = a^t K. \tag{D.II.1.2}$$

Aus dieser Kurvenschar können wir einen Zeitpfad durch Vorgabe einer **Anfangsbedingung** $K = x_0$ bestimmen. Beispielsweise könnte x_0 der unserem dynamischen Modell historisch gegebene Wert im Zeitpunkt $t=0$ sein.

Das Gleichgewicht der Differenzengleichung (D.II.1.1) ist der Nullpunkt, $x^* = 0$. Es ist global stabil, wenn der Betrag von a, $|a|$, kleiner als Eins ist. Für $|a|$ ist das Gleichgewicht instabil. Das Vorzeichen von a bestimmt, ob ein Zeitpfad gleichmäßig, $a > 0$, oder zyklisch, $a < 0$, verläuft. Für den speziellen Fall $a = -1$ gibt es einen zweiperiodigen Zyklus mit den Werten K und $-K$. Ist $a = 1$, verändert sich ein gegebener Zustand nicht, $x_t = K$ für alle t.

Inhomogene Gleichung

Die allgemeine Form einer **inhomogenen linearen Differenzengleichung erster Ordnung mit konstantem Koeffizienten** lautet:

$$x_t = ax_{t-1} + g(t), \quad a \neq 0, \tag{D.II.1.3}$$

mit $g(t)$ als einer beliebigen Funktion der Zeit. In den linearen Akzelerator-Multiplikator-Modellen ist $g(t)$ in der Regel eine Konstante, $g(t) = b$, oder eine exponentielle Funktion der Zeit, $g(t) = b^t$. In diesen Fällen ist das Gleichgewicht des Systems nicht der Ursprung, sondern es wird von der Funktion $g(t)$ bestimmt.

Für den Fall

$$g(t) = b, \quad b \neq 0,$$

erhalten wir als Lösung von

$$x^* = ax^* + b$$

für $a \neq 1$

$$x^* = \frac{b}{1-a}.$$

Wir definieren nun eine neue Variable, $\bar{x}_t = x_t - x^*$, welche die Abweichung von x vom Gleichgewicht beschreibt. Mit Hilfe dieser neuen Variablen erhalten wir aus Gleichung (D.II.1.3)

$$\bar{x}_t + x^* = a\bar{x}_{t-1} + ax^* + b,$$

woraus nach Einsetzen der Lösung für x^*

$$\bar{x}_t = a\bar{x}_{t-1}$$

folgt. Wir haben damit die Lösung der inhomogenen Gleichung auf die Lösung einer homogenen Gleichung zurückgeführt. Aus deren Lösung folgt nach Einsetzen für $\bar{x}$ die explizite Lösung der inhomogenen Gleichung:

$$x_t = \frac{b}{1-a} + a^t K. \tag{D.II.1.4}$$

Aus dieser Kurvenschar können wir einen Zeitpfad bestimmen, indem wir die Abweichung des Systems von seinem Gleichgewicht in $t=0$ mit $K=x_0\text{-}x^*$ vorgeben.

Analog verfahren wir im Fall

$$g(t) = b^t.$$

Das Gleichgewicht ist nun allerdings eine Funktion der Zeit. Wir bestimmten das Gleichgewicht über den Ansatz

$$x_t^* = cb^t.$$

Wenn wir diesen Wert für x_t und x_{t-1} in Gleichung (D.II.1.3) einsetzen und nach c auflösen, erhalten wir:

$$x_t^* = \frac{1}{1 - a/b}b^t.$$

Wir definieren nun $\bar{x}_t = x_t\text{-}x_t^*$ und ersetzen damit x_t und x_{t-1} in Gleichung (D.II.1.3). Das Ergebnis ist

$$\bar{x}_t = a\bar{x}_{t-1}.$$

Aus der Lösung dieser Gleichung können wir auf die explizite Lösung der inhomogenen Gleichung zurückrechnen.

2. Lineare Differenzengleichung zweiter Ordnung

Lösung

Wir haben gelernt, die Lösung einer inhomogenen Differenzengleichung auf die Lösung einer homogenen Gleichung zurückzuführen. Deshalb werden wir uns im folgenden auf die Lösung einer homogenen Differenzengleichung zweiter Ordnung beschränken. Diese Gleichung hat die Form:

$$x_t + ax_{t-1} + bx_{t-2} = 0 .\qquad\text{(D.II.2.1)}$$

Mit Blick auf die Gleichung erster Ordnung liegt es nahe zu vermuten, in der Lösung der Gleichung (D.II.2.1) werde ein Ausdruck der Form λ^t auftauchen. Wir setzen diesen Term in Gleichung (D.II.2.1) ein und erhalten

$$\lambda^t + a\lambda^{t-1} + b\lambda^{t-2} = \lambda^{t-2}\left(\lambda^2 + a\lambda + b\right) = 0 .$$

Der Ausdruck in den runden Klammern verschwindet für jedes λ, das die Gleichung

$$\lambda^2 + a\lambda + b = 0 \qquad\text{(D.II.2.2)}$$

löst. Diese Gleichung heißt **charakteristische Gleichung** der Differenzengleichung zweiter Ordnung. Sie ist eine quadratische Gleichung mit der Lösung

$$\lambda_{1,2} = \frac{-a \pm\sqrt{a^2 - 4b}}{2} .\qquad\text{(D.II.2.3)}$$

Wir müssen drei Fälle unterscheiden: Die Diskriminante

$$D := a^2 - 4b$$

ist positiv, verschwindet [$D=0$] oder ist negativ.

Im ersten Fall gibt es **zwei reelle** Wurzeln λ_1 und λ_2. Die Lösung der Differenzengleichung ist dann eine Linearkombination aus λ_1^t und λ_2^t:

$$x_t = K_1\lambda_1^t + K_2\lambda_2^t .\qquad\text{(D.II.2.4)}$$

Davon kann man sich überzeugen, indem man diese Lösung in Gleichung (D.II.2.1) einsetzt.

Im zweiten Fall, $D=0$, gibt es nur **eine reelle** Wurzel. Wir versuchen, ob eine Linearkombination aus λ^t und $t\lambda^t$,

$$x_t = K_1\lambda^t + K_2t\lambda^t ,\qquad\text{(D.II.2.5)}$$

die Differenzengleichung löst. Dazu setzen wir diese Lösung in Gleichung (D.II.2.1) ein. Zusammenfassen der passenden Terme führt auf:

$$K_1\lambda^{t-2}\left[\lambda^2 + a\lambda + b\right] + K_2\lambda^{t-2}\left[t\lambda^2 + a(t-1)\lambda + b(t-2)\right] = 0.$$

Der erste Ausdruck in der eckigen Klammer ist per Voraussetzung Null denn λ erfüllt die charakteristische Gleichung. Aus $D=0$ folgen $\lambda=-a/2$ und $b=a^2/4$. Setzen wir diese Werte für λ und b in den zweiten Ausdruck in eckigen Klammern ein, sehen wir, daß auch dieser Term verschwindet. Unsere Vermutung hat sich bestätigt.

* * *

Ergänzung D.II.2.1

Komplexe Zahlen

Die **komplexe Zahl** z ist definiert als $z:=\alpha+i\beta$. Dabei sind α und β reelle Zahlen. i ist die **imaginäre Einheit**, mit der Eigenschaft $i^2=-1$. Die komplexe Zahl $\bar{z}:=\alpha-i\beta$ heißt die zu z **konjugiert komplexe Zahl**. Der Betrag von z oder **Modulus** ist definiert als

Abbildung D.II.2.1

$$|z| := \sqrt{\alpha^2 + \beta^2}\ .$$

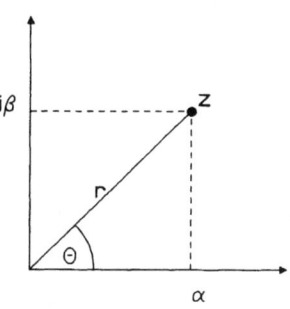

Komplexe Zahlen werden komponentenweise addiert. Das Produkt zweier komplexer Zahlen $z_1=\alpha_1+i\beta_1$ und $z_2=\alpha_2+i\beta_2$ ist $z_1z_2=(\alpha_1\alpha_2-\beta_1\beta_2) -i(\beta_1\alpha_2+\beta_2\alpha_1)$. Mit Hilfe der **Gaußschen Zahlenebene** [Abbildung D.II.2.1] gelangt man zur **trigonometrischen Form** komplexer Zahlen: In Polarkoordinaten ist $z=r(\cos\theta + i\,\sin\theta)$, weil $\cos\theta=\alpha/r$ und $\sin\theta=\beta/r$. Nach dem Satz von Pythagoras ist r der Betrag von z (die Länge des Vektors vom Ursprung nach z). Demnach ist $\bar{z}= r(\cos\theta - i\,\sin\theta)$. Stellt man die Exponentialfunktion $e^{i\theta}$ an der Stelle $\theta=0$ durch eine Taylorreihe dar und vergleicht diese Reihe mit den Taylorreihen für $\cos\theta$ und $\sin\theta$, erkennt man die **Formel von Euler,** $e^{i\theta}=\cos\theta+i\,\sin\theta$, die zur Exponentialform komplexer Zahlen führt: $z=re^{i\theta}$ bzw. $\bar{z}=re^{-i\theta}$

Zusammenfassung:

$z := \alpha+ i\beta$, mit $i^2=-1$, heißt **komplexe Zahl**;

$z := r[\cos\theta + i\,\sin\theta]$, mit $\theta:=\arctan(\beta/\alpha)$, heißt **trigonometrische Form der komplexen Zahl**;

$z := re^{i\theta}$, mit $r := \sqrt{\alpha^2+\beta^2}$, heißt **Exponentialform der komplexen Zahl**.

* * *

Im dritten Fall, $D<0$, hat die charakteristische Gleichung zwei konjugiert komplexe Wurzeln, $\lambda_1=\alpha+i\beta$ und $\lambda_2=\alpha-i\beta$, mit

$\alpha=a/2$ und $\beta=\sqrt{4b - a^2}\ /2$

und der imaginären Einheit $i^2 = -1$. Die Lösung lautet nun:

$$x_t = A_1(\alpha + i\beta)^t + A_2(\alpha - i\beta)^t$$

$$= A_1 r^t(\cos\theta + i\sin\theta)^t + A_2 r^t(\cos\theta - i\sin\theta)^t$$

$$= A_1 r^t(\cos\theta t + i\sin\theta t) + A_2 r^t(\cos\theta t - i\sin\theta t)$$

$$= (A_1 + A_2) r^t \cos\theta t + (A_1 - A_2) r^t i\sin\theta t.$$

Die zweite Gleichsetzung erhalten wir aus der trigonometrischen Form der komplexen Zahlen λ und $\bar{\lambda}$. Die dritte Gleichsetzung benutzt die Moivresche Formel [Berck und Sydsæter (1991), S.7, Formel 1.54]. A_1 und A_2 sind zwei beliebige komplexe Zahlen. Wir definieren

$$A_1 = k_1 + ik_2,$$

$$A_2 = k_1 - ik_2,$$

so daß

$$A_1 + A_2 = 2k_1 =: K_1 \in \mathbf{R},$$

$$(A_1 - A_2)i = -2k_2 =: K_2 \in \mathbf{R}.$$

Damit erhalten wir schließlich die reellwertige Lösungsgleichung

$$x_t = r^t(K_1 \cos\theta t + K_2 \sin\theta t). \tag{D.II.2.6}$$

r und θ sind mit den Parametern der Differenzengleichung wie folgt verbunden [siehe Ergänzung D.II.2.1]:

$$r = \sqrt{\alpha^2 + \beta^2} = \sqrt{\frac{a^2}{4} + \frac{4b - a^2}{4}} = \sqrt{b},$$

$$\theta = \arccos\left(\frac{-a/2}{\sqrt{b}}\right). \tag{D.II.2.7}$$

Wenn wir

$$K_1 = K \sin\epsilon \text{ und } K_2 = K \cos\epsilon$$

definieren, können wir Gleichung (D.II.2.6) auch so schreiben [siehe Ergänzung D.II.2.2]:

$$x(t) = Kr^t \cos(\theta t - \epsilon).$$ (D.II.2.8)

Diese Gleichung bescheibt eine harmonische Schwingung mit der Amplitude r^t, der Periode $2\pi/\theta$ und dem Phasenverschiebungswinkel ϵ [siehe Ergänzung D.II.2.2].

* * *

Ergänzung D.II.2.2

Harmonische Schwingung

Als harmonische Schwingung bezeichnet man eine Funktion der Form

$$f(t) = a_1 \cos(2\pi\lambda t) + a_2 \sin(2\pi\lambda t).$$ (i)

Diese Funktion kann man auch als

$$f(t) = a \cos(2\pi\lambda t - \epsilon)$$ (ii)

schreiben, indem man a_1 und a_2 implizit wie folgt definiert:

$$a_1 = a \cos \epsilon \text{ und } a_2 = a \sin \epsilon.$$

Abbildung D.II.2.2

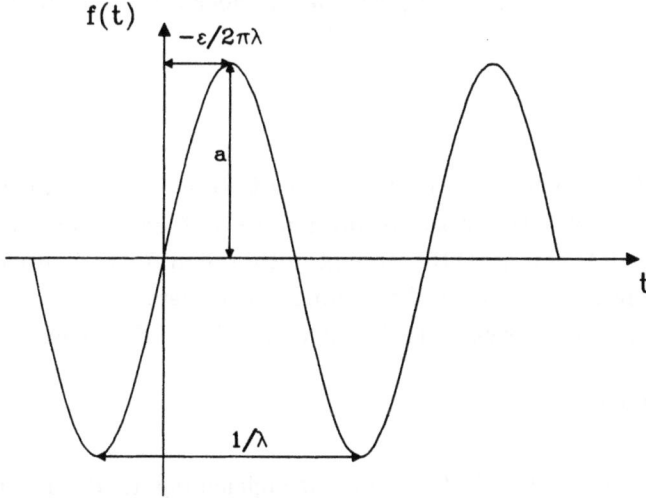

Dann folgt nämlich aus Gleichung (i)

$$f(t) = a\left[\cos\epsilon \cos(2\pi\lambda t) + \sin\epsilon \sin(2\pi\lambda t)\right].$$

Der Ausdruck in der eckigen Klammer entspricht aber $\cos(2\pi\lambda t-\epsilon)$ [bspw. Berck und Sydsæter (1991), S. 5, Formel 1.38]. Gleichung (ii) beschreibt eine kosinusförmige Funktion mit der **Amplitude** a, der **Periode** $1/\lambda$ und dem **Phasenverschiebungswinkel** ϵ [siehe Abbildung D.II.2.2]. Die Amplitude bestimmt den maximalen Ordinatenwert der Funktion. Die Periode p entspricht der Zeitspanne zwischen zwei gleichen Ordinatenwerten: $f(t)=f(t+p)$. Die Kosinusfunktion ist eine periodische Funktion: $\cos x = \cos(x+2\pi)$. Die Zeitspanne $p:=\Delta t=t_2-t_1$, welche die Funktion $\cos(2\pi\lambda t-\epsilon)$ benötigt, um eine vollständige Schwingung auszuführen, ist mithin die Lösung der Gleichung $(2\pi\lambda t_2-\epsilon)-(2\pi\lambda t_1-\epsilon)=2\pi$. Diese Lösung ist $p=1/\lambda$. Der Kehrwert der Periode heißt **Frequenz**. Sie wird vom Parameter λ bestimmt. Die Funktion $\cos x$ besitzt Maxima bei $x=0$, 2π, 4π, usf. Demgegenüber sind die Maxima der Funktion $\cos(2\pi\lambda t-\epsilon)$ um $\epsilon/2\pi\lambda$ Zeiteinheiten nach rechts verschoben. Deswegen nennt man den Parameter ϵ den Phasenverschiebungswinkel.

* * *

Stabilitätskriterien

Das Gleichgewicht $x^*=0$ der Differenzengleichung (D.II.2.1) ist global asymptotisch stabil, wenn der Betrag der Wurzeln der charakteristischen Gleichung kleiner als Eins ist. Diese Behauptung folgt im Fall zweier reeller Wurzeln direkt aus der Lösungsgleichung (D.II.2.4). Aus Gleichung (D.II.2.5) folgt, daß für

$$|\lambda|^t + t|\lambda|^t < |\lambda|^{t-1} + (t-1)|\lambda|^{t-1}$$

diese Lösung gegen Null konvergiert. Das ist aber für alle λ mit $|\lambda|<1$ erfüllt, sobald t den Wert

$$t > \frac{|\lambda|}{1-|\lambda|}$$

überschreitet. Betrachten wir schließlich die Lösung im Fall zweier konjugiert komplexer Wurzeln. Die Kosinusfunktion ist auf das Intervall $[-1, 1]$ beschränkt. Aus Gleichung (D.II.2.8) folgt mithin, daß für $r<1$, wobei r der Betrag der komplexen Zahl λ ist, die Lösung konvergiert.

Mit Hilfe dieser Überlegungen können wir folgend Satz beweisen:

Satz D.II.2.1

a)   Das Gleichgewicht der Differenzengleichung (D.II.2.1), ist genau dann asymptotisch stabil, wenn deren Parameter folgende Bedingungen erfüllen:

$$1 + a + b > 0,$$
$$1 - b > 0,$$
$$1 - a + b > 0.$$

b) Schwingungen treten auf, wenn

$$a^2 - 4ab < 0. \; \smiley$$

Beweis:

Für den Beweis[6] von Teil a) dieses Satzes definierten wir

$$f(\lambda) = \lambda^2 + a\lambda + b.$$

Den Graph dieser Parabel zeigt Abbildung D.II.2.2. Die Wurzeln der charakteristischen Gleichung liegen in den Schnittpunkten der Parabel mit der Abszisse.

Betrachten wir zunächst den Fall konjugiert komplexer Wurzeln. Das Stabilitätskriterium ist in diesem Fall $r=\sqrt{b} <1$. Diese Forderung steckt in der zweiten Ungleichung des Satzes. Die beiden anderen Ungleichungen binden in diesem Fall nicht: Die Parabel $f(\lambda)$ schneidet die Abszisse nicht, so daß sowohl $f(-1)=1-a+b>0$ als auch $f(1)=1+a+b>0$ gilt.

Wenden wir uns den reellen Wurzeln zu. Die erste und die dritte Ungleichung des Satzes schließen aus, daß -1 und/oder 1 Lösungen sind denn dann wäre entweder $f(-1)=1-a+b=0$ oder $f(1)=1+a+b=0$. Sie schließen ebenfalls aus, daß $\lambda_1<-1$ und $\lambda_2>1$, weil dann $f(-1)<0$ und $f(1)<0$ wären [siehe Abbildung (D.II.2.2)]. Ausgeschlossen werden auch $\lambda_1<-1$ und $\lambda_2\in(-1, 1)$ [$\Rightarrow f(-1)<0$] sowie $\lambda_2>1$ und $\lambda_1\in(-1, 1)$ [$\Rightarrow f(1)<0$]. Es bleiben somit nurmehr drei Möglichkeiten: Beide Wurzeln sind kleiner (größer) als -1 (+1) oder

Abbildung D.II.2.3

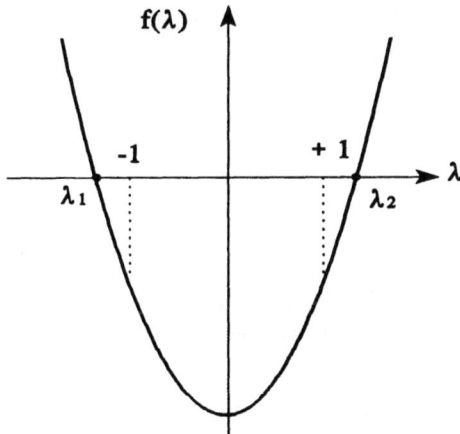

sie liegen - wie gefordert - im Intervall (-1,1). Die beiden erstgenannten Möglichkeiten können wir aber wie folgt ausschließen: In beiden Fällen ist das Produkt der beiden

---

6 Er folgt Gandolfo (1980), S. 59-61.

Wurzeln größer als Eins. Mit Hilfe von Gleichung (D.II.2.2) kann man ausrechnen, daß $\lambda_1\lambda_2=b$. Die zweite Ungleichung des Satzes schließt also auch diese beiden Möglichkeiten aus. Übrig bleibt der gewünschte Fall $\lambda_1\lambda_2\in(-1,1)$. Damit ist der Beweis zu Teil A) abgeschlossen.

Teil b) des Satzes folgt unmittelbar aus Gleichung (D.II.2.3), denn für $a^2-4ab<0$ hat die charakteristische Gleichung konjugiert komplexe Wurzeln. ☺

3. Nichtlineare Differenzengleichung erster Ordnung

Nichtlineare Differenzengleichungen erster Ordnung,

$$x_{t+1} = f(x_t), \; f: \quad \mathbb{R} \rightarrow \mathbb{R}, \qquad\qquad\qquad \text{(D.II.3.1)}$$

werden erst seit kurzem als mathematisches Werkzeug für dynamische Wirtschaftsmodelle benutzt. Im Zusammenhang mit ihnen tritt erstmals eine Lösungseigenschaft auf, die man als **deterministisches Chaos** bezeichnet. Grob formuliert versteht man darunter Zeitpfade, die keinerlei Periodizität besitzen, gleichwohl aber ein abgeschlossenes Intervall nicht verlassen.

Eine Lösung der Differenzengleichung (D.II.3.1) heißt **periodisch**, wenn sie nach jeweils p Zeiteinheiten stets den Punkt $x\in\mathbb{R}$ erreicht. Wenn wir $f^2(x)$ $=f(f(x))$ definieren und somit iterativ $f^t(x)=f(f^{t-1}(x))$, dann ist ein Zeitpfad periodisch mit der Periode p, wenn gilt: $f^{t+p}(x)=x$ für ein $x\in\mathbb{R}$. Ein aperiodischer Zeitpfad ist eine Lösung, die aus einer unendlichen Folge von Punkten aus $\mathbb{R}$ besteht mit der Eigenschaft, daß alle Punkte voneinander verschieden sind. Der Nachweis, daß die Differenzengleichung (D.II.3.1) periodische und aperiodische Lösungen besitzt, ist mit Hilfe des Satzes von Li und Yorke (1975) vergleichsweise einfach zu führen.[7]

---

[7] Limes superior und Limes inferior, die in diesem Satz auftauchen, sind wie folgt definiert: Sei a_n eine Folge reeller Zahlen. Mit sup $\{a_k: k\geq n\}$ bzw. inf $\{a_k: k\geq n\}$ bezeichnet man die kleinste obere bzw. größte untere Schranke der Menge $\{\cdot\}$. Es ist

$$\lim_{n \to \infty} \sup a_n := \lim_{n \to \infty} (\sup\{a_k : k \geq n\}),$$

$$\lim_{n \to \infty} \inf a_n := \lim_{n \to \infty} (\inf\{a_k : k \geq n\}).$$

Siehe beispielsweise Forster (1983), S. 55.

Satz D.II.3.1 [Li und Yorke (1975), Theorem 1, S. 987]

Sei J ein Intervall auf der reellen Zahlengeraden und $f: J \to J$ eine stetige Funktion. Angenommen, es gibt einen Punkt $a \in J$ und Punkte $b=f(a)$, $c=f(f(a))$ und $d=f(f(f(a)))$, die folgende Bedingung erfüllen:

$$d \leq a < b < c \text{ oder } d \geq a > b > c$$

Dann:

(1) gibt es für jedes $n=1, 2, \ldots$ einen Punkt in J mit der Periode n;

(2) und es gibt eine nichtabzählbare Menge $S \subset J$, die keine periodischen Punkte enthält und die folgende Bedingungen erfüllt:

(2.1) Für alle $p,q \in S$ mit $p \neq q$, ist

$$\lim_{n \to \infty} \sup | f^n(p) - f^n(q) | > 0,$$

$$\lim_{n \to \infty} \inf | f^n(p) - f^n(q) | = 0.$$

(2.2) Für jedes $p \in S$ und jeden periodischen Punkt $q \in J$, ist

$$\lim_{n \to \infty} \sup | f^n(p) - f^n(q) | > 0. \ \copyright$$

Abbildung D.II.3.1 veranschaulicht den Satz von Li und Yorke. Der Graph der eingipfeligen Funktion $f(x)$ kann zusammen mit der 45°-Grad-Linie benutzt werden, um graphisch einen Zeitpfad abzuleiten. Beginnt man mit dem Punkt a und folgt den Pfeilen, so findet man die Punkte $b=f(a)$, $c=f(b)$ und schließlich den Punkt $d=f(c)$. Sie erfüllen die Voraussetzung des Satzes.

Zeitpfade mit den Eigenschaften (2.1) und (2.2) des Satzes sind chaotische Zeitpfade in der Definition von Li und Yorke. Sie sind nicht nur aperiodisch, sondern besitzen noch zwei weitere Eigenschaften:

- Zwei aperiodische Pfade können sich beliebig nahe kommen, ohne sich jemals zu berühren [Folgerung 2.1 des Satzes];

- kein aperiodischer Zeitpfad konvergiert jemals gegen einen periodischen Zeitpfad, wie nahe er ihm auch kommen mag [Folgerung 2.2 des Satzes].

Abbildung D.II.3.1

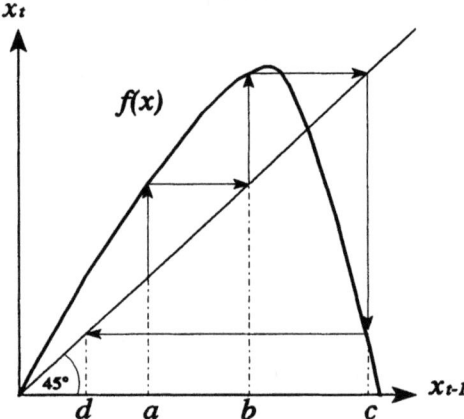

Um den Satz anwenden zu können reichen zwei Schritte: Zunächst zeigt man, daß es ein Intervall J gibt, so daß f dieses Intervall auf sich selbst abbildet. Damit ist gezeigt, daß kein Zeitpfad, der in J beginnt, jemals dieses Intervall verlassen kann. Anschließend sucht man einen aus drei Punkten bestehenden Zeitpfad, der die im Satz genannte Eigenschaft besitzt.

Wenngleich der Satz von Li und Yorke hinreichende Bedingungen für die Existenz chaotischer Zeitpfade nennt, so bleibt doch ungeklärt, wie groß die Wahrscheinlichkeit ist, daß ein beliebig gewählter Startwert auf einem dieser Pfade liegt. Die in Satz D.II.3.1 genannte Menge S kann nämlich aus Punkten bestehen, die - intuitiv formuliert - verstreut und voneinander isoliert im Intervall J liegen. Die Wahrscheinlichkeit, mit einem beliebig gewählten Startwert einen dieser Punkte zu treffen, ist dann praktisch Null. Auf diesen und weitere Aspekte nichtlinearer Differenzengleichungen erster Ordnung geht Grandmont (1986) ein[8].

---

8 Einführungen in die Mathematik chaotischer Systeme sind desweiteren Devaney (1987) und Lorenz (1993), insbesondere Kapitel 4.

III. Differentialgleichungen

Dieser Abschnitt behandelt die Lösung linearer Differentialgleichungen erster und zweiter Ordnung mit konstanten Koeffizienten. Darüber hinaus finden Sie hier einen Satz, mit dessen Hilfe man feststellen kann, ob ein zweidimensionales nichtlineares Differentialgleichungssystem erster Ordnung periodische Lösungen besitzt.

1. Lineare Differentialgleichung erster Ordnung

Definition und Lösung

Die einfachste Differentialgleichung ist die **homogene, lineare Differentialgleichung erster Ordnung mit konstantem Koeffizienten:**[9]

$$\dot{x} = ax, \quad a \neq 0 \quad \dot{x} := \frac{dx}{dt}. \tag{D.III.1.1}$$

Diese Gleichung heißt homogen, weil sie außer der Funktion x keine weiteren Funktionen der Zeit enthält. Sie stellt eine lineare Beziehung zwischen der Funktion x und der ersten Ableitung dieser Funktion her. Der Koeffizient der Gleichung ist selbst keine Funktion der Zeit, sondern eine Konstante.

Die Lösung der Gleichung (D.III.1.1) ist wieder eine Schar von Kurven:

$$x(t) = Ke^{at}. \tag{D.III.1.2}$$

In der Tat folgt nach Differenzieren von (D.III.1.1) auf beiden Seiten

$$\dot{x} = aKe^{at} = ax,$$

womit gezeigt ist, daß (D.III.1.2) eine Lösung ist. Aus der Kurvenschar (D.III.1.2) können wir eine Lösung herausgreifen, wenn wir den Parameter K über eine **Anfangsbedingung** festlegen, beispielsweise in dem wir fordern, daß die Lösungskurve im Zeitpunkt $t=0$ einen von uns vorgegebenen Wert x_0 durchlaufen soll.

Wie schon bei der linearen Differenzengleichung bestimmt auch hier der Parameter a das Lösungsverhalten. Für $a<0$ ist das Gleichgewicht $x^*=0$ global asymptotisch stabil.

---

9 Es ist üblich bei der Behandlung von Differentialgleichungen anstelle der korrekten Schreibweise $x(t)$ einfach x zu schreiben. Diese Vereinfachung benutze ich im folgenden stets dann, wenn Mißverständnisse ausgeschlossen sind.

Der Abschnitt über Differenzengleichungen zeigt, daß die Lösung einer inhomogenen Gleichung auf die Lösung einer homogenen Gleichung zurückgeführt werden kann, indem man eine geeignete neue Variable definiert. Dieses Prinzip können wir auch hier anwenden. Die allgemeine Form der inhomogen Differentialgleichung erster Ordnung mit konstantem Koeffizienten ist:

$$\dot{x} = ax + g(t). \qquad\qquad\qquad (D.III.1.3)$$

Zwei Beispiele wollen wir betrachten. Der einfachste Fall ist $g(t)=b$, wobei b eine Konstante ist. Wir ermitteln zunächst die **Gleichgewichtslösung**:

$$\dot{x} = ax^* + b = 0 \;\Rightarrow\; x^* = -\frac{b}{a}.$$

Nun definieren wir die neue Variable $\bar{x} = x - x^*$, differenzieren diese Definitionsgleichung auf beiden Seiten nach t,

$$\dot{\bar{x}} = \dot{x},$$

setzen für $\dot{x}$ und anschließend für x ein,

$$\dot{\bar{x}} = \dot{x} = ax + b = a(\bar{x} + x^*) + b = a\bar{x},$$

und reduzieren damit die Ausgangsgleichung auf eine homogene Gleichung in $\bar{x}$. Das Gleichgewicht der Ausgangsgleichung, $x^*=-b/a$, ist demnach für $a<0$ stabil.

Das zweite Beispiel ist

$$g(t) = e^{bt},$$

wobei b ein beliebiger Parameter ist. Wir versuchen, ob $x^* = ce^{bt}$ als Lösung in Frage kommt. Wir differenzieren diese Definitionsgleichung auf beiden Seiten und berücksichtigen, daß die Funktion x^* ebenfalls Gleichung (D.III.1.3) erfüllen muß:

$$\dot{x}^* = bce^{bt} = ax^* + g(t) = ace^{bt} + e^{bt},$$

$$bc = ac + 1,$$

$$c = \frac{1}{b-a}.$$

Deshalb lautet die Lösung

$$x^* = \frac{1}{b-a}e^{bt}.$$

Wir definieren $\bar{x}$ als Distanz zwischen x und dem Gleichgewichtspfad x^*: $\bar{x} = x - x^*$. Differenzieren dieser Definitionsgleichung führt zu

$$\dot{\bar{x}} = \dot{x} - \dot{x}^*,$$

$$\dot{\bar{x}} = a(\bar{x} + x^*) + e^{bt} - \dot{x}^* = a\bar{x} + ax^* + e^{bt} - \dot{x}^* = a\bar{x},$$

wobei die letzte Gleichsetzung nach Einsetzen der Lösung für x^* folgt. Demnach strebt x der Gleichgewichtslösung x^* zu, wenn $a < 0$ ist.

2. Lineare Differentialgleichung zweiter Ordnung

Lösung

Eine homogene lineare Differentialgleichung zweiter Ordnung mit konstanten Koeffizienten verbindet eine Funktion mit deren erster und zweiter Ableitung. Sie hat folgende Grundform:

$$\ddot{x} + a\dot{x} + bx = 0, \quad \ddot{x} := \frac{d^2x}{dt^2}. \tag{D.III.2.1}$$

Wir versuchen, ob der Ausdruck $e^{\lambda t}$ in der Lösung auftritt. Wir differenzieren diesen Ausdruck einmal und zweimal nach der Zeit und setzen das jeweilige Ergebnis für $\dot{x}$ und $\ddot{x}$ in Gleichung (D.III.2.1) ein:

$$\lambda^2 e^{\lambda t} + a\lambda e^{\lambda t} + be^{\lambda t} = 0,$$

$$e^{\lambda t}\left[\lambda^2 + a\lambda + b\right] = 0.$$

Demnach erfüllt der Ausdruck $e^{\lambda t}$ die Differentialgleichung, wenn λ die quadratische Gleichung

$$\lambda^2 + a\lambda + b = 0 \tag{D.III.2.2}$$

löst. Die weiteren Schritte folgen dem Vorgehen in Abschnitt D.II.2, der die Lösung der linearen Differenzengleichung zweiter Ordnung behandelt. Ich kann mich hier also kurz fassen.

Je nach dem Wert der Diskriminante $D=a^2-4b$, müssen wir wieder drei Fälle unterscheiden.

Für $D>0$ hat Gleichung (D.III.2.2) zwei reelle, voneinander verschiedene Wurzeln λ_1 und λ_2. Die Linearkombination

$$x(t) = K_1 e^{\lambda_1 t} + K_2 e^{\lambda_2 t} \qquad \text{(D.III.2.3)}$$

ist die gesuchte Lösung. Davon kann man sich überzeugen, indem man diese Lösung in Gleichung (D.III.2.1) einsetzt. Aus der zweiparameterigen Kurvenschar (D.III.2.3) kann man durch zwei Anfangsbedingungen eine Lösungskurve festlegen.

Es gibt nur eine Wurzel $\lambda=-a/2$, wenn die Diskriminante verschwindet, d.h. wenn $b=a^2/4$. In diesem Fall lautet die Lösung

$$x(t) = K_1 e^{\lambda t} + K_2 t e^{\lambda t}. \qquad \text{(D.III.2.4)}$$

Auch diese Behauptung kann man durch Einsetzen in Gleichung (D.III.2.1) prüfen.

Die quadratische Gleichung (D.III.2.2) hat zwei konjugiert komplexe Wurzeln $\lambda_{1,2}=\alpha\pm i\beta$, wenn die Diskriminante negativ ist. Als Lösung erhalten wir

$$x(t) = A_1 e^{(\alpha+i\beta)t} + A_2 e^{(\alpha-i\beta)t},$$

$$x(t) = A_1 e^{\alpha t}[\cos\beta t + i\sin\beta t] + A_2 e^{\alpha t}[\cos\beta t - i\sin\beta t],$$

$$x(t) = (A_1+A_2)e^{\alpha t}\cos\beta t + (A_1-A_2)ie^{\alpha t}\sin\beta t.$$

Diese Umformungen beruhen auf dem Zusammenhang zwischen der trigonometrischen Darstellung und der Exponentialform komplexer Zahlen [siehe Ergänzung D.II.2.1]. Schließlich definieren wir $A_{1,2}=k_1\pm ik_2$, so daß $A_1+A_2= 2k_1=:K_1$ und $(A_1-A_2)i=-2k_2=:K_2$. Damit können wir die Lösung wie folgt angeben:

$$x(t) = e^{\alpha t}[K_1\cos\beta t + K_2\sin\beta t]. \qquad \text{(D.III.2.5)}$$

Mit den Definitionen $K_1=K\cos\epsilon$ und $K_2=K\sin\epsilon$ können wir sie umschreiben zu

$$x(t) = K e^{\alpha t} \cos(\beta t - \epsilon). \tag{D.III.2.6}$$

Diese Gleichung beschreibt eine harmonische Schwingung mit der Amplitude $K e^{\alpha t}$, der Periode $2\pi/\beta$ und dem Phasenverschiebungswinkel ϵ [siehe Ergängzung D.II.2.2].

Stabilitätskriterien

Aus den drei Lösungsgleichungen (D.III.2.3), (D.III.2.4) und (D.III.2.6) folgt unmittelbar, daß der Ursprung $x^{*}=0$ ein global asymptotisch stabiles Gleichgewicht ist, wenn der Realteil beider Wurzeln der charakteristischen Gleichung (D.III.2.2) negativ ist.[10] Wie man leicht nachprüfen kann, gelten folgende Zusammenhänge:

$$\lambda_1 + \lambda_2 = -a,$$

$$\lambda_1 \lambda_2 = b. \tag{D.III.2.7}$$

Wir können unsere Ergebnisse in einem Satz zusammenfassen:

Satz D.III.2.1

Der Nullpunkt ist genau dann ein global stabiles Gleichgewicht der Differentialgleichung (D.III.2.1), wenn gilt:

$a > 0$ und $b > 0$.

Die Lösung der Differentialgleichung (D.III.2.1) ist eine sinusförmige Schwingung, wenn

$a^2 - 4b < 0$. ☺

Aus der Lösung (D.III.2.6) können wir ablesen, daß eine Schwingung mit konstanter Amplitude nur in dem Ausnahmefall rein imaginärer Wurzeln, $\lambda = i\beta$, $\bar{\lambda} = -i\beta$, d.h. für $a=0$, zu erwarten ist.

---

10 Der Realteil einer komplexen Zahl $z = \alpha + i\beta$ ist α. Eine reelle Zahl ist eine komplexe Zahl mit dem Imaginärteil $\beta = 0$, so daß sie nur einen Realteil hat.

3. Zweidimensionale nichtlineare Differentialgleichungssysteme

Grundform und Existenz von Lösungen

Eine Gleichung der Form

$$\dot{x}_1 = f(x_1, x_2),$$

$$\dot{x}_2 = g(x_1, x_2),$$

(D.III.3.1)

mit x_1 und x_2 als Funktionen der Zeit t sowie den nichtlinearen Funktionen f und g ist ein zweidimensionales, autonomes, nichtlineares Differentialgleichungssystem. Das Gleichungssystem heißt autonom, weil die Variable t nur über die Funktionen x_1 und x_2 Argument von f und g ist.

Eine Lösung dieses Systems sind zwei Funktionen $x_1(t)$ und $x_2(t)$, die zusammen mit ihren Ableitungen nach t, das Gleichungssystem erfüllen. Ein **Zeitpfad** oder eine **Trajektorie** $\Phi(x_0, t)$ ist eine spezielle Lösung, die im Zeitpunkt t durch einen vorgegebenen Punkt $x_0 = (x_1(t=0), x_2(t=0))$ geht.

Die Frage, ob das Differentialgleichungssystem (D.III.31.) überhaupt lösbar ist, beantwortet der folgende Satz:

Satz D.III.3.1

a) Seien f und g stetig differenzierbare Funktionen auf einer offenen Teilmenge $U \subset \mathbf{R}^2$. Dann gibt es eine Konstante $c > 0$ und eine eindeutig bestimmte Funktion $\Phi(x_0, t)$, die für t im Intervall $(-c, c)$ definiert ist. Sie erfüllt das Differentialgleichungssystem (D.III.3.1) mit der Anfangsbedingung $x(t=0) = x_0$.

b) Die Lösung ist stetig in den Anfangsbedingungen.

c) Ein Zeitpfad $\Phi(x_0, t)$ existiert für alle $t \geq 0$, wenn es keinen Zeitpunkt t gibt, an dem er eine kompakte Teilmenge $A \subset \mathbf{R}^2$ verläßt. ☺

Beweis:

Vollständige Beweise dieser Aussagen sind Gegenstand der Theorie gewöhnlicher Differentialgleichungen. Eine hervorragende Darstellung dieser Theorie gibt das Buch von Hirsch und Smale. Ich verweise im folgenden auf die in diesem Buch bewiesenen Sätze:

a) Nach Theorem 1 auf S. 162f. in Verbindung mit dem auf S. 163 angeführten Lemma besitzt das Differentialgleichungssystem $\dot{x} = f(x)$, $x \in \mathbf{R}^n$, eine eindeutige Lösung $\Phi(x_0, t)$ für $t \in (-c, c)$. Teil a) des Satzes folgt daraus für $n = 2$.

b) Folgt aus dem Theorem auf S. 169.

c) Folgt aus dem Theorem auf S. 171. ☺

Satz D.III.3.1 nennt eine **hinreichende Bedingung** für die Existenz einer Lösung: f und g müssen stetige erste Ableitungen besitzen. Er zeigt auch, daß im allgemeinen ein Zeitpfad, der in x_0 startet, nicht für alle $t \in \mathbf{R}$ existiert, sondern nur für einen Ausschnitt $(-c, c)$ um den Nullpunkt der reellen Achse definiert ist. Erst wenn man zeigen kann, daß ein Zeitpfad vollkommen innerhalb einer kompakten Teilmenge der Ebene liegt, ist dieser Pfad für alle $t \in \mathbf{R}$ definiert.[11] Aus der Eindeutigkeit folgt, daß sich zwei Zeitpfade $\Phi(p, t)$ und $\Phi(q, t)$ mit verschiedenen Startwerten p, $q \in \mathbf{R}^2$ nicht scheiden können.[12]

Lokale Stabilität

Es gibt einen wichtigen Zusammenhang zwischen nichtlinearen und linearen Differentialgleichungssystemen, der im **Hartman-Grobman-Theorem** [bspw. Guckenheimer und Holmes (1983), Theorem 1.3.1, S. 13] beschrieben ist. Wir setzen voraus, daß das nichtlineare System (D.III.3.1) ein Gleichgewicht $x^* = (x_1^*, x_2^*)$ besitzt und approximieren es an der Stelle dieses Gleichgewichts durch eine Taylorreihe mit zwei Gliedern:

$$\dot{x}_1 = f(x_1^*, x_2^*) + a_{11}\bar{x}_1 + a_{12}\bar{x}_2,$$

$$\dot{x}_2 = g(x_1^*, x_2^*) + a_{21}\bar{x}_1 + a_{22}\bar{x}_2,$$

$$\bar{x}_i := x_i - x_i^*,$$

$$a_{1i} := f_i^*, \quad a_{2i} := g_i^*, \quad i = 1, 2.$$

Dabei stehen f_i^* und g_i^* für die ersten partiellen Ableitungen von f bzw. g nach x_i, berechnet an der Stelle des Gleichgewichts $x^* = (x_1^*, x_2^*)$. Nach Voraussetzung ist $f(x_1^*, x_2^*) = g(x_1^*, x_2^*) = 0$ und $\bar{x} = \dot{x}$, so daß uns die Linearisierung auf das folgende homogene lineare Differentialgleichungssystem führt:

---

11   Eine kompakte Teilmenge der Ebene ist ein Flächenstück einschließlich seines Randes, um das man einen Kreis mit endlichem Radius ziehen kann.

12   Würden sie sich zum Zeitpunkt $t_1 \in (-c, c)$ schneiden, d.h. ist

$$\Phi(p, t_1) = \Phi(q, t_1) =: x(t_1),$$

hätten sie denselben Startpunkt, denn die Wahl der Startzeit $t=0$ ist beliebig: Wir können die Zeitachse um t_1 Zeiteinheiten nach hinten verschieben, so daß $t'=t-t_1$. Dann ist $x(t'=0)$ der gemeinsame Startpunkt beider Zeitpfade und diese müssen nach Satz D.III.3.1.a) identisch sein, können sich also nicht schneiden.

$$\dot{\bar{x}}_1 = a_{11}\bar{x}_1 + a_{12}\bar{x}_2,$$

$$\text{(D.III.3.2)}$$

$$\dot{\bar{x}}_2 = a_{21}\bar{x}_1 + a_{22}\bar{x}_2.$$

Dieses System können wir auf je eine Differentialgleichung zweiter Ordnung in $\bar{x}_1$ und $\bar{x}_2$ zurückführen. Die erste Gleichung erhalten wir wie folgt: Wir differenzieren die erste der beiden vorstehenden Gleichungen auf beiden Seiten nach der Zeit. In der Ergebnisgleichung ersetzen wir $\dot{\bar{x}}_2$ durch die rechte Seite der zweiten Gleichung des Systems (D.III.3.2). Dadurch erhalten wir eine Gleichung (*), in der noch $\bar{x}_2$ vorkommt. Diese Variable eliminieren wir, indem wir die zweite Gleichung von (D.III.3.2) nach $\bar{x}_2$ auflösen und das Ergebnis in Gleichung (*) einsetzen:

$$\ddot{\bar{x}}_1 + a\dot{\bar{x}}_1 + b\bar{x}_1 = 0,$$

$$a := -(a_{11} + a_{22});$$

$$b := a_{11}a_{22} + a_{12}a_{21}.$$

Eine Differentialgleichung in $\bar{x}_2$ mit denselben Koeffizienten erhalten wir, wenn nicht $\bar{x}_2$, sondern $\bar{x}_1$ aus dem System eliminieren. Deshalb muß nach Satz D.III.2.1 das Differentialgleichungssystem (D.III.3.2) asymptotisch stabil sein, wenn $a_{11}+a_{22}<0$ und $(a_{11}a_{22}-a_{12}a_{21})>0$. Es ist instabil, wenn $a_{11}+a_{22}>0$ und $(a_{11}a_{22}-a_{12}a_{21})>0$. Das Hartman-Grobman-Theorem impliziert, daß diese Eigenschaft des linearen Systems auch **in einer Umgebung** des Gleichgewichts des nichtlinearen Systems gilt. Falls keine der Wurzeln des linearen System Null ist, sehen die Lösungen des nichtlinearen Systems lokal so aus, wie die Lösungen des linearen Systems. Wir halten diese Folgerungen in einem Satz fest.

Satz D.III.3.2

Ein Gleichgewicht (x_1^*, x_2^*) des nichtlinearen Differentialgleichungssystems (D.III.3.1) ist lokal asymptotisch stabil, wenn

$$f_1^* + g_2^* < 0,$$

$$f_1^* g_2^* - f_2^* g_1^* > 0.$$

Die Lösungen haben die Form gedämpfter Schwingungen, wenn

$$(f_1^* + g_2^*)^2 - 4\left(f_1^* g_2^* - f_2^* g_1^*\right) < 0. \; ☺$$

Existenz von Grenzzyklen

Wir haben gesehen, daß lineare Differentialgleichungen nur im Ausnahmefall $a=0$, bzw. $f_1^* + g_2^* = 0$, Schwingungen mit gleichbleibender Amplitude beschreiben. Nichtlineare Differentialgleichungen können permanente Zyklen erzeugen, deren Amplitude im Zeitverlauf gleich bleibt, ohne daß es dazu einer ganz speziellen Parameterkonstellation bedürfte. Einen Werkzeug zum Nachweis solcher Lösungen behandelt dieser Abschnitt. Wir benötigen noch folgende Begriffe:

Ein Zeitpfad $\gamma := \Phi(x, t)$, der das Differentialgleichungssystem (D.III.3.1) löst, heißt **geschlossener Orbit**, wenn für ein $x \in \gamma$ und ein $s \neq 0$ gilt: $\Phi(x, s) = x$. Ein Punkt p heißt ω-**Grenzwert** eines Punktes q, wenn es eine Folge t_n, $n=1, 2, \ldots$, gibt, so daß

$$\lim_{t_n \to \infty} \Phi_{t_n}(q) = p. \tag{D.III.3.4}$$

Die Menge aller ω-Grenzwerte von q heißt ω-**Grenzmenge** von q. Die α-**Grenzmenge** ist definiert als Menge aller Grenzwerte, die man erhält, wenn die Folge t_n gegen $-\infty$ strebt. Ein geschlossener Orbit heißt **Grenzzyklus**, wenn er Teilmenge der α- oder ω-Grenzmenge eines Punktes $x \notin \gamma$ ist.

Uns interessieren Grenzzyklen, denen sich andere Zeitpfade asymptotisch nähern, so daß die Lösung des Systems (D.III.3.1) permanente Zyklen sind. Der folgende Satz gibt eine Antwort:[13]

Satz D.III.3.3

Seien f und g stetig differenzierbar in x_1 und x_2. Wenn

a) keine Lösung des Systems ein einfach zusammenhängendes, kompaktes Gebiet $D \in \mathbf{R}^2$ verläßt und

b) das Gleichgewicht des Systems lokal instabil ist, d.h.

---

13 Eine einfach zusammenhängende Menge des $\mathbf{R}^2$ ist eine Fläche, die aus einem Stück besteht und keine Löcher enthält.

$$f_1^* + g_2^* > 0 \text{ und } f_1^* g_2^* - g_1^* f_2^* > 0,$$

dann gibt es in D zumindest einen stabilen Grenzzyklus. ☺

Beweisskizze

Nach Satz D.III.3.1 besitzt das Differentialgleichungssystem (D.III.3.1) unter der in Satz D.III.3.3 genannten Voraussetzung eine Lösung. Nach Voraussetzung a) von Satz D.III.3.3 verbleibt jeder Zeitpfad innerhalb einer kompakten Menge, so daß die Lösung für alle $t \in \mathbb{R}$ definiert ist [Satz D.III.3.1.c)]. Aus dem Satz von Bolzano/Weierstrass [bspw. Forster (1983), S. 31, Satz 4] folgt, daß (zumindest) eine nichtleere ω-Grenzmenge existiert. Diese Grenzmenge ist nach Hirsch und Smale (1974), S. 198, Proposition, kompakt. Unter der Voraussetzung b) von Satz D.III.3.3 enthält diese Grenzmenge kein Gleichgewicht. Nach dem Poincaré-Bendixon-Theorem [Hirsch und Smale (1974), S. 248, Theorem] ist diese Grenzmenge dann ein geschlossener Orbit. ☺

IV. Elemente der Zeitreihenanalyse

Dieser Abschnitt ist einerseits als Ergänzung zu den Abschnitten A.II und A.III gedacht. Er definiert die dort verwendeten statistischen Maße und erläutert die Eigenschaften der verwendeten Filter. Er zeigt, daß die duale Sicht einer Zeitreihe als einer Folge von Zahlen einerseits und einer Überlagerung harmonischer Wellen anderseits eine präzise mathematische Grundlage besitzt. Einige der hier erläuterten Konzepte, wie einfache lineare stochastische Prozesse, tauchen auch in der formalen Erläuterungen zu manchen Konjunkturmodellen auf, so daß dieser Abschnitt andererseits auch zu einem tieferen Verständnis dieser Konjunkturmodelle verhilft.

1. Betrachtungsebenen

Man kann sich der Zeitreihenanalyse auf mehreren Wegen nähern. Zunächst einmal ist eine Zeitreihe eine Folge von Zahlen, die man mit Hilfe einfacher statistischer Maße, wie der **Momente**, beschreiben kann. Beobachtet man an einer Zeitreihe, daß bestimmte Werte in etwa gleichen Zeitabständen wiederkehren, dann liegt es nahe, dieses periodische Phänomen mit der Vorstellung einer harmonischen Welle zu verbinden. Man überträgt dann Begriffe aus der Theorie harmonischer Schwingungen, wie Frequenz und Amplitude, auf die Zeitreihe und interpretiert diese als Summe vieler harmonischer Schwingungen mit je eigener Amplitude und Frequenz. Die **Spektral-**

analyse zerlegt die Reihe in einzelne Schwingungskomponenten, so wie ein Prisma das Sonnenlicht in die Farben des Regenbogens spaltet. Während man im ersten Fall von der Analyse im **Zeitbereich** spricht, handelt es sich im zweiten Fall um eine Analyse im **Frequenzbereich**.

Abbildung D.IV.1.1

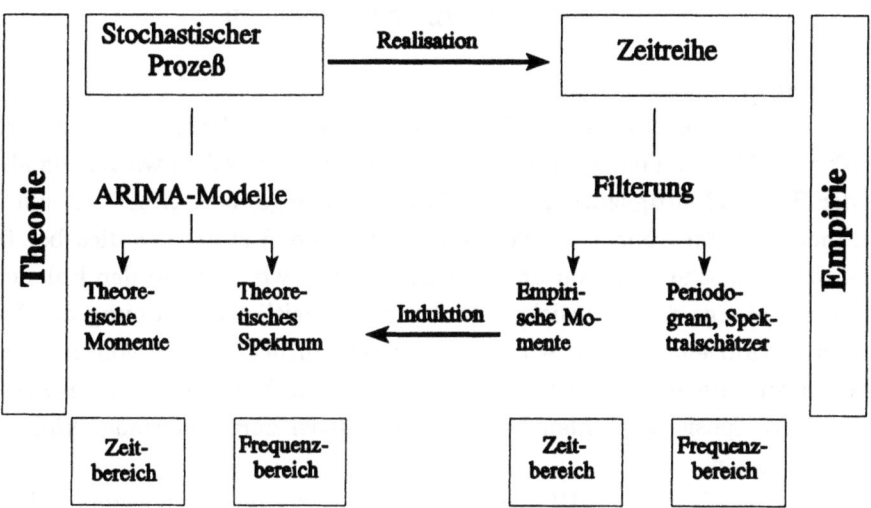

Über die reine Beschreibung von Zeitreihen hinaus, gelangt man durch die Interpretation einer Zeitreihe als **Realisation eines stochastischen Prozesses**; etwa so, wie man eine Stichprobe aus einer gegebenen Grundgesamtheit als Ergebnis eines Zufallsexperiments betrachtet. Zufallsprozesse, wie die linearen **ARIMA-Prozesse**, kann man mit denselben Konzepten aus dem Zeit- und dem Frequenzbereich beschreiben, die man für empirische Reihen benutzt. So wie eine Stichprobe nur einen Teil der Grundgesamtheit erfaßt, ist eine Zeitreihe nur der historische Ausschnitt eines Prozesses mit langer Vergangenheit und Zukunft. Man darf daher nur dann erwarten, einigermaßen verläßlich von einer Zeitreihe auf den dahinter liegenden Zufallsprozeß schließen zu können (**Induktion**), wenn die wichtigsten Eigenschaften des Prozesses von der Zeit unabhängig sind. Dies trifft auf **stationäre** Prozesse zu. Zeitreihen hingegen, die einen Trend enthalten, deuten klar auf Prozesse mit zeitabhängigen Eigenschaften hin. Erst wenn der Trend durch **Filterung** beseitigt ist, sind sinnvolle Rückschlüsse auf das zugrundeliegende theoretische Modell möglich.

Abbildung D.IV.1 veranschaulicht diese vier miteinander verknüpften Betrachtungsebenen und die ihnen jeweils zugeordneten Konzepte. Im folgenden werden wir uns zunächst der Beschreibung von Zeitreihen zuwenden. Anschließend betrachten wir einfache lineare stochastische Prozesse und deren theoretische Momente. Den Abschluß bildet ein Abschnitt über Filter.

2. Beschreibung von Zeitreihen

Zeitreihe

Eine **Zeitreihe** ist eine zeitlich geordnete Folge von Messungen einer Grösse. Für die Messung einer Größe x zum Zeitpunkt t schreiben wir x_t. Die Menge der **Beobachtungszeitpunkte** (Parametermenge) bezeichnen wir mit T.

Finden die Messungen in gleichen Zeitabständen statt, wie dies bei fast allen ökonomischen Größen der Fall ist, können wir anstelle der Kalenderdaten die Menge der natürlichen Zahlen N zur zeitlichen Ordnung der Messungen heranziehen. Wenn wir darüberhinaus zurückliegende von künftigen Messungen unterscheiden wollen, benutzen wir die Menge der ganzen Zahlen I. Negative (positive) Zahlen kennzeichnen dabei zurückliegende (künftige) Beobachtungen.

Für die im Abschnitt A.III benutzte Reihe des realen Bruttosozialprodukts, die Quartalsdaten von 1960/1 bis 1990/2 umfaßt, ist die Parametermenge beispielsweise die Menge der natürlichen Zahlen von 1 bis 122.

Ein Zeitreihe mit der Beobachtungsmenge $T=\{1, 2, ..., n\}$ können wir ausführlich in der Form $\{x_1, x_2, ..., x_n\}$ darstellen oder dafür verkürzt $\{x_t\}_{t=1}^n$ bzw. $\{x_t\}_{t \in T}$ schreiben.

Zeitreihenmomente

Die deskriptive Statistik kennt eine Reihe von Kennziffern zur Beschreibung einer Menge von Beobachtungen. Dazu zählen Mittelwert, Varianz und Kovarianz. Für die folgenden Definitionen betrachten wir zwei Zeitreihen $\{x_t\}_{t \in T}$ und $\{y_t\}_{t \in T}$ mit $T = \{1, 2, ..., n\}$. Wo es aus formalen Gründen notwendig ist, ersetzen wir T durch I.

Das **arithmetische Mittel** einer Zeitreihe ist definiert durch

$$\bar{x} := \frac{1}{n} \sum_{t=1}^n x_t. \qquad \text{(D.IV.2.1)}$$

Ihre (empirische) **Varianz** ist der Ausdruck

$$s_x^2 := \frac{1}{n} \sum_{t=1}^{n} (x_t - \bar{x})^2. \tag{D.IV.2.2}$$

Die positive Quadratwurzel der Varianz heißt **Standardabweichung**, s_x. Sie mißt die durchschnittliche Abweichung der Meßwerte vom Mittelwert. Den Zusammenhang der beiden Zeitreihen erfaßt die **Kovarianz**

$$c_{x,y} := \frac{1}{n} \sum_{t=1}^{n} (x_t - \bar{x})(y_t - \bar{y}) = \frac{1}{n} \sum_{t=1}^{n} (x_t - \bar{x}) y_t, \tag{D.IV.2.3}$$

bzw. der **Korrelationskoeffizient** (nach Bravais-Pearson)

$$r_{x,y} := \frac{c_{x,y}}{s_x s_y}, \tag{D.IV.2.4}$$

d.i. die mit dem Produkt der beiden Standardabweichungen normierte Kovarianz. Mit Hilfe der Cauchy-Schwarz'schen Ungleichung,

$$\left(\sum_i a_i b_i \right)^2 \leq \left(\sum_i a_i^2 \right) \left(\sum_i b_i^2 \right),$$

sieht man, daß der Korrelationskoeffizient nur Werte im Intervall [-1, 1] annehmen kann. Durch Einsetzen in die Definitionsgleichungen kann man leicht nachprüfen, daß im Fall einer exakten linearen Abhängigkeit beider Zeitreihen, $y_t = a + b x_t$, $r_{x,y}$ den Wert 1 (-1 für $b < 0$) erreicht. Ist y unabhängig von x, $b = 0$, dann hat der Korrelationskoeffizient den Wert Null. Nun ist es möglich, daß y von x unabhängig ist, aber nicht konstant. Beispielsweise könnten wir uns vorstellen, die uns vorliegende y-Reihe sei eine Stichprobe aus einer normalverteilten Grundgesamtheit. In diesem Fall ist in aller Regel $\sum (y_t - \bar{y}) \neq 0$. Wir finden einen von Null verschiedenen Korrelationskoeffizienten, obwohl y von x unabhängig ist. Wie können wir also entscheiden, ob ein von Null abweichender Korrelationskoeffizient nur zufällig zustande kam? Die Antwort darauf hängt von dem Modell ab, von dem wir annehmen, es beschreibe den Zusammenhang beider Größen. Wenn wir über keine konkrete Modellvorstellung verfügen, gibt es eine Daumenregel. Sie beruht auf der Annahme, x und y seien zwei voneinander unabhängige **White-Noise-Prozesse**.[14] Bei insgesamt n Beobachtungen deutet danach ein Korrelationskoeffizient der größer

---

(kleiner) als $\pm 2\sqrt{1/n}$ ist, auf einen positiven (negativen) Zusammenhang zwischen x und y hin. Der Fehler, daß wir fälschlich einen Zusammenhang annehmen, obwohl es den tatsächlich nicht gibt, hat eine Wahrscheinlichkeit von fünf Prozent.[15]

Um festzustellen, ob die Reihe $\left\{x_t\right\}_{t=1}^n$ einen Vorlauf [Lead] von τ Zeiteinheiten vor der Reihe $\left\{y_t\right\}_{t=1}^n$ hat, berechnet man den Korrelationskoeffizienten aus der um τ Beobachtungen am Ende gekürzten Reihe $\left\{x_t\right\}_{t=1}^{n-\tau}$ und der um τ Beobachtungen am Anfang gekürzten Reihe $\left\{y_t\right\}_{t=\tau}^n$, die beide noch insgesamt n-τ Beobachtungen besitzen. Kürzt man hingegen die erste Reihe am Anfang und die zweite Reihe am Ende um jeweils τ Beobachtungen, zeigt ein dem Betrag nach großer Korrelationskoeffizient dieser Reihen, daß die erste Reihe der zweiten mit einer Verzögerung [Lag] von τ Perioden folgt.

Der Korrelationskoeffizient für jeweils τ Zeiteinheiten voneinander entfernte Beobachtungen einer Reihe heißt **Autokorrelationskoeffizient**. Bei einer großen Zahl von Beobachtungen unterscheiden sich Mittelwert und Streuung der beiden Reihen $\left\{x_t\right\}_{t=1}^{n-\tau}$ und $\left\{x_t\right\}_{t=\tau}^n$ praktisch kaum. Deshalb definiert man den empirischen Autokorrelationskoeffizienten etwas anders: Die **Autokovarianz mit Zeitabstand** [Lag] τ ist:

$$c_x(\tau) := \frac{1}{n} \sum_{t=1}^{n-\tau} (x_{t+\tau} - \bar{x})(x_t - \bar{x}), \qquad \text{(D.IV.2.5)}$$

In dieser Formel wird das arithmetische Mittel aus allen n Beobachtungen berechnet. Die Zahl der Summanden ist hingegen n-τ. Außerdem dividiert man durch n und nicht durch n-τ. Der Grund für diese Abweichung liegt in den besseren Schätzeigenschaften. Aus dieser Definition erhält man für $\tau=0$ die Varianz der Zeitreihe, für die man daher $c_x(0)$ schreiben kann. Schreibt man die Summe in Gleichung (D.IV.2.5) aus, erkennt man, daß

$$c_x(-\tau) = \frac{1}{n} \sum_{t=1+\tau}^{n} (x_t - \bar{x})(x_{t-\tau} - \bar{x})$$

zur selben Summe führt. Die Autokovarianz ist demnach eine gerade Funktion des Zeitabstands τ, d.h. $c_x(\tau) = c_x(-\tau)$. Der **Autokorrelationskoeffizient mit Lag** τ ist dementsprechend durch

---

15   Siehe beispielsweise Makridakis, Wheelwright und McGee (1983), S. 495. Eine andere Modellvorstellung zur Schätzung von Standardfehlern beschreibe ich in Maußner (1993).

$$r_x(\tau) := \frac{c_x(\tau)}{c_x(0)} \qquad\qquad\qquad \text{(D.IV.2.6)}$$

definiert. Für eine Zeitreihe mit n Beobachtungen kann man prinzipiell n Autokorrelationskoeffizienten berechnen, wobei $r_x(0)=1$ ist. In diesem Fall läuft τ in Gleichung (D.IV.2.5) über die Werte $\tau=1, 2, ..., n\text{-}1$. Der Die Funktion $r_x\colon T\to[\text{-}1, 1]$ nennt man **Autokorrelationsfunktion**. Natürlich sinkt die Verläßlichkeit der Ergebnisse mit zunehmendem Zeitabstand, da die Zahl verfügbarer Wertepaare abnimmt.

Periodische Funktionen

Das formale Konzept zur Beschreibung zyklischer Phänomene steckt im Begriff einer **periodischen Funktion**. Man nennt eine Funktion $f(t)$ periodisch mit der Periode $p>0$, wenn für alle t aus dem Definitionsbereich der Funktion

$$f(t) = f(t+p) \qquad\qquad\qquad \text{(D.IV.2.7)}$$

gilt. Den Kehrwert der Periode nennt man **Frequenz** $\lambda:=1/p$. Wenn $f(t)$ die Periode p besitzt, dann ist $f(t)=f(t+kp)$ für jedes ganzzahlige Vielfache k von p, wie man durch k-faches Anwenden der Definitionsgleichung (D.IV.2.7) sehen kann. Das kleinste positive p, das die Definitionsgleichung erfüllt, heißt **Grundperiode**.

Das Paradebeispiel periodischer Funktionen sind die trigonometrischen Funktionen, die uns bereits bei der Lösung linearer Differenzen- und Differentialgleichungen begegnet sind. Sinusfunktion und Kosinusfunktion haben beide die Grundperiode 2π und damit die Frequenz $1/2\pi$. Eine **harmonische Schwingung**,

$$f(t) = a_1 \cos(2\pi\lambda t) + a_2 \sin(2\pi\lambda t), \qquad\qquad \text{(D.IV.2.8)}$$

ist eine aus diesen beiden Funktionen abgeleitete Funktion [siehe auch Ergänzung D.II.2.2]. Als Überlagerung harmonischer Schwingungen bezeichnet man eine Summe harmonischer Funktionen. Die Analyse einer Zeitreihe im Frequenzbereich betrachtet die Zeitreihe als Überlagerung harmonischer Schwingungen. Sie sucht die gesamte Varianz der Reihe in Schwingungen unterschiedlicher Frequenz aufzuspalten und herauszufinden, ob einzelne Frequenzen dominieren.

Den Zusammenhang zwischen der Analyse im Zeitbereich und der Analyse im Frequenzbereich stellt die Fouriertransformation her.

Fouriertransformation

Wir betrachten eine Zeitreihe $\{x_t\}_{t \in I}$ mit der Menge der ganzen Zahlen I als Parametermenge. Bei einer Reihe mit endlich vielen Beobachtungen ersetzen wir die fehlenden Werte durch Nullen. Diese Zeitreihe sei **absolut summierbar**, d.h.

$$\sum_{t=-\infty}^{\infty} |x_t| < \infty.$$

Als **Fouriertransformierte** $F_x(\lambda)$ oder einfach $F(\lambda)$ der Reihe $\{x_t\}_{t \in I}$ bezeichnet man folgende komplexwertige Funktion der Frequenz λ:

$$F(\lambda) := \sum_{t=-\infty}^{\infty} x_t e^{i2\pi\lambda t}, \tag{D.IV.2.9}$$

worin i die imaginäre Einheit ist. Die Fouriertransformation ist umkehrbar,[16] denn für jedes $t \in I$ gilt

$$x_t = \int_{-0.5}^{0.5} F(\lambda) e^{-i2\pi\lambda t} d\lambda, \tag{D.IV.2.10}$$

so daß die ursprüngliche Reihe aus der Fouriertransformierten zurückgewonnen werden kann. Mit Hilfe der Formel von Euler [siehe Ergänzung D.II.2.1] kann man die Fouriertransformation auch in der Form

$$F(\lambda) = C(\lambda) + i S(\lambda)$$

$$\text{mit:} \quad C(\lambda) := \sum_{t=-\infty}^{\infty} x_t \cos(2\pi\lambda t),$$

$$\tag{D.IV.2.11}$$

$$S(\lambda) := \sum_{t=-\infty}^{\infty} x_t \sin(2\pi\lambda t)$$

darstellen. Nun ist $\cos(\theta) = \cos(-\theta)$ und $\sin(-\theta) = -\sin(\theta)$, woraus $C(\lambda) = C(-\lambda)$ und $S(-\lambda) = -S(\lambda)$ folgen. Nach (D.IV.2.10) und (D.IV.2.11) kann man daher die Umkehrung der Fouriertransformation, Gleichung (D.IV.2.10), auch in der Form

---

16   Siehe Schlittgen und Streitberg (1991), Satz 1.6.4.5, S. 55.

$$x_t = 2 \int_0^{0.5} [C(\lambda)\cos(2\pi\lambda t) + S(\lambda)\sin(2\pi\lambda t)]d\lambda \qquad \text{(D.IV.2.12)}$$

schreiben. Diese Formel zeigt, daß die absolut summierbare Zeitreihe $\{x_t\}_{t\in I}$ aus harmonischen Schwingungen der Frequenzen $\lambda\in[0, 0.5]$ zusammengesetzt gedacht werden darf. Sie ist die formale Grundlage der beiden Interpretationsweisen einer Zeitreihe als Folge reeller Zahlen einerseits und als Überlagerung harmonischer Schwingungen andererseits.

Periodogramm

Das Periodogramm oder Stichprobenspektrum einer Zeitreihe $\{x_t\}_{t\in T}$ ist folgende Funktion der Frequenz $\lambda\in\mathbf{R}$:

$$I(\lambda) := n\left[\frac{1}{n}\sum_{t=1}^n (x_t - \bar{x})\cos(2\pi\lambda t)\right]^2 + n\left[\frac{1}{n}\sum_{t=1}^n (x_t - \bar{x})\sin(2\pi\lambda t)\right]^2. \quad \text{(D.IV.2.13)}$$

Ein Vergleich dieser Definition mit Gleichung (D.IV.2.3) zeigt, daß die beiden Ausdrücke in eckigen Klammern die Kovarianzen der Zeitreihe mit der Cosinus- bzw. der Sinusfunktion mit Frequenz λ sind. Wer die Eigenschaften dieser beiden Funktionen kennt, kann selbst nachprüfen, daß das Periodogramm für $\lambda=0$ verschwindet, $I(0)=0$, daß es eine gerade Funktion ist, $I(\lambda)=I(-\lambda)$ und daß es periodisch mit der Periode 1 ist, $I(\lambda+1)=I(\lambda)$.[17] Mithin genügt es, das Periodogramm im Intervall [0, 0.5] zu betrachten.

Den Schlüssel zur Interpretation des Periodogramms liefert **Parsevals Theorem**,[18] wonach das Periodogramm die Fouriertransformierte der Autokovarianzfunktion ist,

$$I(\lambda) = \sum_{\tau=-(n-1)}^{n-1} c_x(\tau)e^{i2\pi\lambda\tau}, \qquad \text{(D.IV.2.14)}$$

so daß aus der Umkehrbarkeit der Fouriertransformation, Gleichung (D.IV.2.10), zusammen mit $\tau=0$ folgt

---

17   Siehe Schlittgen und Streitberg (1991), Satz 1.6.2.9, S. 44.

18   Siehe Schlittgen und Streitberg (1991), Satz 1.6.5.4, S. 63.

$$c_x(0) = \int\limits_{-0.5}^{0.5} I(\lambda)\,d\lambda. \qquad\qquad\qquad \text{(D.IV.2.15)}$$

Demnach ist die Fläche unter dem Periodogramm die Varianz der Zeitreihe.[19] Für ein beliebiges Intervall $[\lambda_1, \lambda_2]$ gibt die Fläche unter dem Periodogramm über diesem Intervall den Teil der Gesamtvarianz an, der in Schwingungen mit Frequenzen $\lambda \in [\lambda_1, \lambda_2]$ steckt.

Bei der Interpretation eines Periodogramms müssen zwei Punkte bedacht werden: Der **Maskierungseffekt** und das **Auftreten von Oberschwingungen**.

Der Maskierungseffekt beruht auf der gegebenen Länge des Zeitintervalls zwischen je zwei Beobachtungen einer Zeitreihe. Als Funktionen der Zeit haben beispielsweise $\cos(2\pi\frac{1}{6}t)$ und $\cos(2\pi\frac{7}{6}t)$ die Frequenz 1/6 bzw. 7/6. Wenn wir beide Funktionen aber nur jeweils an den Stellen $t=\{1, 2, ..., \}$ berechnen, liefern sie ein und dieselbe Zeitreihe, denn es ist

$$\begin{aligned}
\cos(2\pi\tfrac{7}{6}t) &= \cos[2\pi t + 2\pi\tfrac{1}{6}t] \\
&= \cos(2\pi t)\cos(2\pi\tfrac{1}{6}t) + \sin(2\pi t)\sin(2\pi\tfrac{1}{6}t) = \cos(2\pi\tfrac{1}{6}t).
\end{aligned}$$

Demnach müssen beide Reihen dieselbe Kovarianz mit jeder beliebigen anderen Reihe haben, also auch mit der Cosinus- und der Sinusfunktion in der Definitionsgleichung des Periodogramms. Aus Gleichung (D.IV.2.13) folgt deshalb, daß beide Reihen denselben Ordinatenwert im Periodogramm haben, obwohl die ihnen zugrundeliegenden Funktionen verschiedene Frequenzen besitzen. Berücksichtigt man die Periodizität und Geradheit des Periodogramms, folgt $I(k+\lambda)=I(k-\lambda)$ für alle $k \in \mathbb{N}$. Eindeutig identifizierbar ist darin nur die Frequenz λ. Hat beispielsweise ein beobachtbarer Prozeß eine Periode von 30 Tagen und mithin auf Jahresbasis eine Frequenz von 365/30=12 5/30, dann kann bei nur jährlicher Beobachtung des Prozesses lediglich die Fre-

---

19   Weil $c_x(\tau)=c_x(-\tau)$, kann man für Gleichung (D.IV.2.14) auch

$$I(\lambda) = c_x(0) + \sum_{\tau=1}^{n-1} c_x(\tau)(e^{-i2\pi\lambda\tau} + e^{i2\pi\lambda\tau}) = c_x(0) + \sum_{\tau=1}^{n-1} c_x(\tau)\,2\cos(2\pi\lambda\tau)$$

schreiben. Hieran erkennt man, daß $I(\lambda)$ auch in der komplexen Darstellung nach Gleichung (D.IV.2.14) eine reelle Zahl ist.

Abbildung D.IV.2.1

Periodogramm der Wachstumsrate des realen BSP

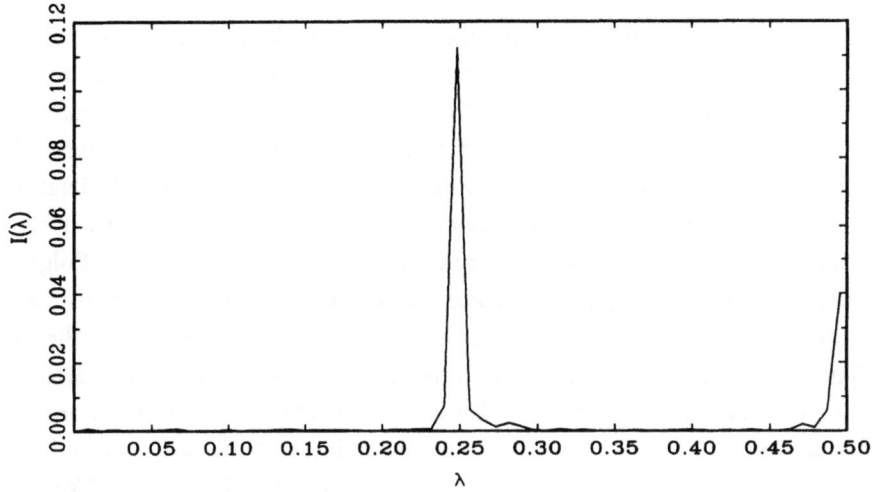

Quelle: DIW; eigene Berechnung.

quenz 5/30 entdeckt werden. Dieser Frequenz entspricht eine Periodenlänge von 6 Jahren. Allein dieses Beispiel zeigt, daß es keineswegs unproblematisch ist, Zyklen mit bestimmter Periodenlänge, wie etwa die Kitchin-, Juglar- und Kondratieffzyklen, aus einer gegebenen Datenmenge herauszulesen.

Oberschwingungen einer harmonischen Schwingung mit Frequenz λ heißen die harmonischen Schwingungen mit den Frequenzen $k\lambda$, $k \in N$. Außer bei der Grundfrequenz λ hat das Periodogramm häufig auch lokale Maxima bei den Oberschwingungen. Diese Erscheinung bezeichnet man als Auftauchen von Oberschwingungen. Der Grund dafür ist, daß periodische Komponenten einer Zeitreihe nicht unbedingt sinusförmig sind. Falls eine periodische, nicht sinusförmige Funktion als Überlagerung harmonischer Schwingungen dargestellt werden kann, gehen in diese Darstellung auch Oberschwingungen der Grundperiode $p=1/\lambda$ ein. Beispielsweise kann man erwarten, im Periodogramm von Quartalsdaten nicht nur bei der Frequenz 0.25 ein lokales Maximum im Periodogramm zu finden, sondern auch bei der Frequenz 0.5. Abbildung A.IV.2.3 demonstriert dies am Periodogramm der Wachstumsrate des realen Bruttoinlandsprodukts. Dort finden wir nicht nur bei 0.25, sondern auch bei 0.5 überdurchschnittliche große Ordinatenwerte im Periodogramms.

3. Stochastische Prozesse

Begriff

Wir haben bislang eine Zeitreihe als zeitlich geordnete Folge reeller Zahlen betrachtet und verschiedene statistische Maße zur Charakterisierung der Reihe kennengelernt. Grundlegend für die Methoden der Zeitreihenanalyse ist die Interpretation einer Zeitreihe als Ergebnis eines Zufallsexperiments. Ein Zufallsprozeß ist es beispielsweise, wenn Sie täglich einmal einen Würfel werfen. Die geworfene Augenzahl am Tag $t \in T = \{1, 2, 3, ..., n\}$, nennen wir sie X_t, ist eine Zufallsvariable mit den Ausprägungen $\{1, 2, 3, 4, 5, 6\}$. Die Folge der Zufallsvariablen $\{X_t\}_{t \in T}$ ist ein **stochastischer Prozeß**. Dieser Prozeß kann 6^n verschiedene Zeitreihen produzieren. Genau eine davon erhalten Sie nach n Tagen; welche, das ist dem Zufall anheimgestellt. Wenn wir an die Stelle der Parameter a_1 und a_2 in der Definitionsgleichung einer harmonischen Schwingung, Gleichung (D.IV.2.8), die normalverteilten Zufallsvariablen A_1 und A_2 setzen, erhalten wir einen stochastischen Prozeß, den man **Cosinoid** nennt. Eine harmonische Welle ist genau eine Realisation dieses Prozesses.

Stochastische Prozesse können wir mit Hilfe ihrer theoretischen Momente und ihres Spektrums beschreiben. Dabei ist das Spektrum, analog zum Periodogramm, als Fouriertransformierte der theoretischen Autokovarianzfunktion definiert. Die Fläche unter dem Spektrum entspricht der theoretischen Varianz des stochastischen Prozesses.

White-Noise-Prozeß

Ein elementarer stochastischer Prozeß ist der **White-Noise-Prozeß**

$$\{\epsilon_t\}_{t \in I}$$

$$\text{mit: } E(\epsilon_t) = \mu,$$

$$\text{var}(\epsilon_t) = \sigma^2, \tag{D.IV.3.1}$$

$$\text{cov}(\epsilon_t, \epsilon_{t-\tau}) = 0 \ \forall \ \tau = 1, 2, ...,$$

d.i. ein Prozeß, bei dem die Zufallsvariable ϵ_t für alle Zeitpunkte der Parametermenge denselben Mittelwert und dieselbe Varianz besitzt und die Zufallsvariablen zu verschiedenen Zeitpunkten voneinander unabhängig sind. Die Autokovarianzfunktion des White-Noise-Prozesses ist daher

$$\gamma_X(\tau) = \begin{cases} \sigma^2 & \text{für } \tau = 0 \\ 0 & \text{für } \tau \neq 0 \end{cases}$$

und sein Spektrum ist

$$f(\lambda) := \sum_{\tau = -\infty}^{+\infty} \gamma_X(\tau)\, e^{i2\pi\lambda\tau} = \sigma^2.$$

Es ist völlig flach; ein Ausdruck dafür, daß alle Frequenzen den gleichen Beitrag zur Prozeßvarianz liefern.

Der White-Noise-Prozeß ist Baustein für **lineare stochastische Prozesse**, zu denen autoregressive Prozesse und Moving-Average-Prozesse gehören.

Autoregressive Prozesse

Der stochastische Prozeß

$$X_t = aX_{t-1} + \epsilon_t, \tag{D.IV.3.2}$$

mit dem White-Noise-Prozeß $\{\epsilon_t\}t\in I$ heißt **Autoregressiver Prozeß erster Ordnung**, kurz AR(1)-Prozeß. Wir gehen davon aus, daß der Prozeß im Zeitpunkt $n<t$ mit dem Wert ϵ_n startete. Wenn wir den Zeitindex in Gleichung (D.IV.3.2) um eine Periode nach hinten schieben und den so gefundenen Wert für X_{t-1} in die Ausgangsgleichung (D.IV.3.2) einsetzen, können wir X_{t-1} durch X_{t-2} ersetzen. Wir wiederholen dieses Verfahren solange, bis alle zurückliegenden Zufallsvariablen X_{t-s}, $s=1, 2, ..., t-n$, aus der Gleichung verschwunden sind und erhalten

$$X_t = \sum_{s=1}^{t-n} a^s \epsilon_{t-s}. \tag{D.IV.3.3}$$

Der Erwartungswert dieses Prozesses gibt die **mittlere Zeitreihe** wieder, um welche die denkbaren Realisationen des Prozesses schwanken. Er darf nicht mit dem empirischen Reihenmittel $\bar{x}$ verwechselt werden. Aus Gleichung (D.IV.3.3) folgt der Erwartungswert des AR(1)-Prozesses[20]

---

20 Für eine Summe stochastisch unabhängiger Zufallsvariablen X_i, $i=1, 2, ..., n$, mit Mittelwert μ_i und Varianz σ_i gilt bekanntlich:

$$E\left[\sum_{i=1}^{n} X_i\right] = \sum_{i=1}^{n} E(X_i) = \sum_{i=1}^{n} \mu_i \quad \text{und} \quad \text{var}\left[\sum_{i=1}^{n} X_i\right] = \sum_{i=1}^{n} \text{var}(X_i) = \sum_{i=1}^{n} \sigma_i^2.$$

$$E(X_t) = \left(a + a^2 + \dots + a^{t-n}\right)\mu = \frac{1 - a^{t-n+1}}{1 - a}\,\mu, \tag{D.IV.3.4}$$

wobei die zweite Gleichsetzung natürlich nur für $a \neq 1$ möglich ist. Die Autokovarianz mit Lag τ, $\gamma_X(\tau)$, können wir mit Hilfe von Gleichung (D.IV.3.3) berechnen:

$$\gamma_X(\tau) := E\Big((X_t - E(X_t))(X_{t+\tau} - E(X_{t+\tau})) \Big)$$

$$= E\left(\left[\sum_{s=1}^{t-n} a^s (\epsilon_{t-s} - \mu) \right] \left[\sum_{s=0}^{t-n-\tau} a^s (\epsilon_{t-s+\tau} - \mu) \right] \right).$$

Schreibt man das Produkt der beiden Summen aus und berücksichtigt, daß nach Gleichung (D.IV.3.1) $\mathrm{var}(\epsilon_t) = E((\epsilon_t - \mu)^2) = \sigma^2$ und $\mathrm{cov}(\epsilon_t, \epsilon_{t-s}) = E((\epsilon_t - \mu)(\epsilon_{t-s} - \mu)) = 0$ für $s \neq 0$, erhält man hieraus

$$\gamma_X(\tau) = \left(a^\tau + a^{2+\tau} + \dots + a^{2(t-1)-\tau}\right)\sigma^2 = a^\tau \frac{1 - a^{2(t+1-n-\tau)}}{1 - a^2}\,\sigma^2, \tag{D.IV.3.5}$$

wobei auch hier die zweite Gleichsetzung $a \neq 1$ voraussetzt. Aus Gleichung (D.IV.3.5) erhält man für $\tau = 0$ die Varianz der Reihe. Wenn wir $a < 1$ unterstellen und davon ausgehen, der Prozeß habe in der fernen Vergangenheit begonnen, präzise, daß $\lim_{n \to -\infty} t - n = \infty$, entfällt der Term $a^{2(t+1-n-\tau)} = 0$ in Gleichung (D.IV.3.5). Die Autokorrelationsfunktion des AR(1)-Prozesses hat dann eine besonders einfache Form:

$$\rho_X(\tau) = a^\tau. \tag{D.IV.3.6}$$

Mit zunehmender Länge des Lags konvergiert der theoretische Autokorrelationskoeffizient monoton gegen Null. Beobachtet man dieses Muster bei der empirischen Autokorrelationsfunktion einer Zeitreihe, weist es darauf hin, daß diese von einem AR(1)-Prozeß erzeugt wurde.

Als **autoregressiven Prozeß der Ordnung p**, kurz AR(p), bezeichnet man einen Prozeß der Form

$$X_t = a_1 X_{t-1} + a_2 X_{t-2} + \dots + a_p X_{t-p} + \epsilon_t, \tag{D.IV.3.7}$$

wobei ϵ_t wiederum ein White-Noise-Prozeß ist.

Bereits sehr einfache autoregressive Prozesse sind in der Lage, Zeitreihenmuster zu erzeugen, die denen der zyklischen Komponente vieler makroökonomischer Zeitreihen ähneln. Abbildung D.IV.3.1 gibt ein Beispiel dafür. Die erste Reihe des Bildes zeigt die Realisation eines White-Noise-Prozesses, der

Abbildung D.IV.3.1

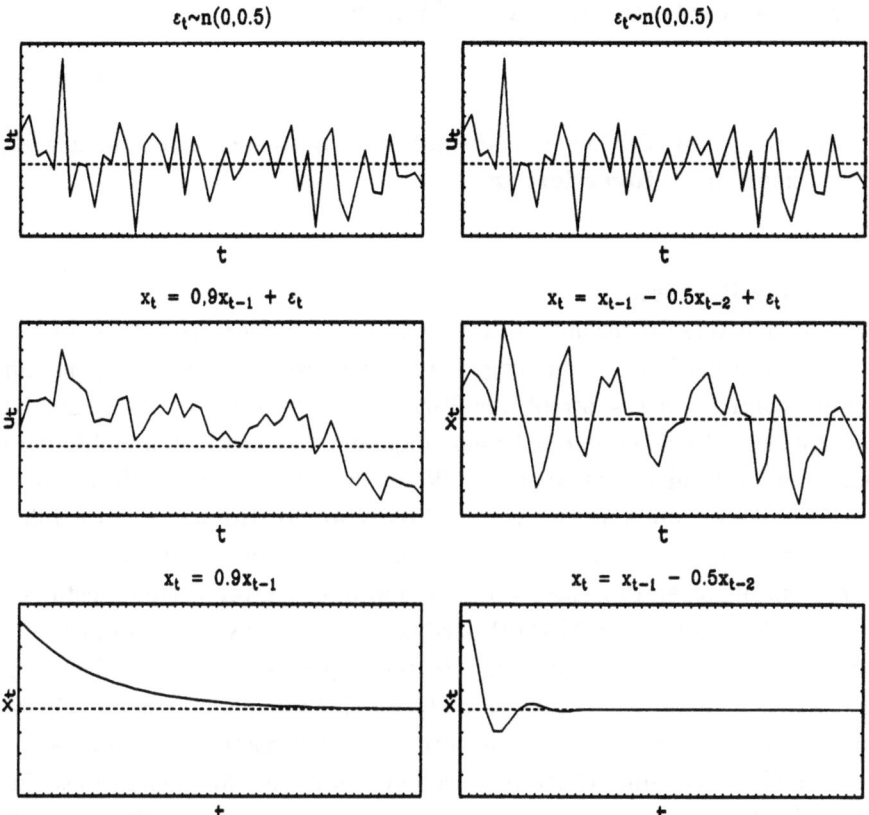

normalverteilt ist mit Erwartungswert Null und Standardabweichung $\sigma=0,5$. Dieser Prozeß ist der Input für zwei AR-Prozesse, die in der nächsten Reihe abgebildet sind. Insbesondere der AR(1)-Prozeß übersetzt das irreguläre Muster der Inputreihe in eine Outputreihe mit einem deutlich erkennbaren Zyklus. Dabei ist der deterministische Teil dieses Prozesses, $x_t=0,9x_{t-1}$, eine stabile Differenzengleichung erster Ordnung. Der deterministische Teil des AR(2)-Prozesses, $x_t=x_{t-1}-0,5x_{t-2}$, beschreibt eine Schwingung mit abklingender Amplitude.

Moving-Average-Prozesse

Gleichung (D.IV.3.3) stellt X_t als gewichtete Summe der Zufallsvariablen ϵ_{t-s} dar. Falls $a<1$, nimmt das Gewicht mit wachsendem t ab. Ein weit zurückliegendes Ereignis liefert dann praktisch keinen Beitrag zur Erklärung von X_t.

Eine Verallgemeinerung von Gleichung (D.IV.3.3) ist der **Moving-Average-Prozeß der Ordnung q**, kurz MA(q)-Prozeß:

$$X_t = \epsilon_t + b_1 \epsilon_{t-1} + ... + b_q \epsilon_{t-q}.$$

(D.IV.3.8)

Ein AR(p)-Prozeß, der als unendlicher Moving-Average-Prozeß dargestellt werden kann, heißt **invertierbar**.

Stationäre Prozesse

Für den AR(1)-Prozeß mit $a < 1$ sind Erwartungswert und Autokovarianz praktisch von der Zeit unabhängig, wenn der Prozeß in ferner Vergangenheit begann, denn für $n \to -\infty$ strebt der Term a^{t-n+1} bzw. $a^{2(t+1-n-\tau)}$ gegen Null. Stochastische Prozesse, deren Erwartungswert von der Zeit unabhängig ist, nennt man **mittelwertstationär**. Wenn ihre Autokovarianzfunktion nurmehr vom Lag τ abhängt, heißen sie **kovarianzstationär**. Ein Prozeß der mittelwert- und kovarianzstationär ist, heißt **schwach stationär**. Stationär nennt man hingegen Prozesse, wenn alle Parameter ihrer Verteilungsfunktion zeitunabhängig sind. Der AR(1)-Prozeß ist für $a < 1$ schwach stationär.

Schwach stationäre stochastische Prozesse spielen in der Zeitreihenanalyse eine wichtige Rolle. Dafür gibt es mehrere Gründe. Es ist erstens ein hoffnungsloses Unterfangen, die Momente eines stochastischen Prozesses aus einer einzigen Zeitreihe schätzen zu wollen, wenn diese Momente selbst Funktionen der Zeit sind. Wie sollten wir aus n Beobachtungen auf die n Mittelwerte $E(X_t)$ schließen? Zweitens können schwach stationäre Prozesse als Überlagerung unkorrelierter schwach stationärer Cosinoide dargestellt werden. Das Periodogramm einer Zeitreihe kommt dann als Baustein für Schätzer des Spektrums des Prozesses in Frage.[21] Schließlich lassen sich nach einem Satz von Wold[22] schwach stationäre Prozesse eindeutig als Summe aus einem linearen deterministischen Prozeß und einem unendlichen Moving-Average-Prozeß darstellen.[23] Das Beispiel des AR(1)-Prozesses zeigt, daß ein

---

21   Das Periodogramm selbst ist kein konsistenter Schätzer des Spektrums, d.h. auch bei einer gegen unendlich strebenden Reihenlänge nähert sich das Periodogramm nicht dem Spektrum des Prozesses. Siehe Schlittgen und Streitberg (1991), S. 256ff..

22   Siehe Schlittgen und Streitberg (1991), Satz 7.2.2.6, S. 340.

23   Ein Prozeß $\left\{X_t\right\}_{t \in I}$ ist deterministisch, wenn jede künftige Realisation exakt aus allen zurückliegenden Realisationen vorhergesagt werden kann. Im Fall eines linearen Prozesses muß X_{t+s} für alle $s = 1, 2, ...$, als lineare Funktion von $X_{t-\tau}$, $\tau = 0, 1, 2, ..., \infty$, exakt berechenbar sein.

schwach stationärer Prozeß als unendlicher MA-Prozeß darstellbar ist. AR(p)-Prozesse oder die Summe aus einem AR(p)- und einem MA(q)-Prozeß, ein sogenannter ARMA(p,q)-Prozeß, kommen folglich als theoretische Modelle nur für schwach stationäre stochastische Prozesse in Frage.

ARIMA-Prozesse

Setzt man in der Definitionsgleichung des AR(1)-Prozesses $a=1$, erhält man den **Random Walk**. Er ist ein Beispiel für einen nicht stationären Prozeß, denn sein Erwartungswert und seine Varianz nehmen mit der Zeit zu:

$$E(X_t) = E\left(\sum_{s=0}^{t-n} \epsilon_{t-s}\right) = (t+1-n)\mu, \tag{D.IV.3.9}$$

$$\mathrm{var}(X_t) = \mathrm{var}\left(\sum_{s=0}^{t-n} \epsilon_{t-s}\right) = (t+1-n)\sigma^2. \tag{D.IV.3.10}$$

Bei der Prognose künftiger Realisationen dieses Prozesses wächst die Fehlermarge, je weiter die Prognose in die Zukunft reicht.

Der Random-Walk ist ein Beispiel für einen **integrierten Prozeß erster Ordnung**. Die Differenz zweier zeitlich aufeinander folgender Realisationen, X_t-X_{t-1}=ϵ_t, ist nämlich der White-Noise-Prozeß $\left\{\epsilon_t\right\}_{t\in I}$ und daher ein schwach stationärer stochastischer Prozeß. Allgemein nennt man einen stochastischen Prozeß integriert mit der Ordnung d, wenn nach d-maliger Differenzenbildung aus ihm ein schwach stationärer stochastischer Prozeß hervorgeht.[24] Wenn dieser Prozeß als ARMA(p,q)-Prozeß darstellbar ist, nennt man den Ausgangsprozeß **Autoregressiven-Integrierten-Moving-Average-Prozeß**, und schreibt dafür ARIMA(p,d,q).

Die Analyse einer Zeitreihe, der ein integrierter stochastischer Prozeß zugrundeliegt, beginnt damit, sie hinreichend oft zu differenzieren, so daß jene Eigenschaften der Zeitreihe sichtbar werden, die ein schwach stationärer stochastischer Prozeß erzeugt haben kann. Die Differenzenbildung ist eine lineare Transformationen der Zeitreihe. Gleich einem Filter hält sie unerwünschte Bestandteile zurück. Deshalb nennt man in der Zeitreihenanalyse solche und ähnliche Umformungen **Filter**. Mit diesen Filtern befaßt sich der nächste Abschnitt.

---

24 Die Differenz d-ter Ordnung ist rekursiv definiert: Mit ΔX_t:=X_t-X_{t-1} ist $\Delta^2 X_t$:=ΔX_t-ΔX_{t-1}=X_t-$2X_{t-1}$+X_{t-2}, so daß $\Delta^d X_t$=$\Delta^{d-1}X_t$-$\Delta^{d-1}X_{t-1}$.

4. Filter

Linearer Filter

Ein linearer Filter ordnet einer **Inputreihe** $\left\{x_t\right\}_{t \in T}$ eine **Outputreihe** $\left\{y_t\right\}_{t \in T}$ gemäß der Gleichung

$$y_t = \sum_s a_s x_{t-s} \qquad\qquad \text{(D.IV.4.1)}$$

zu. Ist der Input eine Zeitreihe mit der Parametermenge $T = \{1, 2, ..., n\}$, so läuft der Summationsindex s von der Untergrenze $s = -\underline{s}$ bis zur Obergrenze $s = \overline{s}$ und der Zeitindex t von der Untergrenze $t = \underline{s} + 1$ bis zur Obergrenze $t = n - \overline{s}$. Wenn der Input ein stochastischer Prozeß mit der Parametermenge I ist, laufen s und t über alle ganzen Zahlen. In diesem Fall heißt der Filter **absolut summierbar**, wenn die Folge seiner Gewichte $\left\{a_s\right\}_{s \in I}$ absolut summierbar ist, $\sum_s |a_s| < \infty$. Die Folge der Gewichte des Filters heißt **Impulsantwortfunktion**. Ein linearer Filter ist **symmetrisch**, wenn $a_s = a_{-s}$ für alle s. Von einem **gleitenden Durchschnitt** spricht man, wenn die Summe der Filtergewichte Eins ist.

Vergleicht man die Definition des linearen Filters, Gleichung (D.IV.4.1), mit der Definitionsgleichung des Moving-Average-Prozesses (D.IV.3.7), erkennt man, daß der Moving-Average-Prozeß aus der Filterung eines White-Noise-Prozesses hervorgeht.

Frequenzantwortfunktion

Zur Analyse der Eigenschaften eines Filters ist seine Betrachtung im Frequenzbereich hilfreich. Die Fouriertransformierte eines absolut summierbaren Filters,

$$F_a(\lambda) = \sum_{s = -\infty}^{\infty} a_s e^{i 2 \pi \lambda s}, \qquad\qquad \text{(D.IV.4.2)}$$

heißt **Frequenzantwortfunktion**. Sie ist eine komplexe Zahl, die in Exponentialform als

$$F_a(\lambda) = G(\lambda) e^{i 2 \pi \phi(\lambda)} \qquad\qquad \text{(D.IV.4.3)}$$

geschrieben werden kann. Ihr Betrag $G(\lambda)$ heißt Gainfunktion und ist ein Maß dafür, wie der Filter die Amplitude des Outputs gegenüber dem Input bei der Frequenz λ verstärkt. $\phi(\lambda)$ ist die Phasenverschiebung des Outputs gegenüber dem Input. Die Frequenzantwortfunktion eines symmetrischen Filters ist eine reellwertige Funktion:[25]

$$F_a(\lambda) = a_0 + 2 \sum_{s=1}^{\infty} a_s \cos(2\pi\lambda s).$$ (D.IV.4.4)

Saisonbereinigung

Üblicherweise benutzt man für die Konjunkturdiagnose und zur Beschreibung der Eigenschaften konjunktureller Schwankungen Quartalsdaten. Diese Daten enthalten eine Saisonkomponente. Zur Beseitigung dieser Komponente gibt es eine Vielzahl von Verfahren. Einfach und naheliegend ist die Berechnung eines gleitenden Durchschnitts.

Wenn wir beispielsweise die Beobachtungen $\{x_1, x_2, x_3, x_4, x_5\}$ haben und eine Periode von vier unterstellen, könnten wir den Durchschnitt aus vier Quartalen bilden. Allerdings gibt es dabei ein Zuordnungsproblem: Der Durchschnitt der Zeitindizes der ersten vier Beobachtungen ist $2.5=(1+2+3+4)/4$, derjenige der zweiten vier Beobachtungen ist $3.5=(2+3+4+5)/4$. Welchem Quartal ordnen wir den Durchschnitt zu? Eine Lösung liegt darin, nochmals über zwei benachbarte Outputwerte zu mitteln, $(2.5+3.5)/2=3$, so daß wir zur Zuordnung

$$y_3 = \frac{1}{8}x_1 + \frac{1}{4}x_2 + \frac{1}{4}x_3 + \frac{1}{4}x_4 + \frac{1}{8}x_5$$

gelangen. Dieses Beispiel führt auf folgenden symmetrischen Filter:

$$y_{t+2} = \frac{1}{8}x_{t-2} + \frac{1}{4}x_{t-1} + \frac{1}{4}x_t + \frac{1}{4}x_{t+1} + \frac{1}{8}x_{t+2}$$ (D.IV.4.5)

mit den Gewichten $\{..., 0, ..., 0, 1/8, 1/4, 1/4, 1/4, 1/8, 0, ...,0 ...\}$. Diesen Filter habe ich, wo nötig, zur Saisonbereinigung der Zeitreihen in Abschnitt A.II und A.III benutzt.

Seine Eigenschaft können wir aus dem Graph seiner Frequenzantwortfunktion ablesen. Sie folgt aus Gleichung (D.IV.4.5) und Gleichung (D.IV.4.4):

---

25   Gleichung (D.IV.4.4) folgt aus Gleichung (D.IV.4.2), wenn man analog zur Berechnung in Fußnote 19, Abschnitt D.IV.2. vorgeht.

$$F_a(\lambda) = \frac{1}{4} + \frac{1}{4}\cos(4\pi\lambda) + \frac{1}{2}\cos(2\pi\lambda). \tag{D.IV.4.6}$$

Abbildung D.IV.3.31 zeigt den Graph dieser Funktion, an deren Betrag $|F_a(\lambda)|$ wir die Dämpfungseffekte ablesen können. Der Filter läßt Schwingungskomponenten mit großer Periode (kleiner Frequenz) praktisch unberührt, $F_a(\lambda) \approx 1$, und dämpft kurzwellige Schwingungskomponenten, $F_a(\lambda) < 1$. Schwingungen mit der Saisonfrequenz $\lambda = 0.25$ und ihrer Oberschwingung $\lambda = 0.5$ eliminiert er völlig, $F_a(0.25) = F_a(0.5) = 0$.

Dieser Filter hat einen beträchtlichen Glättungseffekt. Davon können Sie sich nach Zurückblättern zu Abbildung A.II.1 überzeugen.

Abbildung D.IV.4.1

Frequenzantwortfunktion des Saisonfilters
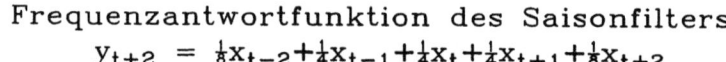

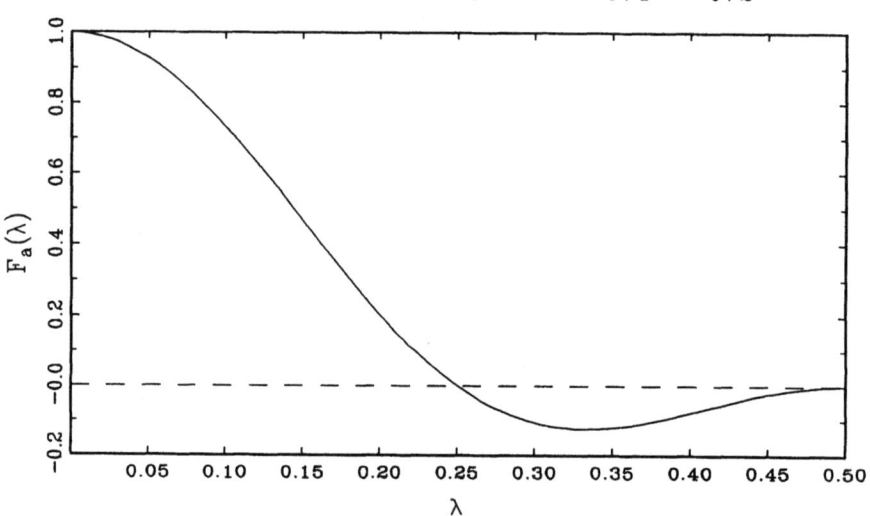

λ

Der Nachteil gleitender Durchschnitte liegt darin, daß die Outputreihe kürzer als die Inputreihe ist. Beispielsweise ist der Output des Filters (D.IV.4.5) um je zwei Werte am Anfang und Ende der Reihe kürzer als die Ausgangsreihe. In aufwendigeren Saisonbereinigungsverfahren ergänzt man diese Werte durch Schätzungen. Beispielsweise kann man einer Reihe ein ARIMA-Modell anpassen, mit dessen Hilfe man die Ausgangsreihe am Anfang und am Ende um zusätzliche Werte ergänzt, so daß nach Durchschnittsbildung der Output ebensoviele Beobachtungen enthält wie der Input.

Trendbereinigung

Um in einer trendbehafteten Zeitreihe die Konjunkturkomponente zu isolieren, muß man den Trend herausfiltern. Dafür braucht man eine Vorstellung
vom Trendverlauf.

Grundlegende wachstumstheoretische Modelle besagen beispielsweise, daß
eine Wirtschaft im Wachstumsgleichgewicht mit einer konstanten Rate α je
Zeiteinheit wächst. Das Trendwachstum der Wirtschaft, nennen wir es y_T, ist
dann durch folgende Gleichung zu beschreiben:

$$y_{T,t} = y_{T_0} (1 + \alpha)^t, \qquad\qquad (D.IV.4.7)$$

worin y_{T_0} der Trendwert im ersten Beobachtungsintervall ist. Diese Gleichung können wir logarithmieren und mit Hilfe der Methode der Kleinsten
Quadrate die Koeffizienten $\ln(y_{T_0})$ und $\ln(1+\alpha)$ schätzen. Die Differenz zwischen den Logarithmen der Ausgangsreihe und der geschätzten Trendreihe
gibt uns dann näherungsweise die prozentuale Abweichung der Ausgangsreihe
von ihrem Trend. Diese Reihe spiegelt die Konjunkturkomponente wieder.[26]

Stetiges Wachstum mit einer konstanten Rate setzt voraus, daß der technische Fortschritt die Arbeitsproduktivität gleichmäßig steigert. Unterstellt man
demgegenüber, daß der technische Fortschritt eher einem Zufallsprozeß folgt,
muß der Trend mit Hilfe eines anderen Modells beseitigt werden. Ein nahelie-
gender stochastischer Prozeß zur Beschreibung des technischen Fortschritts
ist der Random-Walk: Das technische Wissen ist die Summe aller in der Vergangenheit zufällig entdeckter Neuerungen. Vor diesem Hintergrund müßte
der Trend mit Hilfe des einfachen Differenzenfilters

$$y_t = x_t - x_{t-1} \qquad\qquad (D.IV.4.8)$$

ausgeschaltet werden. Im multiplikativen Komponentenmodell bedeutet das,
aufgrund der Näherung $\ln(x_t)-\ln(x_{t-1}) \approx (x_t-x_{t-1})/x_{t-1}$, daß die Konjunkturkomponente der Zeitreihe der Veränderungsrate der Reihe entspricht. Der Differen-

---

26 Sei $y=y_T y_K$ eine Reihe mit Trendkomponente y_T und Konjunkturkomponente y_K. Wenn
man die linke Seite des Ausdrucks

$$\ln\left[\frac{y}{y_T}\right] = \ln(y_K)$$

durch eine Taylorreihe mit zwei Gliedern approximiert, wobei man y als Variable auf-
faßt und die Reihe an der Stelle $y=y_T$ berechnet, erhält man

$$\frac{y-y_T}{y_T} \approx \ln(y_K).$$

zenfilter ist kein symmetrischer Filter. Seine Frequenzantwortfunktion ist gleichwohl leicht zu berechnen:

$$F(\lambda) = \sum_{s=-\infty}^{\infty} a_s e^{i2\pi\lambda s} = 1 - e^{i2\pi\lambda} = e^{i\pi\lambda}\left(e^{-i\pi\lambda} - e^{i\pi\lambda}\right) =$$

(D.IV.4.9)

$$= -i2\sin(\pi\lambda)e^{i\pi\lambda} = 2\sin(\pi\lambda)e^{i2\pi(\frac{\lambda}{2}-\frac{1}{4})}.$$

Seit geraumer Zeit benutzen Konjunkturforscher ein Verfahren zur Trendbereinigung, das als HP-Filter bekannt ist. Robert Hodrick und Edward Prescott (1980) haben vorgeschlagen, den Trend wirtschaftlicher Indikatoren als Lösung des folgenden Minimierungsproblems zu berechnen:

$$\min_{\{y_{T,t}\}_{t=1}^{n}} \sum_{t=1}^{n} (y_t - y_{T,t})^2 + \mu \sum_{t=2}^{n-1} \left[(y_{T,t+1} - y_{T,t}) - (y_{T,t} - y_{T,t-1}) \right]^2 \quad \text{(D.IV.4.10)}$$

In dieser Gleichung ist y_t der Wert der Originalreihe im Zeitpunkt t und $y_{T,t}$ der Wert der Trendreihe im Zeitpunkt t. μ ist ein Parameter, mittels dessen man den Trendverlauf beeinflussen kann. Setzen wir beispielsweise $\mu=0$, dann ist die Lösung des Problems (D.IV.4.10) offensichtlich $y_t=y_{T,t}$, d.h. der Trend würde der Ausgangsreihe entsprechen. Wählen wir μ sehr groß, dann dominiert die zweite Summe die Lösung. Diese Summe wird minimal, wenn die absoluten Zuwächse der Trendreihe zwischen drei benachbarten Punkten gleich groß sind, $y_{T,t+1}-y_{T,t}=y_{T,t}-y_{T,t-1}$. Dies ist aber gerade dann erfüllt, wenn wir einen linearen Trend $y_{T,t}=y_{T_0}+\beta t$ wählen. Falls y_t und $y_{T,t}$ die (natürlichen) Logarithmen der Ausgangsreihe sind, entspricht der lineare Trend in den Logarithmen dem Wachstumstrend (D.IV.4.7) für die Ursprungsreihe mit $\beta=(1+\alpha)$. Für $0<\mu<\infty$ liegt die Lösung für den HP-Trend zwischen der Ausgangsreihe und dem linearen Trend. Je größer man μ wählt, desto enger nähert sich der Trend einer Geraden an.

Man kann zeigen, daß die konjunkturelle Komponente des HP-Filters ein symmetrischer Filter ist mit der Gainfunktion[27]

$$G(\lambda) = \frac{4\mu[1-\cos(2\pi\lambda)]^2}{1+4\mu[1-\cos(2\pi\lambda)]^2}.$$

(D.IV.4.11)

---

27   Siehe King und Rebelo (1993), S. 220.

Abbildung D.IV.4.2

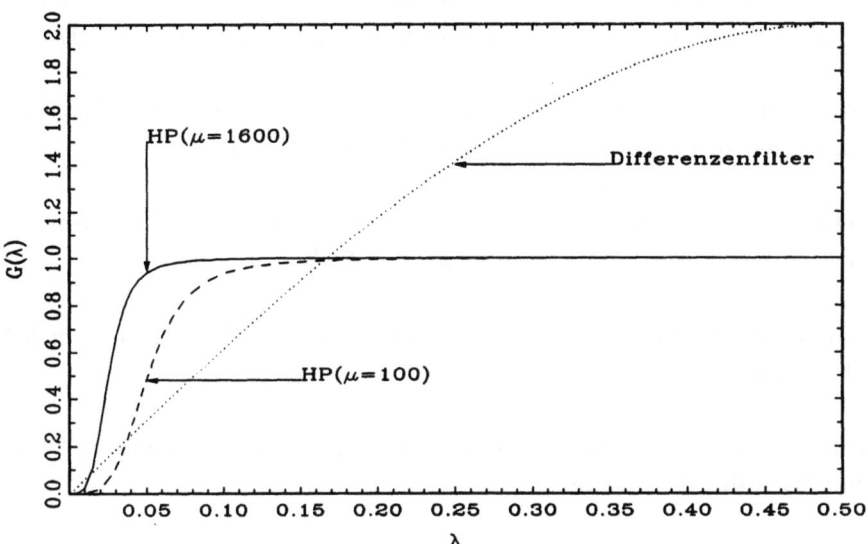

Abbildung D.IV.4.2 zeigt den Graph dieser Funktion für verschiedene Werte von μ. Für $\mu=1600$ eliminiert der Filter praktisch Schwingungskomponenten mit einer Frequenz kleiner als 0.01, während er Komponenten mit einer Frequenz von größer 0.1 fast unverändert passieren läßt. Die Gainfunktion für das wesentlich kleinere $\mu=100$ zeigt, daß der Filter in diesem Fall auch kurzwelligere Schwingungskomponenten dämpft. Bei Quartalsdaten entspricht eine Frequenz von 0.01 einer Periode von 25 Jahren. Bei Jahresdaten entspricht die Frequenz 0.05 einer Periode von 20 Jahren. Daher wählt man bei der Filterung von Jahresdaten oft ein $\mu=100$, während bei der Filterung von Quartalsdaten μ zwischen 1000 und 2000 gesetzt wird. Die Gainfunktion des Differenzenfilters zeigt, daß dieser zwar auch längerwellige Schwingungen dämpft, aber nicht in dem Maße beseitigt, wie es der HP-Filter für großes μ tut. Zudem verstärkt der Differenzenfilter kurzwellige Schwingungen, die der HP-Filter passieren läßt, ohne sie zu verändern.

Literaturverzeichnis

Alesina, Alberto, Macroeconomic Policy in a Two Party System as a repeated Game, in: Quarterly Journal of Economics, Vol. 102, 1987, S. 107-122

Alesina, Alberto und Nouriel Roubini , Political Cycles in OECD Economies, in: Review of Economic Studies, Vol. 59, 1992, S. 663-688

Assenmacher, Walter, Neuere Entwicklungen in der Konjunkturtheorie, in: RWI-Mitteilungen 37./38. Jg., 1986/87, S. 195-216

Assenmacher, Lehrbuch der Konjunkturtheorie, 4. Aufl., Oldenbourg: München, Wien 1990

Azariadis, Costas, Self-Fulfilling Prophecies, in: Journal of Economic Theory, Vol. 25, 1981, S. 380-396

Azariadis, Costas und Roger Guesnerie, Sunspots and Cycles, in: Review of Economic Studies, Vol. 53, 1986, S. 725-737

Azariadis, Costas, Intertemporal Macroeconomics, Blackwell Publishers: Oxford, Cambridge, MA 1993

Backus, David K. und Patrick J. Kehoe, International Evidence on the Historical Properties of Business Cycles, in: American Economic Review, Vol. 82, 1992, S. 864-888

Balasko, Yves, Extrinsic Uncertainty Revisited, in: Journal of Economic Theory, Vol. 31, 1983, S. 203-210

Barnett, William A., Ronald A. Gallant, Melvin J. Hinich und Mark J. Jensen, Robustness of Nonlinearity and Chaos Test to Measurement Error, Inference Method, and Sample Size, Washington University, Working Paper #167, 1992

Barro, Robert J. und Herschel I. Grossman, A General Disequilibrium Model of Income and Employment, in: American Economic Review, Vol. 61, 1971, S. 82-93

Barro, Robert J. und Herschel I. Grossman, Money, Employment and Inflation, Cambridge University Press: London u.a. 1976

Baumol, William J. und Jess Benhabib Chaos: Significance, Mechanism, and Economic Applications, in: Journal of Economic Perspectives, Vol. 3, 1989, Nr. 1, S. 77-105

Beckmann, Martin J. und Hans P. Künzi, Mathematik für Ökonomen I, Differentialrechnung und Integralrechnung von Funktionen einer Veränderlichen, 2. Aufl., Springer: Berlin u.a. 1973

Beckmann, Martin J. und Hans P. Künzi, Mathematik für Ökonomen II, Lineare Algebra, Springer: Berlin u.a. 1973

Benassy, Jean-Pascal, A Non-Walrasian Model of the Business Cycle, in: Journal of Economic Behavior and Organization, Vol. 5, 1984, S. 77-89

Benassy, Jean-Pascal, Macroeconomics: An Introduction to the Non-Walrasian Approach, Academic Press: New York u.a. 1986

Benhabib, Jess und Kazuo Nishimura, The Hopf Bifurcation and the Existence and Stability of Closed Orbits in Multisector Models of Optimal Economic Growth, in: Journal of Economic Theory, Vol. 21, 1979, S. 421-444

Benhabib, Jess und Kazuo Nishimura, Competitive Equilibrium Cycles, in: Journal of Economic Theory, Vol. 35, 1985, S. 284-306

Berck, Peter und Knut Sydsæter, Economists' Mathematical Manual, Springer: Berlin u.a. 1991

Beveridge, Stephen und Charles R. Nelson, A New Approach to Decomposition of Economic Time Series into Permanent and Transitory Components with Particular Attention to Measurement of the 'Business Cycle', in: Journal of Monetary Economics, Vol. 7, 1981, S. 151-174

Blackburn, Keith und Morten O. Ravn, Business Cycles in the United Kingdom: Facts and Fictions, in: Economica, Vol. 59, 1992, S. 383-401

Blaug, Mark, Economic Theory in Retrospect, 4th ed., Cambridge University Press: Cambridge 1985

Blinder, Alan S. und Louis J. Maccini, Taking Stock: A Critical Assessment of Recent Research on Inventories, in: Journal of Economic Perspectives, Vol. 5/1, 1991, S. 73-96

Boldrin, Michele und Luigi Montrucchio, On the Indeterminacy of Capital Accumulation Paths, in: Journal of Economic Theory, Vol. 40, 1986, S. 26-39

Boldrin, Michele und Michael Woodford, Equilibrium Models Displaying Endogenous Fluctuations and Chaos, in: Journal of Monetary Economics, Vol. 25, 1990, S. 189-222

Brandner, Peter und Klaus Neusser, Business Cycles in Open Economies: Stylized Facts for Austria and Germany, in: Weltwirtschaftliches Archiv, Vol. 128, 1992, S. 67-87

Broida, A.L., Diffusion Indexes, in: The American Statistician, Vol. 9, 1955, S. 7-16

Buchanan, James M., Constitutional Economics, in: The New Palgrave, A Dictionary of Economics, Vol. 1, Macmillan Press: London 1987, S. 585-589

Bullard, James und Alison Butler, Nonlinearity and Chaos in Economic Models: Implications for Policy Design, in: Economic Journal, Vol. 103, 1993, S. 849-867

Burnside, Craig, Martin Eichenbaum und Sergio Rebelo, Labor Hoarding and the Business Cycle, in: Journal of Political Economy, Vol. 101, 1993, S. 245-273

Cass, David und Karl Shell, Do Sunspots Matter?, in: Journal of Political Economy, Vol. 91, 1983, S. 193-227

Chang, W.W. und D.J. Smyth, The Existence and Persistence of Cycles in a Non-Linear Model: Kaldor's 1940 Model Re-examined, in: Review of Economic Studies, Vol. 38, 1971, S. 37-44

Clower, Robert, The Keynesian Counterrevolution: A Theoretical Appraisal, in: F. Hahn und F.P.R. Brechling (Hrsg.), The Theory of Interest Rates, Macmillan: London, New York 1965, S. 103-125

Cohen, Joel E. und Alfred James Lotka, in: The New Palgrave, A Dictionary of Economics, Volume 3, Macmillan Press: London und Basingstoke 1987, S. 245-247

Danthine, Jean Pierre und John B. Donaldson, Methodological and Empirical Issues in Real Business Cycle Theory, in: European Economic Review, Vol. 37, 1993, 1-35

Day, Richard H., Irregular Growth Cycles, in: American Economic Review, Vol. 72, 1982, S. 406-414

Dechert, W., Does Optimal Growth Preclude Chaos? A Theorem on Monotonicity, in: Zeitschrift für Nationalökonomie, Vol. 44, 1984, S. 57-61

Deneckere, Raymond und Steve Pelikan, Competitive Chaos, in: Journal of Economic Theory, Vol. 40, 1986, S. 13-25

Deutsche Bundesbank, Das Produktionspotential in der Bundesrepublik Deutschland, in: Monatsberichte der Deutschen Bundesbank, Vol. 25, Nr. 10, 1973, S. 28-34

Deutsche Bundesbank, Neuberechnung des Produktionspotentials für die Bundesrepublik Deutschland, in: Monatsberichte der Deutschen Bundesbank, Vol. 33, 1981, S. 32-38

Deutsche Bundesbank, Zur Vermögenssituation der privaten Haushalte in Deutschland, in: Monatsberichte der Deutschen Bundesbank, Vol. 45, Nr. 10, 1993, S.19-32

Deutsches Institut für Wirtschaftsforschung, Sozialprodukt und Einkommenkreislauf, Vierteljährliche volkswirtschaftliche Gesamtrechnung für die Bundesrepublik Deutschland (Gebietsstand vor dem 3.10.90), 6. Folge, 3. Ergänzungslieferung, Berlin, April 1993

Devaney, Robert L., An Introduction to Chaotic Dynamical Systems, Addison-Wesley Publishing Company: Redwood City 1987

Eichenbaum, Martin, Real Business-Cycle Theory: Wisdom or Whimsy, in: Journal of Economic Dynamics and Control, Vol. 15, 1991, S. 607-626

Englund, Peter, Torsten Persson und Lars E.O. Svensson, Swedish Business Cycles: 1861-1988, in: Journal of Monetary Economics, Vol. 30, 1992, S. 343-371

Feichtinger, Gustav und Richard F. Hartl, Optimale Kontrolle ökonomischer Prozesse, Walter de Gruyter: Berlin und New York 1986

Fischer, Stanley, Recent Developments in Macroeconomics, in: Economic Journal, Vol. 98, 1988, S. 294-339

Forster, Otto, Analysis 1, 4. Auflage, Vieweg: Braunschweig 1983

Friedman, Milton, The Role of Monetary Policy, in: American Economic Review, Vol. 58, 1968, S. 1-17

Frisch, Helmut, Theories of Inflation, Cambridge University Press: Cambridge 1983

Frisch, Ragnar, Propagation Problems and Impulse Problems in Dynamic Economics, in: Economic Essays in Honor of Gustav Cassel, Allen & Unwin: London 1933, wiederabgedruckt in: Readings in Business Cycles, Selected by a Committee of The American Economic Association, Richard D. Irwin, Inc.: Homewood 1965, S. 155-185

Gabisch, Günter und Hans-Walter Lorenz, Business Cycle Theory, A Survey of Methods and Concepts, 2nd ed., Springer: Berlin 1989

Gandolfo, Giancarlo, Economic Dynamics: Methods and Models, 2. Aufl., North-Holland: Amsterdam, New-York, Oxford 1980

Gandolfo, Giancarlo, Quantitative Analysis and Econometric Estimation of Continuous Time Dynamic Models, North-Holland: Amsterdam 1981

Gandolfo, Giancarlo und Vito Volterra, in: The New Palgrave, A Dictionary of Economics, Volume 4, Macmillan Press, London und Basingstoke 1987, S. 817-818

Garman, David M. und Daniel J. Richards, Wage-Price Flexibility, Market Power, and the Cyclical Behavior of Real Wages, 1959-1980, in: Quarterly Journal of Economics, Vol. 1071, 1992, S. 1437-1449

Geary, Patrick T. und John Kennan, The Employment-Real Wage Relationship: An International Study, in: Journal of Political Economy, Vol. 90, 1982, S. 854-871

Goodwin, Richard M., The Non-Linear Accelerator and the Persistence of Business Cycles, in: Econometrica, Vol. 19, 1951, S. 1-17

Goodwin, Richard M., A Growth Cycle, in: C.H. Feinstein (ed.), Socialism, Capitalism and Economic Growth, Cambridge University Press: Cambridge 1967, S. 54-58

Grandmont, Jean-Michel, On Endogenous Competitive Business Cycles, in: Econometrica, Vol. 53, 1985, S. 995-1045

Grandmont, Jean-Michel, Periodic and Aperiodic Behaviour in Discrete One--dimensional Dynamical Systems, in: W. Hildenbrand und A. Mas-Collel (Hrsg.), Contributions to Mathematical Economics, North-Holland: New York u.a. 1986, S. 225-246

Grandmont, Jean-Michel, Keynesian Issues and Economic Theory, in: Scandinavian Journal of Economics, Vol. 91, 1989, S. 265-293

Granger, Clive W.J., Developments in the Nonlinear Analysis of Economic Series, in: Svend Hylleberg und Martin Paldam (Hrsg.), New Approaches to Empirical Macroeconomics, Blackwell Publishers: Oxford, Cambridge, MA. 1991, S. 135-153

Greenwald, Bruce und Joseph Stiglitz, New and Old Keynesians, in: Journal of Economic Perspectives, Vol. 7, Number 1, 1993a, S. 23-44

Greenwald, Bruce und Joseph Stiglitz, Financial Market Imperfections and Business Cycles, in: Quarterly Journal of Economics, Vol. 108, 1993b, S. 77-114

Guckenheimer, John und Philip Holmes, Nonlinear Oscillations, Dynamical Systems, and Bifurcations of Vector Fields, Springer: New York u.a. 1983

Haberler, Gottfried, Prosperity and Depression, Genf 1937

Heise, Michael, Das volkswirtschaftliche Produktionspotential, Berechnungsmethoden und Aussagewert, in: Wirtschaftswissenschaftliches Studium (WiSt), 20. Jg., 1991, S. 553-558

Heubes, Jürgen, Juglar-, Kondratieff- und Kitchin-Zyklen, in: Wirtschaftswissenschaftliches Studium (WiSt), 9. Jg., 1980, S. 383-385

Heubes, Jürgen, Konjunktur und Wachstum, Franz Vahlen: München 1991

Hicks, John R., Mr. Keynes and the "Classics": A Suggested Interpretation, in: Econometrica, Vol. 5, 1937, S. 147-159

Hicks, John R., A Contribution to the Theory of the Trade Cycle, Oxford University Press: London 1950

Hirsch, Morris. W. und Stephen Smale, Differential Equations, Dynamical Systems, and Linear Algebra, Academic Press: New York 1974

Hodrick, Robert J. und Edward C. Prescott, Post-War U.S. Business Cycles: An Empirical Investigation, University of Warwick, Discussion Paper No. 451, 1980

Howitt, Peter und R. Preston McAfee, Animal Spirits, in: American Economic Review, Vol. 82, 1992, S. 493-507

Juglar, Clément, Des Crises Commerciales et leur Retour Périodique en France, en Angleterre, et aux États-Unis, Librairie Guilliaumin: Paris 1860

Kaldor, Nicholas, A Model of the Trade Cycle, in: Economic Journal, Vol. 50, 1940, S. 78-92

Kaldor, Nicholas, Capital Accumulation and Economic Growth, in: F.A. Lutz und D.C. Hague (Hrsg.), The Theory of Capital, St. Martin's Press: New York 1961, S. 177-222

Kalecki, Michal, A Macroeconomic Theory of the Business Cycle, in: Econometrica, Vol. 3, 1935, S. 327-344

Kelsey, David, The Economics of Chaos or the Chaos of Economics, in: Oxford Economic Papers, Vol. 40, 1988, S. 1-31

Keynes, John Maynard, The General Theory of Employment, Interest, and Money, Harcourt, Brace and Co.: New York 1936

King, Robert G. und Sergio T. Rebelo, Low Frequency Filtering and Real Business Cycles, in: Journal of Economic Dynamics and Control, Vol. 17, 1993, S. 207-231

Kitchin, Joseph, Cycles and Trends in Economic Factors, in: Review of Economic Statistics, Vol. 5, 1923, S. 10-16

Klaus, Joachim, Alfred Maußner, Grundzüge der mikro- und makroökonomischen Theorie, Vahlen: München 1986

Kondratieff, Nikolai Dimitrijewitsch, Die langen Wellen der Konjunktur, in: Archiv für Sozialwissenschaft und Sozialpolitik, Vol. 56, 1926, S. 573-609

Krelle, Wilhelm unter Mitarbeit von Dieter Coenen, Theorie des wirtschaftlichen Wachstums, 2. Aufl., Springer: Berlin 1985

Kromphardt, Jürgen, Konjunkturtheorie heute: Ein Überblick, in: Zeitschrift für Wirtschafts- und Sozialwissenschaften, Vol. 109, 1989, S. 173-231

Kromphardt, Jürgen, Wachstum und Konjunktur, 3. Auflage, Vandenhoeck und Ruprecht: Göttingen 1993

Kuznets, Simon, Long Swings in the Growth of Population and in the Related Economic Variables, in: Proceedings of the American Philosophical Society, Vol. 102, 1958, S. 25-52

Kydland, Finn E. und Edward C. Prescott, Time to Built and Aggregate Fluctuations, in: Econometrica, Vol. 50, 1982, S. 1345-1370

Kydland, Finn E. und Edward C. Prescott, Business Cycles: Real Facts and Monetary Myth, in: Federal Reserve Bank of Minneapolis, Quarterly Review, Spring, Vol. , 1990, S. 3-18

Li, Tien-Yien und James Yorke, Period Three implies Chaos, in: American Mathematical Monthly, Vol. 82, 1975, S. 985-992

Lipsey, R.G., The Relationship Between Unemployment and the Rate of Change of Money Wage Rates in the UK, 1862-1957, A Further Analysis, in: Economica, Vol. 27, 1960, S. 1-32

Long, John B. und Charles I. Plosser, Real Business Cycles, in: Journal of Political Economy, Vol. 91, 1983, S. 39-69

Lorenz, Hans-Walter, Nonlinear Dynamical Economics and Chaotic Motion, 2. Aufl., Springer: Berlin 1993

Lucas, Robert E., Expectations and the Neutrality of Money, in: Journal of Economic Theory, Vol. 4, 1972, S. 105-124

Lucas, Robert E., Some International Evidence on Output-Inflation Tradeoffs, in: American Economic Review, Vol. 63, 1973, S. 326-334

Lucas, Robert E., An Equilibrium Model of the Business Cycle, in: Journal of Political Economy, Vol. 83, 1975, S. 1113-1144

Lucas, Robert E., Understanding Business Cycles, in: Karl Brunner und Allan H. Meltzer (Hrsg.), Stabilization of the Domestic and International Economy, North-Holland: Amsterdam u.a. 1977, S. 7-29

Lucas, Robert E., Models of Business Cycles, Basil Blackwell: Oxford 1987

Maier, Harry, Wellen des Fortschritts, in: Die Zeit, Nr. 12 vom 19. März 1993, S. 37

Makridakis, Spyros, Steven D. Wheelwright und Victor E. McGee, Forcasting: Methods and Applications, 2. Aufl., John Wiley & Sons: New York 1978

Malinvaud, Edmond, The Theory of Unemployment Reconsidered, Basil Blackwell: Oxford 1977

Malinvaud, Edmond, Profitability and Unemployment, Cambridge University Press, Cambridge, MA, London 1980

Mankiw, N. Gregory, Real Business Cycles: A New Keynesian Perspective, in: Journal of Economic Perspectives, Vol. 3, No 3, 1989, S. 79-90

Mankiw, N. Gregory, Macroeconomics, Worth Publishers: New York 1992

Maußner, Alfred, Stabilisierungspolitik im Lichte von Gleichgewichts- und Ungleichgewichtstheorie, Vandenhoeck & Ruprecht: Göttingen 1985

Maußner, Alfred, Monopolistische Preisbildung und Nachfrageerwartungen in makroökonomischen Modellen, J.C.B. Mohr (Paul Siebeck): Tübingen 1992

Maußner, Alfred, Schätzung von Zeitreihenmomenten mit Hilfe der Generalized Method of Moments, Manuskript, Köln 1993

McCallum, Bennett T., Real Business Cycle Models, in: Robert J. Barro (Hrsg.), Modern Business Cycle Theory, Basil Blackwell: Oxford 1989, S. 16-50

Medio, Alfredo, Oscillations in Optimal Growth Models, in: Journal of Economic Behavior and Organization, Vol. 8, 1987, S. 413-427

Metzler, Lloyd A., The Nature and Stability of Inventory Cycles, in: The Review of Economic Statistics, Vol. 23, 1941, S. 100-129

Mitchell, Wesley C., Business Cycles: The Problem and its Setting, National Bureau of Economic Research: New York 1927

Mitchell, Wesley C. und Arthur F. Burns, Statistical Indicators of Cyclical Revivals, Bulletin 69, National Bureau of Economic Research, New York 1938, wiederabgedruckt in: Geoffrey H. Moore (Hrsg.), Business Cycle Indicators, Vol. I, Princeton University Press: Princeton 1961, S. 162-183

Muellbauer, John und Richard Portes, Macroeconomic Models with Quantity Rationing, in: Economic Journal, Vol. 88, 1978, S. 788-821

Muth, John F., Rational Expectations and the Theory of Price Movements, in: Econometrica, Vol. 29, 1961, S. 315-335

Neftci, Salih N., A Time-Series Analysis of the Real-Wages-Employment Relationship, in: Journal of Political Economy, Vol. 86, 1978, S. 281-291

Negishi, Takashi, History of Economic Theory, North-Holland: Amsterdam 1989

Nelson, Charles R. und Charles I. Plosser, Trends and Random Walks in Macroeconomic Time Series, Some Evidence and Implications, in: Journal of Monetary Economics, Vol. 10, 1982, S. 139-162

Nordhaus, William D., The Political Business Cycle, in: Review of Economic Studies, Vol. 42, 1975, S. 169-190

Okun, Arthur M., Potential GNP: Its Measurement and Significance, in: American Statistical Association, Proceedings of the Business and Economic Statistics Section, 1962, S. 98-104, wiederabgedruckt in Okun (1983)

Okun, Arthur M., Economics for Policymaking, MIT Press: Cambridge, MA, 1983, S. 145-158

Overstone, Samuel Jones Loyd Lord, Reflections Suggested by a Perusal of Mr. J. Horsley Palmer's Pamphlet on the Causes and Consequences of the Pressure on the Money Market, London 1837, wiederabgedruckt in: Tracts and other Publications on Metallic and Paper Currency by Lord Overstone, Clifton, NJ 1972

Patinkin, Don, Money, Interest, and Prices, An Integration of Monetary and Value Theory, 2nd ed., Harper & Row und John Weatherhill: New York, Tokio 1965

Persons, Warren M., Indices of Business Conditions, in: Review of Economic Statistics, Vol. 1, 1919, S. 5-107

Phelps, Edmund S., Phillips Curves, Expectations of Inflation and Optimal Unemployment over Time, in: Economica, Vol. 34, 1967, S. 254-281

Phelps, Edmund S., Seven Schools of Macroeconomic Thought, Clarendon Press: Oxford 1990

Phillips, Alban W., The Relation Between Unemployment and the Rate of Change of Money Wage Rates in the United Kingdom, 1861-1957, in: Economica, Vol. 22, 1958, S. 283-299

Phillips, Alban W., A Simple Model of Employment, Money and Prices in a Growing Economy, in: Economica, Vol. 28, 1961, S. 360-370

Ploeg, Frederick van der, Macro-Dynamic Theories of Economic Growth and Fluctuations, in: Frederick van der Ploeg (Hrsg.), Mathematical Methods in Economics, John Wiley & Sons: Chichester u.a. 1984, S. 249-285

Plosser, Charles I., Understanding Real Business Cycles, in: Journal of Economic Perspectives, Vol. 3, 1989, S. 51-77

Ramser, Hans-Jürgen, Beschäftigung und Konjunktur, Springer: Berlin u.a. 1987

Ramser, Hans-Jürgen, Neuere Beiträge zur Konjunkturtheorie: Ein Überblick, in: IFO-Studien, Vol. 34, 1988, S. 95-115

Sachverständigenrat zur Begutachtung der gesamtwirtschaftlichen Entwicklung, Jahresgutachten 1970, Wiesbaden 1970

Sachverständigenrat zur Begutachtung der gesamtwirtschaftlichen Entwicklung, Jahresgutachten 1991/1992, Wiesbaden 1992

Samuelson, Paul A., A Synthesis of the Principle of Acceleration and the Multiplier, in: Journal of Political Economy, Vol. 47, 1939a, S. 786-797

Samuelson, Paul A., Interactions between the Multiplier Analysis and the Principle of Acceleration, in: The Review of Economic Statistics, Vol. 21, 1939b, S. 75-78

Samuelson, Paul A., Economic Theory and Mathematics - An Appraisal, in: American Economic Review, Papers and Proceedings, Vol. 42, 1952, S. 56-66

Samuelson, Paul A. und Robert M. Solow, The Problem of Achieving and Maintaining a Stable Price Level: Analytical Aspects of Anti-Inflation Policy, in: American Economic Review, Vol. 50, 1960, S. 177-194

Sargent, Thomas J., Rational Expectations, the Real Rate of Interest and the Natural Rate of Unemployment, in: Brookings Papers on Economic Activity, No. 2, 1973, S. 429-472

Sargent, Thomas J., Estimation of Dynamic Labor Demand Schedules under Rational Expectations, in: Journal of Political Economy, Vol. 86, 1978, S. 1009-1044

Sargent, Thomas J., Macroeconomic Theory, Academic Press: New York 1979

Sargent, Thomas J. und Neil Wallace, Rational Expectations, the Optimal Monetary Instrument, and the Optimal Money Supply Rule, in: Journal of Political Economy, Vol. 83, 1975, S. 241-254

Schebeck, Fritz und Gunther Tichy, Die "Stylized Facts" in der modernen Konjunkturdiskussion, in: Gottfried Bombach, Bernhard Gahlen und Alfred E. Ott (Hrsg.), Perspektiven der Konjunkturforschung, J.C.B. Mohr: Tübingen 1984, S. 207-224

Schlittgen, Rainer, Streitberg, Bernd H.J., Zeitreihenanalyse, 4. Aufl., Oldenbourg: München, Wien 1991

Schumpeter, Joseph A., Business Cycles, A Theoretical, Historical, and Statistical Analysis of the Capitalist Process, Vol. I und II, McGraw-Hill: New York/London 1939

Seifritz, Walter, Wachstum, Rückkopplung und Chaos, Eine Einführung in die Welt der Nichtlinearität und des Chaos, Carl Hanser: München, Wien 1987

Smeets, Heinz-Dieter, "Stylized Facts" zum Konjunkturverlauf in der Bundesrepublik Deutschland, in: Jahrbücher für Nationalökonomie und Statistik, Vol. 210, 1992, S. 512-532

Smyth, D.J., Monetary Factors and Multiplier-Acceleration Interaction, in: Economica, Vol. 30, 1963, S. 400-407

Solow, Robert M., A Contribution to the Theory of Growth, in: Quarterly Journal of Economics, Vol. 70, 1956, S. 65-94

Solow, Robert M., Technical Change and the Aggregate Production Function, in: Review of Economics and Statistics, Vol. 39, 1957, S. 312-320

Solow, Robert M., On Theories of Unemployment, in: American Economic Review, Vol. 70, 1980, S. 1-11

Spear, S., Sufficient Conditions for the Existence of Sunspot Equilibria, in: Journal of Economic Theory, Vol. 34, 1984, S. 360-370

Spiethoff, Arthur, Krisen, in: Handwörterbuch der Staatswissenschaften, Band 6, G. Fischer: Jena 1923, S. 8-91

Spree, Reihard, Lange Wellen wirtschaftlicher Entwicklung in der Neuzeit, Historische Befunde, Erklärungen und Untersuchungsmethoden, Historische Sozialforschung, Beiheft 4, Köln 1991

Statistisches Bundesamt, Fachserie 18, Sonderreihe 15, Revidierte Ergebnisse 1950-1990, Wiesbaden 1991

Statistisches Bundesamt, Fachserie 18, Reihe 1.3., Konten und Standardtabellen, Hauptbericht 1991, Wiesbaden 1992

Stewart, Mark B. und Kenneth F. Wallis, Introductory Econometrics, 2nd. ed., Basil Blackwell: Oxford 1981

Stokey, Nancy L., Robert E. Lucas with Edward C. Prescott, Recursive Methods in Economic Dynamics, Harvard University Press: Cambridge, MA., London 1989

The New Palgrave, A Dictionary of Economics, Vol. I-IV, Macmillan Press: London, Basingstoke 1987

Tichy, Gunther, Neuere Entwicklungen in der Konjunkturtheorie, in: Ifo-Studien, Vol. 28, 1982, S. 213-238

Tichy, Gunther, Neuere Entwicklungen im Rahmen der Gleichgewichtskonjunkturtheorie, in: Wirtschaftswissenschaftliches Studium (WiSt), Vol. 19, 1990, S. 75-82

Vosgerau, Hans-Jürgen, Konjunkturtheorie, in: Handwörterbuch der Wirtschaftswissenschaften, Vierter Band, Vol. , 1978, S. 478-507

Woodford, Michael, Three Questions about Sunspot Equilibria as an Explanation of Economic Fluctuations, in: American Economic Review, Papers and Proceedings, Vol. 77, 1987, S. 93-98

Zarnowitz, Victor, Recent Work on Business Cycles in Historical Perspective, in: Journal of Economic Literature, Vol. 13, 1985, S. 523-580

Personenverzeichnis

Sachverzeichnis

H. Hanusch, T. Kuhn

Einführung in die Volkswirtschaftslehre

Unter Mitarbeit von A. Greiner, F. Kugler

2., aktual. Aufl. 1992. XVI, 467 S. 167 Abb.
(Springer-Lehrbuch)
Brosch. DM/sFr 45,–; öS 351.00
ISBN 3-540-55757-1

Das vorliegende Buch präsentiert eine leicht verständliche und moderne Einführung in die Volkswirtschaftslehre. Es richtet sich an die Studierenden der Anfangssemester an Universitäten, Technischen Hochschulen, Fachhochschulen und Wirtschaftsakademien und setzt keinerlei Vorkenntnisse voraus.
Der gesamte Lehrstoff wird durch zahlreiche Graphiken und Zahlenbeispiele, die teilweise auch der Praxis entnommen sind, sowie durch ausführliche Querverweise ergänzt.

G. Schmitt-Rink, D. Bender

Makroökonomie geschlossener und offener Volkswirtschaften

2., vollst. überarb. u. erw. Aufl. 1992. XII, 407 S. 128 Abb. (Springer-Lehrbuch)
Brosch. DM/sFr 36,–; öS 280.80
ISBN 3-540-55905-1

Dieses Buch bietet eine systematische Darstellung der modernen makroökonomischen Theorie unter Einbeziehung internationaler Wirtschaftsbeziehungen und ihrer gesamtwirtschaftlichen Auswirkungen. Es zeigt die klassische und keynesianische Makrotheorie sowie die Ansätze zur Verknüpfung von neo-klassischer und keynesianischer Theorie auf.

J. Weimann

Umweltökonomik

Eine theorieorientierte Einführung

2., verb. Aufl. 1991. X, 245 S. 13 Abb.
(Springer-Lehrbuch)
Brosch. DM/sFr 36,–; öS 280.80
ISBN 3-540-54320-1

Aus den Besprechungen: „Ein frisches und klares Buch, das ökonomisch kompetent analysiert und sein ökologisches Engagement nicht verhehlt." *Frankfurter Allgemeine Zeitung*

S. Wied-Nebbeling

Markt- und Preistheorie

1993. X, 239 S. 65 Abb.
(Springer-Lehrbuch)
Brosch. DM/sFr 36,–; öS 280.80
ISBN 3-540-56472-1

Das vorliegende Lehrbuch für das Hauptstudium umfaßt Modelle der Preisbildung bei Monopol, Monopson, bilateralem Monopol, monopolitischer Konkurrenz und Oligopol. Es werden sowohl Standardmodelle der Preistheorie behandelt als auch neuere Ergebnisse der industrieökonomischen Literatur einschließlich der Spieltheorie einbezogen.

Springer

J. Schumann

Grundzüge der mikroökonomischen Theorie

6., überarb. u. erw. Aufl. 1992. XVII, 486 S.
217 Abb. (Springer-Lehrbuch) Brosch.
DM/sFr 36,–; öS 280.80 ISBN 3-540-55600-1

Dieses im deutschen Sprachgebiet weit verbreitete Buch ist für das wirtschaftswissenschaftliche Grund- und Hauptstudium gedacht. Es vermittelt solide Kenntnisse der mikroökonomischen Theorie und schafft Verständnis für das Funktionieren einer Marktwirtschaft.

U. Meyer, J. Diekmann

Arbeitsbuch zu den Grundzügen der mikroökonomischen Theorie

3., verb. Aufl. 1988. X, 250 S. 132 Abb. Brosch.
DM/sFr 27,50; öS 214.50 ISBN 3-540-50046-4

B. Felderer, S. Homburg

Makroökonomik und neue Makroökonomik

5., verb. Aufl. 1991. XV, 455 S. 97 Abb.
(Springer-Lehrbuch) Brosch. DM/sFr 36,–;
öS 280.80 ISBN 3-540-53415-6

Aus einer Besprechung:
„...die Autoren bieten eine längst überfällige, übersichtliche Einführung in die verschiedenen makroökonomischen Schulen, die sich in den vergangenen 200 Jahren entwickelt haben und früher oder später jedem Studenten im VWL-Studium begegnen... eine willkomene Orientierungshilfe im „Dichicht" der widerstreitenden Makroschulen... ein komplexes Standardwerk, das über das gesamte Studium hinweg einen guten Wegbegleiter abgibt." *WISU*

B. Felderer, S. Homburg

Übungsbuch Makroökonomik

3., verb. Aufl. 1993. VIII, 145 S. 38 Abb.
(Springer-Lehrbuch) Brosch. DM/sFr 19,80;
öS 154.50 ISBN 3-540-56701-1

A. Pfingsten

Mikroökonomik
Eine Einführung

1989. XIV, 240 S. 56 Abb.
Brosch. DM/sFr 29,80; öS 232.50
ISBN 3-540-50971-2

Dieses Lehrbuch der Mikroökonomik vermittelt einen Einblick in grundlegende Fragestellungen, Methoden und Modelle mikroökonomischer Theorie. Nach kurzen Abschnitten über die Stellung der Mikroökonomik in den Wirtschaftswissenschaften, Grundprobleme des Wirtschaftens und wirtschaftswissenschaftliche Modellbildung folgen mehrere ausführliche Kapitel zur Haushaltstheorie, zur Gleichgewichts- und Wohlfahrtstheorie, sowie zur Produktionstheorie. Elastizitäten und ein kurzer Abstecher in die Preistheorie bilden den Abschluß.

Preisänderung vorbehalten

B4.01.007

Springer-Verlag und Umwelt

Als internationaler wissenschaftlicher Verlag sind wir uns unserer besonderen Verpflichtung der Umwelt gegenüber bewußt und beziehen umweltorientierte Grundsätze in Unternehmensentscheidungen mit ein.

Von unseren Geschäftspartnern (Druckereien, Papierfabriken, Verpackungsherstellern usw.) verlangen wir, daß sie sowohl beim Herstellungsprozeß selbst als auch beim Einsatz der zur Verwendung kommenden Materialien ökologische Gesichtspunkte berücksichtigen.

Das für dieses Buch verwendete Papier ist aus chlorfrei bzw. chlorarm hergestelltem Zellstoff gefertigt und im pH-Wert neutral.